高振霄三部曲
传记

裴高才　王琪珉　高中自　著

知识产权出版社
全国百佳图书出版单位

图书在版编目(CIP)数据

高振霄三部曲. 传记/ 裴高才,高中自,王琪珉编著. —北京:知识产权出版社,2015.7
ISBN 978-7-5130-3391-6

Ⅰ.①高… Ⅱ.①裴… ②高… ③王… Ⅲ.①高振霄(1877~1956)—传记 Ⅳ.①K827=7

中国版本图书馆 CIP 数据核字(2015)第 050897 号

内容提要

《高振霄三部曲》是一套献礼于中国人民抗日战争暨世界反法西斯战争胜利70周年的《史迹》《文集》《传记》三卷本图书。本书文史兼具、图文并茂、三位一体,记载了高振霄为"振兴中华,福利民众"奋斗的一生。《史迹》通过辛亥革命以来各种报刊、地方志等文献的记载及辛亥革命志士、国共两党人士打捞的关于高振霄的历史记忆,还原了高振霄"首义金刚""护法中坚""抗日英烈"三个历史丰碑;《文集》则是高振霄不同时期的文稿结集,有的篇章还是尘封百年的孤本,反映了主人公对诸多重大历史事件的关切、立场和主张;《传记》以《史迹》《文集》及海峡两岸官方档案与民间原始资料为文学素材,以传主的手稿为依据,描绘了高振霄公忠体国的丰功伟绩和悲壮凄美的传奇人生。《高振霄三部曲》是一部弘扬民族精神的宣传篇、激发爱国主义的教育篇、实现中华民族伟大复兴的励志篇,是一部传承历史、传播文化、亦史亦文的文学佳作。

责任编辑:王 辉　　　　　　　　责任出版:刘译文

高振霄三部曲——传记
GAOZHENXIAO SANBUQU ZHUANJI

裴高才　高中自　王琪珉　编著

出版发行:知识产权出版社有限责任公司	网　址:http://www.ipph.cn	
电　话:010-82004826	http://www.laichushu.com	
社　址:北京市海淀区马甸南村1号	邮　编:100088	
责编电话:010-82000860 转 8381	责编邮箱:wanghui@cnipr.com	
发行电话:010-82000860 转 8101/8029	发行传真:010-82000893/82003279	
印　刷:三河市国英印务有限公司	经　销:各大网上书店、新华书店及相关专业书店	
开　本:787mm×1092mm 1/16	印　张:24	
版　次:2015 年 7 月第 1 版	印　次:2015 年 7 月第 1 次印刷	
字　数:440 千字	定　价:50.00 元	

ISBN 978-7-5130-3391-6

出版权专有　侵权必究
如有印装质量问题,本社负责调换。

献给
中国人民抗日战争胜利70周年
世界反法西斯战争胜利70周年

(1945—2015年)

高振霄全身像

智者光风,勇者足印

冯天瑜

读者案头的《高振霄三部曲》,记述了近代一位传奇性人物曲折多致的生平。

高振霄,字汉声,出生于湖北房县一个士人家族。房县古来即是流放之地,高振霄自幼感受民间疾苦,怀抱着对专制政治的愤懑,走出大山、来到省垣武昌接受革命洗礼,并相继在《湖北日报》《政学日报》《长江日报》与《夏报》中发表宣传革命的文章。武昌首义成功,他会同吴醒汉等主持湖北军政府招纳处(复更名"集贤馆"),广纳贤才;又充任"总稽查",多有建树。其时报刊以《八大金刚》章回小说表彰高氏诸君之功。后来,他历任民国总统府高等顾问、国会候补参议员、非常国会参议员、洪帮大佬、抗日策反委员等,最后血染于上海滩,是一位"忠贞体国"的英烈。

出入帮会,是高振霄身世的一大特色,因此他曾被认为是"黑社会"人物。"三部曲"对此有所辨正。作者旁征博引,系统解读洪帮的来龙去脉,叙介孙中山通过"洪棍"(洪帮元帅)身份,推动帮会参加辛亥革命、策应北伐,进而诠释后来高振霄等作为青、洪帮大佬投身抗日的义举。作者还引述马超俊、瞿秋白等国共两党人士的说法,证明帮会在五四运动、工人运动中所发挥的作用,从而复归高振霄等洪帮"五圣山"兄弟的历史原生态。

这是一套由作家与辛亥革命后裔合作的丛书,文史兼具,史迹、文集与传记三位一体。《史迹》打捞中外报刊及辛亥革命志士、国共两党人士关于高振霄的片段回忆。《文集》是高振霄不同时期的文稿结集,其中不少篇章是尘封百年后首次曝光。而《传记》则是以史实为依据,以讲故事方式,生动反映这位从辛亥首义走出的抗战英烈的可歌可泣一生。

"三部曲"在史料开掘方面多有用力。作者在台湾国民党党史馆找到孙中山给高振霄的信函原件,孙中山称赞高氏"间关流离,不堕初志,至可钦佩",再现了传主在护法运动中的忠贞耿介。又如高振霄的国会议员身份,史书与辛亥志士回忆没有详细叙介,民国国会议员名单中也没有记载。为此,作者找到

1913年4月16日《申报》刊登的消息:《鄂省候补参议员已产出矣》。上面清楚记载,高振霄与张知本等十人当选为首届国会候补参议员。终于考订出高振霄的国会议员身份:民国首届国会候补参议员、广州非常国会参议员。

作者披露当年《湖北日报》《政学日报》的原始报道,披露辛亥革命前夕讽刺清湖广总督陈夔龙"似龙非龙",鄂军统制张彪"似虎非虎",皆是该报编辑高振霄参与策划、亲手编辑的。

《传记》与《史迹》中回放高氏参与创办德育会的宗旨:"应修私德以完人格,重公德以结团体。"《文集》披露,民国十四年(1925),高振霄在《几莋提》上发表《我之大同观》,申言"欲达大同,先除异小,以个人进步,来互助精神、排除障碍、改造环境、脚踏实地、再接再励,行见人同此心、心同此理"等,几近建设"和谐社会"的构想,可见一位辛亥先贤与思想者愿景的远大。

(冯天瑜:武汉大学人文社科资深教授、中国传统文化研究中心主任)

为史补遗,情理交融

马勇

几个月前,高中自先生给我发来了三部书稿,并嘱作序。

第一部书稿是《高振霄三部曲》之《史迹》。编者从辛亥以来各种报刊、地方史志等文献上打捞高振霄久已湮没的事迹,由此可以大致重建高振霄先生的历史轨迹。比如该书征引1947年8月22日《武汉日报》的一篇短文,强调高振霄"早岁参加同盟会,辛亥首义任各部总稽查,后任总统府高等顾问及国会议员,赞襄总理从事革命有年。抗战军兴,任策反委员,留沪联络伪方军警掩护后方工作人员,颇著勋劳。经行政院题颁匾'忠贞体国'。"这段文字虽简,但确比较翔实地写出了高振霄的历史与贡献。

第二部书稿是《高振霄三部曲》之《文集》。这是编者经年累月从各种报刊上勾稽出来的高振霄留存文字,包括在辛亥及其稍后的护国、护法、五四、华盛顿会议时期的文字。不论长篇短论,还是只言片语,均反映了作者对这一时期诸多重大政治事件的关切、认知及其主张。这些文字在经历了上百年风风雨雨摧残洗礼后留存至今,是个奇迹,值得珍视。

第三部书稿是《高振霄三部曲》之《传记》。作者以前两部《史迹》、《文集》为文学素材,运用亦文亦史笔法描绘了主人公高振霄一生公忠体国的丰功伟绩。文辞华丽,情节曲折,可读性极强。

在我粗疏的阅读中,我觉得三部书统筹兼顾,分工恰当,结构合理,对于重建久已丢失的历史真实,及纪念先烈,弘扬传统,均具有重要价值。三书各有特色、各有所长,值得关注,更值得进一步探究。

我虽为历史学尤其是近代史从业人员,而且也不时写过有关辛亥革命的文字,但在收到这三部书稿之前,我对高振霄其人其事所知甚少,不知道高振霄在武昌首义后漫长的政治经历,更不知道高振霄在抗战军兴时留沪以洪帮首领和抗日策反委员会委员身份,联合国共两党积极抗日并接应保护抗日志士和我后方人员的奇特经历。不是我们这一代学人孤陋寡闻,读书有限,而是传主的史迹被岁月淹没得太深太久。如果没有像高中自先生、王琪珉先生、裴高才先生这样许多有心人的仔细爬梳,我们仍将大而化之地讨论辛亥,讨论护法,讨论抗战,讨论大上海,不免会对历史留下缺失和遗憾。由此,使我想到这样两点。

第一,在历史研究中,不仅要在关注一线人物的同时,最大限度注意大人物身边那些配角或"小人物",还要正确看待历史上大英雄与"小人物",即主角与配角之间的关系。以往历史研究的通则当然是英雄创造了历史,没有主角的历史肯定不真实,英雄理所当然成为研究中的主角,这是没有办法的事。如果我们有机会阅读桑兵教授最近组织编辑出版的《各方致孙中山函电汇编》,就知道当年追随孙中山一起干事的人有成千上万,这些还都是留下了名字、有过通信往来的人。至于那些从不发声,或很少发声的追随者、潜水者,更是不可胜数。历史研究如果不能兼及这些人物的行迹、言论,那么所描写的历史总是不完整的。何况,如果没有配角、没有绿叶、没有"小人物"的陪衬,英雄也势必显得孤寂、落寞。《高振霄三部曲》对历史细节有很多补充,由此亦可看到历史主角与历史配角、大人物与小人物、英雄与民众之间不可须臾离开的关系,正是他们的相互配合、补充、合作,构成了历史。

第二,名人后裔为其祖辈撰写家族历史,以此传承传统文化、弘扬民族精神不仅是社会道德示范,同时也考验着这些名人后裔的修养、教养与学识。中国原本是一个最具历史感的国家,至少从孔子以来就格外注意历史资料的征集、整理,注意家族历史的书写,注意前人事迹对后人的激励、示范。这种历史感是最好的道德示范,后人通过历史对祖先敬畏、尊重,在前人奋斗基础上更上一层楼。"慎终追远,民德归厚矣",曾子的感慨,就是中国人历千百年而不变的历史启示。在以往的传统社会,中国人凭借着自己的力量,编辑出版了大量的家谱、族谱、年谱、史迹、文集、传记等。那时的物质条件和出版条件肯定不如现在。现代社会让人们产生了农业文明状态下不曾有的焦虑,现代人却在过去上百年忽略了这个最重要的精神传承,这是非常遗憾的。高振霄先生之所以没有像其他历史事件参与者那样永远沉没在历史的黑洞里,除了些许碎片化的信息外,主要还是因为传主有像中自君、琪珉君这样的"孝子贤孙",他们在温饱、体面的生活之余,不忘在浩如烟海的历史文献中寻找祖先留下的印痕。能够静下心来收集祖先的资料,编辑成册,确实不易。经济上的开销是一个方面,而时间、精力、兴致,都在考验着这些名人后裔的修养、教养与学识。他们于情为祖尽孝,于理为史补遗,于性为喜而为,作为读者,我们应该感谢高中自先生、王琪珉先生、裴高才先生的努力;作为近代史从业人员,我也从这几本书中学到了不少,故而乐于向读者诸君推荐。

(马勇:中国社会科学院研究员,中国现代文化学会副会长)

楚天"高曲","孤岛"忠魂

涂怀章

一

辛亥仲秋雨夜,武昌城头,飓风满楼。

武昌首义的一声枪响,划破夜空,发出了时代最强音。那是民族进行曲,冲破楚天,飞向世界;是人民与英雄豪杰、志士仁人的大合唱,是无数生命与热血的奏鸣曲。《高振霄三部曲》之传记传主的一生,正是其中扣人心弦的乐章之一。

早年,胡适先生曾指出,传记文学的创作须以实在的态度,写出传主的"实在身份,实在神情,实在口吻"。有了三个"实在",才能经得起历史的检验,成为益智谕人的传世之作。在这部长篇传记文学作品中,作者试图实践胡适先生的主张,以海峡两岸解密档案与民间原始史料,以及传主当年的手书资料为依据,设计传奇般的故事结构,以散文式语言,系统地叙说这位辛亥喉舌、首义金刚、护法中坚、抗战英烈的悲壮人生。

二

"楚虽三户,亡秦必楚。"楚通九省,亡清亦楚。在楚人的骨髓里,自古就有敢为天下先的文化传统。本书主人公高振霄一生,阅历丰富,身世奇特,虽兼具辛亥报人、军政府"总稽查"、总统府顾问、国会议员、洪帮大佬、抗日策反委员等多种职衔,但身上始终沸腾着走在时代前列的"弄潮儿"热血。

正如法国哲学家爱尔维修所言:人是环境与教育的产物。高振霄个性的形成,与他早期所处的地域有关。作者详考传主成长的脚印,抓住了独特文化背景——湖北房县的"流放文化"。由此切入,层层探寻分析,钩沉和梳理其思想嬗变的轨迹。

流放对被流放者而言,是炼狱;对流放地来说,是机遇。流放者,往往成为某种文化的传播者。早在秦朝,秦始皇曾将吕不韦的门客与亲属流放到房陵(今房县)。在被流放的三四万人中,既有从事编撰《吕氏春秋》的高官或名士,又有各行各业的精英。到了晚唐,武则天把皇太子李显流放到此十四五年,封为"庐陵王"。后来,李显继位成为唐中宗。历史上诸行业精英被流放到此,从而促进了当地文化的多元发展。在流放文化的熏陶下,生长于斯、习读于斯的高振霄,自幼养成勤奋进取、嫉恶如仇和勇于担当的个性。

三

高振霄走出大山,来到省垣武昌,因为深知民间疾苦,决定从办报开始替百姓代言,伸张正义。由武汉到广州、上海,鼓吹革命,为民喉舌。武昌首义之初,他主持招纳处(复更名"集贤馆"),充任总稽查。从武昌光复到阳夏之战再到拱卫武昌,屡建奇功。辛亥报人曾以高振霄与蔡济民等为原型创作了小说《八大金刚》,倾情赞扬,广为流传。

本书在叙介高振霄以立法、护法,履行非常国会议员职责方面,既有传主对孙中山"五权宪法"的专门研究,又有他关于"议会外交"的建议案,促成王正廷以南方军政府的全权代表参加巴黎和会,还有高振霄广州蒙难遭到抢辱后,仍然愈挫愈勇,护法到底的义举。并援引孙中山亲笔函,予以佐证。孙函云:"兄等间关流离,不堕初志,至可钦佩。文力所及,自必为诸兄后盾,务期合法者战胜非法,统一乃可实现……"表现传主其"护法斗士"的气概。

四

如果说以上所述,是作者对传主"实在身份"予以准确精当的把握的话,那么接下来值得称道的是,对"实在神情"和"实在口吻"的落实。主要体现在人物刻画上,所用技巧符合美学的原理。

传主登场,先以粗线条勾勒肖像,让容颜、服饰、姿态、神情留给读者具体印象。继而突出个性化语言、动作,着意展现其特立独行之性情。如写广州护法期间,对话生动,穿插议案,引用原文,回忆经历,展示性格,令人如闻其声,如见其人,如临其境。尤其《醉仙情缘》一章,场景逼真,气氛浓郁,举止奇异,话语铿锵。醉仙居酒楼醉跳,凸显传主嫉恶如仇,刚烈豪情跃然纸上。

舍身取义是高振霄人生极耀眼的光环,也是本书最精彩的部分。"八一三"淞沪会战爆发后,他本可以偕全家撤退到后方。但为了保卫祖国,毅然留在上海滩,带领"五圣山"兄弟,奋战"孤岛",成为与倭寇斗智斗勇的孤胆英雄。"高传"托出传主在抗战中鲜为人知的史实,常令人动心动容,感奋不已。如《策反日伪》,面对敌方头目丁锡山荷枪实弹地抓捕抗日将领(毛泽东之表弟)文强,高急中生智,以帮会大佬的威严姿态冲到晚辈丁氏跟前,"啪啪啪",几记响亮耳光,打得丁氏丈二和尚——摸不着头脑。接着一顿厉声大骂,义正辞严,使对方理屈词穷难于动弹,于是解救了文强。此处有心理描述,动作摹写,细节巧用,目的是彰显高氏义字当头、为朋友两肋插刀的豪爽个性,同时拥有爱憎分明的内心世界。引人入胜自不待言,且真实可信,与人物身份、性格特征吻合,符合事理逻辑。

五

《抗日英烈》一章,更是表现主人公取义成仁的高潮部分。请读高振霄单刀赴会场面:在日军特务的青酒鸿门宴上,传主借家乡古老的房陵皇酒,浇胸中块垒。以"实在口吻",与倭寇"斗酒",实为斗智斗勇。大段精彩对白,充分展现其宁饮毒酒、不愿出任伪职的铮铮铁骨,表现出一位大丈夫富贵不淫、威武不屈的民族气节。对传主与日军特务的语言交锋,没有使用人们想当然的豪言壮语,而是根据具体人文特质、内心真实波澜,恰到好处地运用语言感染力显示人物个性。像是两个武功高强的剑客,表面冷静如常,实则剑气吟啸,步步杀机。用字节制,力透纸背。再辅以侧面反应、间接烘托、叙议评点,使人物的真实性与文学性表达水乳交融,和谐统一。

写到高振霄被日寇毒害之后,作者援引中共地下党的挽联:"赤胆忠心守孤岛,视死如归,是辛亥功臣本色;只身赴会斗恶魔,怀生宛在,为中华民族争光。"介绍了蒋介石、宋子文亲笔题祭"精忠报国""忠贞体国",以及社会名流的祭文"公望高山斗,品重圭璋;赞翊共和,树勋猷于江汉;抚绥黎庶,宣威德于荆襄;护法统而名垂不朽,伸民权而会集非常;洵匡时之柱石,为建国之栋梁……"等,真实地还原了国共两党及国人对抗战英烈的敬仰之情。

六

这是一部由作家裴高才主创、学者高中自与律师王琪珉全力合作的文本。他们分工合作,充分运用其考据与整合功夫,对所打捞出的"死材料",抢救的"活材料",去粗取精,去伪存真,然后做文学加工。高振霄一生,真乃楚天"高曲","孤岛"忠魂,过去因年代久远为历史云烟遮蔽,知者不多。现经集体创作闪亮面世,必为万众景仰领略,让英烈光焰永存。

就已逝人物本身而言,后人的褒贬毁誉并不能为其提供物质与精神感受。捷克著名作家米兰·昆德拉说过:所谓"不朽",无非是接受后世"审判",名气愈大,"审判"愈久。但通过"传记"所做的探讨和再现,对现实与未来社会的价值则无可估量。史家钻研、选论历史,小说家描绘甚至虚构历史,传记文学家既选择又借文学技巧强化其真实性与感人效果,自然是想把"历史的镜子"做得更有质量。《高振霄三部曲》之传记是出色的制作,材质优异,工艺精细,晶莹清澈,鉴照力强。英烈事迹品行,将成为后代励志学习的榜样。

  传主曾经提出:"振兴中华,福利民众。"这既是他为高氏宗族所续的字派,也是高氏后裔百年遵循的家训,更是弘扬辛亥首义精神、追求崇高理想的真实写照。这与当前实践"中国梦"的理念,亦有相通之处。由此我认为,这部为抗战史存真、为青少年立表、为文坛平添佳话的传记文学作品,特别值得青少年一读。

甲午金秋于广东

(涂怀章:中国写作学会前副会长,湖北省写作学会会长、湖北大学教授,武汉作协副主席)

目 录 CONTENTS

引子　辛亥风暴 ………………………………………………………… 1

"精神栩栩下大荒,功名赫赫披武昌。"首义之区的革命报人以《八大金刚》的章回小说,演绎高振霄与蔡济民等八名"总稽查"的可歌可泣事迹。

第一章　书香世家 ………………………………………………………… 9

高振霄生于湖北房县汪家河的一个书香世家,后迁县城关。其祖父高凤阁饱学经史,以设馆授徒为生;其父高步云继承父业,先后在房县、省城和京师等地任教。

第二章　武昌深造 ………………………………………………………… 21

16岁那年,高振霄走出大山,随父到省垣深造,接受新学熏陶,让他开阔眼界。不久,季弟高振声长子出世,他特书"振兴中华,福利民众"为高氏宗谱续字派。

第三章　楚汉之声 ………………………………………………………… 33

高振霄接受革命启蒙后,正式取字"汉声",誓以"亡清必楚"为己任,为振兴中华而呐喊。同时以"汉声"为笔名投书报刊,激浊扬清,投身同盟革命。

第四章　辛亥"喉舌" ……………………………………………………… 41

高振霄相继在《湖北日报》《政学日报》《长江日报》与《夏报》等进步报刊上,针砭时弊,鼓吹革命。他在《夏报》上转载外报文摘"当局闻风潜派侦探,分途伺隙桢馆",为党人预警。

第五章　首义金刚 ………………………………………………………… 53

高振霄、蔡济民等八名"总稽查""见官大一级";他们负责稽查各部、各行政机关及各军队,在一些重大问题上具有"一票否决权",时人称他们为武昌首

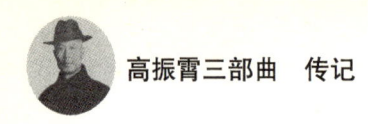

义"八大金刚"。

第六章　招贤纳士 ········· 69
武昌首义成功次日,军政府招纳处即成立,由高振霄招纳各地投效的政、学两界人士,吴醒汉接待军界志士。一时间,投效者众,五十天左右,海内外一万余各类人才荟萃武昌……

第七章　调查"张案" ········· 79
"民国第一案"发生,高振霄会同友人查实真相后,他与国会议员刘成禺、时功玖等一道,以不同形式声讨,要求惩治凶手、弹劾总理、质询袁世凯与黎元洪……

第八章　首造"国节" ········· 89
辛亥首义建立了亚洲第一个共和政体,也首造了"双十"节。高振霄在广州参加"双十"国庆活动后,不禁感慨万千,一篇《举市若狂的"双十节"》涌向笔端:"记者为首造此节之人……"

第九章　倡导"五权" ········· 103
高振霄与张知本、叶夏声等非常国会议员,受命对孙中山的"五权宪法"进行专门研究,并公推张知本起草《"五权宪法"研究报告》,叶夏声提交《"五权宪法"草案》,然后面呈孙中山。

第十章　议会外交 ········· 113
广州军政府与非常国会通过了高振霄的建议案后,拟选派5名代表参加巴黎和会。经过与北洋政府协商,决定由王正廷作为军政府的全权代表,与北洋政府代表一起组团,代表中国政府在会上发声。

第十一章　纵论"自治" ········· 129
面对军阀混战,民不聊生,如何由天下大乱走向各地自治?高振霄认为:"'自由'是人格的要义,'自治'是恢复'自由'的要义。'自治'是讲求'自由'的手段,'自治'始能'自由'!"

第十二章　护法中坚 ········· 143
北洋军阀践踏法统,非法解散国会,导致护法军兴,高振霄即与孙中山、章太炎、程光璧、陈炯明等各界名流南下,结成护法同盟,经略南方,与践踏法律的北廷分庭抗礼……

第十三章　羊城蒙难 ……………………………… 155

高振霄遭到抢辱后,愈挫愈勇,致函孙中山表达护法到底的决心！孙亦复函向其致意。函云："兄等间关流离,不堕初志,至可钦佩。文力所及,自必为诸兄后盾,务期合法者战胜非法,统一乃可实现……"

第十四章　"醉仙"情缘 …………………………… 169

暴风雨,暴风雨就要来了！酩酊大醉的高振霄一边怒吼,一边拉开窗门,准备从二楼跳下,教训戒严的军士！家住对门的沈姑娘眼疾手快,立即从家中抱来几床被絮,铺在窗台下面……

第十五章　厕身洪门 ………………………………… 179

高振霄受孙中山之命,以洪门帮会组织"五圣山"副头目的身份,襄助"龙头"老大向松坡,在上海重振洪帮,策应孙中山领导的反对北洋军阀及外国列强的斗争。

第十六章　社会贤达 ………………………………… 191

高振霄诀别国父孙中山后,寓居上海。他会同章炳麟、范熙壬等社会名流,内谴国贼、外争国权。第一次国共合作破裂后,高振霄转任"汉冶萍"清算委员会委员,参与其接管与整顿工作。

第十七章　协力抗倭 ………………………………… 201

高振霄利用"五圣山"的平台,会同张执一、黄申芗,网罗了一批洪帮与青帮中的爱国分子,以及具有民族责任感的知识分子等各界知名人士,开辟了一条民间抗日联合的新途径。

第十八章　"心腹大哥" ……………………………… 217

经高振霄斡旋,张执一、陈家康等,在晋福里高宅与向松坡会晤,相谈甚欢。接着,高振霄主持了张、陈一行加入洪帮的开堂仪式,向松坡赐他们为"心腹大哥"……

第十九章　策反日伪 ………………………………… 233

高振霄一气之下冲到丁锡山跟前,"啪啪啪"抽了几记响亮的耳光,丁氏猝不及防,被打得眼冒金星,顿时如丈二和尚——摸不着头脑。继而,高指着丁的

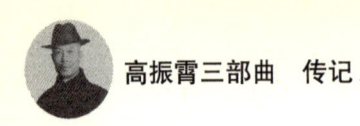

鼻子厉声骂道:你这个忘恩负义的东西……

第二十章　送婿参军 ………………………………………… 249

王国熊要求走上抗日前线,岳父高振霄展素挥毫,专门给胡宗南修书一封交其面呈。女婿揖别老泰山,翁婿默默相对,泣不成声。这一幕岳父送子婿参军抗倭的场面,令女婿永远铭刻在心。

第二十一章　营救"至亲" ………………………………… 263

高振霄积极、慎重地与中共地下党组织密切配合,研究营救"至亲"方案:只能智取,不能强攻;地下党则委托高振霄用洪帮山主的身份,以老家远房表亲的关系出面保释。

第二十二章　较量"孤岛" ………………………………… 275

接二连三吃了高振霄两次闭门羹后,影佐祯昭气不打一处来。可是,影佐祯昭觉得"五圣山"山主的身份对建立"东亚共荣"确有利用价值,所以,他决定亲自走到前台,会一会这位洪帮大佬。

第二十三章　抗日英烈 ……………………………………… 285

日军驻沪最高头目设下鸿门宴,高振霄单刀赴会"斗酒"！当日军诱逼其出任上海市长伪职时,高愤然作色道:"中国的事情岂由外人安排?"气极败坏的日军头目密令冈村暗中在酒中投毒。高以身殉国后,蒋介石题"精忠报国"追祭。

尾声　兰桂芬芳 ……………………………………………… 301

"振兴中华,福利民众。"百年来,高氏家族将高振霄当年所续宗族字派,作为家训,世代传承。如今,高氏一脉已是阖家兰桂芬芳,香飘海内外。

简明年谱 ………………………………………………………… 306

高振霄有关资料照片 …………………………………………… 337

跋 ………………………………………………………………… 363

引子　辛亥风暴

"精神栩栩下大荒,功名赫赫披武昌。"首义之区的革命报人以《八大金刚》的章回小说,演绎高振霄与蔡济民等八名"总稽查"的可歌可泣事迹。

引子 | 辛亥风暴

万里长江,浩浩汤汤,浪拍天际,奔腾不息;

长江与汉水在江城武汉汇合,呼号轰鸣,似乎在交头接耳,诉说着什么……

长江,宛若一支属于历史的、现实的,乃至未来的巨笔,记下了华夏的兴衰与文明史;长江与汉江,又如两根硕大无比的琴弦,弹奏出一曲曲壮歌悲曲。

金秋时节,是收获的季节。

她给大自然带来了丰硕的果实,给人类和众多生灵,赏赐了无数得以延续生命的食粮。

辛亥年(清宣统三年)的湖广总督府都城武昌,秋雨来得特别早。秋雨洗刷过的江城天空,像大海一样湛蓝碧透;朵朵白云犹如扬帆起航的轻舟,在江面上慢悠悠地飘浮着。

秋雨霏霏,飘飘洒洒。

古老的武昌城,细密的雨丝在天地之间,织起一张灰蒙蒙的幔帐,像一幅没有尽头的画卷——

秋雨如烟如雾。

雨落在地面上卷起了一阵青烟,土地好像绽放出了一个笑的酒窝;雨落在长江里,像滴进晶莹的玉盘,溅起了粒粒珍珠。

秋雨"唰唰"地下着,犹如正在演奏交响曲:

奏黄了一片片稻田,奏红了一棵棵枫树,奏出了遍地金黄,奏出了象征着成熟、丰收的秋色。

辛亥年八月十八日(1911年10月9日)上午,有一位青年高汉声,路过黄鹤楼故址的奥略楼,沐浴着晶莹透彻、迷迷漫漫、荡漾在半空中的秋雨。他所感觉的秋雨、如丝、如绢、如雾、如烟……

这位正当而立之年的同盟会与共进会会员,本名高振霄,参加革命后取字"汉声",时任汉口《夏报》编辑。

莫看他修长的身材,体形瘦弱,但平素却精神抖擞,昂首挺胸,浑身是胆,总有使不完的劲。

他五官轮廓分明而深邃,英俊的侧脸完美得几乎无可挑剔;剑一般的眉毛斜斜飞入鬓角落下的几缕乌发中,蕴含着几分神采与灵气。

在高挺的鼻梁映衬下,他薄薄的嘴唇,能言善辩,常常会发出惊人的妙语;一双炯炯有神的大眼,不经意间往往会精光闪烁,外照日月,让人丝毫不敢小视。

在他身上,散发出来的那种与生俱来的特质,像是各种气质的混合;在那些温柔与帅气中,又有着他自己独特的空灵与俊秀!

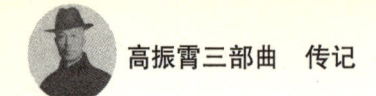

高振霄伫立于奥略楼江岸,一会儿,仰望天空的滚滚乌云,雨点撒落在脸上,凉丝丝;流进嘴里,甜津津,像米酒,像蜂蜜,使人如醺,如梦,如痴,如醉。

一会儿,他放眼奔腾不息的长江与汉江交汇处的波涛,以及烟波浩渺的江面。忽然,一个怒雷咆哮着从天而降,随后一道闪电划过长空。顷刻间,豆大的雨点像是机关枪射出的子弹一般落在地上,绽开了一朵朵美丽而短暂的水花。

雨越下越大,大大小小的雨滴连成一片,好似银龙在拥挤的空间碰撞、飞溅,画出一条条不规则的曲线。

大约十时许,高振霄突然听到长江对岸的汉口,传来了轰隆隆的爆炸声!他预感到,一场摧枯拉朽的暴风雨就要来临!

秋风萧瑟,阴雨霏弥。

白天,秋雨的脚步细碎而轻盈,淅淅沥沥地没有停过,犹如交织成的天网笼罩着江城。

高振霄回到家里,革命党人传来消息,果然是共进会总部发生了炸弹爆炸事件,造成孙武受伤、机关被查禁、党人遭逮捕,武汉三镇全城戒严!

顿时,武汉三镇风声鹤唳,人人自危。

高振霄趁着雨夜的模糊,帮助一批党人迅速转移。他忙了一宿,刚刚躺在床上闭上眼睛,突然被传来的噩耗惊醒——

凌晨五时,三位武昌起义总司令部军务筹备员彭楚藩、刘复基、杨洪胜,大义凛然地走向刑场,流尽了最后一滴血。

高振霄顿时义愤填膺,摩拳擦掌,誓与反动势力决战。辛亥革命"一支笔"胡石庵,则愤然写下了气势磅礴的《三烈士赞》。诗云:

龟山苍苍,江水泱泱,烈士一死清朝亡,掷好头颅报轩皇,精神栩栩下大荒,功名赫赫披武昌……

不在腥风中倒下,就在血雨里奋起。

当时的武昌城共有九座城门,位于城北有一座由"都武而昌,得胜之地"而得名的武胜门(又称草湖门)。

武胜门外一个叫塘角的地方,驻扎着一支拱卫武昌的清军劲旅——新军第二十一混成协(相当于现在的旅)所属炮队第十一营、工程队与辎重队。

烈士的鲜血,浇剧了革命烈火。面对武昌首义司令部领导人或伤或亡或逃的惨景,辎重队的革命党总代表李鹏升高呼:楚虽三户,亡秦必楚;楚虽三烈,覆清必楚;三烈在前,我们在后!

李鹏升当机立断,于当天傍晚六点钟,率先点燃武昌首义的第一把火!

引子 | 辛亥风暴

顷刻间，塘角军营火焰冲天，"横亘数十丈不已"。辛亥志士们在"得胜之门"拉开了武昌首义的序幕。这支清军劲旅因此成为埋葬清王朝的开路先锋。

火光就是信号，哨声就是命令。

李鹏升迅速集合起义部队，向着城内楚望台军械库迅奔！时人赞曰："揭竿一呼究谁始，陇西华胄名鹏升！"

到了晚上七八点钟，武昌城内黄土坡的新军第八镇工程第八营，一阵清脆的枪声，划破了雨中的夜空。

随后，毗邻工程营的第二十九标、第三十标兵营，以及测绘学堂等革命党人纷纷揭竿而起，响应风从，并率先占领了楚望台军械库。

继而，临危受命的吴兆麟指挥起义部队，分三路主攻清廷湖广总督府，闻讯赶来的民军炮兵，则在楚望台高地和蛇山上，向着湖广总督府猛烈开火。

"轰隆隆……"随着三响呼啸的炮弹，落到总督府，湖广总督瑞澂被吓破了胆，即令凿墙钻洞，逃往停泊在长江边的"楚豫"军舰上躲避。

辛亥首义志士们通过连续八小时的浴血奋战，摧枯拉朽地砸碎了清廷湖广总督署的国家机器，首次在武昌城升起了九角十八星旗。

悠悠中华，从此进入了新纪元：第一个共和政体率先屹立于世界东方。

亚洲第一个共和政体——"中华民国"湖北军政府诞生后，群情鼎沸，各方响应。

蔡济民珍藏、现为湖北省博物馆藏九角十八星旗原件

武昌起义后成立的湖北军政府

中外反动势力顿时焦头烂额,他们不是调兵遣将,水陆并剿,就是虎视眈眈,居心叵测,企图将新生政权扼杀于摇篮中。

支撑危局的辛亥首义中坚高振霄发现,在刚刚光复的武昌城,有少数的极端分子,肆意诛杀旗人妇孺,一些不法分子则趁火打劫。

高振霄顿时心急如焚,立即与首义党人合计道:"如果不及时制止城中的滥杀无辜,就是攻下楚望台,占领总都督署,也会遭到广大城镇居民、百姓、商人甚至国际舆论之反对和谴责,将会引起更大的国际纠纷和流血冲突,更难有武昌起义之最终胜利。"

心动不如行动。高振霄旋即与张振武、陈宏诰等商定,在军政府成立临时执法处及稽查队,并推举程汉卿为执法处长,连夜起草并四处张贴《刑赏令》。

首义时的张振武

《刑赏令》规定:"伤害外人者斩""保护租界者赏""守卫教堂者赏"……

接着,又出台了"军令八条",诸如"义军举动,总宜文明,军队中上自都督,下至兵夫,均一律守纪律,严禁滥杀,不准私放枪声,违者斩。擅入民家,苛索钱财及私行纵火者斩"等。

军令、赏罚令遍贴武昌城大街小巷,前来观看布告者,人头攒动,有人甚至流下了激动的热泪。

高振霄还亲自率领稽查队边沿街巡逻,边沿街演说,安定人心。

首义翌日,他们又以军政府名义照会各国领事,声称"对各友邦,益敦睦谊,以期维持世界之和平,增进人类之幸福"。

照会宣布:所有清国此前与各国缔结条约,继续有效;赔款外债,照旧担任;各国既得权利和在华外人私有财产,一体保护。

10月12日,为迅速填补权力真空,管理民政最急事务迫在眉睫。高振霄即与费矩、袁国纪等受命主持筹组民政部延致人才,编定简章分科办事,管辖民政最急事务。

与此同时,军政府于10月12日新成立了"招纳处"(复更名"集贤馆"),其主要任务是招集文武贤才,襄助军政,共图建立共和民国大业。

招纳处由高振霄与吴醒汉、蒋秉忠三人专司其职。具体分工是高振霄负责政界、学界人士,吴醒汉负责接待军界人才。次日,招纳处在报纸与街头巷尾广而告之:勿论文武员弁,有一技之长,即送府委用。

首义时的吴醒汉(吴醒汉嫡孙吴璐收藏)

集贤馆挂牌后,各地人才纷至沓来,仅10月15日这天就有400余人报名应聘。次日选拔懂法语、德语的三人,当即被委派到汉口租界办外交。25日招聘人员金鸿钧受命创办将校决死团。11月中旬,又招聘了400余人。至12月,招聘人数达10000余人。

10月14日,革命党人制订了《中华民国鄂军政府改订暂行条例》,设立由高振霄、蔡济民、牟鸿勋、谢石钦、苏成章、梅宝玑、陈宏诰、钱守范8位革命党人为总稽查的总稽查部。

《蔡氏宗谱》中的蔡济民像(1921年版,蔡柏青收藏孤本)

《条例》规定,总稽查部直属军政府,位于内务、外交、军务、理财、司法、交通六部之上,该部可以直接干预各部行政并负责处理特殊任务。凡重要会议和人事安排,推选重要职员,例由上述8位总稽查负责召集,总稽查不仅负稽查各部、各行政机关及各军队之责,还兼任临时督战指挥各事,并在一些重大问题上具有"一票否决权"。

汉阳失陷后,军心摇动,高振霄等总稽查在保卫武昌战斗中组成稽查队,勇赴战场第一线,专稽查战地及各部一切弊端。

稽查队的义举,对坚守、捍卫武昌首义战果,振军威,维护秩序,稳定人心发挥重要作用。"首义之区"的革命报人创作了纪实文学《八大金刚》,以民众喜闻乐见的章回小说形式,妙用佛教"八大金刚"的神威,形象演绎了蔡济民、高振霄等8位总稽查的革命功绩。

一时间,"首义金刚"高振霄的名字,在武汉三镇不胫而走。

第一章　书香世家

> 高振霄生于湖北房县汪家河的一个书香世家,后迁县城关。其祖父高凤阁饱学经史,以设馆授徒为生;其父高步云继承父业,先后在房县、省城和京师等地任教。

第一章 | 书香世家

自鸦片战争以来,清政府腐败无能,丧权辱国,割地赔款,中国沦为半殖民地半封建社会。国家积贫积弱,百姓遭受重重压迫,不堪重负,万户萧疏。

压迫愈重,反抗愈烈。光绪七年(1881年)7月13日爆发的"济南教案",就是当地人民自发起来反抗美国传教士欺诈、侵权行径的正义行动。

这年金秋,在湖北省郧阳府房县西北九十里的汪家河村(今湖北省十堰市房县化龙堰镇汪家河村),私塾先生高步云(字自发)的夫人袁氏(1859—1929年),在十月怀胎之后,分娩了一个虎头虎脑的男婴。

汪家河村有一条长达37.5千米的河流,名曰汪家河。这里的村名与河名均因当地的汪氏望族而得名。汪家河是一条处于两座大山之间呈"S"型的山区河流,发源于房县大木镇,注入房县护城河。

古代的交通运输主要是靠水运。汪家河连通房县的姚坪乡、板桥铺乡、大木镇,军店镇的指北村、洞子村、白果村,以及出入丹江、郧县、十堰,甚至是通往川、渝、陕等地的黄金水道。当地人大多就是顺着汪家河漂流或逆流而上,出行或外出做生意的。

山青水秀的高振霄出生故地汪家河

坐落于汪家河畔的桃花源——汪家河村,汪氏、高氏与袁氏三大家族,在这里世代繁衍生息。而高凤阁、高步云父子饱学经史、工于楷书,故自高步云的父亲高凤阁那一代起,就被三大家族聘请,正式落户汪家河村设馆授徒。

三大家族在此出钱、出力、出智,共同办学,和睦相处,渐渐地三个家族结为通家之好。

· 11 ·

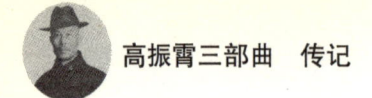

高家公子高步云学有专长,袁家小姐则贤淑有德,于是经父母之命,媒妁之言,高公子与袁小姐便结为秦晋之好。

继而,高步云教书育人,袁小姐相夫敬老,小两口相濡以沫,相敬如宾,在三乡四邻,有口皆碑。

那天,高步云抱着刚刚出世的长子,深情地看着爱妻,忽然想到自己的祖父、父亲到他这一代,都是单传的境况,他希冀儿子这一代能瓜瓞绵绵,人丁兴旺。于是,他与父亲高凤阁商量后,给孩子取了个响亮的名字"振霄",意为"振兴家邦,气冲霄汉"。

也许是心诚则灵,接下来袁氏一共给高家生育了五子二女,可谓"七子团圆"。其中五子依次为:振霄(字汉声)、振汉(字剑韬)、振声(字贤九)、振亚(字东屏)、振东(字一超)。

学识渊博,为人耿直的高步云继承父业后,认为汪家河虽然是祖居,但毕竟偏乡僻壤,与一县的政治文化中心的房县县城相比,孤陋寡闻,不利于孩子的成长。而他处世恭谨,声誉卓著,早有县城士绅聘请。是故,几年后,他就将家从汪家河迁入房县城关镇,在此设馆授徒。

高振霄生活在书香门第,自幼沐浴高家书香门第遗风。

在高振霄三岁时,祖父高凤阁就心传口授,手把手地教他练习书法。为了激发孙子的学习兴趣,高凤阁将家藏的光洁如镜的汉砖,以木架支托在堂屋,教孙子蘸水习字。小振霄觉得很新鲜,每天模仿笔画,练字不止。

小振霄的学习兴趣调动起来后,高凤阁便按照《永字八法》的要求,对孙子进行严格训练,仅练执笔一项,就费时半个多月。务必做到"直体端坐,凝神专注,秉笔中正,腕平笔直,五指协力,抽之不去"。不久,小振霄便开始练习擘窠大字了。

为了调节一下学习气氛,高步云则将教儿子背诵诗文与练习书法交叉进行。果然事半功倍,小振霄记忆力惊人,竟过目成诵。到了五岁那年,高步云便正式带儿子进塾馆进行系统调教。

入学甫一年,有一天,一位亲友出于好奇,特地拿出《三字经》《千字文》逐一对小振霄进行抽查,结果发现他竟识字千余。

七岁时,高步云开始给小振霄讲授"四书五经"。

"四书"之名始于南宋,是程朱(程颢、程颐、朱熹)理学的集大成者朱熹把《论语》《孟子》《大学》与《中庸》汇集刊刻,问行于世,并称"四书"。

那天,高步云引经据典地对儿子讲道——

《四书》是儒家的经典书籍,包括《论语》《孟子》《大学》和《中庸》。《论语》

第一章 | 书香世家

是记载孔子及其学生言行的一部书,《孟子》是记载孟子及其学生言行的一部书,《大学》和《中庸》本是《小戴礼记》中的两篇文章,据传《大学》的作者是曾参,《中庸》的作者是子思。南宋光宗绍熙元年(公元1190年),著名理学家朱熹将《小戴礼记》中的《大学》和《中庸》两篇抽出来,与《论语》《孟子》汇集到一起,作为一套经书刊刻问世。朱熹的《四书章句集注》出版后,成为宋朝以后直至清朝影响中国社会最深最广的一套经书。

对于阅读《四书》的次序和要求,朱熹的《朱子语类》中有一段话说得很明白:"某要人先读《大学》,以定其规模,次读《论语》,以立其根本。次读《孟子》,以观其发越。次读《中庸》,以求古人之微妙处。《大学》一篇,有等级次第,总作一处易晓,宜先看。《论语》却实,但言语散见,初亦难看。《孟子》有感激兴发人心处。《中庸》亦难读,看三书后,方宜读之。"朱熹这段话的意思是,读《四书》有先后次序,应先读《大学》,再读《论语》,然后读《孟子》,最后读《中庸》,这个次序既考虑到《四书》之间的有机联系,又考虑到《四书》理解上的难易程度。所谓"定其规模"就是定下三纲领、八条目的修己治人的思想规模;"立其根本"就是打下儒学的理论基础,"观其发越"就是理解儒家学说的进一步发挥;"求古人之微妙处"就是探索古圣人"微妙而难见"的道心。

理学的奠基人程颐和程颢认为,《大学》是儒学的入门读物。二程说:"《大学》,孔氏之遗书,而初学入德之门也。于今可见古人为学次第者,独赖此篇之存,而《论》《孟》次之。学者必由是而学焉,则庶乎其不差矣。"

朱熹还把《大学》视为无所不能容纳的"纲领",他说:"先通《大学》,立定纲领,其他经皆杂说在里许。通得《大学》了,去看他经,方见得此是格物致知事,此是正心诚意事,此是修身事,此是齐家、治国、平天下事。"

高步云在讲授"四书"的同时,将"五经"穿插期间。所谓"五经"是指儒家的五圣经:《周易》《尚书》《诗经》《礼记》与《春秋》。

在讲解中华文化的元典《诗经》时,祖父与父亲又给小振霄讲述有"诗祖"之誉的尹吉甫,在房县采风《诗经》的故事,以及《诗经·风》中有关的房县元素——

明代《郧阳府志》云:"尹吉甫,房陵人,食采于房,卒葬房之青峰山。"清代同治《房县志》卷九亦云:"周尹吉甫,房陵人。宣王时食采于房,诗人为之赋《六月》。……自《大明一统志》以为房人,志因之,且载有墓。"

为祀祠一代诗祖,房县曾在城东45千米的青峰山修建了石窟"青峰宝堂寺",大门用方石雕刻,寺中精美的石门、石窗、望柱、挟栏等,均在绝壁上雕琢而成,寺内供奉着尹吉甫的石像,其像手中还握着一个大毒蜂。相传在寺前有八

· 13 ·

间木雕结构庙房,还有高大庄严的龟驮碑,有二尊高浮雕龙凤碑、凤帽,都是远古御碑。清朝又两次扩建。有一巨立碑记。首句就点到说:"夫青峰乃古周朝名宦尹吉甫之佳城(指古墓地)……"

不过,关于尹吉甫的籍贯问题,各说不一,诸如河北沧州说、四川泸州说与山西平遥说等。

《诗经》按照音乐的不同,划分为《风》《雅》《颂》三部分。其中《风》是来自全国15个地方的民歌。

《诗经》的开篇为周南、召南两地的民歌。关于"二南"的地域分布,相当于今天的陕西南部、河南南部、湖北西北等广大地区。流行于这些地区的音乐,便是所谓的"南音"。而房县(时称防渚)在周代正好隶于召南郡(清同治四年《房县志》卷一之《沿革》,2002年点校版第39页),处于周南与召南交汇的地域。

不仅如此,《诗经·召南》里的一首民歌云:"野有死麕,白茅包之,有女怀春,吉士诱之。"正好是描写房县的习俗。

原来,自古以来这里便生长有一种名叫白茅的野草,它细长的叶子,开着像芦苇花一样的白花。房县人合伙打猎时,打到猎物后如果有人用白茅包裹了猎物,就意味着要送给心上人。一起打猎的人就不再瓜分猎物。"野有死麕"是召南民歌,而"白茅包之",说的正是房县数千年来的打猎习俗。

在讲解《诗经·周南·关雎》中的"关关雎鸠,在河之洲,窈窕淑女,君子好逑"时,高步云又结合房县有关《关雎》生动有趣的民歌唱腔,让孩子在唱中学,学中唱,乐在其中。

在先贤的激励下,高振霄尤其喜欢对句,祖孙、父子之间,常常以日常生活的人或事为题随机问答,他对答如流,且不乏妙语连珠。

有一天,从省城武昌晴川书院的一位教授前来高家拜访,为了试试高振霄的对句能力,就以县名与年龄现场出上联,要求高振霄对出下联。上联云:"房陵县童生九岁。"

"紫禁城江山万年!"哪知,自幼受父母影响,小振霄竟脱口而出。

"冷板凳要坐十年;空文章不写一句。"接着,先生出一副对联,让高振霄挑刺,并在此基础重拟新联。

小振霄想了想,此联对仗十分工整,无"刺"可挑,但平仄不对,应该是"仄仄平平平仄仄,平平仄仄仄平平"才对,所以,他将上述对联修改为:"板凳要坐十年冷;文章不写一句空。"

"好!不错!听好,老夫又有一联:四水江第一,四季夏第一,先生居江夏,是第二,还是第一?"先生捋了捋胡须,又以自己的籍贯出了一上联,要求高振霄对下联。

高振霄皱了一下眉头，心里说：先生所说的"四水"即江、淮、河、济，"四季"即春、夏、秋、冬，他是借"江"与"夏"的序列，先分后总，组合为"江夏"的地名；而用"是第二，还是第一"的诘问，暗喻自己是江夏郡数一数二的名士。如何回答，不仅涉及学问，还事关礼仪。他冥思苦想一番后，有了下联："三教儒在前，三才人在后，小子是儒人，不在前，也不在后。"

先生边听边想，下联中的"三教"即指儒、释、道，"三才"即天、地、人，"小子"表示自谦，且对仗十分工整。继而，哈哈大笑，对着高步云连连称赞道："好，妙！令公子既才思敏捷，又胸怀社稷，后生可畏！诚不愧神童也！"自此，他的"神童"美名就不胫而走了！

"问我祖先来何处，山西洪洞大槐树；问我祖地在何方，山西洪洞老鹳窝。"随着高振霄渐懂世事，祖父又从儿歌破题，给他讲述高氏的源流。

湖北房县高氏先祖是明朝洪武初年，由山西洪洞县大槐树村迁来的。

高氏一族的历史，可远溯到西周时期。高氏即是古代齐国（今山东）之最高上卿。《左传》注解云："国子、高子，天子所命，为齐守臣，皆上卿也。"

高姓的姓源，至少在四五支以上，诸如出自姜姓、以王父字为氏、以邑为氏、出自他族或他姓改姓赐姓、以"高"字开头的复姓改单姓为高的，堪称"姓源多歧而其族繁多"。

据湖北地区的宗谱记载，这里的高姓大都认齐太公姜子牙为始祖。《古今姓氏书辩证》与《通志·氏族略》均称"高氏出自姜姓"。炎帝是上古时期姜姓的部落首领，所以炎帝神农氏即是高姓的血缘初祖。

西周时，姜子牙因辅佐周武王灭商时冲锋陷阵，建立了赫赫的功勋，人称齐太公。所以武王大封诸侯时，封他于齐，都营丘（后称临淄，今山东淄博市东北），齐太公就成了周朝时诸侯国——齐国的开国君主。

在战国时期，北齐高姓族人迁到山西。经过一段时间的打拼，高欢第四子平阳靖翼王高淹就封于平阳，子孙后代在此繁衍，山西高氏遂成望族。

到了明初，因为山西兵乱较少，又没有发生大的水、旱、虫灾。同邻省相比社会较为安定，经济繁荣，人丁兴盛。据统计，洪武十四年，山西的人口为四百多万，比河南、河北人口的总和还多。山西人口稠密，首推晋南，而洪洞县则是平阳一带人口稠密之县。洪洞县地处交通要塞，北达幽燕，东接齐鲁，南通秦蜀，西临河陇，明时迁民，就把洪洞县作为移民的重地。高振霄的先祖就是在这样的背景下，奉旨移民到湖北房县化龙堰一个叫汪家河的地方安家落户的。

有一年，高振霄随家人回老家汪家河祭祖，祖父特给他讲述了化龙堰的神

话故事。相传东汉名医费长房寻仙得道学成归来时,由于相距家乡千山万水路途遥远,师傅送他一根竹棍手杖让他骑着手杖回家乡,费长房回家后竹棍手杖落入深潭,化成了一条金色的巨龙,化龙因此而得名。

另一个传说是化龙堰原本的名字叫"邢家摆"。离邢家摆1000多米远有个仓黄沟,仓黄沟的黄龙潭里面住着一条恶龙,每年二月初二龙抬头时,都要吃一对童男童女,水仙就给受害童男童女的父母托梦:要求他们在刑家摆下筑九道堰,堰桩上安插上莲花尖刀,隐没水面以下。待黄龙作恶时,让它碎尸万段。从此,老百姓不再受黄龙的残害了,人们又过上了幸福的生活,从此邢家摆更名为"化龙堰"。

化龙堰镇东接军店,西依窑淮,南挨门古、回龙,北连大木、姚坪,历史悠久,留下了许多历史人物的故事传说。传说诸葛亮在化龙堰一带驻扎过军队打过仗。

祖父讲完故事后,诗兴大发。他先出了上联,要求孙子对出下联。上联云:

汉诸葛,驻军马,观桃园长望西川;

高振霄见祖父上联中的军马、桃园、长望、西川,和三国故事一脉相承。他若有所思后,灵机一动,就以人名"长房"对姓氏"诸葛",名词"军马"对"化龙",地名"茅坪""下店"对"桃园""西川",动词"骑""经"对"驻""观"。于是下联脱口而出:

费长房,骑化龙,经茅坪显圣下店。

祖父捋了捋胡须,觉得全联对仗工整,丝丝入扣,脸上露出了满意的微笑。

由于祖父与父亲讲授诗经时,常常联系到房县的人文地理,激发了少年高振霄刨根问底的热情。他一有机会,就跟随大人们到房县城乡采风。

当他站在房县之巅,北眺道教名刹武当山,但见"七十二峰朝大顶,二十四涧水长流";南极神农架,原始森林,郁郁葱葱;西观大巴山,巴蜀奇景,云蒸雾绕。这里山林四塞,纵横千里,蔚为壮观,真乃人间仙境。

当地的族长、绅士告诉高振霄,房县也是中国年代最早、规模最大、历史最悠久的流放地之一,又谓人间炼狱。

从"三皇五帝"时期到先秦、盛唐等,尧帝之子丹朱、秦始皇仲父的门客、武则天的皇太子李显……相继流放于此。

传说丹朱出生时,全身都是红的。尧帝觉得,在洪水经年不治的时候,这样一个孩子出生,无疑是个好彩头,红色不就是太阳嘛!于是就取名丹朱。

丹朱幼年生性好动,不是东跑西颠,就是大呼小叫,喜欢在咆哮的洪水当中嬉戏。起初,尧认为,孩子天真活泼是天性,再加上尧成天忙于治水,所以也没

有时间调教儿子。哪知,成年以后,丹朱喜欢高谈阔论,并经常同尧及其大臣"抬杠"、顶嘴。这在当时是一种非常不孝的行为,难堪大任,令尧非常伤脑筋。

正在这时,一个叫舜(名重华,号有虞氏,史称虞舜)的人出现了。舜本身出生在历山,他的职业就是耕田。舜二十岁时,就因为贤能大度孝顺出了名。在舜三十岁那年,尧对大臣说:"唉!四岳,我在位已经七十年了,你们谁能顺应天命,接替我的帝位?"四岳回答说:"我们的德行鄙陋得很,不敢玷污帝位。"尧说:"那就从所有同姓异姓远近大臣及隐居者当中推举吧。"大家都对尧说:"有一个单身汉流寓在民间,叫虞舜。"尧说:"对,我听说过。他这个人怎么样?"四岳回答说:"他是个盲人的儿子,他的父亲瞽叟愚昧,继母顽固,弟弟傲慢,而舜却能与他们和睦相处,尽孝悌之道,把家治理好,使他们不至于走向邪恶。"尧说:"好!我就试试他吧。"

于是,尧把两个女儿娥皇和女英嫁给了舜。尧想从两个女儿身上观察舜内在的德行,让九个儿子和他共处来观察舜在外的为人。舜居住在沩水岸边,他在家里做事更加谨慎。舜在历山耕作,历山人都能互相推让地界;在雷泽捕鱼,雷泽的人都能推让便于捕鱼的位置;在黄河岸边制作陶器,那里就完全没有次品了。一年的功夫,他住的地方就成为一个村落,二年就成为一个小城镇,三年就变成大都市了。见了这些,尧就赐给舜一套细葛布衣服,给他一台琴,为他建造仓库,还赐给他牛和羊。

这时,舜的弟弟象与父亲瞽叟,又眼红舜身边的美女与财帛,更是想方设法谋害舜。一次,瞽叟让舜登高去用泥土修补谷仓,瞽叟却从下面放火焚烧。舜用两个斗笠保护着自己,像长了翅膀一样跳下来,逃开了,才得以不死。后来,瞽叟又让舜挖井,舜挖井的时候,在侧壁凿出一条暗道通向外边。舜挖到深处,瞽叟和象一起往下倒土填埋水井,舜从旁边的暗道出去,又逃开了。瞽叟和象很高兴,以为舜已经死了。象说:"最初出这个主意的是我。"于是,象和父母一起瓜分了舜的财产。象还说:"舜娶过来尧的两个女儿还有尧赐给他的那台琴,我都要了,牛羊和谷仓都归父母吧。"

象于是住在舜的屋里,弹着舜的琴。舜回来后去看望他,象非常惊愕!继而,他又摆出闷闷不乐的样子说:"我正在想念你呢,想得我好心闷啊!"舜说:"是啊,你可真够兄弟啊!"舜还像以前一样,对父亲恭顺,对继母孝敬,对弟弟友爱。

慢慢地,舜在大臣与百姓中树立了崇高的威望,天下人都知道舜是为民请命的人,而丹朱整日游手好闲,无所事事。于是,尧选定舜做他的继承人。舜登上天子之位后,继续以德报怨。他前去看望父亲,仍然恭恭敬敬;而且还封象为

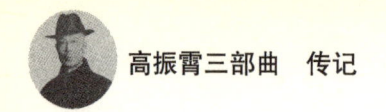

诸侯。

尧禅让帝位给舜以后，担心丹朱作乱，便把他流放千里之外的不毛之地。

丹朱乘船顺丹水而下，来到丹江草店一带。接着他翻山越岭，沿堵河一带，到了房县尧子垭定居下来。第二年，他再向南迁徙，来到了二郎岗。

丹朱在此磨炼了一段时间后，学会了与当地人相处，并娶了当地的姑娘为妻，在此过着男耕女织的生活。不到一年，生了一个儿子。

丹朱给儿子起名陵，同时也放弃父亲的伊姓，把这个地名作为儿子的姓，他的儿子就叫"房陵"。这就是今天房陵名称由来的一种说法。

丹朱去世后，葬于房陵二郎岗，清同治版《房县志》记载："二郎岗，山麓有丹朱冢。"《广舆记》亦有类似记述。

不久，高步云给儿子讲述《吕氏春秋》时，又联系到房县，介绍历史上规模最大的一次流放。

那是在秦始皇时代，嬴政虽然号称千古一帝，但他的父亲嬴异人却是秦国派到赵国的人质。其母赵姬原是卫国濮阳（今河南濮阳）大商人吕不韦的女人，吕氏在赵国邯郸做生意的时候，与异人相识的。他认为异人"奇货可居"。当异人看中了赵姬后，吕氏就将赵姬送给了异人。

在秦始皇年幼时，他们母子颠沛流离，受尽欺侮。有儿歌为证："娘偷汉，生杂种；爹不要，弃河东……"

后来，吕不韦利用他经商积累的财富，一方面游说秦国，一方面资助异人逃回秦国，最终促成异人继承了秦国的王位。吕氏也做了秦国国相，嬴政的仲父，权倾十数年。

异人死后，吕不韦为了一心辅佐秦王，也让赵姬不再寂寞，就将一个名为嫪毒的市井小人阉割后混进宫里，陪伴赵姬。哪知，心怀鬼胎的嫪毒，竟将计就计，在阉割时动了手脚。进宫后，又以三寸不烂之舌得到了太后的宠信。不到两年，嫪毒和赵姬生了两个非法儿子。同时，野心勃勃的嫪毒，还以太后之名网罗门客，构建了自己庞大的势力，企图取嬴政而代之。

东窗事发后，嫪毒落了个"五马分尸"的下场，两个私生子也惨遭屠杀。他的门客四千户，全部流放到房陵。

嫪毒宫廷叛乱被平定以后，吕不韦也受到了牵连，因为嫪毒是他送进宫的。秦始皇下令免去了吕不韦丞相的职位，令其到洛阳的封地养老。

当时的朝中大臣与各路诸侯，认为吕不韦毕竟是秦王的仲父，只是暂时被贬除了职位，还有官复原职的一天，所以照样朝拜不误。以至于吕不韦在洛阳，依然门庭若市。

嬴政担心吕不韦威高震主,决定将他流放到千里之外的蜀郡。于是,嬴政就派人给吕不韦送了一封信,信中云:"君何功于秦?秦封君河南,食十万户!君何亲于秦?号称仲父!其与家属徙处蜀。"

吕不韦阅后,顿时如五雷轰顶。虽然信中没有要他的老命,只是将他和家属一起流放到蜀郡。但他知道,自己这把老骨头,风烛残年,怎经得起千里迢迢的折腾,说不定在途中就会葬身荒野。此时此刻,吕不韦感到万念俱灰,遂饮下鸩毒之酒,一命呜呼了。

嫪毐与吕不韦死后,受到牵连的官员、门客、亲属流放到房陵者,前后达一万四千多户人家。当时,秦国的人口大体上只有三四千万,房陵的人口不到三万。而此次大规模流放到房县的就达三四万人。从此,这里的流放人数首度超过了当地土著,从根本上改变了房陵的人口结构。

到了公元 685 年,武则天为了巩固自己的统治,又把皇太子子李显流放到房县十四五年,封为"庐陵王"。武则天死后,李显回到长安称帝,史称唐中宗。

历代众多的精英陆续流放于此,形成了独特的"流放文化"。

流放对于被流放者来说,如同炼狱,是人生的苦刑。但对于流放地来讲,又是机遇。从文化的角度看,流放者又变成了传承者。被流放的吕不韦的门客,大都是从事编撰《吕氏春秋》的朝廷高官、士人,或各行各业的专家。

这些各行各业的精英被流放到房陵,使房陵的文化呈现出多元格局,促进了文化的繁荣。也正是这些知识精英的到来,特别是农业方面的专家,不断推广新品种与新的耕作方法,有力地促进了当地农业生产的蓬勃发展。从这里还走出的御赐"天下无双"的孝子黄香,我国第一部诗歌总集《诗经》的采风者、编纂者之一尹吉甫……

由于长期的文化交融与经济发展,房县由原来的不毛之地一跃成为三省交界的经济、文化重镇。所以到了宋朝,这里成为保康郡治所,元朝时,房县升格为房州,管辖现在的房县、竹山等地,隶属于襄阳路。到了明、清两朝方恢复房县制。

正是高振霄自幼在此受到流放文化的熏陶,体察老百姓的疾苦,于是,在他随父亲走出大山,进入省垣武昌后,毅然接受革命洗礼,投身到敢把皇帝拉下马的辛亥革命洪流之中。

第二章　武昌深造

16岁那年,高振霄走出大山,随父到省垣深造,接受新学熏陶,让他开阔眼界。不久,季弟高振声长子出世,他特书"振兴中华,福利民众"为高氏宗谱续字派。

第二章 | 武昌深造

金风送爽,丹桂飘香。

1896年的秋色,迈着轻盈的步伐来到人间,越过高山,涉过河流,穿进森林,降临到古老的房陵。

秋天到了,山区秀美的风光、奇异的云海、霜染的红叶,编制成为一幅色彩斑斓的画卷。

清晨,随父亲高步云正在湖北房县设馆授徒的高振霄,早早起床,在环城林荫道上晨读。在他眼里,阵阵金风,犹如淘气的小娃娃用彩笔把五花山的树叶涂上了各种各样的颜色。你看,它把枫叶涂成了红色,秋风一吹,枫叶就挣脱了树妈妈的手飘下来,那样子真像一个燃烧的小火球从天而降。其他树的叶子也被涂上了颜色:有橘黄的、金黄色、深黄的、浅黄的……

晨风拂过,五彩的叶子纷纷落下,就像一只只蝴蝶翩翩起舞。哟,风娃娃落下了松树和柏树,它们绿得那么新鲜,看着非常舒服。

桂花是秋天的使者,也是秋天的象征。县城随处可见桂花的踪影,或立于花坛间,或拥于草坪上,或倚在操场边,或蜿蜒在小路旁。

顺着一路的芳香,高振霄来到一棵桂花树旁,从脚边捡起一朵桂花细细品味。四片花瓣围绕着两根花蕊,一摸,厚厚的,异常柔软,格外舒服。一朵朵桂花组成了一个个不规则的花球,桂花球挂满枝头,从树枝开到树梢。小巧的花儿在树叶上笑着,有的含苞欲放,欲言又止;有的藏在绿叶后,像一个个害羞的小姑娘;有的在树枝旁,窃窃私语;有的站在树梢上,顾盼流连。

桂花有三种颜色,黄色的淡雅,白色的高洁,橙色的热烈而深沉,泼泼洒洒,一派烂漫。

继而,他快步登上环城的山巅,俯瞰县城周围,远远望去,五花山色彩缤纷,五光十色,美丽极了,只有天上的彩霞才能与其媲美。

他完全陶醉在故乡的秋景里,口里不禁念念有词:君不见,秋染枫红,落日斜晖,人间情重。君不见,西风残月,云卷云舒,花落香浓。蓦然回首,苒苒物华休……

秋高气爽令高振霄心旷神怡,他的步伐更加轻盈。他漫步在林间小道上,迎面飞下来几片树叶,在晨风中飘飘摇摇,时起时落。秋叶飞在空中,犹如彩练飞舞,又像小鸟在飞翔;秋叶悄悄地落在地上,挤在了满地的黄叶中间。

边走边读,他还发现了枫叶,它经了秋阳的熏染,经过秋风的吹拂。

一阵微风吹来,红彤彤的枫叶就动起来,渐渐地,有些红的枫叶就随风落下来,仿佛是秋姑娘留下的影子。它们似乎舍不得枫叶妈妈,不时还摇摇手,这些枫叶像小鸟一样,在那儿飞翔,最后静静地躺在草地上。

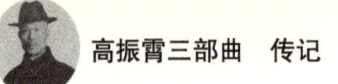

此情此景,高振霄不禁想到大诗人李白写的一首诗《山行》:"远上寒山石径斜,白云生处有人家。停车坐爱枫林晚,霜叶红于二月花。"

晨读完毕,高振霄已是神清气爽。

刚刚回到家里,他就听到喜鹊在门前的大树上叫唤不停。按照当地习俗,这是高家有喜事降临的先兆。

果然,不一会儿,邮差就送来了省城经心书院聘请父亲高步云为书院主讲的聘书。

于是,高步云夫妇决定,带孩子到省城深造。临行前,高步云与长子高振霄促膝谈心。有着强烈求知欲的儿子,希望随父亲到省城求学。

自此,高振霄走出了房县城关镇的那幢四合院平房。

高步云虽然长期生活在鄂西北山区房县,但因为这里曾是历史上达官显宦流放的故里,常有人员往返京师与省城。再加上他订阅有进步书刊,消息并不十分闭塞。他从书刊上了解到教育体制的改革——

早在19世纪60年代后期,由于西方列强的侵入,导致东西文化的碰撞日益激烈,传统封建教育的弊端也越发显露。不少有识之士,尤其是洋务派纷纷致力于教育改革。不久,在京、津、沪等地的各种新式学堂,就应运而生了。

那时的"清流"派代表人物张之洞,在就任学政与封疆大吏之后,虽然也先后在湖北、四川和山西分别开办了经心书院、尊经书院与令德书院,但其宗旨仍跳不出传统陈规的樊篱。

随着1884年(光绪十年)潘衍桐奏请清廷开艺学科(包括制造、算学、舆图等),张之洞才开始由"清流"向"洋务"转变。因为他在兴实业、练新军的过程中,时时感到通晓时务人才的极度缺乏,进而得出"中国不贫于财而贫于人才","人才之贫由于见闻不广,学业不实"的结论,萌发了改革传统教育的想法。

于是,张之洞在就任两广总督期间,于1887年8月3日创办了广东水师学堂与陆师学堂各一所。

1889年8月初,张之洞走马上任湖广总督的第一站,便视察自己1869年任湖北学政创办的经心书院,以及武汉市最早的书院、明代提学葛寅亮主持创办的江汉书院。时值大水之后,经心书院地滨都司湖,水痕犹在,墙宇多倾圮;江汉书院屋舍也很狭小。经心书院监院诸人趁机报告说:"二十年来积学好古之士多出其中,现有经、义、治、事四斋只能容纳80名士子,早已不能满足学子的要求了,社会各界纷纷要求重修书院。"

刚开始,张打算在经心书院的基础上扩大规模,并让自己的爱将、国学大家梁鼎芬担纲,梁也满怀信心地准备接任。

第二章 武昌深造

当张之洞在一次会议上提出了扩建书院的想法时,立即得到了有识之士的积极响应。江夏县绅陈庆溥当即表示,愿以自己所有的在武昌城的都司湖产业捐作办学地址,武昌城的一位茶商提出只要能扩招10名商人子弟入学,他愿捐银20万两。湖南、湖北的八大茶商集团亦踊跃捐贷,拟每年按茶价千分之一的比例提取资金(初定每年捐银一万两,实际不足此额),作为办学经费。

受此感奋,张之洞断然改变初衷,决定另建新书院。其新址规划宏伟,拟横跨三个路段:由南湖堤(今解放路)到大朝街(今复兴路)的王府口街,由大朝街到今烈士祠一带的宫辕门街,以及由烈士祠到黄土坡(今首义路)一带的分水岭。

当梁鼎芬请示总督新书院起什么名称时,张之洞沉思片刻后说,既然院址拥都司湖与拥菱湖之"两湖",又有湖北、湖南之"两湖"茶商捐资,就定名"两湖书院"好了。

经过培筑基址,修理水道,环湖兴建斋舍,一栋栋规模宏敞的院舍拔地而起。计划于光绪十六年(1890年)春在武昌正式挂牌。

抵达省城后,高步云从同人那儿得知,两湖书院自1891年春正式招生起,分别从湖北、湖南两省各选调才识出群、志行不苟的秀才100名和茶商的绩优子弟40名入学。且均由当时的名师任教。所以,高步云马上决定,让孩子参加两湖书院的入学考试。高振霄突然从外面进来,听到了这一振奋人心的消息,他不禁跃跃欲试。

两湖书院规定,报考者首先必须是"秀才"之中的佼佼者,这一点高振霄不在话下。

高振霄是在房县通过院试(童子试),取得了秀才功名的。院试每三年举行两次,由皇帝任命的学政到各地主考。在子、丑、寅、卯、辰、巳、午、未、申、酉、戌、亥的十二年中,辰、戌、丑、未年称为岁试,寅、申、巳、亥年为科试。要取得院试资格,必须通过县试与府试两关。县试在各县进行,由知县主持。一般在每年二月举行,连考五场。通过后进行由府官主持的府试,府试四月举行,连考三场。

高振霄自幼对八股文不感兴趣,对《左传》《史记》《两汉书》《三国志》与《晋书》却爱不释手。尽管族兄说他"不务正业",但先生则称他"丹黄并下,志向远大"。

1892年(壬辰年)二月县试开考,年仅12岁的小振霄连战五场,顺利过关,然后再接再厉,在四月的三场考试中,拿下了府试,终场列前第二十三名。可是,在院试中却落第了。

之所以在院试中下第,是因为试帖诗失黏,高步云痛惜击掌,责罚儿子,让

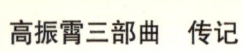

其闭门思过。

癸巳年（1893年）春夏之交，高振霄以"童生"资格参加由湖北学政主持的院试，终于以第十一名的优异成绩考取了秀才功名。

1896年秋，高振霄刚到武昌不久，父亲高步云就带领他参观过江汉书院。父亲告诉他，江汉书院系以江、汉二水为楚地之望而定名。原址在武昌文昌门内，清顺治年间定为直省书院，迁至忠孝门内巡道岭（今粮道街武汉中学处）。康熙年间，巡抚陈洗、张连登等次第修葺，巡抚林天擎集多士肄业，捐赀供给。雍正年间，朝廷赐帑金千两，总督德沛又捐赀若干，规模有所扩大。张之洞任湖广总督时，于该院原设天文、地理、兵法、算学四门外，又添经史一门。

这里开设的课程，比私塾丰富而精深。学生入学后，主攻今文、试帖诗、按月官、师二课，官课自总督至武昌知府，每月讲课一次。后江夏县、汉阳县令亦来讲课。师课则院长每月讲课一次。官课考试有奖金，师课有膏火无奖金。

早在1739年（乾隆四年），书院曾拓地扩建，内设十贤祠，祀濂溪、二程、横渠、考亭、南轩、陈良、公孙龙、任不齐、赵复等；又有德教祠，祀肇建书院督抚司道及历次输资有功书院者。又有题名碑记，凡诸生中试者，皆镌名其上，以资鼓励。

可惜的是，1853年（咸丰三年），太平军占领武昌时书院被毁。时至1862年（同治元年），湖广总督官文和邑绅陈庆溥方集资重建。五年后，书院山长雷以诚呈请鄂督李鸿章批准，进行扩建，补修了斋舍，使肄业生员达2400名，课程内容主要是"四书""五经"和宋明先儒著作。次年，新任湖北学政张之洞到各府主持考试，将各府诸生才学优秀者送江汉书院肄业，除筹给膏火费外，还捐购经史书籍庋置院中，以便学生们能诵习研摩，专务实学。

1896年秋，高振霄在父亲任教的经心书院就读。期间，高振霄曾到图书室翻阅了"经心书院"的历史——

张之洞任湖北学政时，发现武昌原有江汉书院规模太小，远远不能满足士子们的求学愿望。于是，他于1869年（同治八年）商请湖广总督兼署湖北巡抚李鸿章，在武昌三道街学署别建精舍为课士之所。始定名经心书院，后改为文昌书院，院址迁火星堂文昌宫（今湖北实验小学后面）。

进入这里学习的学生，均由学政在各县诸生中亲自选拔调取。书院宽阔，住宿条件优越。学合分经、义、治、事四斋，每斋20人，人各一室。课程有经解、史论、诗赋、杂著等。经心书院培养出不少高材生，当贺人驹、陈作辅、傅廷浩、范昌埭4名高材生病故后，张之洞亲自作诗《四生哀》哭悼。

1891年（光绪十七年），湖北前学政赵尚辅等捐廉俸，复将经心书院迁回学

第二章 | 武昌深造

署右舍(今武汉市警官学校处),更名为经心精舍。1897年书院改革,增设自然科学课程,叶青、姚炳奎、蒋克武、曹汝川等分任天文、舆地、兵法、算学分教。曾在书院任山长者有李寿榕、谭仲修,曾任监督者有吴兆太、纪相聪、刘鸿烈等人。

高振霄进入书院后,尤其欣赏悬挂于书院门楼的楹联:

经纶涵万物,文以虎变;

心意范群英,志在鹏飞。

同时,高振霄还了解到了书院同窗周锡恩的故事——

周锡恩,字伯晋,别号是园先生,罗田人氏。幼从家学,未成年即考取秀才,深得张师(之洞)赏识。后与我一起就学于经心书院。他虽然迟我三年(1876年)以第一名优选贡生,但却后来居上,于光绪九年(1883年)举进士,授翰林院编修,同湖南才子张百熙有"北周南张"之称。我年轻时,曾与他唱和《送伯晋归罗田席上同赋得题字》五言诗一首。

在翰林院供职期间,他力主"整治朝纲,振兴国运",上《变法通议》奏章,提出"运会易而气机更,气机更而治化因,古今之人莫之能违也""学有千年不变之道,政无百年不变之法",引用大量史实,论证其见解。1888年,以陕西乡试副主考回北京,时朝廷正议论商讨津沽、津浦两条铁路修建方案,大臣多主张将铁路交外国人修建,周力排众议,指出借外债修铁路是下策,交给外国人修是下下策。主张筹资自修,并提出实行方案,光绪帝称其"留心时务"。

高振霄心里暗暗发誓:一定要像周锡恩一样,实现其文章报国的理想。

1896年年底,两湖书院又要举行入学考试。高振霄前往应试。

为了让儿子熟悉一下两湖书院的环境,也是为了在考前放松一下,父子俩特地光顾了都司湖畔。高振霄一到书院门口,张之洞所题对联一下子吸引住了他的眼球:

正气长存,流形一院;

学业精进,驰誉两湖。

书院环湖而建,走进校园,在湖畔的通今轩,对诗词歌赋和对联十分感兴趣的高振霄,又记下了清代嘉庆辛未进士、内阁中书李彦章为此轩的题联:

唯楚有材,数千年英雄辈出;

斯祠殿院,七十县先儒昭兹。

书院的兴衰演变史也在他的脑海中一掠而过。书院是唐宋至明清出现的一种独立的教育机构,是私人或官府所设立的聚徒讲学与研究学问之所。中国最早的官办书院开始于唐朝,为开元六年(718年)唐玄宗在东都洛阳的丽正书院。最著名的书院可上溯到宋代四大书院,即白鹿、石鼓(一说嵩阳)、应天、岳

麓书院。书院大多是自筹经费，建造校舍。教学采取自学、共同讲习和教师指导相结合的形式进行，以自学为主。它的特点就是为了教育、培养人的学问和德性，而不是为了应试获取功名。

明代书院发展到一千两百多所，其中也有一些是官办书院。一些私立书院自由讲学，抨击时弊，成为思想舆论和政治活动场所。最著名的有江苏无锡东林书院。明朝统治阶级曾先后四次毁禁书院，然而书院有着顽强的生命力，可谓"野火烧不尽，春风吹又生"。在严酷的政治压迫下，书院师生宁死不屈，将书院办得有声有色。东林书院的那副名联就是时局的真实写照："风声雨声读书声，声声入耳；家事国事天下事，事事关心。"

清代书院达两千余所，但官学化也达到了极点，大部分书院与官学无异，如张之洞在武昌建立的两湖书院、广州越秀书院等。

边看边听，高振霄觉得两湖书院的规模是武汉三镇其他的书院无法比拟的，而且讲堂与斋舍别具一格。最引高振霄注目的又是几副舍联。其中张之洞题的一副为：

宋学积分三舍法；楚村淹贯九丘书。

另一副则是近代著名学者、藏书家、清光绪六年进士、两湖书院东监督梁鼎芬所题：

唯楚庆多才，夹袋宏搜，安得万间开广厦；
取人不求备，锁闱清课，何妨六艺重专门。

父亲为了考一考儿子，就指着梁联之"夹袋"一词说："霄儿，这里的'夹袋'是不是'夹带'的笔误呀？"

"不然。您曾给我讲过，'夹袋'一词典出《宋史·施师点传》。说的是参知政事（简称'参政'，唐宋时期最高政务长官之一，与同平章事、枢密使、枢密副使合称'宰执'）施师点在任内非常注意访贤求才，一经发现便记录在案，并放在'夹袋'之中，以备选用。决非考试中作弊之'夹带'也。"

"看来，为父之夙愿只有通过你来实现了！望吾儿早日学成，金榜题名！"

"儿子谨遵教诲！"

说着说着，父子俩来到书院南、北、西三斋的中心，驻足眺望。高振霄依次数了一下，这里的斋舍达240间。其中南斋10栋100间（今武汉大学第一临床学院一带），为湘籍学生所居，每栋分别以子、丑、寅、卯、辰、巳、午、未、申、酉为名序；北斋10栋100间（今武汉音乐学院一带），为鄂籍学生所居，每栋分别以甲、乙、丙、丁、戊、己、庚、辛、壬、癸等为名序；西斋2栋40间（现武昌实验小学一带），系当时的八大商人集团子弟读书学习之用，每栋分别以戌、亥名之。

当他们父子来到书院最北边的水榭,高振霄站在水榭极目四野,感到惬意极了!父亲对他说,这就是湖广总督张之洞宴会宾客的地方。时人所说之"前后两湖,风廊月榭,荷红藻绿,雅擅一城"就是在此处所作。

书院优美的环境,比高振霄想象的还要美。所以,参观完书院后,他带着这一美好心情参加入学考试,结果心想事成,以第二名的优异成绩一举中鹄。

1897年元宵节过后,高振霄怀着美好的憧憬,住进了翠柳叠烟的两湖书院深造。

开学典礼那天,只见一位"短身巨髯,风仪峻整"的长者,在文武百官的簇拥下,来到书院正学堂参加开学典礼。

正学堂与楚贤祠、监督厅和分教厅为书院的主要建筑,其中正学堂为礼堂与讲学之用。楚贤祠为祭祀湖南、湖北两省先贤为主的祠堂。监督厅和分教厅则分别是监督与教习的办公室。

经书院监督介绍,原来这位巨髯公就是高振霄仰慕已久的湖广总督张之洞。张氏首先率师生向孔子神位行三跪九叩礼,接着又率百官向监督及教习行叩首礼。随后,他发表了即席演讲。只见他气宇轩昂,出言不凡,引经据典,纵横捭阖。大意是强调"中学为体,西学为用"(简称"中体西用"),还引用《礼记》中的"所读皆正书,所交皆正士",鼓励学子们"读正书、崇正学",奋力拼搏,将来"忠君爱国"。高振霄听后不禁叹曰,总督大人如此"爱才好客",这也许就是"名流文士争趋之"的缘故吧。

学习生活虽然紧张而枯燥,但书院前后的两湖,朝晖夕阴,气象万千,涟漪摇曳着波光,柳树荡漾着清影,给高振霄的学习生活增添了情趣。

他对书院的最大感受是,这里的师资力量雄厚,教师(习)不仅多达16位,而且都是既学有专精,又富有教学及实际工作经验的大家。其中经学、算学各3人,史学、地理、测量各2人,兵法史略学、博物、化学、天文各1人。

书院的课程则门类齐全,除经学、史学、理学、文学四门功课外,还可兼习算学、经济两门课程。每月朔日(农历每月初一)为官课,称"朔课";望日(农历每月十五)为分师课,称"望课"。各课延聘名师分教,著名的地理学家和书法家杨守敬、当时国内首屈一指的数学家和翻译家华蘅芳、音韵学家沈勇植,以及易顺鼎、杨锐、汪康年、姚晋圻、周树模、陈三立、屠寄、邹代钧等名流都曾在这里任教。

两湖书院设提调1人,监院2人。后改提调为院长,均由梁鼎芬充任,继任者有蒯光典、王同愈、黄绍箕等。起初,书院学制没有明确规定,接下来定学制5年。修业期满合格者择优推荐请奖录用,不合格者归家。部分优秀学生还由官

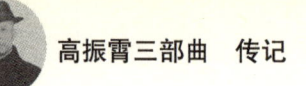

费选送出国深造。

当时，三两库银足可支付每人每月的生活费用，住院学生每月发膏火银（灯油费，即相当于助学金）四两。每月初一、十五考课，除特别不用心者外，均有奖励。即书院将月考成绩分为超等、特等与平等三等，对绩优者发放奖学金。每学期大考一次，张之洞亲临主持。

这里虽然满足了高振霄的求知欲望，但刚开始时，他对书院的新课程还不很适应。经过一段时间的恶补，终于进入角色。不过，他的强项仍然是史学兼辞章训诂。

当他得知，在1893年的乡试中，该院生员中举者达23人之多，1897年还出现了范轼与范熙壬"父子同科"的举人，更是激发了他发奋读书的激情。他在文史方面充分展示其文采。

光绪二十六年（1900年）二月（上半月），他在朔课之史学月考上，以一篇《东晋南宋之兵何以能强说》一举夺得了最高奖——超等第一名，并获赏银三两。他在文中这样写道：

呜呼，千古以来，中国夷狄之祸，莫甚于东晋、南宋，而中国人民之弱、土地之蹙，亦莫过于东晋、南宋。而东晋、南宋，犹能易危为安，得于夏少康、周宣王、汉光武，同齿中兴之绩。则知有天下国家者，不惧其弱，而惧积弱之后，终不能自振于强也！

1902年，清廷下令书院改为学堂时，经心书院与江汉书院一并改为勤成学堂。翌年，即1903年，两湖书院改为"两湖文高等学堂"，亦称"两湖大学堂"。文学堂学额120名，以两湖、经心、江汉三书院优等生入学，高振霄以优异成绩考入。

文高等学堂为大学堂预科，是当时湖北的最高学府。改制之初，学堂规定学生补习普通学一年，习专门学三年，出洋游历一年，共五年毕业。日课8小时。学科分经学、中外史学、中外地理学、算术、中外公共学等门，聘本国教习。理化学、法律学、财政学、兵事学等为西学，聘东西各国专门教习。

"湖北省，二百堂，武汉学生五千强；派出洋，学外邦，各省官费数湖广；湖北省，秉众长，四百余人东西洋……"张之洞在武汉进行教育改革的过程中，形成了从蒙养院到高等学堂，普通、师范、职业并存的各级各类纵横教育体系和区域性学制。同时还派遣优秀学子游学，以达"睁眼看世界"，师夷制夷之目的。

为进一步缓解各处学堂急缺教员的问题，1904年7月14日，张之洞拨款（库平银）43000两，命学堂监督梁鼎芬、堂长胡钧等将两湖文高等学堂（位于武昌营坊口都司湖畔的原两湖书院）改建为两湖总师范学堂，分设优级师范和初级师范两等。简称两湖总师、两湖师范。

到了8月,学堂增设初等、高等小学各一,作为学生实习之处所。两湖总师范学堂总监督由张之洞亲自兼任,学堂监督梁鼎芬与堂长胡钧,悉心秉承张之洞意旨,"以修行为基,以求实为主",竭尽全力培养"读正史""崇正学",志在挽救中国贫弱的育人之师。学堂规模计划招生1200名,后实招约九百名,故有"千师范"之称。

按照当时清廷颁布的《奏定学堂章程》的规定,在设定的五年学制的初级师范学堂的同时,各省可另设简易科,以缓解师资的燃眉之急。为此,1904年11月,两湖师范学堂简易科招收学生。

当时由于科考停止,而师范又享受官费优惠待遇,报考师范者踊跃,笔试分县、省初试与复试,然后由张之洞亲自主持面试。

高振霄在考试中脱颖而出,成为两湖总师范学堂的首届学生。他所学的课程包括修身、中国文学、史学、算学、物理、化学、地理、博物、官话(即标准汉语、国语、普通话)、英语、音乐、图画、簿记、手工、体操等。

在师范学堂求学期间,高振霄是学校图书馆的常客。那时学堂建有南北两个图书馆:南书库为一般阅览室,备有一般书籍和报纸杂志,供学生自由阅览。北书库为资料藏书处,供教员教学和研究考查使用。

他每天行走于正学堂大门时,总要在此驻足片刻,欣赏张之洞亲笔题写的对联:"志在春秋、行在孝经,此为鹄臣鹄子;虽有文事、必有武备,法我先圣先师。"并以此作为座右铭,修身养性,刻苦攻读。

1906年年末,高振霄于两湖总师范学堂肄业。自1897年考入两湖书院始,历经两湖文高等学堂、两湖总师范学堂后,高振霄结束近十年在武昌的两湖学习生涯。

有感于几年间两湖总师范学堂培养出大批具有近代文化素质的师资队伍,梁鼎芬对自己和张之洞开创的教育业绩颇感自豪,曾自题门联云:"往事忆觚棱,身别修门二十载;新阳尽桃李,教成君子六千人。"

民国成立后,该校的职能与名称几经变更,1926年合并改组国立武昌中山大学,1928年改为国立武汉大学。其中湖北省立第一师范时期的知名教育家、校长刘凤章的治校,声噪海内。

第三章 楚汉之声

> 高振霄接受革命启蒙后,正式取字"汉声",誓以"亡清必楚"为己任,为振兴中华而呐喊。同时以"汉声"为笔名投书报刊,激浊扬清,投身同盟革命。

第三章 | 楚汉之声

自古以来,中西文化就是在不断交融与碰撞的过程中,逐步得到发展的。

就中国书院制度而言,其向域外输出的起始时间虽难断定,但以今日疆界而论,唐代所辖有今朝鲜、俄罗斯、蒙古、哈萨克、吉尔吉斯、塔吉克、越南等国部分领地;元代所辖有朝、俄、蒙及锡金、不丹、缅甸、泰国等国部分地区,明代有俄、锡、不、缅等国部分地区。永乐五年至宣德二年(1407—1427年)曾收安南入版国,置交趾布政司;清代所辖曾有俄、蒙、哈、吉、塔、缅部分地区,因为这部分地区处于当时中央政权的领导之下,皆有可能和内地一样一体推行书院制度。另外,像日本等周边国家,自唐代派遣使节到中国以来,书院制度也随之引进。

中国书院走向世界起始于明代。在明正统四年(1439年)即朝鲜世宗二十一年,朝鲜李氏王朝君臣借鉴中国宋代的书院制度,在朝鲜发展书院教育事业,实为书院输出的重要标志。

从海外书院的分布范围来看,主要是在东亚、东南亚这一中国文化圈内。在东亚的朝鲜半岛,历史上曾有过670所书院。日本书院也很多,诸如刀江书院、明治书院、开明书院、汲古书院、高桐书院、东方书院、日光书院等等。

在东南亚,印度尼西亚巴达维亚(今雅加达)的明诚书院(1729年),马来西亚槟榔屿的五福书院(1819年)、南华书院,新加坡的萃英书院(1854年)、养正书院等,都很有名。

此外,在意大利那不勒斯城有圣家书院(又名文华书院)创建于1732年,在美国旧金山有大清书院创建。如果说书院在东亚、东南亚流传是因为传统的东方文化的培植,那么它在欧美的立足则说明:在西方文化圈中它们可保持强大的生命力。

与此同时,自鸦片战争以来,随着国门洞开,西方教育文化制度也随之输入到中国。一方面,西方教会通过在中国大举兴建学校,将西方教育制度传入中国。另一方面,自日本明治维新以来,尤其是中日甲午战争中国海军全军覆没以后,一批志士仁人,抱定师夷制夷决心,纷纷前往日美等列强诸国留学。他们学成归国后或办报纸或传道授业,将西方的教育理念与教育内容也带到了国内。

高振霄在两湖书院与总师范学堂学习期间,湖北的教育教学正处于中学与西学的交融状态。

首先,由梁鼎芬负责制定的《两湖书院章程》,在教学内容、教学方式上,突破了八股制的旧式书院风格。书院所聘教员皆为新旧学兼习的饱学之士,如经学教员易顺鼎,史学教员汪康年、杨锐(戊戌变法骨干),文学教员杨守敬等,都是旧学各有专长，新学亦有素养者。

到了1902年，梁鼎芬又对两湖书院进行改造，更名为两湖高等学堂，课程调整经学、中外史学、中外地理学、算学、理化学、财政学、兵事学等八门，使两湖书院演变为包括文、理、法三科的高等学堂，开两湖大学预科学堂设立之先河，为清末地方书院改制提供了借鉴。

在高振霄看来，这位"执行校长"梁鼎芬，不仅是一位开风气之先的智者，还是一位仗义执言的勇者。那是1906年梁鼎芬入宫觐见皇上和慈禧太后时，他以非凡的勇气，当面弹劾慈禧晚期宠臣，指斥庆亲王奕劻"通赇贿"，"请月给银三万两以养其廉"。同时，梁氏还弹劾直隶总督袁世凯，说他"权谋迈众，城府阻深，能陷人又能用人"。结果，慈禧竟下诏对其进行"诃责"，梁乃"引疾乞退"，以江苏镇江焦山海西庵为清静之地，与世隔绝，闭门读书。

此时此刻，高振霄对清廷愈来愈失望，开始对西学、新思想产生了浓厚兴趣，尤其是对宣传进步思潮的报刊《苏报》爱不释手，经常将自己所思所感跃然纸上，并散见于报端。

早在1895年2月21日，孙中山创建的反清革命团体兴中会总会在香港正式成立，第一次提出了"驱除鞑虏，恢复中华，建立民国，平均地权"的民主革命纲领。随着革命形势迅猛发展，社会各界纷纷同情支持革命。著名报人陈范就是其中一位。1902年冬，他在其主持的上海《苏报》上开辟了"学界风潮"专栏，对国内外学生的爱国运动和革命斗争作了连续报道，并与蔡元培、章太炎等领导的中国教育会、章士钊等支持和组织的爱国学社建立了密切联系。

由于那时湖北地区没有革命报纸，纵然是留日学生在日本办有革命报纸，也遭到当局的层层封锁，禁止在内地发行。

1903年阳春时节，高振霄在友人那里看到了一份冠名"湖北"的留学生刊物《湖北学生界》。此刊于同年1月29日在东京创办的留学生界第一个以省名命名的刊物。由旅日湖北同乡会主办，王璟芳、尹援一主编，张继煦、但焘、刘成禺、蓝天蔚、李步青（廉方）、李书城、万声扬等鄂籍留日进步青年十余人参与编撰。其宗旨就是"输入东西学说，唤起国民精神"，揭露帝国主义侵略，鼓吹排满复汉。

该杂志为月刊，采用32开本，四号字排印，每期100余页，栏目有论说、学说、政治、教育、军事、经济、实业（农学、工学、商学）、理科、医学、史学、地理、小说、词词数、杂俎、时评、外事、国闻和留学纪录等。

在高振霄眼里，《湖北学生界》宣传民族独立，抨击君主专制，鼓吹民族民主主义，酣畅淋漓。尤其是它大声疾呼"我国民宜持定主义，破坏倒灭清朝之政

府,而自建设政府",说到他心里去了。

高振霄对两湖书院的校友、光绪二十八年(1902年)官费留学日本东京弘文书院师范科张继煦(又名张勋,号春霆),在《湖北学生界》创刊号所作《叙论》,一口气读完后,浑身热血沸腾,立志投身于爱国爱乡、振兴湖北的革命浪潮之中,发出汉族楚人之最强音。

这年初夏,万声扬与李书城、黄兴等5人毕业后应召回国。先期留学归国并在湖北新军任教官的党人吴禄贞得知后,特将李廉方的武昌花园山寓所——孙茂森花园,租借下来作为宣传革命的机关。吴为领导,由万声扬与李廉方、耿觐文常驻于此,负责接待四方志士。史称"武昌花园山聚会"。

不仅如此,吴禄贞让万声扬前往留学生与海内外革命党人的中转站上海,寻访故旧,纠合同志,在沪组织开办昌明科学仪器公司,并被推为公司总办。公司表面上是经营普通书店业务,暗中发售革命书籍,并为国内外革命同志的联络机关,联络革命志士,传递海内外消息。

昌明科学仪器公司开张时,万声扬在东京与内地的广告中称:"总办万武定为卒业归国之热心负望者,诸事自能体谅周到。"同时,对内地初到上海的学生,怎样住宿,如何买船票,到日本后何处下船搭车,票价多少,住什么地方,无不一一注明。这对于中国留日学生,尤其湖北留日学生,十分便利。

与此同时,昌明公司发行各种进步书报《革命军》《猛回头》《警世钟》与《汉声》等,纷纷传入花园山,点燃了湖北辛亥革命的星星之火。每逢周末,花园山均举行演讲会。高振霄经常与吴禄贞等在此发表激情演讲,一时间省城各军营、学堂进步知识青年数百人纷至沓来。

对于《苏报》有关学潮的报道,高振霄通过花园山聚会及演讲系统地了解到它是中国教育会和爱国学社的舆论工具。在这里,他看到了爱国学社的骨干章士钊1903年5月出任《苏报》主笔后,发表的一系列带有强烈的革命性的文章,如《释仇满》《汉奸辨》《论中国当道者皆革命党》和《读〈革命军〉》等。

当邹容的《革命军》出版以后,《苏报》不仅马上在"新书介绍"栏中进行介绍,还刊发章太炎所写的《〈革命军〉序》等。这些文章热情洋溢地声援了留日学生的反帝爱国运动,揭露了清政府"奴颜向外、鬼脸向内"的丑恶嘴脸,也严词批驳了保皇派诋毁革命的无耻谰言。

正当高振霄在花园山聚会之际,1903年6月29日,清政府开始向《苏报》举起了屠刀:两江总督魏光焘派遣候补道俞明震与上海道袁树勋,向上海租界当局对《苏报》提出控诉。接下来,逮捕章太炎、邹容等革命人士,查封《苏报》。

当租界当局将章太炎、邹容等人交给租界会审公廨审讯时,章太炎、邹容借

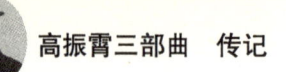

法庭作讲坛,无所畏惧地慷慨陈词,他们大力宣讲革命观点,受到了广大人民的同情,成为轰动一时的英雄人物。结果,由于舆论的压力,虽然经过七次审讯,当局也不敢将章、邹二人置于死地。最后,法庭于1904年5月21日作出终判,章太炎监禁三年,邹容监禁二年,而《苏报》则被迫永远停刊。

"苏报案"发生之时,晚清湖北当局对吴禄贞领导的花园山聚会,釜底抽薪,迫使一腔热血的高振霄等一批主要革命骨干星散流离。

"野火烧不尽,春风吹又生。"1904年初夏,湖北武备学堂的进步学生吕大森,与留在武汉的革命党人刘静庵、朱元成、曹亚伯、胡瑛、张难先等人,经过一段时间的筹备,于武昌同兴楼商议,决定在武昌正式创办一个新型革命团体——科学补习所。

科学补习所的宗旨是以科学补习为名,掩避官府耳目,实以"革命排满为密约",大家公推吕大森为总理。高振霄也是这里的常客在此与革命党人谈天下事,深痛朝廷腐败,决计以改造时局为己任,图推翻暴政、振兴中华之伟业。

科学补习所利用演讲和书报进行政治宣传,着重将已经受训的进步青年,介绍到学堂深造或派往新军当兵。当时,有志入伍的知识青年,大都前来与科学补习所联系,而刘静庵正好利用他在黎元洪手下当文书的便利,推荐他们入伍。随着形势发展,前来参加受训者踊跃。

高振霄在参加"花园山聚会""科学补习所"等革命活动后,正式取字号为"汉声",意即:自己身为华夏子孙,誓以"亡清必楚"为己任,立志反清排满,推翻帝制,为振兴中华而呐喊。同时正式以"汉声"为笔名投书报刊,激浊扬清,投身同盟革命。

到了1905年春,高振霄特地为高氏宗谱书写"振兴中华,福利民众"八个大字,以此告诫高氏子孙要"牢记民众福利,努力振兴中华"。后闻季弟喜添长子,又特家书恭贺并再次明确以此为高氏宗谱字派。

8月20日,中国同盟会在日本举行正式成立大会,孙中山第一次提出了"三民主义",就是民族主义、民权主义和民生主义。孙中山把民族主义解释为"驱除鞑虏,恢复中华",民权主义是指"建立民国",至于民生主义的内容就是"平均地权"。

同盟会设总部于日本东京,国内有东、南、西、北、中五个支部,国外华侨中有南洋、欧洲、美洲、檀香山四个支部,共二十四个分会。同时,改组《二十世纪之支那》杂志为《民报》,作为同盟会机关报。

金秋十月是收获的季节,高振霄正式加入了孙中山创立的中国同盟会,开始投身反清宣传活动。

第三章 | 楚汉之声

1905年的11月26日,《民报》在日本东京创刊。《民报》为月刊,每期约150页,6~8万字,自发刊起至1910年2月停刊止,共出版26期。

《民报》的创刊得到了孙中山先生的日本友人宫崎寅藏先生的大力帮助,甚至连《民报》发行所的招牌都挂在宫崎寅藏先生的住宅门前。先后署名为《民报》编辑者和发行人的有张继、章太炎、陶成章、汪精卫,实际的主编先后为胡汉民、章太炎和汪精卫。章太炎、陈天华、胡汉民、汪精卫、朱执信、廖仲恺、宋教仁、黄侃、苏曼殊和周作人等都曾为《民报》撰写过文章。

《民报》设有论说、时评、译丛、谈丛、纪事和撰录等栏目,但以刊载政论文章为主。孙中山对《民报》寄予厚望,除作过具体指导外,还在《民报》上发表了重要文章,如《发刊词》《在东京华侨及学生欢迎会上的讲话》和《在民报纪元节庆祝大会上的演说辞》,这些是孙中山先生早期最重要的论著。

在该报的《发刊词》中,孙中山先生第一次提出了民族主义、民权主义、民生主义的政治纲领,并为《民报》规定了基本任务,即将非常革新之学说灌输于人心而化为常识。以后,《民报》遵循孙中山先生的教导,以三民主义作为宣传的指导思想,将同盟会的"驱逐鞑虏,恢复中华,创立民国,平均地权"十六字政治纲领作为宣传的基本内容。

革命派的报刊不仅在与封建主义的斗争中成长,而且也在反对保皇派的斗争中发展。同盟会成立不久,革命派与保皇派就展开了一场激烈的思想论战。双方论战的主要工具,前者的是《民报》,而后者的则是《新民丛报》。

双方论战的主将,《民报》为章太炎、朱执信、汪精卫和汪东等,《新民丛报》则为梁启超。论战的议题主要有,要不要进行民族革命和民主革命,革命是否会引起内乱和帝国主义干涉,以及土地是否应归国有等。这场论战从1906年4月开始,到1907年8月《新民丛报》完全陷入困境而停刊为止。于是,《民报》的影响迅速扩散,销量大增,最高发行量曾达到17000份。进而,将革命派的办报活动推向了高潮。

1906年春,余诚从日本回到武昌主持的同盟会湖北分会。因刘静庵身兼同盟会长江上游组织部长,故余诚抵汉后,与刘静庵同心协力,实行"两块牌子"(同盟会、日知会)"一个基地"(日知会会所),不断拓展革命活动。在短短的几个月时间内,日知会在湖北军、学两界发展会员达数千人。

每逢周末,高振霄以同盟会员身份常常到这里阅读进步报刊、鼓吹革命。一日,受刘静庵邀请,他向党人讲述了孙中山投身革命的经过:

1894年6月,28岁的孙中山上书李鸿章,提出了对中国各项的改革建议,然而被圆熟事务的李鸿章拒绝了。失望之余,孙中山决意革命,并于该年秋天

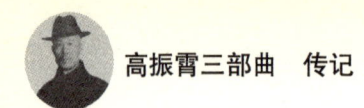

远赴檀香山。11月24日,在当地洪门首领邓荫南、杨文纳等人的协助下,孙中山召集华侨革命志士25人,成立兴中会,会上全体与会者同举右手,向天宣誓:"驱除鞑虏,恢复中华,创立合众政府,倘有二心,神明鉴察。"中国第一个革命团体兴中会的创立,使孙中山与会党的关系进入了一个新阶段。

檀香山兴中会成立后,由国安会馆洪门大佬程蔚南介绍洪门昆仲、中和堂餐馆的宋居仁等全体员工参加,兴中会虽然人数不多,但毕竟为筹建中国国民党奠立了基石。当时兴中会筹得美金现款六千元,交由孙中山带回香港从事推展革命工作。香港兴中会总部成立,也得到香港辅仁文社及洪门人士的协助……

演讲中多次博得同盟会员、日知会会员及听众激烈的掌声、喝彩声和欢呼声。

1906年6月29日,受孙中山派遣,法国革命党人欧几罗上尉抵达湖北考察革命组织。次日,当他们来到日知会,圣约瑟堂操场上聚集着数百人翘首以待,欢迎场面非常热烈。宾主发表了慷慨激昂的演说,由朱作梅和余日章现场翻译。殴几罗从法国革命讲到了中国的革命前途。因当时国内的华兴会已败散,光复会与同盟重点又在海外,故他在演说中指出:"日知会为中国大陆惟一之革命团体。"欧几罗激情演讲引起了高振霄心中的激奋,他深受鼓舞,抑制不住内心的激动,信步走向演讲台,发表自己对法国大革命胜利的兴趣及中国前途命运的忧虑。而后,借助翻译朱作梅与欧几罗继续深入交流探讨中国与法国时局等问题。

第四章　辛亥"喉舌"

> 高振霄相继在《湖北日报》《政学日报》《长江日报》与《夏报》等进步报刊上，针砭时弊，鼓吹革命。他在《夏报》上转载外报文摘"当局闻风潜派侦探，分途伺隙桢馆"，为党人预警。

生活、安居、家业，今岁已无望；
嬉笑、悲欢、怒骂，明年可再来。

压迫愈重，反抗愈烈。1906年岁末，赣湘地区的革命浪潮汹涌澎湃。

为了壮大革命声势，促进两湖地区联合行动，正在日本主持同盟会总部工作的孙中山，特派湖北籍党人梁钟汉、朱子龙与湖南籍党人胡瑛等三人，于1906年12月从日本回到湖北武昌，与日知会领导人刘静庵商议联络湖北同志，响应江西萍乡、湖南醴陵与浏阳起义事宜。

正当日知会紧锣密鼓部署响应赣湘起义之际，因起义事泄，湖北未及行动，萍醴浏起义就已经失败，清廷上下通缉发动起义的湖南革命党会首刘家运等党人。此间，因叛徒诬告"刘静庵即刘家运"，清廷湖北当局如获至宝，迅速派军警查封日知会机关。自1907年1月7日起，先后将刘静庵等九名革命党人逮捕。因此事件发生在农历丙午年，史称"丙午之狱"。

1907年7月，高振霄与革命党人张振武于武昌黄鹤楼道小学任教。他们以教书为掩护，从事辛亥革命的宣传工作。由于他文笔犀利，经常有文章见诸报端，他因此与新闻同仁相交相知。

次年夏天，共进会员、参谋部长郑江灏受命从日本回到湖北，在汉口集资创办《湖北日报》，作为共进会的机关报，郑出任经理、主编。

由于高振霄在武汉三镇颇富文名，所以郑江灏特邀高振霄担任报社记者、编辑。高振霄不仅与向炳焜（字炎生）、李介廉、王伯森、董祖椿、杨宪武等报社同仁，奋笔疾书，针砭时政，还与留日归来的同盟会员黄侃（字季刚）过从甚密，共襄文学新闻宣传，鼓吹民族革命。

在19世纪与20世纪之交，湖广大都会武汉地区报业为外国人主办发展到清廷官方把持，《湖北商务报》《白话宪政报》《湖北学报》《蚕学月报》《湖北农会报》《湖北官报》《湖北教育官报》等多种报刊均为官办。

直到1905年，民间办报在武汉开始流行。此后七年间，民办报刊达四十多家。武汉报人多为科举时代的举人、秀才和留学生。其中有些人，汉语根底较深，以吟诗作赋、撰写八股文见长。风竹荪和宦海之，时人称为"二凤"。蔡寄鸥、贡少芹等人，既能写政论性文章，又能写各种风格的文言文小说。胡石庵文笔生动，马野马、邓狂言文笔犀利。温楚珩、跷翼龙、姜旭溟、郑江灏是留日学生。而高振霄、蔡良村等，大多出身于两湖师范学堂。何海鸣是新军中文书帮办，与詹大悲共同主持《商务报》《大江报》笔政。

当时的主要报纸有《大声日报》《不缠足会画报》《汉口中西报》《公论报》《工商日报》《汉江日报》《新汉报》《交通报》《现世报》《鄂报》《五洲日

报》《通俗新报》《江汉日报》《艺林报》《湖北女学日报》《大陆报》《华报》《通俗白话报》《扬子江白话报》《军国日报》《趣报》《大江白话报》《雄风报》《繁华报》《政学日报》《武昌白话新报》《新鄂报》等,后多数掌握在革命派手中。

《湖北日报》就是在民间办报的热潮下,由革命党人创办起来的一家进步报纸。1908年10月,孙武受命携应用文件、印信和旗帜式样等返回湖北,筹组共进会并主盟。

当孙武得知党人郑江灏回国后创办的《湖北日报》打开了局面后,便与郑江灏商定,在报社内设立共进会秘密通讯处,加强与各革命团体与党人联系。

自此,《湖北日报》与《雄风报》等均为共进会所控制的革命报纸。它们与日知会员充任主笔的《通俗白话报》、群治学社机关报的《商务报》、振武学社和文学社机关报《大江白话报》《大江报》等,成为湖北地区敢于鼓吹反清革命、抨击君主立宪的排头兵。

此时的高振霄以文笔为刀枪、以《湖北日报》为阵地,乐于同共进会、文学社等革命团体党人交往,为革命摇旗呐喊。

高振霄、向炳焜在采访中发现,清廷湖北军政头面人物陈夔龙与张彪沆瀣一气,民众怨声载道,他们决定敲打一下这两只老虎的屁股。

那是1909年春,新任湖广总督陈夔龙走马上任之初,善于逢迎的军中将领张彪为了探探新总督的"水性",在与陈夔龙首次见面的仪式的拜帖中夹了一张大额银票。

陈氏收到的其他官员的见面礼,大都只是意思意思,唯独张彪出手大方。陈便立即笑容可掬地对张彪说:"啊,你就是军机大臣的'丫姑爷',自己人,自己人!"

可是,收到军中副将黎元洪呈送的拜帖,却是空空如也。陈夔龙看也没看一眼就丢到一边去了,在大庭广众之下大伤黎元洪的面子。而且陈夔龙是一个典型的见钱眼开的贪官污吏,几天后,见黎元洪仍不"孝敬"他,再加上张彪的挑拨离间,陈氏就免去了黎元洪军中副将的职务,这一职务很自然地落到了张彪头上。

陈夔龙认为,当官就要发财,有权不用过期作废。他的老婆许氏则是一位交际花,凭其姿色巴结上了朝中显贵内阁总理大臣、庆亲王奕劻,又讨得了福晋的欢心,庆亲王在高兴之余就收她为干女儿。

奕劻的贪婪庸恶,时人皆知,其卖官鬻爵之多,至于不可胜数。人以其门如市也,戏称之曰"老庆记公司"。

有着这样的门路怎么会有人不走呢,晚清政坛几乎都要走庆记门。而许氏经常在奕劻府中来往走动,奕劻自然对于陈夔龙的升迁出力不少。其中,陈夔龙本应赴四川就任总督,夫人听说四川道远路途艰险,又是贫乏之地,便明确表态不让陈赴任。

陈夔龙无奈,只好又求助于"老泰山"奕劻,旋改任陈为湖广总督。时人胡思敬在《国闻备乘》写道:"莅任未久,升川督,夫人又不欲往。夔龙计无所出,乃私于奕劻,令尔巽以两湖让之,而令锡良以四川让尔巽。以一女子之爱憎牵动数省督、抚,当时用人之得失盖可睹矣!"

陈夔龙到湖北后更是巧立名目搜刮民财,而且常常利用家人婚丧嫁娶,哪怕是过生日,都由张彪四处活动要求下属集体送礼。因而钱财源源不断地涌入他的囊中。

陈夔龙乃进士出身,擅长文辞。为了装潢门面,总喜欢在人面前哼几句诗词。在诗文上狗屁不通的张彪,一开始倒真的难坏了,因为他连斗大的字也认不了一箩筐,更谈不上能吟诗作赋。但他反过来一想:我虽然不会作诗,但我有的是钱呀!于是,他花了100两银子买到了当时汉口报刊名笔李涵秋代他所作歌颂陈夔龙的四首诗,堂而皇之地署上他张彪的名字,献给他的主子。

陈夔龙看后,不禁哈哈大笑,并立即组织了一场赛诗会,还当场书赠"儒将风流"的条幅给张彪。张彪顿时感到受宠若惊,回去后竟恬不知耻地挂在自己的堂屋里。

陈夔龙到湖北上任不久,他的幼女突然夭折,陈氏夫妇有意趁机敛财,张彪则大献殷勤,在湖北军政各总部门上蹿下跳,硬是花巨款买了一件珠衣为之送葬。

高振霄与向炳焜了解到这些消息,觉得应该通过报纸将湖北军政要员见不得人的事给予曝光。恰逢此时的湖北宜昌地区,正好发生了膜拜"石龙"求雨之事件。

高振霄与向炳焜突然灵机一动:陈夔龙,字筱石,亦作小石,不正是与"石龙"巧合吗?陈名龙非龙也,石亦然。于是,通过一番策划,向炳焜据此创作了一幅新闻漫画《石龙》并题诗,经高振霄编辑后,刊登在《湖北日报》上。

这幅画勾勒的是一石洞,洞有鳞甲化石,即指宜昌所谓之"石龙"古迹,被当地群众视为神物供奉,今求雨不应,乃借此"龙"讽刺湖广总督陈夔龙,似龙非

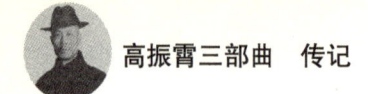

龙。其题句为:"这石龙,真无用,低头潜伏南山洞;尽日高,拱不动,徒劳地方香火奉。纵有爪牙总是空。吁嗟夫! 勿怪事事由人弄。"

此诗不仅将陈夔龙庸碌无用刻画得入木三分,还指控了为之撑腰的干岳丈庆亲王奕劻,政治色彩十分浓厚。读者一看,便心领神会。

这幅新闻漫画的画意虽然比较隐晦,但配上一定的题词后,矛头所指,一目了然。善于吟诗作赋的陈夔龙看后,顿时恼羞成怒,将报纸撕碎。只是诗中未指名道姓,他不能明目张胆地直接以此为罪名封报抓人。

事隔不久,该报又刊载《中国报纸于官场有特别之益》一文,因陈妻拜庆亲王为干父,陈是借庆亲王奥援,做到督抚的。插画、题词、论文,皆挑了陈氏之眼。陈夔龙觉得该是他报一箭之仇的时候了。此时,正值湖北巡警道金鼎来见,陈向金大声喝道:"《湖北日报》如此明目张胆地与官府作对,讨厌得很!"金氏为迎合意旨,随即将《湖北日报》封闭,并逮捕经理郑江灏与作者向炳焜。

幸亏巡警封报抓人时,高振霄外出采访,而那时的报纸,为避免官方或民间找作者或记者(时称访员)的麻烦,报载文章一般不署名或只署笔名。加之郑江灏是报社负责人,向炳焜又一口咬定此诗画与他人无关,高因此逃过一劫。

事后,高振霄一方面会同友人设法营救向炳焜与郑江灏,另一方面他发现报纸只要更名即可继续办下去。于是,高振霄会同谢石钦、黄丽中等积极做好创办《长江日报》的筹备工作。并刊登广告:《长江日报》"业经规定章程,招收资本",开办经费由在汉浙江籍资本家沈某暂行垫付。向、郑获释后,《长江日报》正式创刊,高为编辑,他们又成为一个战壕的战友。

为了通过文学作品宣扬排满革命,高振霄于1909年5月19日,又创办了《扬子江小说报》(月刊),由著名报人胡石庵担任主编,由《汉口中西日报》报馆负责印刷出版。第一期为32开本,第五期为改24开本。主要栏目:图画、社文、小说、文苑、词林、杂录。

此间的武汉,虽然弥漫着阴云,但在1908年8月清廷宣布预备立宪以9年为限,并颁布《钦定宪法大纲》二十三条前后,全国青年中掀起了一股研习政法热潮,高振霄考入湖北公立法政专门学校深造,借预备立宪之名,行宣传革命之实。

1910年7月,高振霄在湖北公立法政专门学校毕业。10月,他与谢石钦、郑江灏、黄丽中、董祖椿、李福昌、单家燊、康建唐、向炳焜等发起人创办德育会。强调"天下兴亡,视民德兴替""应修私德以完人格,重公德以结团体"。会长以

下的职员均于每周开会时公举,以推行"德育"为掩护从事革命活动。德育会希望通过个人道德人格的完善,社会公德团体的塑造,来实现团结和强国的目的。

这年冬,高振霄与同仁一道促成德育会与共进会合并,成为共进会骨干。后又促进共进会与文学社的合并,成为辛亥革命的领导机关。

随着辛亥革命时机的到来,宣传阵地急需拓展。鉴于《湖北日报》曾被查封,于是,郑江灏、向炳焜于1910年,以《政学日报》为报名,重新出刊,班底大都是《湖北日报》的原班人马。

那时的湖广大都会武汉各界,对清军将领张彪的淫威深恶痛绝。张彪原是张之洞亲随,因娶张之洞婢女为妻,人称"丫姑父"。正是在张之洞的羽翼庇护下,张彪在湖广有恃无恐,无恶不作。尤其是处处与革命为敌,鱼肉百姓,成为人人诅咒的"国妖"。

为了充当民众的喉舌,在《政学日报》复刊不久,向炳焜与高振霄交换了意见后,又勾勒了似虎形之猫的漫画《怪物图》,发表在《政学日报》上。漫画上的题词为:"似虎非虎,似彪非彪,不伦不类,怪物一条。因牝而食,与獐同槽,恃洞护身,为国之妖。"其诗情画意,既深刻地揭露了张彪是一"不伦不类"的吃人魔怪,又以"与獐同槽,恃洞护身"的诗句,喻讽张彪借以飞黄腾达的衣食父母张之洞("獐恃洞"谐音)。

张彪得报后,再次动用夏口厅军警将该报查封,郑江灏和向炳焜重陷囹圄。只是迫于舆论压力,不久才将郑江灏释放。而向炳焜仍然继续被拘,直到武昌起义才得出狱。

1911年2月13日(宣统三年正月十五),高振霄与彭渊恂(字义民)、向瑞彝、何国桢、罗饶、何世雄、张铭彝等创办《夏报》,编辑部设在汉口歆生路,由彭义民等人任编辑,何国桢经理,发行所设在汉口河街。

彭义民,善化(今长沙县)人。早年留学日本,回国后曾任长沙民立第一中学堂教员、江宁劝业公所农务科科长。1903年11月4日,黄兴邀请章士钊、彭渊恂、刘揆一、柳大任、柳刚、宋教仁、周震霖、徐佛苏、胡瑛、翁巩、秦毓鎏共12人,在长沙保甲局巷彭渊恂家集会,商议筹设革命团体等事项。会上决定以"兴办矿业"为名,对外声称成立"华兴公司",入会者均称入股,"股票"即会员证,并以"同心扑满、当面算清"为口号,隐含"扑灭清朝"之意。此即华兴会的成立。次年秋,华兴会策划长沙起义失败后,他与黄兴等先后逃往上海,组织爱国协会,图谋再举。嗣因万福华刺杀王之春一案牵连,逃亡日本。后加入盟会。不久又跨入国民宪政会及政闻社,任该社常务干事。当革命、立宪两派论争激烈时,他为双方所责难,遂宣布脱离两派之政治关系,而保持个人友谊,实际上仍为政闻社办事。1908年1月政闻社本部迁上海,彭渊恂是东京政闻社社员,他任东京政闻社社务负责人之一。次年与前政闻社社员张嘉森、吴贯因、萧坤、向瑞彝等在日本东京立咨议局事务调查会,宗旨在于调查中央直省之权限和各项行政,以求明确咨议局权限和改良直省政治,并主办《宪政新志》。

彭义民在沪期间,结识了《国风报》的发行人何国桢。《国风报》是1910年2月在上海创刊的立宪派宣传君主立宪的重要刊物,梁启超任总撰,何国桢为编辑兼发行人,实际主持人是梁启超。它是继《新民丛报》《政论》之后立宪派的主要报刊之一。该刊在创刊号广告中称"以忠告政府,指导国民,灌输世界之常识,造成健全之舆论为宗旨"。设论说、时评、著译、调查、记事等栏目,以论说为主,每期8万字左右,最高发行数达3000份。该刊每期半数以上的文章均出自梁启超其手,由梁在日本大体编定后,寄至上海印刷出版。

彭义民抵汉口后,与高振霄一行汉上志同道合的朋友,讨论了《夏报》的宗旨:"提倡实业、增进文化。"会上,经过集思广益,大家达成了共识,认为《夏报》倡行:言文化务求忠实,主张力求正确,记载要求详悉,材料尽可能丰富,消息力争敏捷。

《夏报》同仁齐心协力,果然出手不凡。出刊一段时间后,赢得了"颇敢言,允为后起之秀"的声誉,跻身汉口"四大报"(《中西日报》《公论日报》《大江报》《夏报》)之列。

此间,汉上的三大革命报纸也是风生水起。即文学社的詹大悲、何海鸣主编的《大江白话报》及其后更名的《大江报》;日知会李亚东、陈少武等创办的《武昌白话报》;共进会杨玉如创办的《雄风报》。

高振霄的文友与革命同志胡祖舜,在《六十谈往》一书中回忆说,在当时汉口的四大报中,创刊最早者为《汉口中西日报》,其次为《公论日报》,《大江报》为后起,《夏报》尤为新创。"中西"号为商业报纸,为王华轩等筹集创办。湖北天门人胡石庵及浙江人凤竹荪、江西人余慈舫先后主其笔政。"公论"为江汉关文案之贵州人宦诲之所主办,时有官报之目。"大江"为湖北党人詹大悲、湖南党人何海鸣等所创办,湖北人宛思演、查光佛、梅宝玑等尝预其事,俨然一群英荟萃的革命报人集团。而《夏报》虽然起步迟、规模也不大、人员也不多,但却以善经营见长。

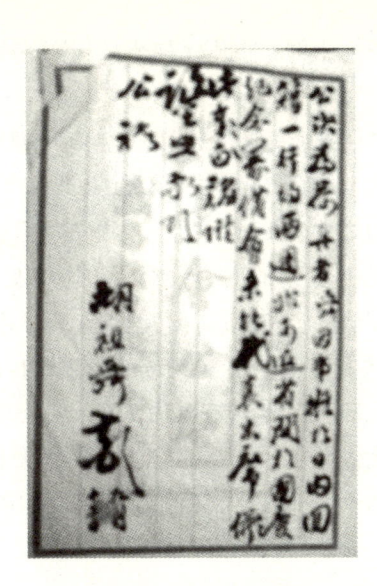

首义志士胡祖舜手迹

《夏报》的经营方式是不搞大而全，而是善于整合资源，借船出海，并聘请专人负责。在办报方针上，以敢于直言著称，享有《大江报》革命色彩的后起之秀的美誉。如《夏报》曾因登载清军三十一标管带萧国斌兄妹通奸事，一度被萧国斌率兵捣毁。双方一度剑拔弩张，对簿公堂。酿成震惊武汉三镇的"夏报案"。

后氏萧怀疑该文为部下胡祖舜所写，乃派兵监视，胡遂以新闻记者名义上告鄂督瑞澂。瑞澂不得不派人查办，《夏报》得以暂时维持，但元气大伤。

1911年7月17日，《大江报》发表党人何海鸣的时评《亡中国者和平也》，引起清廷注意。7月26日，该报又发表黄侃撰写的评论《大乱者救中国之妙药也》，再次激怒了清廷湖北当局。8月1日晚，湖北当局以"宗旨不纯，立意嚣张""淆乱政体，扰乱治安"等罪名，下令逮捕詹大悲。编辑何海鸣闻讯则自动投案。

随即，《大江报》被封，并"永禁发行"，《大江报》前后存在不到8个月。酿成了辛亥年最大的一次报案——"《大江报》案"，也为一个摇摇欲坠的王朝敲响了丧钟。

詹大悲在审讯过程中坦言："国民长梦不醒，非大乱不足以惊觉，望治情殷，故出此忿激之语。"当追查《大乱者救国之妙药也》的作者时，他承担了一切责任，说："此稿经我过目，不能问作稿之人……一切责任均归我负。"

《大江报》被封的第二天，同仁就向全国发出专电："敝报昨夕封禁、拘总理，乞伸公论。"一时舆论大哗,上海《时报》《神州日报》《白话日报》等都发表专论,表示强烈抗议。

同年8月3日,于右任在《民立报》发表《江声呜咽》一文:"《大江报》之在武汉,所谓有声有色者也。乃官场既封禁其报,又严拿其主笔。噫嘻!'江流石不转,遗恨失吞吴。'我为之哭。"6日,又发表《报馆与官吏》,表示愤慨。

这年9月2日,余慈舫主办的《武汉白话新报》,发表《大江报被封一月之哀辞》等文,对《大江报》表示声援。高振霄会同汉口各团体和报界公会分别集会抗议,许多新军士兵和各界人士也纷纷前来慰问、声援,报社门口贴满了慰问的纸条和哭吊的短文。清廷本要对詹大悲、何海鸣"从重置典",迫于舆论压力最后从轻判处罚金800元了事,因他们两人无钱可交罚款,才双双改判18个月徒刑。胡石庵有诗曰:"大江流日夜,鼓吹功不朽。"《汉口小志》亦云:高汉声、詹大悲、何海鸣、查光佛、宛思寅等都是享有盛名的近代武汉报人。

"春雷一声发,惊燕亦惊蛇。"

1911年立春刚过,湖广大都会武昌城下了一场霏霏小雨。当天夜里,尚在梦乡中的高振霄忽然被一声春雷震醒。

高振霄早就听说,湖北有一种说法:"雷打惊蛰前,旱地里好种田。"他心里说:这声惊雷预示着今年也许是个好年成。但愿它能给老百姓带来福音,让百姓的日子会过得好一些。

这一年,也是辛亥革命山雨欲来风满楼的一年。4月27日爆发的广州黄花岗起义虽然失败,但革命党人却愈挫愈勇。

高振霄在采访中得知,辛亥革命"第一铁汉"的日知会领袖刘静庵,虽身陷囹圄几年,身心受到严重摧残。但他在狱中仍然以中华铁血军的名义,联络旧友开展活动,指导革命同志努力奋斗。同时,尽可能把狱中难友团结到自己周围。每天祷告,他将中国哲学与圣经中的道理,传授给难友。萍醴浏起义将领欧阳泽垠,一般人大都不敢接近,但他对刘静庵却毕恭毕敬。狱卒潘寄贞在刘静庵的感化下,竟成为他的弟子。刘静庵多次受酷刑,多次患重病,狱中生活,极端痛苦。他以诗明志,其《移新监》一律云:

> 向前已是惨凄极,那信惨凄更有深。
> 六月雪霜河海凉,半矢云雾日星昏。
> 中原有士兆民病,上帝无言百鬼狞。
> 敢是达才须磨炼,故教洪炉泣精金。

随着革命时机的到来,高振霄与蔡济民、刘复基等有识人士认识到,湖北的

两大革命组织共进会和文学社各成山头、各谋发展而彼此抵触,于是他们凭借自己的人脉关系与多重身份,居间做了大量的"劝合"协调工作。

与此同时,高振霄还在《夏报》等报刊上,引经据典阐发"合则两利,分则两伤","二人同心,其利断金"的道理。在党人读者中引起强烈反响。

第五章　首义金刚

> 高振霄、蔡济民等八名"总稽查""见官大一级";他们负责稽查各部、各行政机关及各军队,在一些重大问题上具有"一票否决权",时人称他们为武昌首义"八大金刚"。

辛亥年春夏之交的四川保路运动,风起云涌,迅速蔓延至多个行省。

清廷为了尽快扑灭"保路"火焰,急忙就近从湖北抽调军队前往镇压。这样一来,造成湖北境内兵员减少,为武昌起义创造了有利时机。

湖北两大革命组织共进会和文学社经多方斡旋,最终实现了革命派大联合。1911年9月24日,共进会代表孙武、文学社代表刘复基等再次召开联席会议,决定"八月十五日杀鞑子"即10月6日在武昌起事,并议定以文学社社长蒋翊武为临时总指挥,共进会负责人孙武为参谋长,蔡济民为参议长,起义指挥部设在武昌小朝街85号。由共进会会长刘公任政治筹备处总理,设机构于汉口宝善里14号,负责文告、印信和旗帜的制作。

1913年4月共进会撰《刘公事略》油印稿及签名

会议制定的起义计划的第一项任务,交由炮营、工程、辎重各队起义军总代表李鹏升负责完成。计划内容云:

> 由驻扎在草湖门(武胜门)外塘角第二十一混成协辎重、工程、炮队总代表李鹏升放火为号(此处系旧恺字营,地处长江南岸,南北两岸及城内皆可看到)。同营混成炮队代表蔡鹏来率队响应。即以一支队由草湖门占领凤凰山炮台,另一支队占领青山,迎击海军,由工、辎两队分别派队掩护之。

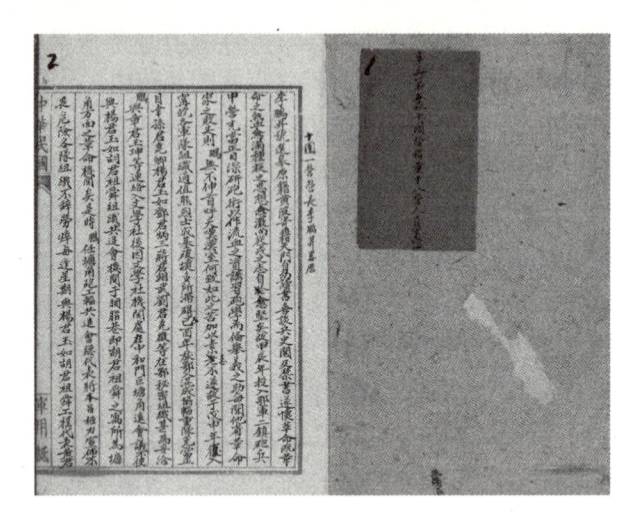

李鹏升略历

哪知,就在9月24日这天下午,发生了南湖炮队事件,加上湖南方面准备不足,以及原定中秋发难的消息外泄,湖广总督瑞澂加强了戒备。总指挥部乃决定延期至10月16日晚起义。

再说"《大江报》案"发生后,高振霄为了应对当局的"文字狱",便巧妙地在《夏报》设立"报摘"专栏,转载外报有关革命党的动态消息,希冀党人引起警觉。仅1911年9月底至10月初,《夏报》转载了十篇来自上海某报的报道。如:汉口某照相馆为革命秘密机关,当局闻风潜派侦探,分途伺隙桢馆。"桢馆"即革命党人李伯桢(又名李白贞)所开设的照相馆——伯桢写真馆。

果然,1911年10月5日,即农历八月十四日,李白贞的照相馆真的发生了一桩怪事——

那天夜深人静之时,正在睡梦之中的李白贞,突然被一阵清脆响声惊醒了。他睁眼看去,忽然有个黑影一闪而过。

"站住!什么人?"他不禁呼喊了一声。

黑影听到喊声,马上慌乱地从内室跑到堂屋。

"快来人啰,抓贼!抓贼!"李白贞继而大喝了一声,从床上一骨碌跳起来,拔腿朝着黑影追去。

李氏的喊声惊动了屋里的其他人,大家纷纷起床,向喊声跑去。可是那黑影身手敏捷,早已跳出窗外,并越过隔壁晒台,不见踪影了。

众人惊醒后,立即点起马灯检查屋里的东西,发现各房间的箱箧都被翻过,一片狼藉,但物品却无一丢失。所幸密室中存放的党人名册、文告、印信与旗帜

等,未被发现。李白贞对大家说,此人不图财物,会不会另有目的?众人七嘴八舌地分析了一番,渐渐感到不寒而栗了。

受过专门训练的孙武认为,那个黑影很可能就是官府派来的密探。孙武立马想起事发前几天,党人高振霄在《夏报》转载的"伺隙桢馆"的报道。他认为,应将机关迅速转移。

1913年李白贞自传手稿回忆《夏报》预警报道

刘公、李白贞、邓玉麟等人觉得孙武言之有理。他们认为,眼下是举事前的关键时刻,须小心为妙。且照相馆来往人多,容易暴露目标。于是大家达成共识:照相馆不宜再待,共进会总机关应该立即转移,而且越快越好。至于迁往何处,大家都以租界为宜,因为那里清朝湖北当局鞭长莫及,相对安全一些。大家意见统一后,决定次日开始行动。

翌日天一亮,大家便分头去租界找房子。午后,时为大成印刷公司经理的丁立中回馆报告,他已经在俄租界找到一栋房子,宽敞合用,租金也不贵,只是房东提出要有殷实的店铺作保才肯出租。

本来找家铺保并非难事,只是替革命作保是很危险的,一旦败露,势必受到株连,一般铺家决不肯应承。大家以期待的眼神,希望孙武尽快拍板。

孙武若有所思地说:"以店铺作保一事,只有靠白贞兄周旋了。"

李白贞满口应承道:"为革命计,还是以我的照相馆作保为宜。"随后,他即取出本馆印章,与丁立中一道前往宝善里签订租约去了。

随后,大家立即将共进会总机关转移到后来载入辛亥革命史册的一幢两层

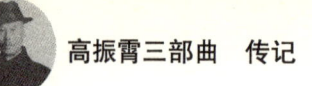

楼建筑——汉口宝善里十四号(今楚善里28号)。

10月7日,临时总部迁入后,孙武也住了进去。刘公夫妇则就近迁入宝善里一号居住。于是,共进会的心脏就在这条普通的街巷里跳动起来。

不料,10月9日上午孙武却在宝善里意外地引发了炸弹爆炸案。此时在黄鹤楼故址的高振霄,听到爆炸声后就预感大事不妙。

果然,紧接着党人机关纷纷遭破坏,起义领导人或死或伤或逃。

10月10日白天,清方军警进一步在武昌城内外采取戒备措施,早已收缴了子弹的各营士兵被命令不许出营,连大小便也不许出宿舍,各营革命党人因昨晚发难未果而心神不定,乃派人混出营去四方打探,方得知机关败露,领导人或伤或躲,彭楚藩、刘复基、杨洪胜三人惨遭杀害。

与其坐以待毙,不如来个鱼死网破!于是,高振霄等党人与准备起义的官兵们便毅然决然地扛起了这杆改变中国两千余年历史的首义大旗。

下午约六时许,天将黑,驻扎在草湖门(武胜门)外塘角的炮队十一营与辎重、工程各队队官(连长)以上长官,均前往炮队营署召开秘密会议,研究如何镇压革命党。李鹏升得知后,当机立断,及时召集党人各支队长秘密碰头。李鹏升对大家说,当下官长均不在部队,正是我们举义的天赐良机,我们不如马上举事。而其时正值辎重队第三排接班查街,各位唯恐兵分力薄,遂一致赞成炮、工、辎一起乘机发难。

时不可迟,迟恐生变。李鹏升当即以总代表身份通知炮、工、辎各队代表,准备提前动作。通知下达后,李鹏升又"密令同志罗金玉首向排长郭某发击一枪为号,时午后六时零五分钟也"。辎重队革命同志闻声奋起,李鹏升首先闯入军械库抢子弹一箱,当场分发。继而,令蔡鹏来以煤油燃烧蚊帐和衣被响应,到马场以马草举火。

接着,李鹏升又带领6名敢死队员,撞开炮队营门,冲入该营中队排长室内,将棉被堆集一处,淋以煤油,取号内挂灯付之一炬,顿时烟火蔽空,"横亘数十丈"。此即武昌首义的"第一把火"。

而驻扎在城内紫阳湖与右旗附近的工程兵第八营,是负责守卫楚望台清军军械库要害机关的。起义指挥部原计划由工八营届时占领楚望台,夺取军械。膺负重任的工八营党人总代表、后队正目(班长)、革命党人营总代表熊秉坤,利用10日早饭机会集合营中党人代表,宣称"我们党人的名册已被清军索去,反亦死,不反亦死。与其坐而待死,不如反而死,才死得其所"。他的话得到了同志们的一致赞同,大家便商定于下午出操时,听号音同时举义。

傍晚八时许,工八营后队的旧军官、二排长陶启胜来到二楼所辖的兵营查

夜,当他看见第五棚班长金兆龙违反临时宣布的规定,荷枪实弹地仰卧于床时,便耀武扬威地大声喝道:"金兆龙,干什么?你想造反吗?"

人高马大的党人金兆龙是共进会员,担任工程营党人正队副队长。筹划举义时,由于他力大无比,交给他的任务就是击毙队官罗子清与排长陶启胜。时下,罗已经转变态度,这个陶启胜却顽固不化,竟在他面前发飙,他按捺不住心中的怒火,立即一骨碌跳下床,把脚一跺,厉声反问道:"造反就造反,你把老子怎么样?"陶急令护兵:"把他给我捆起来!""我看谁敢!"两名护兵在这堂堂正气的威逼下,哪敢动手。于是陶就亲自上前夺金兆龙的枪。两人在扭打之际,金兆龙疾呼:"弟兄们,还不动手,更待何时!"

与金兆龙同一寝室的革命士兵程正瀛(定国),是工程营革命军第二正队第五支队队长。他听到喧哗声后,应声而起,本来他想举枪将陶击毙,但怕误伤金兆龙,就用枪托猛击其头部。陶被打得晕头转向,抱头鼠窜,程情急之下朝着陶背后就是一枪。此即武昌首义城内的"第一枪"。

按照原定的起义计划,党人及起义官兵各司其职。

一方面,攻打总督府的战斗正酣,党人及起义官兵浴血奋战、前仆后继。

另一方面,高振霄会同党人,以记者的身份,在城中巡查,维护武昌城内秩序。

进攻督署的战斗异常残酷。尽管张彪把5000名清军布防在通向湖广总署的各条要道,敌人凭借督署附近有利地形,以及署内机关枪队的四挺水机关机(水冷式马克沁机关枪),进行疯狂扫射。但进攻督署的义军视死如归,兵分三路冲锋陷阵:第一路,由紫阳桥向王府口搜索前进,经长街,攻击督署侧面。由邝杰(名功)指挥,预备队第二十九标蔡济民,胡效骞一部;第二路,向水陆街搜索前进,攻击督署后面及督署后面的第八镇司令部,由马荣指挥;第三路,经过津水闸向保安街正街搜索前进,攻击督署大门。指挥为伍正林。预备队第三十标方维,谢涌泉,马明熙,吴醒汉一部。

面对义军三路进攻受阻,周定原、黄楚楠、杨金龙三人又各带兵士三五人,分往三路放火:一路由王府口至小都司巷(北路),一路由水陆街进大金龙巷,至小菜场(中路);一路由保安门正街经望山门正街,至总督衙门的东辕门(南路)。不到半个钟点,三处的火都起了,大炮瞄准火光处猛烈开炮。这时,步兵起义军凭借炮火支持进行第三次进攻:第一路,第二十九标蔡济民一行担负北路进攻。他们把街上所有杂货店的煤油买来,拆下店铺的门板纵火,给炮兵提供目标。对居民的煤油与木板,讲好胜利后按价偿还。第二路,第四十一标勇士王世龙手提煤油、木柴冒死跃上钟鼓楼放火;第三路,熊秉坤率40多人的敢

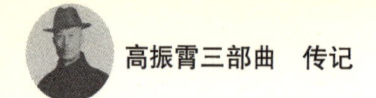

死队,出其不意地由保安门正街向督署东辕门(正门)冲杀。

在清军主力死守督署的同时,还有小股部队颁布在武昌城的大街小巷骚扰。高振霄回忆当时的情景时这样写道:

当八月十九夜间黑地枪声一出,城内尚有抵抗最力的旗兵一营,伏暗射击,分不出你我。真正革命党人,合军学两界,总共不到五六百人是有组织的。其他压迫的,观望的,十倍于党人,党人誓死相抗,半夜巷战。黄土坡一带,尸横遍街,党人终没一个畏怯的……十九、二十、廿一三日夜的巷战,党人连吃饭都忘记了。廿三日清晨的时节,有一百多兵士饿昏了,睡倒在蛇山上下。

1911年10月10日,武昌光复;11日,汉阳光复;12日,汉口光复,起义军掌控了武汉三镇。

再说武昌首义当夜,高振霄与党人在城中巡查,维护武昌城内秩序时发现,居民良莠麇集武昌,地方流痞,乘隙假冒义军名义,趁火打劫。或于居民之家,以保护为名,讹索钱文,或于巷衙,以搜查为目,掠劫行人行囊。更有甚者,一些民族极端主义分子残杀无辜旗人孺妇,有人以"六百六十六"之口诀,来辨别北方人尤其是满族人。因为这些住在武昌的满族人,虽然衣着改换了汉族人的服装,但口音却改不了。他们就拦在城门口一一盘查,遇有可疑的人,就命其念几遍"六百六十六"这几个数字。凡湖北人都会将"六百六十六"念成"陆百陆十陆",外地人特别是来自北方的满族人一念就露馅了,往往念"六"为"牛"声。于是,如果被盘查的人,念不成湖北口音,即以满人论处,轻者抄家抢物,重则当场毙命,其残忍真不堪忍睹。

是时,一满族女人被查出后,顿时痛哭流涕地诉说道:"我辈固无罪,但恨先辈虐待汉人耳!"又一老妪亦哭泣曰:"君等杀我辈妇孺何益,我辈固无能为也,何如留我辈以示宽宏。"在场的人听了,不禁产生了恻然之心,但见人杀红了眼睛,故均不敢劝说。结果,两满族妇女当场被杀害。新军第三十标统带满族人宝瑛之妹,竟被人从床底下搜出来活活杀死……

高振霄看到这些,不禁心急如焚,他对身边的官兵道:"如果不及时制止城中的滥杀无辜,就是攻下楚望台,占领总都督署,也会遭到广大城镇居民、百姓、商人甚至国际舆论之反对和谴责,将会引起更大的国际纠纷和流血冲突,更难有武昌起义之最终胜利。"

于是,高振霄当即与张振武、陈宏诰等革命党人商定,成立临时执法处及稽查队,并推举程汉卿为执法处长,高振霄与陈宏诰等连夜组织起草了纪律严明之《军令八条》,后又起草了奖罚分明之《刑赏令》十六条,贴满全城,经都督黎元洪签发正式颁布。《军令八条》规定:义军举动,总宜文明,不准私放枪声。即

巡查军队,见有路遇间谍与旗民等,均不准擅杀戮,必须送交执法处处置。军队中上自都督,下至兵夫,均一律守纪律,违者斩。《军令八条》全文如下:

一、军队中上自督下至兵夫一律守纪律,违者斩。

二、无论原有及新募兵士人等,有三五成群不归编制者以及至编制内擅离所在易装私逃者斩。

三、擅入民家苛索钱财及私行纵火者斩。

四、各干部如有不遵约束者斩。

五、官兵不受调遣及违背命令者斩。

六、擅自放枪恐骇行人往来者斩。

七、兵士中如有挟私仇杀同胞者斩。

八、如在当铺强当军装物件者斩。

《刑赏令》十六条文云:

藏匿[鞑虏]者斩,藏匿侦探者斩,买卖不公者斩,伤害外人者斩,扰乱商务者占,奸掳烧杀者斩,邀约罢市者斩,违抗义师者斩。乐输粮饷者赏,接济军火者赏,保护租界者赏,守卫教堂者赏,率众投降者赏,劝导乡民者赏,报告敌情者赏,维持商务者赏。

随后成立的汉口军政分府,也据此下达了同样的禁止滥杀令。

不仅如此,高振霄与执法处、稽查队同人沿街演说,维持秩序,安定人心。

由于起义军令行禁止,纪律严明,秋毫无犯,人民安居乐业,秩序良好,远近称颂不绝。时人回忆道:"军队寄寓民家,绝不妄取一物。如有所借贷,必按时交还。升米斤油之类,请其勿用交还,亦必坚决偿还。至于买卖,则公平交易,不见强买勒卖的行为。"为了维护社会治安,军政府除成立临时警察筹备处外,又支持武昌商会会长吕逵先等组织保安社,发给枪枝,作为巡逻、保卫之用。

民军治下的武昌城的良好秩序也使驻汉外国人感到惊讶,他们不得不承认:"武昌到处人满,商店都开门,生意很好,人民安居乐业。""我们也没有想到,革命军在这里统治着,秩序竟然很好!"

10月11日上午,经过一夜浴血奋战的党人,陆续赶到谘议局,商议建立新军政府。与会者有高振霄、蔡济民、张振武、李作栋、高尚志、陈宏浩、吴醒汉、徐达明、刑伯谦、苏成章、黄元吉、朱树烈、王文锦、陈磊等多人。

蔡济民首先对大家说:"起义已初步成功,目前最要紧的是重新组织政府,不能这样群龙无首;光武昌起义是不行的,必须马上通电全国,呼吁响应;安民告示更非马上发出不可。我们一定要找一个德高望重、为全国所知的人,才能号召天下,免得别人说我们是'兵变闹事'。"高振霄接着说:"立即通知谘议局正副议长和驻会议员前来开会商议建立军政府等当急事宜",并与张振武、蔡济民、李作栋等商议如何建立新军政府,推举湖北军政府大都督等急需要事。与各方面陆续到来的负责人齐集谘议局会商大计,为新军政府的组织和局势的稳定参谋战事、出谋划策。

当党人蔡济民与咨议局议员刘赓藻提议由颇孚众望的黎元洪出任都督时,高振霄等党人立即表示赞成。他认为,黎氏受过良好的军事教育,在湖北军界威望颇高,在当时军队腐败之风盛行的氛围下较为清廉,待士兵比较宽厚,深得士兵拥戴。再则,把黎元洪这样一位在清末朝野有一定影响的将军推到前台,可以号召天下,壮大革命声威。最终推举黎元洪为湖北军政府大都督,汤化龙被任命为总参议。并成立了参谋部、民政部、交通部、外交部、庶务部、书记部、军需部等重要机构及部署了重要人事安排等。

直到深夜,革命党人还在讨论进一步完善军政府机构及发布重要政府通令等国安大事。贺觉非、冯天瑜编著《辛亥武昌首义史》一书中对该段历史情形这样描述道:"武昌起义,革命党人仓促起事,获得了占领省城的空前胜利。此刻,摆在党人面前的严峻任务,是建立新政权。这批热情、英勇、年青的革命者,凭着对同盟会宗旨的衷心信仰和首创精神,建立起中国以至东亚第一个具有比较完全意义的资产阶级民主共和国性质的政权——中华民国军政府鄂军都督府(通称湖北军政府),从而给后来各省纷纷独立树立了一个活生生的榜样。"

在筹备军政府成立期间,高振霄与袁同纪等参与者研究出台新政府文告,维护首义成果、稳定社会秩序。当时苏成章提议组设民政部,高振霄与费矩、袁国纪等即主持筹组,通过夜以继日的工作,草拟并颁布新政府文告,管辖民政最急事务。其要点如下:

一、改制共和:义军之起,原为推倒专制政府,建设共和国家,以增进我国民之完全幸福为目的。二、豁免钱粮及苛税为立国之道,以收拾民心为第一要义。三、延揽人才。四、派员演说。五、筹办临时警察。六、提倡保安社规模甫具,士民归心。七、创办团练。八、维持金融易代之际,纸币滞碍难行,特出示晓谕,一律照常通行。并设官钱局兑换所于前清善后局内。又解铜元十万交汉口商务总会以资接济市面,得免恐慌。九、注重外交。部务就绪,即以正式公文照会各国驻汉领事,声明遵守条约,担负前清赔款外债及保护租界人民财产各节,于是外人知我举动文明,始行宣布局外中立焉……

革命党人虽然将黎元洪请出来当都督,但原来对革命一无所知的黎元洪一下子转弯不过来,开始三天只是徒有其名,并未视事。所以,自1911年10月11日起,革命党人为了防止出现权力真空,由蔡济民为处长,吴兆麟、熊秉坤、吴醒

汉等16人组成的过渡组织——谋略处,支撑危局,以摆脱群龙无首的局面。

10月13日,黎元洪经过几天的察言观色和亲信的劝进,态度开始转变。当蔡济民劝他剪辫子时,黎正式表白:"既然你们瞧得起我黎某人,那你们就别再费口舌了,我跟你们干好了!至于剪辫子嘛,我早就赞成,以前我在营内就下过传知,愿剪发者听其自便。你们若说我无诚意的话,叫个理发匠来,把我的辫子剪去便是。"

黎把辫子剪了后,蔡济民摸着黎的光头笑侃起来:"呵!我们的黎都督就像一个大罗汉。"黎也兴奋地对着镜子照了照,笑着说:"不,不,不,不是一个罗汉,倒像一个弥勒佛!"继而,他当众宣布:"我前天未下决心,昨天也未下决心,今日上午还未下决心,此时我已下定决心了。众意难辞,自应受命;成败利钝,死生以之;决心革命,毋庸有贰!"

为庆祝黎元洪就任大都督,出身于黄陂花鼓戏世家的楚剧名角王友国,特率团在汉举行了专场演出。黎则亲笔题写了"梨园名角"相赠。

黎元洪走马上任后,频频会见社会政要、驻汉领事和新闻记者。10月13日,他在军政府军事会议上发表演讲,革命道理说得头头是道。尤其是他以一口地道的英语与外国领事交谈,给中外与会人员留下了良好的印象。

随着阳夏光复,革命党与立宪派人士的关系发生了微妙的变化。他们表面上在一致对外,但在权力分配上已经开始角力。10月17日,军政府开始实施由立宪派大佬汤化龙主持制订的《军政府暂行条例》。这个条例将原来的政府机构改设司令、军务、参谋、政事四部,意在由黎元洪掌管军队,由汤化龙负责行政,完全把革命党人和发动起义人员排挤出政权之外。

《军政府暂行条例》的实施,终因排斥革命党人的企图过于明显,激起了强烈的反对。10月25日,在孙武、刘公、张振武等人提议下,军政府再次开会,对暂行条例进行了修改。高振霄会同党人提议,为了应对错综复杂的时局,设立包括总稽查在内的监察制度迫在眉睫。

高振霄认为,监察制度在中国历史悠久,自古以来便有御史台主持风宪,历史上的御史,官品虽小而权重内外,上自君相,下及微职,儆惕惶恐,不敢犯法,值得借鉴。时下,在事关新生政权存亡的关键时刻,革命党人应当仁不让地担起对军政府及军队的监察重任。

经革命党人与立宪派人士反复磋商,特别在《军政府暂行条例》中的第五条、第七条和第十条明确规定:军政府设立总稽查处,任务是稽查各部、各行政机关和各军队。总稽查队员的选派,由起义人员公推德才兼备的人员出任。经大家公开推荐,蔡济民、谢石钦、牟鸿勋、苏成章、高振霄、梅宝玑、陈宏诰、钱守

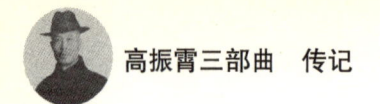

范等八人,脱颖而出,成为首任"总稽查"。

　　与西方的三权分立不同的是,"总稽查"不受议会与政府节制,独立行使特殊权力,包括稽查军政府各部、各行政机关及各军队等。其职务位于军政府的内务、外交、军务、理财、司法、交通等各部之上。其主要职能是:可以直接干预各部行政,凡重要会议和人事安排,推选重要职员,例由上述八名总稽查负责召集。借此,"总稽查"形成了一种特殊地位。通过总稽查处,各级政权被控制在革命党人手中。时称他们为"八大金刚"。

　　这些"总稽查",大都具有崇高的道德操守,尽管他们在一些重大问题上有"一票否决权",但他们以革命全局利益为重,很少行使这一权力。

　　原《军政府暂行条例》更名曰《改订暂行条例》。《改订暂行条例》的最重要之点是将原来的4个部中包揽大权的政事部取消了,增设了内务、外交、理财、交通、司法、编辑等6个部,后又增设总监察、教育、实业3个部,共12个部。这个条例增加了政治色彩和民主气氛。第一条规定:"中华民国人民公约推倒满政府,恢复中华,建立民国,暂组织军政府,统辖政务。"第三条规定:"军政府都督代表军政府人民施行职务;除关于战事外,所有发布命令关系人民权利、自由者,须由都督召集军事参议会议决施行。"

　　正在民军高奏凯歌之际,清军磨刀霍霍,大肆调兵遣将:陆军乘列车由京汉铁路大举南下,海军舰队由上海溯江而上,海陆南北并进,一齐向武汉扑来,围剿新生政权。

　　刘家庙战事,清军海、陆两方面攻击,炮弹及枪弹如淋雨一样。党人以数百敢死队赤身作战。有一炮兵孟华丞,身受数十伤,下半部为炮弹所削,华丞横卧马上,仍然狂呼杀贼……

　　阳夏战争愈发残酷。汉口市民看到大江阻隔,民军的补给一时跟不上,汉口商会与小贩,不忍心革命军人饿着肚子打仗,遂自发组织一个个送食队,担上些橘子、水梨、饼干、面包等类,不顾生命危险分送火线上。

　　那天,"总稽查"高振霄带领稽查队员,前往汉口前线视察。当他骑马来到六渡桥下首时,忽见一个女子跪在一个兵士面前,眼泪汪汪将橘子掰开了,一片一片的往兵士口中送。那兵士仰天长叹,死活也不吃!

　　高振霄直奔过去翻身下马,抱着兵士,问他为什么不吃东西?兵士说:"先生!我打败了仗,对不起父老乡亲!如今快要死的人了,省一点东西给别人吃罢!"高振霄虽然嘴里不停地安慰着伤兵,但眼圈儿却不由自主地红了。高振霄心情十分沉重,向四周望去,看着许多民房都被清军烧毁,许多兵士均饿昏在战地旁。赶路过来的市民和救护人员小心地将伤兵们扶起,一口一口地喂给他们

热水、稀饭……待身边的一个伤兵苏醒后，救护人员问他："街上不是有油条饼子，你们怎么也不会吃呢？"这位失去了双手的兵士说："我腰中没有铜板，我们绝不敢白吃衣食父母的一点东西！"

高振霄被眼前这一幕幕革命党人、起义官兵的英勇壮举和铁血精神所感动、震撼，他再也抑制不住内心的悲愤，潸然泪下，挥着战刀，大声呼喊："快派救护队将伤病员送到后方救护！"并拿出身上仅有的铜元交给身边的战士快去街上买些食物慰问伤兵。

对于这段经历，高振霄终生难忘，后来他曾专门撰文回忆道：

武昌起义的时候，《汉口新闻报》什么凤竹荪先生，还是抱着大清说话，骂我们是乱臣贼子，但是他反对我们的报纸上绝找不出一个字说我们抢谁杀谁。拘杀妇孺的事件发生，也是一些乱兵游勇和地方无赖之徒乘隙假冒义军名义所为。我那时管理军法事情，杀敌奸细是有的，抄没旗官的财产是有的，至于兵士们奸掠烧杀，直到了第二年春上才发现三四种这样的案件，真所谓绝无仅有了。冯国璋烧了汉口那就不在此例了。

后来，为纪念辛亥革命十周年，高振霄再次将武昌首义牺牲精神、奋斗精神和不掠夺行为之精神，以及中国人之特性诉诸笔端：

武昌起义就以上三种精神，总说起来，中国人的特性也不弱于巴黎市民。中国自古的烈士仁人，杀身成仁，大半并不想到自己权利生命上，这也是中国人的特性。现在四万万人，只要万分之一有上说的精神，那么什么事情中国人做不到呢？要知道中国人现在的生命财产付托在武人蛮夫之下，横竖总是不得活的。与其俯首帖耳的做牛马死，倒不如大家放出一番牺牲的精神来，同这些武人蛮夫奋斗！先消灭了国内的武人蛮夫，再消灭那东亚的武人蛮夫，那时我们才有快活日子过。

汉口、汉阳陆续失陷，首义之都武昌失去了屏障，由后方大本营顿时成为前沿阵地。在此事关武昌城存亡的关键时刻，到底是坚守到底与还是弃城撤退，军政人员发生争执。一时间，武昌城内谣言四起，人心惶惶。

高振霄认为，作为全国革命的中心，武昌城的危亡不是简单的一城得失，而是事关全局的大是大非问题，只有背水一战，没有退路可言。他会同张振武、冯开濬、傅立相、陶华炳、刘公等，迅速前往都督府开军事会议，公举王安澜为奋勇军统领，专招襄、郧老兵，死守武昌，并令兵士昼夜梭巡，严防汉奸，招集散兵，送入奋勇队，因之军威复振。《武昌起义档案资料选编（中）》一书，这样描述当时的情景："君（张振武）闻汉阳失守，负伤跃起，举刀骑马，沿街呼号曰：'汉阳不守，是我军疑兵之计，武昌万无一失！'军心大定……"

在军政府召开的扩大军事会议上,战时总司令黄兴报告汉阳失守后,建议放弃武昌,合力东取南京。黎元洪诺诺连声。坐在前排的张振武,愤然以刀斫地,正欲反驳,范腾霄已抢先发言,力陈武昌可守之理由,称清军不足畏惧。

范刚刚讲完,张一骨碌站起来欢呼鼓掌,继而慷慨陈词:"汉口与汉阳仅隔襄河(今汉水),大敌临前,尚能支持月余。武昌为兵事重地,据此一隅,足制全国。倘不死守,则东南动摇,望风而靡。此不可弃武昌者一;长江天堑,北军仅4000人,岂能飞渡。武昌饷械充足,能战之士上万,背城借一,未必能败。此不可弃武昌者二;各省援军,陆续来集,若退守南京,援兵将不战自溃。则武昌既失,敌据荆襄上游,以制湘、桂死命,且分攻九江、安庆,南京虽为我有,亦不过如洪秀全之苟延时日而已。此不可弃武昌者三。有此三不可弃,有敢言退出武昌者斩!"

张话音未落,全场掌声雷鸣。黄兴见自己话不投机,只好先行告退。黎元洪见张如此说,语气也硬朗起来,连称当与武昌城共存亡。

高振霄与张振武等复开会议,激劝各协标营军士为死守计,并拟三大纲布告:(一)死守武昌,即令北军攻破,将来民国成立,诸志士名传不朽;(二)如武昌能守,则民国成立,诸志士可称首功;(三)若弃武昌不守,南京未下,恐吾鄂人士,天下无容身之地。

高振霄与张振武话音刚落,大家深受鼓舞,纷纷表示:咸愿效死,与城共存亡!

接下来,蒋翊武代行总司令之职,颁令城防各部队各就各位:协统邓玉麟、何锡蕃守武昌,敢死队队长陈龙守磁场基山,协统罗洪升守大军山,标统刘作龙守小军山,管带王锡龄守金口,标统张廷辅、谢流芳、张杰夫等守白沙洲,上述部队组成武昌城西的防御线。

另一方面,武昌城东的防线则由管带李忠义、标统刘廷壁负责,他们分兵固守青山、张公祠、两望、大堤口,还有炮队布防。

与此同时,武昌城内的凤凰山、奥略楼(即黄鹤楼旧址)、蛇山仍照常驻守,以学生军统带刘绳武,负责守卫藩库、官钱局,以军各部卫队长火亮云,派卫队守军务、理财两部、善后局、楚望台、城外火药库各处。

都督府军事会议后,高振霄与张振武等革命党人立即行动守城。高振霄与谢石钦、苏成章、蔡济民、牟猷宣、梅宝矶、钱守范、高固群、陈宏诰、陈耀之、甘绩熙、丁人杰等,日夜冒险巡城,并在报馆办安民号外等件。

在坚守武昌的日子里,高振霄等革命党人、守城中坚兵分三路,各司其职:一路由稽查长蔡汉卿与叶于松、王安澜、王国栋、田兆麟、胡光瑞、詹俊等招集散

兵；一路由总监察刘公出示安民；一路由各部稽查长高振霄、蔡济民、谢石钦、苏成章、牟鸿勋、陈宏诰、梅宝玑等遍往各街演说，"愿与武昌的居民共死，绝不愿弃人民去到南京"，以安人心；一路会同参议夏道南、刘度成、聂豫、邱世成及各科长李华谟、胡捷三、邢伯谦、邓寅宾、冯昌言、刘龙群等共四十余人，维持一切秩序。

一天，敌军大炮向城中射击不绝，天地震动。各部人员亦纷纷避去。推李作栋任理财部部长，徐声金任编制部部长，时功壁任铜元局长，蒋翊武为总司令，与吴兆麟、方维等守洪山，协统熊秉坤，杨载雄等守武胜门外新河一带。

自汉阳失陷后，武昌新军兵力大损，急需调援。但是，当时各部有迁徙者，有人员走散者，有惊慌失色并对前景悲观失望者，办事难免敷衍之弊。然而，大敌当前，形势危急，湖北军政府致电各省求援并得到各省响应。

江西省冯嗣鸿奉命为江西援鄂军总司令，李烈钧亲率赣皖联军援鄂并任北伐军第二军军长，率领队伍向武汉进军，在阳逻及黄陂县一带与清兵展开血战。据《武汉文史资料》李白贞遗稿《辛亥革命武汉战斗实录》记载："江西援军统领冯嗣鸿，率所部一协驰抵黄州。省都督令驻阳逻仓埠待命。"

冯乃湖北罗田人，原是清军江西第五十五标教官，武昌首义后，原标统逃走，他接任统领。复由标扩充为协，仍由他任统领。得知民军与清军在武汉相持不下，他主动请缨驰援武昌。他抵达武昌后，张振武前去相迎，经过促膝谈心后才知，原来他们不仅是罗田老乡，还是远房表兄弟。是时，高振霄与程汉卿代表大都督前往青山抚慰江西军队官兵，使军心大振。另与陈宏诰等八位总稽查专稽查各部弊端，维持局势。

12月1日上午，敌炮轰击更烈，军心愈加不稳。午后一时，军政府楼下西侧忽中一弹，死卫兵一人，都督黎元洪忙率杜锡钧、杨开甲、萧慕和、祁杰等仓促出走赴王家店。危机时刻，军中无首。起义前，武汉市面通用湖北官钱局所发制钱票、银元票和交通、通商等银行发行的钞票。阳夏失守后，纸币信誉下跌，人们纷纷挤兑银元和铜钱，引起银根紧迫，市面恐慌。一时间，武昌城内更加人心惶惶，谣言满天飞。

时总监察刘公及各部总稽查处高振霄、苏成章、谢石钦、陈宏浩、梅宝玑等得消息后，挺身而出，立即议定由刘公以总监察名义守城，出示安民，并通令各军暂归节制调遣，坚守武昌。同时，以军政府的名义特别发出照会，声明纸币照常通行，要求各界停止挤兑。照会保证："合当详定办法，竭力帮助金融机关。"事后，军政府接受武昌商会要求，设立商界兑换处，又拨解铜元十万，交汉口商务总会，接济市面。

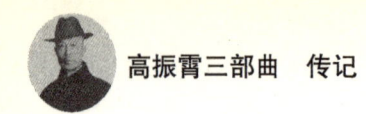

"总稽查"们则身先士卒，分头前往各机关，严禁擅离职守，并巡视各重要街市演说，人心以安……

高振霄等八名"总稽查"，在阳夏保卫战与拱卫武昌中，立下了汗马功劳，受到人们交口称赞。革命报纸记者，迅速将八位"总稽查"的事迹写成《八大金刚》的章回小说，在报纸上连载。

"八大金刚"源于佛教的密宗中。金刚者，就是手执金刚杵护持佛法之天神，因以为名。《楞伽经》中说："金刚力士，常随侍卫。"汉传佛教密宗中有八大金刚。《金刚经》中有关于八大金刚的记载。这八大金刚分别为：青除灾金刚、辟毒金刚、黄随求金刚、白净水金刚、赤声火金刚、定持灾金刚、紫贤金刚、大神金刚。

清代周克复的《金刚经持验记》中，载有明清时代寺院僧人常用的"念经仪式"咒言，其中有"奉请八金刚：奉请青除灾金刚，奉请辟毒金刚，奉请黄随求金刚，奉请白净水金刚，奉请赤声火金刚，奉请定持灾金刚，奉请紫贤金刚，奉请大神金刚"。

由于《八大金刚》形象生动地刻画了八位"总稽查"的能力担当的精神，一时间在武汉三镇不胫而走，报纸的发行量也因此大增，"首义金刚"也成为高振霄诸人的代名词。

第六章　招贤纳士

武昌首义成功次日,军政府招纳处即成立,由高振霄招纳各地投效的政、学两界人士,吴醒汉接待军界志士。一时间,投效者众,五十天左右,海内外一万余各类人才荟萃武昌……

第六章 招贤纳士

武昌首义一举推翻了专制统治,建立亚洲第一个共和政体。如何捍卫、巩固新生政权,急需各类专才。

在起义前夕,湖北两大革命组织文学社与共进会,通过认真总结同盟会与光复会领导的十多次起义的教训后认为,历次起义之所以屡遭失败,一个至关重要的原因就是,仅仅是革命党人的单兵作战,没有建立广泛的同盟军。

于是,武昌光复后,革命党人立即争取了"无党派人士"黎元洪与立宪派风云人物汤化龙出山。这样一来,不仅争取了两个"革命对象",而且形成了一支附和革命的同盟军。诸如赢得了当时在全国颇有影响的立宪派的同情,争取了一批汉族军政人员的支持,还促使西方列强在南北交战中保持"中立"……

常言道,打江山容易,坐江山难。武昌光复、乃至武汉三镇光复后,军政府需要在执政、司法、外交与军事等方面工作全面展开。

草创时期,百废待举。当时的革命党,虽然有一批自海外留学归来的专门人才,但中国走向共和,毕竟是开天辟地第一回,而新政府中人,不是只有革命理论、缺乏革命实践,就是缺乏起码的执政历练,或是缺乏在战场上大规模战争的实战考验。

是此,在武昌光复当日,高振霄与袁国纪等建议军政府设立招揽人才机构,当即被采纳。并设人才招待所于都督府前两等模范小学校内,由他们二人临时负责接待。

10月12日,军政府正式成立"招纳处",复更名"集贤馆",其主要任务是:招集文武贤才,襄助军政,共图建立共和民国大业。由高振霄、吴醒汉、蒋秉忠三人专司其职。具体分工是高振霄负责政界、学界人士,吴醒汉负责接待军界人才。

次日,高振霄会同吴醒汉亲自起草的《集贤馆紧要布告》,以军政府的名义在报纸与街头巷尾广而告之。布告云:

敬告者:本馆设立,顾名思义,原以招贤士。贤士之定义,固甚广漠,要必有技之长,始足备贤士之万一有补于同胞。昔孟尝养客之千,作用者一冯欢耳。今日时势万艰,恐不能孟尝之广范。凡来投效诸君,抚心自问,必先有自知之明而后可。如系平庸之才,则少壮者,仅可投入军队。尚可练成军国民,其效犹大于坐论。至本馆如有招待不殷,办理不当之处,统希不时训指,切勿自生恨悔之念,因而观望,致同胞无人,群负责任,则甚误矣!

10月20日,高振霄推荐崇阳知事茹用九任集贤馆副馆长,他们起草了《中华民国鄂军政府集贤馆试办章程》,军政府通过后颁布实施。章程云:

集贤馆设立正副馆长各一名,稽查员二名,下设招待、检查、考验、书记、庶

务五科。章程的"公守规则"要求，上午八点到下午五点为办公时间；各科员但遵守实行，不得放弃，如果事情没有办完，须办毕方能就寝；遇有事故请假的，须陈明理由方能外出，但不能超过半日，如果确实有疾病的不在此限；各员有相互监督劝勉之义务，有保全个人及全体名誉之义务，有维持秩序及进行方法之义务；关系全馆的事务，须召集全馆人员会议决定施行；各员有不遵守公令及有妨碍本馆事件者，开临时会核办。

集贤馆的《布告》不胫而走，前来投效者十分踊跃。

一天，高振霄接待了一名特殊人才——汉阳府黄陂县女青年吴淑卿。若论出身，她是师范学堂毕业，是学界人士，理应由高振霄负责。而她在师范学堂学习的是武备，她递上的一份要求上阵杀敌的请战书，又属于军事问题，又可视为吴醒汉负责的军界。而且当时没有女兵建制，一个女子住在男子军营多有不便。于是，高振霄与吴醒汉一商量，决定一起面呈大都督黎元洪，建议黎元洪批令给同为女性的总监察处总监印员李淑卿，具体负责做吴淑卿的说服工作。

哪知，吴淑卿壮志未酬誓不休，她立即联袂陆国香、姚雪琴等新式女性，再次上书黎大都督请缨，要求成立女子北伐队，力辩男女不应有别，均有义务上前杀敌。她说："人人努力自强，应尽国民之责任。若想热心爱国，非立起当兵之志不可。凡为国民者，皆有当兵之义务。曰国家者，非一人之谓也，国民非一概之称也。能保护国家者，即谓大汉之国民，不能保护国家者，则为小丑满奴。既得国民之称者，以其能尽当兵之义务而已。"

当时的阳夏保卫战，急需用人，而吴淑卿又勇气可嘉，于是黎亲自在都督府接见了她，并授命招女军一队，即名"女子军"。

吴淑卿领命后，备受鼓舞，即时组织了一支400人的娘子军，她根据平时所学，以及兄长平时的训练大纲，对新兵进行规范训练。同时，她还对女军进行爱国与铁血精神教育，她在《从军文》中说："观今之世界，当要人人努力自强，当要应尽国民之责任，若想热心爱国，非立起当兵之志不可。""愚生并非图日下之荣耀，只求其同军士去北地，吾愿舍身而赴敌地也，杀尽国奴。"

"女子军"成军后，她常身先士卒深入敌后打击敌军，令敌军闻风丧胆，成为军中楷模。在阳夏保卫战中，由于她屡率娘子军火线立功，战时总司令黄兴盛赞其巾帼不让须眉之勇气与浴血奋战精神。

吴淑卿率领女子军飒爽英姿，在战场英勇杀敌的业绩经媒体披露，文人墨客纷纷吟诗赞美她"不愧为当代花木兰、梁红玉"，她一时间声名鹊起。

接下来，高振霄的好友、集贤馆考核科长谢石钦遇到了一件尴尬事——

吴淑卿画像

　　时任军政府司法部副部长的彭汉遗，推荐颇富文采的老同学饶汉祥到集贤馆去应试。饶汉祥自幼聪明过人，16岁中县案首，20岁中举人。后投考京师大学堂，名列第二，未赴读。1905年留学日本政法大学，1907年回国。次年赴福建，任学务所视学近三年。

　　武昌首义成功后，彭汉遗推荐了在两湖理化学堂任教的饶汉祥的二弟饶汉秘，就任于军政府交通科当科长。然后，他们联名拍出电报，请饶汉祥。饶汉祥闻信，姗姗而来，以"愿报效新政府人员"身份，住进集贤馆里，等待考核录用。

　　这位颇具书生意气的饶夫子住进集贤馆后，动辄对武昌起义的宗旨，说三道四。彭汉遗认为他心怀坦荡，也是希望他识得时务，"咸与革命"，想等待于他想通了，好为民国建设献才献智。

　　岂不知，这位夫子只在集贤馆里住了几天，就闹起别扭来。这天，饶汉秘陪同彭汉遗到了集贤馆，彭氏一进门就恭贺说："恭贺呀，蕊僧兄，明天就进行考核了！"

　　"学句日本话，哈以了罗！但不知述先大哥可否相告，谁是主考官？"饶汉祥却用难得的玩世不恭的态度回答说。

　　"啊，听说是谢石钦科长。"彭汉遗回答道。

　　"汉遗兄，不知伊人是以何功名就任主考官之职？"

　　"听说是刚从两湖师范毕业的学生，是位新人。"

　　"真是黄钟息磬，瓦釜雷鸣！我以举人身份，受彼连童生秀才资格都不是的

人来考试!"饶汉祥一迭连声地说了一气,最后竟冒出句武穴的土话来,说:"汉遗兄!这个门俺高攀不起,还是回家吃老米好。走!"二话不说,竟拂袖而去。

"汉遗兄,真是对不起!长兄的任性,真是没有办法!"追兄不及的饶汉秘只好回程,对彭汉遗表示道歉说:"这么多年了,饶苾僧自命清高,今者,亦发如此!不过,绕树三匝,可能还是未觅得合心的栖枝呀。"

"我等不必急在一时,自有说得服他的人。"彭汉遗对饶汉祥似乎胸有成竹,要等着某人来说服他。

这人是谁呢?饶汉秘猜不着,彭汉遗当时也不说破。

饶汉祥一愤之下,从集贤馆里挈了行囊就走,一口气走到武昌司门口蛇山边上的斗级营,另寻了一间客栈,开了一间房子住下。

饶氏是高振霄负责接待的,经他了解,饶虽自命清高,但却是文采飞扬。如果此人才流失,他到社会上进行反宣传,就会造成负面影响。于是,经高振霄会同谢石钦变通考核方式,拟通过一把钥匙开一把锁之法,留住这位人才。

经高振霄打听,都督府秘书、革命党人冯亚佛正需要一名文书。所以,经高振霄与冯、彭汉遗、饶汉秘协商,特事特办,促成饶汉祥留在冯亚佛手下任书记员(文书)。

由于饶汉祥作文,既善于揣摩长官的心思,又文采飞扬,为黎元洪所赏识,后一跃成为黎的文胆,官至总统府秘书长。饶擅长文学,其骈体电文,在民初公牍中风行一时。更有文人视饶乃巴结黎氏的御用文人,便戏撰一联:

黎元洪篡"克定"位;

饶汉祥是"巴黎"人。

由于高振霄会同吴醒汉主持制定了十分宽松的选才方略,报名只需递交"说帖",即自我推荐表,审阅后呈送都督核实,即可因才得职。所以,集贤馆挂牌后,各地人才纷至沓来,仅10月15日这天就有四百余人报名应聘。次日选拔的懂法语、德语三人,当即被委派到汉口租界办外交。25日招聘人员金鸿钧受命创办将校决死团。

到了11月中旬,集贤馆又招聘了四百余人。其中任战地调查二十余人,任督战员三十余人,到街市演讲四十余人,深入敌方做侦探七人,赴江、浙、皖、赣各省三十余人,补充学生军一百二十余人。11月24日,奉军务部令:汉阳战事激烈,后继需人,又选集贤馆人员中有军事才能者七八十到都督府听后检验。这批人当夜随张振武到汉阳助战。12月21日清军炮击武昌,走散的机关人员,由集贤馆中备用人员填补。

集贤馆在选贤任能方面特事特办,程序简单,不问投效者出身,只要拥护革

命,有一技之长,就可委任。故五十天左右,海内外一万余各类人才荟萃武昌,成为革命新军的一支重要力量。其中著名的劝清军海军司令反正的"黎元洪致萨镇冰信",以及颇具感召力的"誓师文"等,均是应招人员孙发绪亲手起草的。

高振霄执法素以文明为尚,人道为本,废苛刑,善教化著称。当时狱中有囚犯数百余人,高振霄与程汉卿亲往查访,对犯人进行循循善诱,细心开导。他们情理交融地对犯人说:

"此番民军起义,原非前代谋位篡国者比,不过以清朝专制钳束吾民,俨若奴隶,诸革命家痛四万万之同胞数千年之沉沦,冒死发难,以图去腐败之政府,伸吾民之民权。尔等昧于大义,反媚敌内陷,……故将尔等作为俘虏,暂为拘留矣。战局底定,再释尔等归里。但尔等亦当体民军之惠,在禁闭中均应安心守法……"

当演说沉沦痛切时,有的囚犯不禁感动得落泪。高振霄见状,认为他们中确有良心发现,愿重新做人者。于是,对愿意前往战场将功补过者,出具函文,挑选年轻力壮且有悔改之意者上百人,一律送交游击队长金鸿君收留,分别编入队内助战,后送往前线作战,多立战功。

为组织普通司法之基础,整肃社风,壮大新军力量,军务部"执法处"改"执法科",后改编为"军法局"。"因执法科时有间谍汉奸交讯,而此等案件情节,关于战机甚巨,故革命家高振霄、陈宏诰二君初任执法科调查,与科长程汉卿时于联络,主办军案"。

在申军法、惩奸治军方面,执法科以法规为准绳、以事实为依据,铁面无私地执法——

那是在汉口刘家庙之战的关键时刻,因前线总指挥官次第受伤,黎元洪都督委以张景良充任总指挥。初五日,即派熟悉军事的罗家炎,担任全军输送子弹的指挥官,预定初六拂晓开战。罗家炎奉命后于初五日至汉口民军司令处,进见总指挥官张景良,彼此未见,亦未接洽。按罗家炎所受任务,系在输送子弹,应于开战前,将全军应需子弹数目计算概略,未战前如何征发,作战间如何补充,以及大小接济子弹之分配,均应预计。哪知,罗家炎没有见到张景良后,既不复请接见,又不将难于按给理由报告于军务部、参谋部,另图救济办法。况且汉口设有军政分府,亦可报告陈请补救。开战在初六晨,而罗到汉口时系初五午时,时间比较宽裕,但罗氏置任务于不顾,反于初五夜偷闲至游戏场所住宿,贻误战机,至使初六拂晓战,全军兵士每人只有子弹一二排,以致民军大挫,死伤大半。顿时,官民共愤。高振霄等在审理此案时,经过认真调查,反复核对,罗氏在事实面前,也供认不讳。为严肃军纪,杀一儆百,执法科呈报都督批

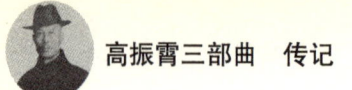

准，将罗氏正法。

在汉阳保卫战中，因敌军排长严得胜贿赂，周国斌私割民军防御工事地雷引线，导致防御工事被攻破。执法科审判时，周氏在事实面前供认不讳，也被斩首。

直至1911年12月1日午后三时，驻汉英、俄各领事，接北京使团电告，报袁世凯对湖北民军提出了和谈停战协议。至此，高振霄与武昌起义将士同生死、共患难，拱卫武昌取得了阶段性胜利。接下来，南北双方由战场上的对峙转向谈判桌上的较量。

1912年1月1日，古老的东方帝国开创了新纪元。

这一天，亚洲第一个共和国——中华民国临时政府在南京正式举行开国大典，孙中山就任中华民国临时大总统。鉴于高振霄在辛亥革命建立的功业与专业特长，孙中山委任高振霄为高等顾问。

与此同时，南京临时政府为表彰在辛亥革命过程中有功人员，在总统府特设稽勋局专司其职。除通报表彰外，还决定选送一批德才兼备的革命者出国留学。

可是，由于百废待举，在孙中山辞去临时大总统前，这一愿望没有实现。南北统一后，由原来孙中山临时大总统机要秘书、同盟会资深会员冯自由，出任中央稽勋局长。冯上任后，重提此案获得通过。于是，中华民国临时大总统袁世凯根据稽勋局的提案，下达指令：由首义志士、南方九省代表邓玉麟起草表彰辛亥革命有功人员文书。邓玉麟拟定好授勋人员名单总计六百八十五人，分甲、乙、丙、丁四种，其中高振霄列为辛亥革命"甲种功臣"。该名单经上报北京稽勋局获准，于1913年6月3日由总统府据此正式行文给辛亥革命首义有功人员授勋。

另一方面，在任鸿隽的倡议下，经孙中山策划，由冯自由以中央稽勋局名义，向临时大总统袁世凯递交呈文。冯自由写到："窃查该员等多留学外洋，闻风慕义，辍学归来，各表所长，相助为理，勤劳数月，厥绩实多。即未曾出洋留学诸员，亦多在本国学堂肄业有年者。"袁世凯批准了呈文，并很快派出了第一期稽勋留学生共25人。他们当中多为有功于辛亥革命的青年，也有一些对辛亥革命有功人士的子弟。这些出国留学生虽由国家提供公费，但不归教育部按一般留学生办理，而由稽勋局按"酬勋"办理。1912年10月，张竞生、宋子文、任鸿隽、谭熙鸿等25人由财政部拨付2.5万余元作行资及治装费，由上海首途出洋留学。

第一期稽勋留学生的顺利出行，在国内的革命党人中产生了很大的影响。

刚刚辞去湖北事业司长职务的李四光得知不少革命党人由公费派送出国学习的消息后,想到自己现在既然"力量不够,造反不成,一肚子的晦气,计算年龄还不太大,不如再读书十年,准备一份力量",于是就向黎元洪提出了继续到国外留学的要求。1912 年 11 月初,黎元洪打电报给临时稽勋局,力陈高振霄与李四光、李作栋、李西屏等 22 员,劳勋卓著,精力富强,咨送西洋俾宏造就。袁世凯本来对孙中山批准的革命党人出国留学很不满,但湖北是辛亥革命的首义之地,如果不批准,对他还打着的"拥护共和"的旗号不利,于是只好批复同意,表示"鄂省首倡共和,非各省可比,所请将高振霄与李四光、李作栋、李西屏等 22 员分期派遣出洋,应即照准,此外不得据以为例"。1913 年 7 月,临时稽勋局派出了第二期留学生,共有 26 人,其中湖北在黎元洪呈文的 22 人中,第二期派出了 12 人,高振霄等另外 10 人列为第三期。派去留学的国家包括美、英、法、德、比、日等。

"二次革命"的前一个月,冯自由再次呈文给袁世凯,请饬教育部将已经批准的第三期留学生汪兆铭、高振霄、朱家骅、曾仲鸣、张群、戴季陶等 66 人的出发费尽速发下,以便早日放洋。冯自由得到的回复却是:"库款支细,此项经费实属无从筹措。"一个月后,"二次革命"失败,身为革命党的冯自由"不自由",导致第三期稽勋留学流产,高振霄的稽勋留学梦因此化为泡影。

第七章　调查"张案"

"民国第一案"发生,高振霄会同友人查实真相后,他与国会议员刘成禺、时功玖等一道,以不同形式声讨,要求惩治凶手、弹劾总理、质询袁世凯与黎元洪……

第七章 | 调查"张案"

由于新生的共和国尚在摇篮中,其成长的过程中难免危机四伏。民国成立不久,革命党人也不能免俗,阵营内部出现了分化。

此前负责筹组南京临时政府的黄兴,因在担任武昌首义战时总司令期间,与武昌党人意见不一而产生隔阂,以至于他在组阁时也意气用事,将武昌首义的骨干均排斥在外,结果导致武昌集团与南京政府交恶。

这样一来,黎元洪谋士孙发绪、湖北军政府军务部长孙武等人,前去上海活动同盟会"先天会员"刘成禺,联络一批旅沪与在汉的资深党人、政客与社会贤达。随后,由黎元洪、张振武、王正廷、蓝天蔚、高振霄、张伯烈、郑万瞻、胡鄂公、时功玖、饶汉祥等24人,于1912年1月16日发起组织了一个政治团体——民社。

经充分酝酿,民社推黎元洪为社长,吴稚晖为总干事,何雯为秘书。由于"首义之区"的金字招牌的号召力,经过一段时间的动作,民社在各省设立支部十多个,拥有党员万余人。

在民社的成立仪式上,公开发表了《民社缘起》及《民社规约》,意在"援卢梭人民社会之旨",对于统一共和政治持进步主义,以谋国利民福。提出了制订政纲,提倡军国民教育;采用保护贸易政策;扩张海陆军备;主张铁路国有等政治主张。同时,著名学者黄侃所办的《民声日报》,成了民社的舆论机关。章太炎、汤化龙等名流都给予赞助。

随着南北政治力量的消长,在南京临时政府成立四十多天后的2月13日,孙中山以大局出发,让位于袁世凯,以换取袁逼清帝退位,赞成共和。2月15日,南北两军议和成功,迫使清帝逊位,清王朝寿终正寝。

孙中山辞职后,全国各地请他去访问的络绎不绝,他均未作考虑,唯独对北京临时政府副总统兼湖北都督黎元洪的邀请,欣然答应。

于是,1912年4月初,黎元洪派田桐与李基鸿前往上海,恭迎孙中山对首义之区武汉进行考察。

自4月9日起,孙中山一行对武汉进行了旋风式的访问,受到武昌首义功臣及武汉三镇市民空前热烈的欢迎。

4月11日上午10时,阳光灿烂,春风和畅,孙中山在主要随员的陪同下,在武昌亲自接见了高振霄、牟鸿勋、李四光、熊继贞等武昌首义革命党人骨干,并就国计民生面示了八大政纲:搜罗人才;建设议院;订办选举;绘制服图;研究官制;改编军队;厘定饷章;振兴利源。

高振霄听后,觉得自己是学习法律的,应该充当"为民喉舌",即刻投身到立法护法的议会工作中去。

1912年5月9日,立宪派的统一党、民国公会、国民协进会与民社等,在上海合并为共和党,一年后共和党归并于进步党,高振霄先后辗转于共和党与进步党。到了6月底,共和党与同盟会发生激烈冲突,并充当袁世凯的御用工具。高振霄与原民社成员张伯烈、郑万瞻、刘成禺、胡鄂公、时功玖等,毅然组成共和党"新派",同共和党"旧派"进行有理有节的斗争。

立秋后的北国京城,片片树叶被无情的秋风扫落在地,再加上秋雨阵阵,让人顿生寒意。正所谓"秋风秋雨愁煞人"。

1912年8月16日凌晨,辛亥元勋、首义"三武"(孙武、张振武、蒋翊武)之一张振武,在北京竟被满口叫喊共和的大总统袁世凯阴谋杀害。

张振武是高振霄投身辛亥革命的老战友,他得知这一消息后十分震惊。面对案发后众说纷纭,集新闻记者与法政专家于一身的高振霄,亲自对"张案"进行了一番明察暗访,终于弄清了"张案"真相——

那是北京临时政府成立后不久,袁世凯为早日控制湖北,便采取釜底抽薪之法,邀武昌首义诸豪杰纷纷入京。黎亦希望将平时在他面前耀武扬威的张振武等人调虎离山,以加强其在湖北的统治。于是就有了袁黎联手,张被袁氏优隆入京,被委为蒙古调查员。

哪知,张振武应召北上不久,他只转了一圈,仍然回到武汉。疑心颇重的黎氏更加猜嫌。正在这时,全国各地由于欠饷和裁兵,军队哗变此起彼伏。湖北也出现了祝制六、江光国、滕亚纲以改革政治为号召,企图推翻以黎元洪把持的湖北军政府。其中楚望台军械所守兵的兵变,据说黎元洪查到的主谋人就是张振武和方维。

黎恐张返鄂后,真的在武汉有所行动,遂决定先下手为强。而湖北党人的势力过大,张又掌控着"快速反应部队",黎不便在湖北下手。于是黎使出袁黎的亲信饶汉祥赴京,去探大总统袁世凯的口气。

袁听了,不禁哈哈大笑。他认为黎为自己所用的机会到了,便立即电告黎:"略谓党人中如有嚣张之徒,能对付则对付之,否则可开列名单,我邀其来京处理。"黎这才吃了"定心丸"。

为了掩耳盗铃,黎元洪故意放了一个烟雾弹:他以调停孙武与张振武的积怨为由,电邀与"二武"(孙武、张振武)关系不错的湖北籍参议员刘成禺与郑万瞻返鄂游说。

蒙在鼓里的刘、郑返鄂后,便积极斡旋于"二武"之间。大家如此热情,"二武"也十分知趣,最终杯酒言欢,还发表了《孙武、张振武原无意见》之声明。黎元洪又趁机请刘、郑如法炮制,使黎与张振武也化干戈为玉帛。

第七章 调查"张案"

正在瓜熟蒂落之时，袁世凯立即电聘张振武为总统府顾问，黎趁热打铁，力劝张入京就职，并答应保留张的嫡系部队将校团，还赠路费4000元。胸无城府的张振武经不起多方劝说，慨然允诺。并于立秋当天（1912年8月8日），偕湖北将校团团长方维等13人前往京城。

不知内情的张振武，真的以为他与黎的旧怨一笔勾销了。他在京城也如法炮制，以调和党见为由，宴请同盟会与共和党要人。

8月15日晚，身临绝境的张振武，照旧在六国饭店宴请北方将校，而此时应邀赴宴的段芝贵已将捕张令带在身上。

席间，段芝贵及其他人员陆续散去，只留下张振武与江西协统冯嗣鸿、参议员时功玖。他们三人在返回旅馆的路上被逮捕，方维亦在住所受擒。所有随张由湖北来的人均被监管，不准出入。

张振武被押至玉皇阁军政执法处，张质问处长陆建章，为何连张的马车夫也被缚，应该先释放。陆即命副官释放。

然后，张振武向陆建章要纸笔，写了一封短柬给辛亥首义志士邓玉麟将军，函中略云："弟忽被大总统之军队所缚，不知是死是活，请兄为我分明，身边未有分文，请兄为我设法。并请兄照顾弟之随从及其家属。"信写好请陆派人送，陆应允。

继而，张振武大声质问陆建章道："我们究竟犯了什么罪？你根据什么法律逮捕我们？"陆微笑着把黎元洪的来电给张看，张看了后气得满脸通红，怒气冲天地说：胡说！胡说！

陆建章又把袁世凯的命令给张看，张看了后昂首挺胸，愤慨地说："死吧！看你们能横行多久！"一向耿直的张振武与方维一同英勇赴死。张中二枪，一枪中腹，一枪中肩。一代英豪，开国元勋没有倒在战场，却死在暗枪之下。这时已是8月16日凌晨一时。

高振霄会同党人查清缘由后，认为张振武被诛，无论是"犯罪"事实，还是法律程序，于情于理，均是站不住脚的。所以，高振霄会同刘成禺、时功玖等参议员与革命党人，依据法理愤怒声讨元凶，要求严惩凶手，为张昭雪。

另一方面，事先蒙在鼓里的"调解人"刘成禺，大闹参议院，以洗清自己"同谋"的嫌疑。当袁派法制局局长施愚到参议院答辩时，刘拍案而起，将施骂了个狗血淋头。

在高振霄、刘成禺、时功玖等人的推动下，参议院为张案专门召开了两次质询会，驳斥了袁氏推卸责任的四条罪状。提出《弹劾国务总理与陆军总长案》与《提议咨请政府查办参谋总长黎元洪违法案》……

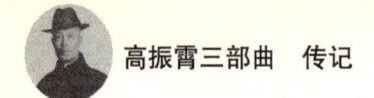

为了向社会说明真相,高振霄会同党人与报界同人先后在《民权报》等报刊上,发表了《讨杀张振武者》的檄文,称"袁好杀,黎滥杀,狼狈为奸不可恕!""杀非其道,杀非其时,杀非其地!……"同时转载 8 月 13 日黎元洪自武昌拍给袁世凯的一封密电。电文云:

张振武以小学教员赞同革命,起义以后充当军务司副长,虽为有功,乃怙权结党,桀骜自恣。赴沪购枪,吞蚀巨款。当武昌二次蠢动之时,人心惶惶,振武暗煽将校团,乘机思逞。幸该团员深明大义,不为所惑。元洪念其前劳,屡予优容,终不悛改,因劝以调查边务,规划远漠,于是大总统有蒙古调查员之命。振武抵京后,复要求发巨款设专局,一言未遂,潜行归鄂,飞扬跋扈,可见一斑。近更蛊惑军士,勾结土匪,破坏共和,倡谋不轨,狼子野心,愈接愈厉。冒政党之名义以遂其影射之谋,借报馆之揄扬以掩其凶横之迹。排解之使困于道途,防御之士疲于夜,风声鹤唳,一夕数惊。赖将士忠诚,侦探敏捷,机关悉破,弭患无形。吾鄂人民胥拜天赐,然余孽虽歼,元憝未殄,当国家未定之秋,固不堪种瓜再摘,以枭獍习成之性,又岂能迁地为良。元洪爱既不能,忍又不敢,回肠荡气,仁智俱穷,伏乞将张振武立予正法,其随行方维系属同恶共济,并乞一律处决,以昭炯戒。此外随行诸人,有勇知方,素为元洪所深信,如愿回籍者,请就近酌发川资,俾归乡里,用示劝善罚恶之意。至振武虽伏国典,前功固不可没,所部概属无辜,元洪当经纪其丧,抚恤其家,安置其徒众,决不敢株累一人。皇天后土,实闻此言。元洪藐然一身,托于诸将士之上,闒茸尸位,抚驭无才,致起义健儿变为罪首,言之赧颜,思之雪涕,独行踽踽,此恨绵绵。更乞予以处分。以谢张振武九泉之灵,尤为感祷!临颖悲痛,不尽欲言。

报刊披露"张案"真相后,一时间,举国上下口诛笔伐,"袁民贼""黎屠夫"的谴责声,声声入耳。

经高氏会同革命党人的鼓与呼,同盟会于 8 月 22 日庄严宣布,将"暴戾恣睢,擅杀元勋,破坏约法,摇动民国,人神共愤"的黎元洪,革去同盟会协理一职,并开除出同盟会。

8 月 25 日,高振霄在北京湖广会馆参加国民党合并成立大会,再次呼吁为张振武申冤。27 日,张振武遗体由火车运抵汉口大智门车站,恭迎灵柩渡江者多达两千余人。在追悼会上,高振霄声泪俱下地扶灵悼念。

武昌起义开创了共和新纪元,诸如历时八年"抬营主义"的秘密工作,八小时打碎了湖广总督的国家机器,长达四十多天的阳夏保卫战役等等,其悲壮事迹繁多,只可惜没有翔实的记载。

而龚侠初之《武昌日记》、胡石庵之《革命实见记》、查光佛之《江汉阳秋》

等,均系私人的写作,毕竟见闻有限,难免有不实不尽之处。

长期从事文字工作的高振霄明白,成立专门机构记录辛亥首义史实,已经到了刻不容缓的时候了。

所以,高振霄会同孙武、蔡济民、邓玉麟、陈宏诰、谢石钦等一道,发起成立"革命史馆",广征博求的辛亥革命武昌首义史料工作。

饶汉祥在核阅呈文时,认为湖北不是中央,用史馆名义不甚妥恰。遂将"史"字改为"实录"二字。

于是,发起人于1912年6月16日,在汉口歆生路前花楼口发起成立开国革命实录馆,"开馆储贤,从事撰述,编成国史,昭示将来"。

会上,大家公推谢石钦为馆长,苏成章为副馆长,王葆心为总纂。调查长康秉钧,专职调查员六人,高振霄与蔡济民等89人被聘为义务调查员。当时他们呈送给黎元洪的公文全文如下:

副总统钧鉴:

敬禀者,窃谓汤武革命,开环球肇治之先;周召共和,作华夏大同之始。史书所载,亘古为昭。乃勋名既启乎日轮,而事业遽终于发轫。称天而治,臣虏亿兆人三千年;帝制自为,贻毒八方者二十纪。武昌首义,诸州景从,廓尽胡氛,解除苛政,易专制为民主,进独断为共和。以三月未竟之时间,建亘古无前之盛业。较其勋绩,发皇与法美齐驱;溯源由来,彪炳与商周竞美。一时豪杰投笔云兴,或奔走外洋,或号召同志,或毁家纾难,或捐躯效忠。共集之勋,以有今日。披世界旁行之史,列强无此事功;览神州疏佚之文,前古无此伟绩。听其淹没,不予表扬,非但无以彰副总统之盛德,亦无以餍全世界之人心。伏维国家之盛强,端赖忠义之奋发;忠义之奋发,资于文字之鼓吹。纵横今古,莫不皆然。一代龙兴,人文虎变,而况乎创神州第一共和之国,建中国万年有道之基,甲胄躬亲,河山平定者乎!近者止戈偃武,治定功成。开馆储贤,从事撰述,编成国史,昭示将来。事关至要,时不可缓。惟设局伊始,需款筹办,公恳副总统饬财政司拨款一万元,以为开办开国实录馆经费;并请详中央政府立案。俟举定职员,延聘通儒,再行预算每月经常费用,汇册呈报,以备查核。……伏乞核准施行。

发起人:孙武、邓玉麟、陈宏诰、谢石钦、高振霄、陈人杰、牟鸿勋、蔡济民、甘绩熙、刘长庚、苏成章、邢伯谦、高尚志、胡祖舜。

湖北革命实录馆印章

实录馆拟订《湖北革命实录馆办事规则》，开宗明义："本馆修史，先行调查材料。""纂修当世接近时代之史，如司马光之修《资治通鉴》、李焘之《续通鉴》，莫不先立长编，再行删取，始为成帙""非有宁繁无略之长编，何以为择精语详之兰本""不先立长编难收尽美尽善之功"。

为此，湖北革命实录馆专门拟订《拟纂辑湖北革命实录长编例言》。例言明确要求："长编宁失于繁，勿失于略，""大小并存，以俟论定。""长编以日为纲。""起义之后，事实昭然，按日缀列，暂不分门，以省顾此失彼之虞，免入甲出乙之忧，即不解文字义例，亦可从事。各种坊本，皆仓促成书，或有为而作，未为实录，亦遽难衷其雅郑，裁其踌驳，长编援以入录，其先后进退，殊难划一。兹臆定以其书题名之字多少，为别录之先后。或一日之中，众事丛脞，则以其关系大者录于前，其余缘事审定次第焉。或一事而分隶于二三人，或甲种著录一人、乙种著录又一人，则以其人之姓名稍显或尚有他种革命关系别见者居前。或其人其事众所共闻，而他书报所记绝不相蒙或非常可怪，出常理之外，长编亦未便概从芟薙，但于本日本事之后，低一格入录，以示区别，俟公决焉。"

例言规则表明：实录馆辑录史料务实求真，包容异议，客观公正。在辛亥武昌首义八个月后，湖北革命实录馆就组织专人开始调查核实材料，究事不究人客观公正地调查，依据例言规则编辑的《湖北革命实录长编》是辛亥武昌首义发端之信史。

第七章 | 调查"张案"

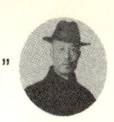

1913年7月孙中山发动二次革命，兴兵讨袁。因孙中山发动的二次革命失败，革命成了犯罪，《湖北革命实录长编》无法再修。

同年8月27日，黎元洪下令解散实录馆，将所辑史稿交湖北都督府"转咨中央采择"。

这时，由于馆长谢石钦因公调入北京，未能及时转交文稿，只得将所有稿件封存在家。只好由前副馆长苏成章将《湖北革命实录长编》呈交黎元洪，剩余文稿仍由谢石钦保管。

苏成章10月12日在给黎元洪的报告中称，苏在9月曾为全馆职员要求照稽勋局湖北调查会例，请增给月薪一月外，川资洋五十元，得到黎元洪"俟史稿交齐后核夺"的批语。苏成章"当即驰函北京，商之谢正馆长。未几，渠即遣人回鄂，自启封锁，邀成章到渠家中，检出所编史稿数百页。现已分订八册，特呈大府并转咨中央采入国史，实吾鄂省之光荣也"。

1913年12月11日黎元洪离鄂赴京专任副总统。12月22日，黎元洪眷属合家抵京，1917年移居天津。1928年黎元洪病逝于天津。从此《湖北革命实录长编》便深藏不露。

时到1944年，辛亥首义志士胡祖舜根据武昌实录馆馆藏史料，在重庆著述了《六十谈往》第一辑；1946年又由武昌久华印书馆出版《武昌开国实录》，成为研究辛亥首义的经典之作。1956年谢石钦去世，其家人将所藏实录馆档案资料提交武汉市文史馆，后经湖北省政协委托贺觉非将这批资料接管，这批被尘封了四十余年的宝贵史料，才重见天日。

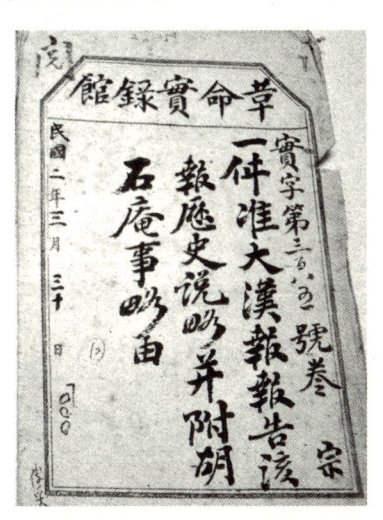

1913年3月30日武昌开国实录馆藏胡石庵原始档案

第八章　首造"国节"

> 辛亥首义建立了亚洲第一个共和政体,也首造了"双十"节。高振霄在广州参加"双十"国庆活动后,不禁感慨万千,一篇《举市若狂的"双十节"》涌向笔端:"记者为首造此节之人……"

第八章 | 首造"国节"

中国走向共和,是亚洲开天辟地第一回,包括国家机器的构成,国庆节日的确定等,均是模仿率先实行共和的欧美国家。

关于国庆节的称谓,是从西方文字直译过来的舶来品,不过当时的译法五花八门,分别为"国祭日"或"国节"或"国节日"等。国内政学界经过一段时间的反复讨论,最后按照中国文化观念的恰当译法,才正式约定译为"国庆日"或"国庆节"。

自1912年9月下旬,中华民国正式确定10月10日为国庆日后,从此,在神州大地上,每逢"双十节",不分党派、不分民族、不分界别,举国同庆。

1912年,是首个"双十节"的庆典,举国上下,盛况空前。首都北京与"首义之区"武昌之隆重场面在此不表,仅上海总商会即在节日来临之前,就"通知南北各商号,届期悬灯结彩三天,同伸庆贺。南市、闸北、沪西各商团,均须举行提灯会"。上海南市商会还"制就五色灯数千盏,五光十色,大小从同"。

10月10日当天,上海工商界举行的纪念仪式甚为壮观,尤其是商团的庆祝队伍十分引人瞩目。据《申报》报道:各商团会员于是日"午后先至陆家浜图书公司会齐,然后出发。前导有脚踏车五六乘,扎以五色彩绸及五色国旗,并有马队三十余匹,骑马各会员均执长茅,殿以洋枪,并炮车三辆,上扎冬青国庆字样"。上海繁华之处"是夜人山人海,欢声雷动"。

不仅如此,北洋系的袁世凯与徐世昌亦分别选择1913年与1918年的"双十节",在北京举行总统就职典礼。

到了1919年10月10日这天,高振霄刚刚参加了广州各界隆重庆贺双十节的活动,忽然从上海传来孙中山正式将中华革命党改组为中国国民党的消息。高氏吃罢晚饭,在兴奋之余,欣然以"首造此节之人"的身份,奋笔疾书,写下了题为《举市若狂的双十节》一文,后发表于1919年10月12日出版的《惟民》第一卷第十号上。

刚刚写完此稿,老友叶夏声打来电话,约他在广州茶馆煮茶欢度"双十节"之夜。

叶夏声历任国会众议院议员、护法国会众议员、广州元帅府秘书、军政府代理内政部次长。两人刚刚在茶馆坐定,叶夏声首先对高振霄说:"汉声兄,你作为'双十节'的创造者之一,今天参加如此隆重的国庆活动,有何感想?可否给在下介绍一下'双十节'的来龙去脉?"

"夏声兄,你也是'双十节'缔造者之一呀!"高振霄说。

"老兄把我说糊涂了!在下何德何能,何时何地与缔造'双十节'扯上关

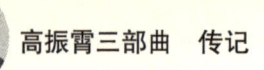

系?"叶夏声不解地反问道。

"关系大着哩!早在1905年,老兄就追随孙先生加入同盟会,致力于'驱除鞑虏,恢复中华,建立民国,平均地权'的同盟革命。自1912年起,又历任广东都督府参议、教育司司长、司法司司长,南京临时政府总统府秘书,国会众议院议员。难道说不是为了辛亥革命而奋斗么?窃以为,狭义上讲,'双十节'是通过武昌首义志士提案后确立的;广义上讲,这一节日是成千上万的首义志士用鲜血凝成的,或者说是千百万参加辛亥革命的志士们十余年来,用血汗换来的结果。"

"老兄高论!如此说来,言之有理!不过,此时此刻,我们应当借此机会怀念英烈、旌死励生才是第一要务!"

"是啊,作为武昌起义的亲历者,每当'双十节'来临之际,首义烈士们喋血江城的一幕幕惨景,仿佛就在眼前浮现!我想得最多的就是如何崇德报功?"

"老兄所言极是。不过,我对同盟会领导的历次起义有所了解,但对共进会与文学社领导的武昌首义的第一手材料却不甚了解。你我都是报人出身,可否给在下透露一些有关武昌首义战地的目击见闻?"

"好的。在八月十九日(10月10日)夜间,武昌起义爆发之际,古城内外枪声炮声此起彼伏,熊熊大火,火光烛天。在城内,一方面双方主力在湖广总督署激战,一度处于胶着状态;另一方面,尚有抵抗最力的旗兵一营,趁浑水摸鱼,负隅顽抗,伏暗射击,夜间分不出你我。是时,真正的革命党人,合军学两界总共不到五六百人。而清军中尚处于观望的部队,则十倍于党人。但党人誓死相抗,双方巷战了大半夜。次日凌晨,在下亲眼目睹黄土坡一带,尸横遍街,党人没一个畏怯的。"

"首义志士英勇事迹,让人感动!"

"武昌光复后,在下作为军政府'总稽查'前往汉口刘家庙战地视事,当时清军陆军大举南下汉口、海军从上海西进武汉,民军备受清军海陆两方面的攻击,炮弹及枪弹如淋雨一样,清军还在汉口纵火,千家万户民居被大火吞噬……革命党人为了捍卫新生政权,保卫江城百姓的生命财产安全,将自己的生死置之度外,以数百敢死队赤身作战。曾记得炮兵党人孟华丞,身上数十处受伤,下半部为炮弹所削。当救护队将致残的孟华丞抬到马上,他仍表示不下火线,狂呼杀贼!汉口沿江租界的西洋男女见状,争相拍手表示敬意!"

"孟君舍生取义,让人感佩!"

"10月29日,当清军攻入六渡桥一带,利用重炮远程射击,使民军防御工事遭受重大破坏。于是,敢死队长马荣变守为攻,手持大刀冲锋陷阵,大刀砍坏了,他换了一把又一把,敌军闻风丧胆。由于陷入清军重围,终因寡不敌众,不幸战死。清军得其尸,竟残忍地剥皮剖心,以泄愤嫉。"

"英烈业绩,可歌可泣!清军兽行,令人发指!"

"自武昌光复到汉阳失守的48天中,湖南、陕西、江西、山西、云南、浙江、贵州、江苏、安徽、广西、福建、广东、四川等省市,先后宣布独立;清军海军反正。海内外各种志愿团体及鄂军敢死队、学生军、童子军、上海志愿决死团、广东决死队、南洋敢死队、特别义勇军、横滨敢死团、湖北女子北伐队、奋勇军等纷纷来汉投身战斗。尤其是在41天的阳夏保卫战中,民军在兵力、装备、训练各方面,均处在劣势的情况下,与敌人进行了殊死的浴血奋战,粉碎了清政府妄想以北洋精锐之师,一举将武昌起义扼杀在摇篮中的企图,重创北洋军,为各省组织起义、完成独立赢得了极可宝贵的时间,也为南北议和创造了有利条件。在这41天之中,民军伤亡3300余人,清军亦付出了沉重代价。故阳夏保卫战对于辛亥革命具有极其重大与深远的历史意义。"

"老兄以目击者对首义战地绘声绘色的描述,既有鲜活典型,又有数据统计,这是对首义英雄的缅怀,也粉碎了'武昌首义侥幸取胜论'者的妄言!"

"谢谢老兄中肯的评论!接下来,我向老兄透露一下'双十节案'出台的台前幕后!"

"在下求之不得!"

高振霄呷了一口茶后,从首义志士首倡的"武昌首义日案"娓娓而谈——

事情是这样的。首次在全国性会议上公开动议"双十节",可追溯到1912年7月,于北京举行的"征集全国教育家"会议。

那时,湖北代表、辛亥首义志士李廉方以教育家的身份,应邀出席了此次临时教育会议。会上,在事先未同与会者沟通的情况下,北洋政府突然抛出了拟以三个日期作为中华民国候选国庆日的提案。即清廷下诏逊位日(2月12日)、袁世凯就任临时大总统之日(3月10日)、南北议和协定日(2月20日)。这三个日子均与袁世凯有关,显然北洋政府意在为袁氏张目。同时,亦有代表提出中华民国临时政府成立之日(1月1日),作为国庆日补充提案。唯独没有提及武昌首义日(10月10日)。

李廉方《辛亥武昌首义纪》湖北通志馆 1947

正在大家七嘴八舌议论纷纷之际,李廉方不由得想到他在来京前,蔡济民、高振霄、张知本等为他饯行的情景——

蔡济民举着酒杯说:"此次老兄赴京参加教育盛会,应该在教育界大声疾呼,将弘扬辛亥革命武昌首义精神列为国民教育内容。我们这些后死者,不仅要做好烈属的抚恤工作,还应为死难烈士做一件有意义的事啊!"

李廉方点了点头,端起酒杯一饮而尽,随即说道:"不错,武昌首义的确值得国人纪念!因为它不只是一个地方性的武装起义,而是继法国大革命、美国独立战争之后的世界上第三次民主共和革命。"

"廉方兄说得对!我们应开阔视野,以欧美国家的具体案例,系统解读武昌首义的意义。武昌首义的成功,标志着中国、也是亚洲首次走向共和。中山先生在就任临时大总统时,曾向世人宣示:'武昌首义,十数行省,先后独立。所谓独立,对于清廷为脱离,对于各省为联合。'法国大革命与美国共和国庆均选定于首义或宣布独立之日,我国将 10 月 10 日作为祭奠首义烈士日,合情、合理、合法。"高振霄也一骨碌站起来敬酒说。

"好!英雄所见略同。来我们大家一同干杯,预祝廉方兄此次赴京在教育会议上提出此案,马到成功!"张知本最后说。

李廉方想到此,不禁一股力量油然而生。他立即拍案而起,对北洋政府预案提出严正抗议。他从法理的角度,申述预案中的三个日期于情于理都说不通。而且他另提"武昌首义日案",并简述了武昌首义日当为唯一国庆日的理由。

　　此次教育会议是由北洋政府召集的,会议地点又在北洋的地盘上,而与会者,亦不尽同情革命,李廉方似乎"孤掌难鸣"。北洋政府的意图很明显,意在使预案三选一通过,不愿节外生枝。有人甚至认为,李廉方的建议带有狭隘的地方主义色彩。故不少教育家大多附和北洋政府预案,对李氏的提案不屑一顾。尤其是浙江人、前清翰林邵章多次起立发言,炮火直指李廉方,充满了火药味。

　　面对会议一开始就出现一面倒的态势,高振霄诸君的一席话语,给了李廉方无穷的力量。李廉方坚信:话不说不清,理不辩不明。他暗自思忖,怎样才能反攻为守,后发制人?

　　李廉方眉头一皱,计上心来。他不慌不忙地引经据典,进行耐心的申述。他说,我提请各位注意:为何将同盟会、光复会领导的十余次武装起义,称之为"起义",唯独将武昌起义称为"首义"呢?这是因为武昌首义建立了亚洲第一个共和政体、湖北军政府颁布了第一个共和法典、促成全国十余个省份独立……武昌首义的成功,标志着中国,也是亚洲首次走向民主共和。它是继法国大革命、美国独立战争之后的世界上第三次民主共和革命。接着,他历述法国大革命与美国共和国庆,均选定于首义或宣布独立之日进行现身说法。

　　李廉方纵论中外,详述史实,慷慨陈词,情理俱佳,颇具说服力与公信度。他一席发言完毕,全场态度顿时为之一变。湖南、安徽、江苏代表纷纷表态力挺李说。李廉方见大家态度出现逆转,就趁热打铁,建议大会进行表决。表决结果显示,与会者四分之三举手通过了"武昌首义日案"。

　　1912年7月18日,天津《大公报》以《民国大纪念日之决定》为题报道说:尽管会议"争执颇甚",最终"经全体赞成,作为正式通过"了以武昌起义之日为民国纪念日的意见。

　　因这一决议仅为教育行业会议之决议,并不具备法律意义。于是,会上又众推提案人李廉方、江苏省都督府教育司长黄炎培、江苏省立第二师范首任校长贾丰臻三人,依据临时教育会议的修正文修正提案,提交临时参议院审议。

　　"武昌首义日案"通过当天,李廉方致电给在武汉的高振霄君,希望他在汉遥相呼应,促成在国会立案!

　　高振霄接到电报后,兴奋得奔走相告,并与首义志士一起,研究了下一步的后续行动。他们一方面立即打电报给在京开会的李廉方,表示祝贺。同时请他就近联络在京的鄂籍国会议员,一致行动。另一方面,首义志士联络立宪派人士,呈报给民国临时副总统兼湖北都督黎元洪,冀求力促袁世凯政府与临时参议院尽快审议定案,并在武昌隆重纪念武昌首义一周年大会上向国人宣布。

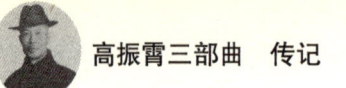

可是，在随后的几个月，发生了一系列的大事件。8月1日，黎元洪借在鄂实行"军民分治"，将革命党人排挤出军政府权力中心。

是时，上海《民立报》上发表了一条湖北的消息："武昌南湖炮队发动倒黎运动，遭到镇压。"这条消息来自湖北通讯社的电讯，黎元洪于8月5日即以"电报造谣，摇惑人心"的罪名，逮捕湖北通讯社负责人冉剑虹，并准备立即"正法"，后因遭到上海各报的抗议，仅判处两年监禁。

复刊才两个月的《大江报》也遭株连，原因是主笔何海鸣揭露湖北军政界的腐败情形。尤其是其《恶政府之现状》一文，对袁世凯政府进行了尖锐的抨击。因此，黎元洪当局罗织"破坏共和"等罪名，于8月8日下令封报抓人。次日，当局又通电全国，指控《大江报》专取无政府主义，为图谋不轨之机关，要求各地将《大江报》主笔何海鸣、凌大同一体严缉，就地正法。

湖北当局的"文字狱"并没有吓倒革命党人。蔡寄鸥在文学社党人的机关报《民心报》上慷慨陈词，发表了《哀大江报》一文，其中一句触到黎氏的痛处："夫黎元洪者，不过一庸常人耳。英雄不出，遂令竖子成名。"黎看了报道后，气得满脸通红，当即下令将蔡抓到都督府。

《民心报》原是文学社社长蒋翊武主办，是与革命蜕变分子孙武把持的《中华民国公报》相抗衡的一家革命报纸。所以蒋翊武获悉蔡寄鸥被捕后，迅速赶来见黎。在辛亥革命"三武"当中，黎对蒋翊武看法尚好，翊武前来说情，黎就送他个人情，蔡才幸免于难。但黎还是怒气未消，他对蒋说："我把他拿来，非为别事。他说我是竖子，我叫他把'竖子'这个词解释给我听听！你设身处地为我想想，在我都督府跟前办报，敢于这样骂我，我的威信何在？你把人带回去可以，无论如何这个报纸则不能再办下去了！"就这样，《民心报》胎死腹中了。

到了8月16日，张振武和方维两人，在北京被袁世凯阴谋杀害。高振霄会同刘成禺、时功玖等在北京参议院与同盟会议员愤怒声讨，要求惩治凶手。至此，同盟会正式与黎元洪分道扬镳，即革除黎之同盟会副理事长，并开除出同盟会。9月25日，黎元洪又下令镇压了南湖马队的革命党人暴动……

8月25日，同盟会在北京湖广会馆改组为国民党，高振霄加入国民党并参加成立大会。会议期间，高振霄与旅京湖北同仁联络，希望南北协力同心，促成"武昌首义日案"尽快通过。高振霄着重强调："首义日列为国祭日，不是一个简单的节日问题，而是一个遵循国际惯例，归还武昌首义历史公正的大是大非问题，更是为了弘扬辛亥革命的敢为人先的奋斗精神……"

由于湖北爆发的一系列事件与北洋政府有着千丝万缕的联系，所以，"武昌首义日案"被搁置了四五十天。

第八章 首造"国节"

随着武昌起义周年临近,国庆日问题遂提上日程。尤其是黎元洪与袁世凯狼狈为奸屠杀了首义元勋张振武后,昔日的"黎菩萨"变成了"黎屠夫"。为了转移社会舆论的注意力,黎于9月9日再次致电临时大总统袁世凯,提出于武昌起义周年之日,在武昌举行隆重首义周年庆典,以"追悼前徽,特表纪念",并请袁氏以中央政府名义派代表出席。

到了9月16日,刚刚辞去南京临时政府留守的国民党领导人、"民初四巨头"之一的黄兴,亦发表通电:数十年来之斗争,至武昌起义,全国赴助,而告成功,"当以是日为民国一大纪念日"。

同是9月中旬,旅京的湖北籍人士,亦以"共和祝典为民国盛仪,万国观听所系,不可不悉心商议"而聚会。

此时离孙中山与袁世凯首次北京相会,甫一月有余,袁氏尚未正式当选大总统,需要南方革命党人支持。故不便"霸王硬上弓"地干扰首义庆典。趁此良机,总统府军事参议罗虔等人出面,正式向袁世凯和盘托出"武昌首义日案":法国国庆日之7月14日,为巴黎民军起义之日;美国国庆日之7月4日,为十三州宣布独立之日。故民国应以武昌起义之10月10日为"国祭日"。

正在此间,高振霄敦促参议院鄂籍议员、"同盟会先天会员"刘成禺与张伯烈,为声援"武昌首义日案",亦提出以10月10日"为武昌起义纪念之日"的建议案。

在此种背景下,北京临时政府以"民国应有国庆及纪念日期",提出《国庆日及纪念日咨询案》,咨交临时参议院审议。

"咨询案"经9月24日举行的临时参议院第八十次会议正式通过。参议院覆政府咨询案之原文录下:

民国以阳历为正朔,革命纪念应用阳历自无疑义,惟究应自何日起算,自应详加研究。有主张湖北起义之日者,有主张南京政府成立之日者,有主张清太后下诏宣布共和之日者,并有主张民国政府正式成立及列强承认中华民国之日者。按惟最后之两说,系为临时政府中之临时二字,无可讨论之价值,其余三说皆持之有故言之成理。然果将定名略加研究,则此问题甚易解决。定名若何?即革命纪念日与共和纪念日之分别是也。如纪念革命,则应取武昌起义之日;如纪念共和,则应取南京政府成立或清太后下诏宣布共和之日。查法国革命三次:一在一千七百八十九年七月,一在一千八百三十年七月,一在一千八百七十年二月。其间旋起旋蹶,政府屡易名号。其可作为纪念之日期者,正复不少然。法国独取民军起义之第一即一千七百八十九年七月十四日,民军攻破巴黎市狱之日。诚以法国之国节,为革命之纪念日。而民军起义之第一日,即革命之起点也。美国于一千七百七十四年九月初五,开反对英国大会于一千七百七十五年四月十九与英国宣战,于一千七百七十六年七月初四宣告独立,于一千七百八十三年九月初三得英国承认独立。然举华盛顿为总统,北美合众共和国得最后完全之组织,则又在数年之后,即一千七百八十七年也。其可作纪念之日期者,至为繁伙而美国独取一千七百七十六年七月初四为惟一之国节者,诚以其国节为独立之纪念日。而一千七百七十六年七月初四为十三州宣告独立之日也。然则法国国节含有革命性质,美国国节含有独立性质,故法美各国均以革命独立之日为国节。我国国节亦应效法法美,自是一定办法即以武昌起义之日为国庆节。而更以南京政府成立之日及北京宣布共和南北统一之日为纪念日,以为国庆节之辅助。

武昌起义之日,即阳历十月初十日为国庆节,应举行之事如左:

一放假休息,二悬旗结彩,三大阅,四追祭,五赏功,六停刑,七恤贫,八宴会。

南京政府成立之日,即阳历正月初一日,暨北京宣布共和南北统一之日,即阳历二月十二日为纪念日,均放假休息。

9月25日,袁世凯以临时大总统令公布施行。即以武昌首义日——10月10日——为中华民国国庆日,又称"双十节"。

同时袁世凯还准黎元洪所请,纪念辛亥首义一周年。有当年报纸公布北洋政府通电为证:

前准黎副总统电请,以武昌起义之日即阳历十月初十日,在鄂举办周年纪念会,因当以民国应有国庆及纪念日期拟案,呈请大总统咨询参议院,兹经议决,已奉大总统令公布在案。此次鄂省举办第一次纪念,中央已派员与会,各省亦应酌量派员前往,以昭盛典,特此通告。

民国成立后,高振霄按照孙中山的要求,根据自己学习法政的背景,开始投身立法、护法工作。

北京民国政府建立时,当时的参议院是从南京迁去的临时参议院,其中同盟会的成员占绝对优势。按照孙中山在南京公布的《中华民国临时约法》中规定,参议院成立后十个月内应举行国会选举。因此,1912年5月6日,北京临时参议院提出的"国会组织及选举法大纲"列为第一议案。经全院委员会审议与大会多次讨论,7月9日,一致通过了《国会组织法大纲》和《国会选举大纲》。接着,以此为基础,起草了《中华民国国会组织法》与《参议院议员选举法》,《众议院议员选举法》,经8月2~3日三读,议决通过,10日由袁世凯临时大总统正式颁布实施。

第八章 | 首造"国节"

"国会组织法"共22条,首先确定国会由参议院和众议院组成。其次,规定参议院不取"地方代表主义",由各省省议会每省选10名、蒙古选举会选27名、西藏选举会选10名、青海选举会选3名、中央学会选8名与华侨选举会选6名六方面的议员组成,总计274名。

而众议院则以各地方民选议员组成,其名额,各省按每80万人选议员一名(人口不满800万,得选议员10名);蒙古、西藏、青海同参议员额数。但由于全国人口尚未普查,普查也非一时所能办到,所以各省名额实际分配采取前清咨议局三分之一为标准,总计议员为596名。另外,规定宪法制定以前,两院同时行使临时参议院职权,并特别规宪法由两院合议,"非两院各有三分之二以上的同意不得议决"。这样一来,参众两院不仅与一般立宪国家的上下院相当,而且没有贵族和平民之分。

国会议员的产生,依据《临时约法》实行普通选举。由于当时中国是第一次实行选举制,人们的认识,文化,教育等条件与西方国家存在的差异,因此条例上做了一些限制,第一次采取限制选举的办法是有利于选举制在中国的发展。而这次采取的限制选举制,《众议院议员选举法》和《省议会议员选举法》也主要是在这样两个方面做了一些限制。一是财产限制,二是教育限制:规定凡有中华国民国籍的男子,年满21岁以上,于编制选举人名册以前在选举区居满二年以上,具有下列资格之一者,有选举众议员、省议员权:年纳直接税二元以上;有价值五百元以下不动产(蒙、藏、青海得以动产计算);小学以上毕业;有与小学以上毕业的相当的资格。其中一、二项为财产资格限制,三、四两项为教育资格限制。另外,《众议员议员选举法》还对行政及司法官吏,巡警,僧侣及其他宗教师,以及精神病,吸食道鸦片,不识字者的选举权和被选举权进行了限制。

众议员选举为复选制。初选以县为选举区,复选合若干初选区组成,每省不超过八区。初选,复选设选举监督,全省设选举总监督,均由该省各地方长官充任(凡实行"军民分治"省份,选举总监督由民政长担任,其他省由都督担任)其具体步骤是:先于初选阶段选拔出50倍于本省名额的初选当选人,再由初选当选人于复选阶段互选产生。蒙古、西藏和青海众议员选举与各省相同。各省参议员选举,则先选举省议员,组织正式省议会,然后以省议员为初选人,进行选举。为了保证参议员的广泛性,"选举法"规定:各省省议会议员被选者至多不超过定额半数。省议员经过初选、复选两阶段产生。

参议员被选资格与众议员相同,但年龄须满30岁以上,较众议员年满21岁为长。此外,"选举法"还分别做了专门规定:

首先,蒙古和青海,由各选举区划王公世爵,世职为选举人,组织选举会,依

· 99 ·

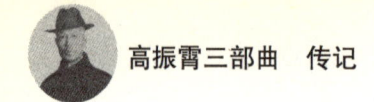

所定名额选举,或联合两区以上举行。选举监督以选举会所在有地方行政长官(得委托相当官吏)充任。

其次,西藏,分前后两藏两个选区区划,分别由该区达赖喇嘛,班禅喇嘛会同驻藏办事长官遴选五倍议员名额的人员,于拉萨和扎什伦组织选举会,各选五名。

再次,中央学会,由该会会员为选举人选举,但被选举人不以会员为限。中央学会属于全国性高级学术团体,依临时参议院所定办法组成。会员无定额,由具备在国内外大学,高等专门学校三年以上毕业,或有专门著述经中央学会评定资格者互选,满50票以上当选。目的是为了"选出学问优尚之人为议员"。

1912年9月6日,湖北省进行省议会初选,1913年3月完成复选。省议会议员复选结束后,省议会次第成立,随之在省议会由省议员选举国会参议院议员。

根据选举法规定,参议员参选候选人不局限于省议会议员之内,且省议会议员当选者不得超过该省参议员定额人数的一半。

此次国会选举的主要竞争对手是国民党与共和党,他们采取了各种各样的竞选方式和竞选策略,其中有暴力、行政作弊等恶性的方式,有舆论斗争、金钱作用等中性的方式,也有公开演说、政党组织、法律诉讼等良性的方式。湖北省第二区众议员复选时,"国民党田桐、石瑛、查光祚、方强、袁松等身带手枪,纠合多人,在场外威胁投票,并殴打共和党当选人陈作佳、王榕、骆孟林、胡云等,各带重伤",引起共和党向地方检察厅提起诉讼。

湖北的参议员选举也不太顺利,因国会于4月8日开幕在即,湖北籍的10名参议员刘成禺、韩玉辰、张汉、董昆瀛、居正、彭介石、高仲和、郑江灏、蒋羲明、胡秉柯等,才如期选出。

由于党派内斗激烈,以至于国会开幕后的4月14日,湖北的候补参议员名单才由两党达成妥协呈报,共选出10名候选参议员,其中高振霄以得票第三名当选。报刊曾以《鄂省异闻录》为题载:

鄂省议会前已将参议院议员选定,其候补参议员十名因党派竞争延未选举,兹因国会已经开幕乃上,两党协议于昨日如数选出。所有当选人姓名、票数、籍贯录左:(一)郑树槐,四十七票,巴东;(二)江元吉,三十五票,黄安;(三)牟鸿勋,四十六票,利川;(四)郭肇明,三十四票,竹山;(五)高振霄,四十二票,房县;(六)张知本,三十五票,江陵;(七)关棣,四十票,江陵;(八)宗彝,三十三票,汉阳;(九)周之翰,三十八票,宣恩;(十)董玉墀,三十一票,监利。

同年4月,高振霄秘密参加了黄兴、蔡济民、季雨霖组织的"改进团",以"改

进湖北军政,继续努力进行革命事业"为口号,从事讨黎反袁活动。

6月22日,高振霄与共和党"新派"骨干原民社派张伯烈、郑万瞻、刘成愚、胡祖舜、彭介石、胡鄂公、梅宝玑等及原统一党黄云鹏、吴宗慈、王湘等发表《共和党独立之露布》独立宣言,痛斥民主党。7月,高振霄与江西李烈钧、安徽柏文蔚、湖南谭延闿、广东陈炯明、福建孙道仁、四川熊克武、上海陈其美等各省都督组织并参加"讨袁军",此乃民国革命史之"二次革命"。

第九章　倡导"五权"

> 高振霄与张知本、叶夏声等非常国会议员,受命对孙中山的"五权宪法"进行专门研究,并公推张知本起草《"五权宪法"研究报告》,叶夏声提交《"五权宪法"草案》,然后面呈孙中山。

第九章　倡导"五权"

自武昌首义成功后的十余年间,高振霄一直以不同身份,为民初的立法与护法工作献策出力。

在1911至1914年的四年间,高振霄亲历或见证了中国先后出台的三部法典:即1911年11月9日,武昌诞生的中国走向共和的第一部法典——由当时行使中央职能的湖北军政府主持制定、宋教仁起草的《中华民国鄂州临时约法》(简称《鄂州约法》);民国成立初,南京临时参议院于1912年3月8日,通过了《中华民国临时约法》(简称"临时约法");袁世凯成为正式大总统后,于1914年5月1日又公布实施的《中华民国约法》亦即"袁记约法"。

上述的三部"约法",尽管内容的侧重点不尽相同,但它们立法有一个共同点,那就是均采用西方的"三权"分立原则。所谓"三权",是指将国家权力分为立法权、行政权与司法权。而孙中山主张的"五权"则是在上述三权的基础上,加上了考试权与监察权。其中考试权是从"三权"中的"行政权"中分离出来的,监察权是从"立法权"中分离出来的。

在武昌首义成功之初,高振霄虽然先后主持湖北军政府招纳处事务与出任总稽查,但由于他出身法政学堂,又与军政府首任司法部长张知本是校友,与总稽查部总监察刘公同事,所以,在宋教仁采用三权分立原则起草《鄂州约法》前后,刘、张二人曾专门征询过高振霄的意见。

当时,高振霄在讨论《鄂州约法》草案时明确表示,对于中国历史上第一部共和法典,海内没有现成的经验可行,宜借鉴美国与法国共和法典的先例,并结合中国实际,突出"保障公民权利、福利民众"的要义。

经多次征询意见,约法起草委员会刘公、居正、胡瑛、陶德琨、王正廷、张知本、汤化龙、陶凤集等反复讨论,一部取法国、美国宪法精华,确立三权分立原则的《鄂州约法》于11月9日由湖北军政府公布。约法对行政、立法、司法三方面的职权作了明确的划分。首次正式规定人民依法享有民主权利,享有"自由保有财产"和"自由营业"的权利。取得政权的革命党人在这里以法律形式宣告自己的胜利并维护既得的成果。这是湖北军政府的卓越贡献,也是中国第一部具有宪法性质的法令。在南京临时政府成立前具有国家约法意义。

不过,《鄂州约法》公布后实际并未全面施行,因为在1911年11月9日,黎元洪已通电独立的各省筹备组织中央政府。这时,江浙集团为角逐权力中心与武昌集团展开了一番争夺战。随着临时议事机构在上海的产生和《中华民国临时政府组织大纲》的制定,《鄂州约法》就不被人们注意了。

中华民国临时政府在南京成立后,高振霄被孙中山委以"高等顾问",他多次向宋教仁建议:尽快制定国家的根本大法。1月13日,宋教仁被任命为法制

院院长,受孙中山委托起草宪法草案《中华民国临时政府组织法》。2月13日,孙中山以南北统一大局出发,正式向临时参议院提出辞呈,让位于袁世凯,以换取清廷逊位。

在南北政权交接的过渡时期,南京临时参议院以《鄂州约法》《临时政府组织法》为基础,制定了《中华民国临时约法》。在《临时约法》里,写进了宋教仁力主张的责任内阁制,规定临时大总统公布法律及政令,须经内阁附署,明确限制总统权力。

《临时约法》于1912年3月8日通过,孙中山于4月1日正式辞职前的3月11日,以临时大总统的名义公布实施。至此,《临时约法》正式取代《中华民国临时政府组织大纲》,成为民国成立后的第一部法典。

在高振霄与张知本等当选为国会参议院候补参议员后,对"袁记约法"出台的台前幕后也了如指掌。

当国会开幕时,袁世凯特派代表、总统府秘书长梁士诒代表袁氏登台致贺,并高呼:"中华民国万岁!民国国会万岁!"

1913年6月,袁世凯政府宣布解除四名国民党籍都督李烈钧、胡汉民、柏文蔚、谭延闿后,南北再次分裂。在孙中山的领导下,革命党人于7月12日在江西湖口打响了倒袁的"二次革命"的枪声。

随后袁世凯挟持国会当选为中华民国总统之后,于当年11月取消国民党议员资格。同时以大总统命令将内阁改为政治会议。在1913年12月到次年5月间,袁氏授意政治会议议定《约法会议组织条例》,成立约法会议。

1914年3月,约法会议开会,袁提出增修临时约法内容。修改共七项,全部是增加总统权力内容,如废止内阁制、实行总统制等。随后,约法会议根据袁世凯的意见,通过《中华民国约法》,5月1日由袁世凯公布。当时,北洋政府为了区别于《临时约法》之"旧约法",特称"袁记约法"为"新约法"。

民初政坛,鱼龙混杂,过客匆匆,高振霄也是上述三部短命的民国约法的见证者。首先是《鄂州约法》,因出现"中央政府设鄂,议会机关设沪"的"双包案"而未能实施。

继而袁氏践踏法统,非法取消议员资格与国会,断然出台"袁记约法",使得《临时约法》一度中辍。

接下来,黎元洪继任大总统,虽于1916年6月29日恢复法统,又因张勋复辟而导致《临时约法》于1917年7月1日废止。随后的段祺瑞政府一直推三阻四,拒绝恢复法统。为此,高振霄响应孙中山的号召,南下参加了9月10日以广东为基地建立的中华民国军政府,以"非常国会议员"投身护法运动,所护者即为《中华民国临时约法》。

1922年6月11日,黎氏再度当国,虽一度"法统重光",仅实施一年时间,随后"临时约法"即于1923年10月10日,被人称"曹锟贿选宪法"的《中华民国宪法》而取代。1925年4月24日段祺瑞政府发布命令,称"法统已成陈迹",《临时约法》再次被废除。

就法律层面而言,南方军政府从未正式废止《临时约法》,直到1931年6月1日《中华民国训政时期约法》公布,才因新法优于旧法原则而失其法律效力。

"袁记约法"也随着袁氏帝制自为而寿终正寝,只有一年多时间。高振霄认为,平心而论,撇开袁氏的私心与党见不说,"袁记约法"规定的政治体制,行政、立法、司法三权分立,改内阁制为总统制,仍然在资产阶级的民主范围之内,只不过更加保守而已。它摈弃了美国、法国模式,比较接近德国、日本的模式,予国家元首以极大的权力,而对议会权力减少到最低限度。在某种程度说,"袁记约法"应该是符合当时中国国情的一次有益尝试。

在广州担任"非常国会议员"期间,高振霄与张知本等议员,开始正式系统地研究"五权宪法"学说。

"五权宪法"学说,是孙中山于1895年广州起义失败后,在流亡欧美各国期间,通过系统研究世界各国的宪法,并与中国古代科举制进行比较之后,率先提出的。

到了1905年,孙中山再次来到欧洲,在中国留学生中"揭橥吾生平所怀抱之三民主义、五权宪法以号召之,而组织革命团体焉"。这是他第一次公开打出"五权宪法"的思想旗帜。

那天,孙中山语重心长地对高振霄等人讲,民初通过的《中华民国临时约法》,因当时百废待举,时间仓促,无论是关于责任内阁制的规定,还是关于三权分立制度的规定,既非他的本意,也不可能体现他的宪法思想。他形象地比喻说:"如果不管自己的风土人情怎么样,便像学外国的机器一样,把外国管理社会的政治照搬进来,那便是大错的。"

孙中山认为,风行于世界的三权分立建政原则,虽然有不少优点,但是,长期的实践表明这一原则存在很多缺陷,其中比较明显的就是它不能保证"最严密、最公正地选拔人才,使优秀人士掌管国务",同时也无法确保人民有效地去"监督国家政治,以纠正其所犯错误。"因此,要弥补共和政治的这些不足,就不仅要发扬三权分立原则的优点,还应该复活"中国固有的两大优良制度"——考试制和监察制。

孙中山发现,欧美各国在选拔官员方面,无论是选举制,还是委任制,都有

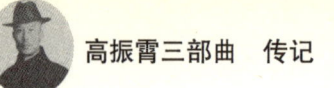

很大的流弊。

就选举制而言,貌似公平,其实不然,因为在选举的过程中,"那些略有口才的人,便去巴结国民,运动选举;那些学问思想高尚的人,反都因讷于口才,没有人去物色他";至于委任制,更是弊端丛生,特别是每逢政党轮换或总统更迭之际,大批官员"同时俱换",不仅不胜其烦,而且还容易导致政治"腐败散漫"。

鉴于欧美国家在选拔官员方面漏洞百出,孙中山借鉴中国古代的科举制,主张实行考试权独立,认为中华民国宪法将"设独立机关,专掌考选权。大小官吏必须考试,定了他的资格,无论是那官吏是由选举的抑或由委任的,必须合格之人,方得有效。这法可以除却盲从滥举及任用私人的流弊"。

高振霄通过研究发现,中国古代就建有完善的监察制度——谏官制度。相对于欧洲中世纪的分封制,当时中国封建社会的文官制度,可以说是非常先进的。中国所独有的科举入仕的制度自不必说,单就是专门设有对各级官吏考核、监察的衙门,就很具有近代政府的性质。更何况就连至高无上的皇帝,也不能不对专门谏言的文官有所顾忌,从而受到一定的约束,行为有所收敛。这是"东方专制"不同于西方君主的一个特色。

关于监察制,抑或纠察制,孙中山一针见血地指出,虽然欧美各国的议会对政府都有监督和弹劾的权限,但是这种权力总不独立,不仅因国家不同有强弱之分,而且还因此生出无数弊病,如议院专制、总统无权等。鉴于此,他主张监察机关独立。他认为,监察制度在中国历史悠久,自古以来便有"御史台主持风宪",历史上的御史,"官品虽小而权重内外,上自君相,下及微职,儆惕惶恐,不敢犯法"。因此,为了更好的监督政府,他主张以中国古代的监察制度为参照,实行监察权独立,"如我中国,本历史习惯弹劾鼎立为五权之监察院,代表人民国家之正气,此数千年制度可为世界进化之先觉"。

在孙中山看来,监察机关附属于立法机关的必然结果是流弊滋生,因此监察权也应独立。他说:"现在立宪各国,没有不是立法机关兼有监督的权限,那权限虽然有强有弱,总是不能独立,因此生出无数弊病。比方美国纠察权归议院掌握,往往擅用此权,挟制行政机关,使他不得不俯首总命,因此常常成为议院专制。"他认为,从道理上来说"裁判人民司法权独立,裁判官吏的纠察权,反而隶属于其他机关之下,这是不恰当的"。

高振霄与张知本、谢英伯、叶夏声四人,听了孙中山的一席话后,茅塞顿开,他们当即就明确分工合作,对孙中山创造的五权宪法作深入的研究,从法律的角度,将欧美各国及日本的政治制度与"五权宪法"进行系统分析,明确各自特

点，比较利弊，由张知本统稿，最后经高振霄与张知本、谢英伯、叶夏声等反复审校，才向孙中山提出研究报告。

张知本后来回忆说："国父指示我和高振霄、谢英伯、叶夏声等四人对他创造的五权宪法作深入的研究。我们四人分工合作，将欧美各国及日本的政治制度与五权宪法作有系统的分析和比较，最后由我向国父提出研究报告；我建议将来实施五权宪法时，对于公职候选人应由考试院举行口试，合格以后，才能取得候选人的资格，参加竞选，最后由选民投票，决定他们的政治生命。我建议的考试方法是由候选人对考试委员发表政见，类似竞选演说，由候选人就他准备竞选的职务阐述其抱负和应兴应革的意见。譬如他想竞选某县县长，他就应该对该县的面积、人口、产业、交通、风土人情及政治现况详加分析，再叙述他对该县政治、经济、文化方面的兴革意见和施政方针。考试委员即据他的演说内容，评判优劣，确定他是否为合格的候选人。国父当时对于我的意见颇为欣赏，认为可以采纳，这是我至今感到无上光荣的一件事。"

孙中山与张知本等党人合影

自1917年夏秋之际，受孙中山的影响，前北京政府海军总长程璧光，桂军和滇军的首领陆荣廷、唐继尧，以及国会议员纷纷南下参加护法。随后在广州召集了国会非常会议，通过了《中华民国军政府大纲》，选举孙中山为大元帅，唐继尧和陆荣廷为元帅，负责行使军政府职权。

可是，唐、陆两人不愿意让孙中山控制兵权，拒绝就职。这是因为滇桂军阀只是要利用孙中山的威望，借"护法"之名来对抗段祺瑞的武力统一。

而且,其他的元老级人物,像伍廷芳、唐绍仪、程璧光、李烈钧等也不赞同孙中山此举,拒绝任职。

此时段祺瑞的北洋大军已经进逼四川、湖南两省,唐继尧和陆荣廷等组成了15万人的湘桂粤护法联军,11月先后攻占了长沙、岳阳。此时陆荣廷等人又与北洋政府媾和了,孙中山则离开广州前往上海,护法军政府实际权力是被西南军阀控制了,第一次护法战争历时9个月,就此失败。

孙中山由此得出结论:吾国之大患,莫大于武人之争雄,南与北如一丘之貉。为了给"五权宪法"大造舆论,高振霄首先在报刊将孙中山的"五权宪法"阐释为中西文化在政治上达成的一个"合璧"。后来,孙中山在广东省教育会的演说中讲到:"各国宪法只分三权,没有五权。五权宪法是兄弟所创。立法、司法、行政三权,为世界国家所有;监察、考试两权,为中国所独有。"加以佐证。

苏俄十月革命的成功实践和中国五四运动,使孙中山受到了鼓舞和振奋。他经过对国民党进行一番整顿后,1920年命粤军总司令陈炯明讨伐桂系,占领广州。11月28日,孙中山回到广州,重新建立了护法军政府。

十月革命胜利后,俄共在列宁的领导下积极探索和实践共产党监察制度。

那是1920年9月,在俄共(布)第九次全国代表会议上,决定改变检查委员会的性质,赋予检查委员会"检查各级组织的工作实质,检查中央委员会指示和代表会议决议的执行情况,检查各级党委员会是否迅速地处理事务,以及办事机关是否正常地进行工作等等"的权力,而且这次会议同意列宁的提议,决定成立一个同中央委员会平行的监察委员会,规定:监察委员会应当由党内最有修养、最有经验、最大公无私并能够严格执行党的监察的同志组成;党的代表大会选出的监察委员会应当有权接受和协同中央委员会审理一切控诉,必要时可以同中央委员会举行联席会议或把问题提交党的代表大会。

在列宁看来,一个党没有民主集中制作保证,没有有效的党内民主和党内监察制度为保障,仅靠个别领袖的个人素质来维持的状况,是不可能长期存在下去的。

因此,不仅要提高领导个人品质修养来实现领导者的自我约束,更主要的是通过加强党内监察机关的权力,建立从中央到地方的强有力的监察系统,形成相互制约的以监察权力为核心的党内权力制约机制,来加大对党的各级领导机关及其领导人物的监督,形成权力相对平衡的稳定的党的领导集体。只有这种中央和地方机构相互制约的党的监察体制,才能保证党能够受到切实有效的监督,从而有利于党的集体领导原则的贯彻和党内民主生活的正常化,防止个别领导人的独断专行。

第九章 | 倡导"五权"

根据俄共九大的精神,1921年3月召开的俄共第十次代表大会,作出了《关于监察委员会的决议》,将监察委员会的职能、机构、权力运作具体化。

孙中山在广州开始的第二次护法斗争,与以前已有不同。他在上海修正、公布的《中国国民党总章》中,除了原有的规定"本党以三民主义为宗旨"(第一条)之外,还规定了"本党以创立五权宪法为目的"(第二条)。将"创立五权宪法"规定为中国国民党的革命目的,这是孙中山思想上的一个重要转变。至此,孙中山成为中国历史上第一个使用"监察权"范畴的人。

1922年4月下旬,因北伐改道,孙中山自桂林返回广州。当时,直奉战云密布,直系军阀拉拢国会议员,"动以制宪欺诱国人"。4月26日,孙中山向非常国会议员、北伐大本营秘书长叶夏声等人"面询"国家大计。叶夏声说:"确立正式政府之根基,其要莫先于制定宪法";五权宪法为国民党建设国家之大计划,"正宜乘此时机,以非常手段,产生五权宪法,以号召天下"。孙中山听后说,"以为五权宪法,确系今日之急务,其关系之重要,胜于30万大军。应即由国会本于三民主义之宗旨,化国为家的真理,从速制定公布"。于是命叶夏声起草,随时"禀承办理"。叶受命后即准备提议案,于次日提交国会非常会议秘书处。提议者叶夏声,连署者高振霄、王鸿宠、符梦松、孔昭晟、谢英伯等数十人。

5月6日,广州国会非常会议举行谈话会。叶夏声提议"由我非常会议,下大决心,作一根本主张,议决五权宪法,以大总统武力拥护,较为得力,请大家讨论"。在国会中表现活跃的凌钺,先是表态隶籍国民党,能以党义制定五权宪法,"欢喜莫名";然后话锋一转,认为北伐进军,统一在望,"与其由非常会议议决五权宪法,不如俟将来召集正式常会之日,开宪法会议,以三分之二之出席,四分之三之表决通过,何等郑重",乃"请叶君加以慎审"。丁骞等附和此议,并指斥叶氏提案有"违法之嫌"。

叶夏声无奈,乃退而求其次,要求将提案列为日后国会议事日程,但主持会议的议长林森说:叶议员提案,"虽系建议案,然内容为制定宪法",恐难以列入。就这样,《草案》在非常国会搁置。

5月底,叶夏声因事赴韶关大本营,向孙中山报告此事。孙中山一番慰勉后,再嘱叶夏声"姑试起草"。二次受命后,叶"归而按图玩索,冥思终宵。翌日,乘端午(5月31日)之暇,穷一日之力而成斯草"。6月初,孙中山自韶关回广州后,叶夏声将草案进呈,孙中山留阅。6月12日,孙中山审定后复书予以"慰勉",并题写书名"五权宪法草案"。

高振霄与张知本、谢英伯、叶夏声研究撰写五权宪法报告后由叶夏声起草提交

孰知,6月16日陈炯明手下炮轰总统府,《草案》被付之一炬。不过,叶夏声的底稿与孙中山的题名侥幸尚存,叶在北京铅印后再呈孙中山。《五权宪法草案》劫后余生。

于是,在1923年1月2日公布的《中国国民党党纲》中,首次明确提出"监察权"。而此前则多用监督、考察、弹劾、纠察等概念。在国民党"一大"期间,孙中山起草、手订《国民政府建国大纲》二十五条,规定"国民政府本革命之三民主义、五权宪法,以建设中华民国"。

从《中华民国鄂州约法》《中华民国临时约法》《中华民国约法》至《五权宪法草案》,历时风雨12年,一路走来倾注了孙中山、袁世凯、宋教仁、高振霄、张知本、叶夏声、谢英伯等众多先行者的智慧、思想和心血,为中国借鉴西方法制开创先河。

第十章　议会外交

广州军政府与非常国会通过了高振霄的建议案后，拟选派5名代表参加巴黎和会。经过与北洋政府协商，决定由王正廷作为军政府的全权代表，与北洋政府代表一起组团，代表中国政府在会上发声。

第十章 议会外交

1916年1月,中国新文化运动的旗手陈独秀在《新青年》的"新年献词"中说:此前之历史皆为古史,此后之历史将"万事一新"。

陈独秀解释道:"自世界言之,……欧洲战争,延及世界,胜负之数,日渐明了。德人所失,去青岛及南美洲、太平洋殖民地外,寸地无损……英国政党政治之缺点,日益暴露,强迫兵役,势在必行。列国鉴于德意志强盛之大原,举全力以为工业化学是务。审此,一九一六年欧洲之形势,军事、政治、学术、思想,新受此次战争之洗礼,必有剧变,大异于前。"

陈独秀文中所说的"欧洲战争",中文又简称为"欧战",即第一次世界大战(英语:World War I;简称"一战")。这场于1914年7月28日至1918年11月11日间,主要发生在欧洲战场的战争,之所以称之为世界大战,是因为它波及全世界,当时世界上大多数国家都卷入这场战争。

战争过程主要是同盟国和协约国之间的战斗。德意志帝国、奥斯曼帝国、奥匈帝国与保加利亚等国,属同盟国阵营,英国、法国、俄国、意大利、美国、日本则属协约国阵营。

欧战打了两年后,德国东西两线之敌"仅保残喘"、英国"政党政治"之"不保"、英国弃自由招募制而改行德式强制征兵制、列国仿效德军使用毒气弹("工业化学")等。自欧战开始,英、法两国极力怂恿中国加入协约国,而德国则一直阻止中国放弃中立,不要加入协约国。

1914年10月,心怀鬼胎投向协约国怀抱的日本,和英国军队组成的协约国联军,对德国控制的青岛发起了进攻。

于是,10月17日,《协和报》登出了德人司克尔"敬告我同受其患之友邦爱国诸君子"的《德之仇中国之敌》,谓"现在欧洲英、法、俄、比四国联合大战德国,而德日两国复在青岛以干戈相见。此端于中国将来诚有莫大之关系。盖德国若战胜,则中国之发达亦可多有利益,而德之仇敌若得战胜,则中华民国可为彼党所破灭"。

果然,日、英联军在青岛击败了德国后,日本竟无视中国的主权非法占领了中国青岛与胶州铁路。

为揭露日本等列强的狼子野心,《大同报》"外论"转载了《三协约国诱惑中国入党之阴谋》,文章列举了当时报界的种种观点:有谓我宜严守中立以待战剧之闭幕者,如我国报纸。有故意挑拨我与德之感情,谓我宜入协约国,乘此机会猎取厚利者,如英人之报纸。有谓据我君主党声称,如三协约国不为我帝制之梗,我则可与之结纳者,如法人之报纸。有闻三协约国乞助于我,哗然大倡反对之议者,如日本报纸。此外如德美等国报纸,有谓此三协议国此举已失败者,有

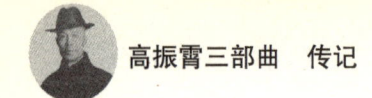

谓方始开议者,有谓确无其事者……以此阐发列强为瓜分中国而各怀鬼胎。

1916年盛夏至1917年初春,在黎元洪任大总统期间,黎氏与国务总理段祺瑞爆发了"府院之争"的政潮。其中对德断交或交战是矛盾的焦点之一。

在此次政潮中,国会议员马君武等纷纷通电各省,反对对德断交,督军张勋、倪嗣冲、王占元等也电请政府维持中立。还有孙中山、唐绍仪、康有为等,各省议会,奉天、上海、天津、山东、广东等商会,均电请仍守中立。

如此四面楚歌,段总理仍一意孤行,于3月9日在迎宾馆举行盛大宴会,延请议员,疏通说明。议员在段的软硬兼施下,大都勉强同意。

对德断交案已经决定,于是草定照会,提交德使。黎大总统此时,尽管已将全权授予段总理,但当段令外交部议定照会,并在副总统冯国璋的陪同下再找黎盖印,黎却板着面孔,一言不发,无奈地把印盖了。至此,中国与德国于1917年3月14日断绝了外交关系。这为下一步的对德宣战埋下了伏笔。

高振霄南下就任非常国会议员之后,充分利用国会舞台,主张以法律手段,尤其是善于利用议会外交,解决国内与国际问题。

1917年7月,黎元洪重新起用段祺瑞镇压了张勋复辟后,黎氏下野,段氏因此更是我行我素,于8月14日,段祺瑞政府正式加入了"协约国",并公开对德、奥宣战。

协约国集团是1904—1907年间,由英法俄"三国协约"的基础上形成的。英法、英俄分别签订协定,在相互承认各自势力范围的基础上建立军事集团。值得注意的是,意大利虽然是同盟国国家,但却和协约国一起攻打同盟国。一战中后期,美国、日本、中国等一些国家也先后加入协约国,而俄国在十月革命爆发后退出了战争。

中国加入"协约国"后,高振霄将目光的焦点锁定在第一次世界大战的问题上。拟借一战胜利在望之际,通过外交手段来提升中国的地位与国际威望。

1918年11月11日,第一次世界大战以德国宣告投降而结束,并传来即将在巴黎召开由协约国组成的战胜国会议。高振霄以非常国会参议员的名义,连夜起草了"派遣欧洲代表之建议案"。建议案明确提出派伍廷芳、孙文、王正廷、汪兆铭、伍朝枢五人为代表参加巴黎和会。同时,将此案一面提交非常国会通过,一面通知各国,并派张继、李煜瀛两人先行赴欧调查一切,积极做好筹备工作。对于所有代表的与会经费,则通电护法各省合力筹备。并提交次日举行的广州军政府政务会议讨论通过。

高振霄这里所说的"建议案",即是中国作为第一次世界大战的战胜国派代表赴欧洲,参加1919年在法国举行的巴黎和会。这是南方政府议会外交的一

第十章｜议会外交

次尝试。

由于此间巴黎和平会议秘书厅，已经通知中国：鉴于以英、法为首的协约国在鼓动中国参战时，曾答应战争胜利后，给中国以大国待遇，此次中国可以在和会上占有5个代表席位。和会日程确定后，中国按照5个席位安排出席人员。

因为那时南北分治，其中以孙中山为代表的南方军政府与北方以徐世昌为总统的北洋政府，均表示代表中国前往巴黎与会。

北京政府得到和会秘书厅通知后，内定外交总长陆征祥、驻法公使胡惟德、驻英公使施肇基、驻美公使顾维钧、驻比公使魏宸组五人为中国全权代表。

1919年1月8日，非常国会两院议员于广州东园召开谈话会，多数议员同意将高振霄之"派遣欧洲代表议案"，交给国会讨论通过，这样才具有法律效力。同时决定由国会通电美国总统威尔逊申明此旨，并推定两院外交委员长朱念祖、汪彭年及众议员吕复三人商拟此电稿。

随后，广州军政府退而求其次，提出了应由南北双方共派代表组团赴欧的建议。并于1919年1月9日发布了伍廷芳、孙中山、汪精卫、王正廷、伍朝枢等5人为代表的名单。时孙中山因第一次护法受挫客居上海，伍廷芳年迈不能成行。南方实际上只有汪精卫、王正廷和伍朝枢三人赴法国。

由于南北双方均与美国政府保持联系管道，所以，美国驻华公使芮恩施亲自出面，与北京政府大总统徐世昌疏通，北京政府为表示中国一致对外，达成谅解：决定让王正廷以广州军政府代表身份加入代表团，取代驻法公使胡惟德。中国五人代表顺序为陆征祥、王正廷、施肇基、顾维钧、魏宸组。

中国赴巴黎参加和会代表
（议员高振霄提出赴巴黎和会议案提名王正廷代表）

巴黎和会四巨头（左起英国首相劳埃德·乔治、
意大利首相奥兰多、法国总理克里孟梭、美国总统威尔逊）

巴黎和会的正式会议是 1919 年 1 月 18 日至 6 月 28 日，是一战结束后胜利的协约国集团为解决战争所造成的问题，以及奠定战后的和平而召开的会议。这个和会是胜利国举行的和会，又是个大国操纵的和会。实际上由美国总统威尔逊、英国首相劳埃德·乔治、法国总理克里孟梭、意大利首相奥兰多主导了和会的进行。

这年 1 月 13—17 日，英、法、美、日、意五国举行巴黎和会准备会议，背着多数国家制定了和会的议事规则。规定在参加巴黎和会的一千多名各国代表中，英、法、美、日、意五大国为"普遍利益的交战国"，可参加和会的一切会议。比利时、中国、塞尔维亚等国为"个别利益的交战国"，只能出席与其本国有关的会议。议事规则还限定了各国出席会议的全权代表的名额，五大国各 5 名，比利时、塞尔维亚、巴西各 3 名，中国、波兰等国各 2 名，共计 70 名全权代表。因北洋政府外长陆征祥称病，实际是由北洋政府代表驻美国公使顾维钧与南方军政府代表王正廷作为全权代表出席会议。

此次和会签订了处置德国的《凡尔赛和约》，同时还分别同奥、匈、土等国签订了一系列和约。它们构成了凡尔赛体系，确立了一战后由美、英、法等主要战胜国主导的国际政治格局。会议通过一系列措施来重塑现实政治格局，遏制德国等战败国，与此同时又通过筹组国际联盟来企图建立理想的国际外交规范。

巴黎和会实为"四人会议"，即美国总统威尔逊、英国首相劳合·乔治、法国总理克里孟梭和意大利首相奥兰多。后因意大利在大战中作用不大，本国底子

第十章 | 议会外交

又薄,被英法冷落一边。所以又变为"三人会议",他们是巴黎和会的三巨头,也是主宰者。

在巴黎和约里,有三条是关于中国的。即战前德国侵占的山东胶州湾的领土,以及那里的铁路、矿产、海底电缆等,统统转归日本所有。

他们的强盗逻辑是:日本在第一次世界大战中投向协约国,由日本和英国军队组成的协约国联军,于1914年10月31日至11月7日,攻占了德国控制的青岛。根据日英联军协议,大战结束后,当由日本获得德国在中国的山东权益。

其实,高振霄一直关注山东问题,他曾以汉声笔名发表揭露日本亡我之狼子野心的专稿。文章说:

日本欲并吞中国,而称霸于亚洲者,由来久矣。只因列强在华有连鸡之势,未敢妄动,而我中华亦得借此苟延残喘焉。今也不幸欧祸猝起,而列强连鸡之势,亦即随之而破矣。然其始也,吾人犹以为欧祸继起,尚不致波及于远东。盖中美日三国,皆有恪守中立,维持远东和平之宣言也,讵知日本包藏祸心,借口于英日同盟条约之束缚下哀的美敦书于德国,限其交出青岛,而己则自为渔翁焉。

巴黎和会中,以王正廷为首的南方政府代表,与北洋政府的陆征祥、顾维钧等代表一起竭诚合作,他们顶着日本扬言出兵等国际压力,力争从日本手上收回原德国占山东的权益。由于力争过程中有理有节,不仅没招致侵略,还赢得了国际社会的同情。

高振霄一直关注巴黎和会的进程,他在《惟民》周刊不断发表文章揭露日本等国外列强侵占中国利益,以及北洋政府丧权辱国的内幕,将列强无视中国权益及北洋政府密令代表签字承认丧权辱国条约的消息公布,舆论哗然。

高振霄在《惟民》第二号刊登《山东问题之经过事实》,将日本强占青岛的历史真相梳理后公布天下。在《惟民》第三号发表《德约补签之推测》一文,支持中国代表的严正立场。文章说:

(一)山东主权应完全属于中国。(二)日本应将胶澳定期交还中国。(三)日本驻扎山东之军队应定期撤退。(四)山东之德国物产及特权应由日本交还中国,但中国须于收回时量值给价。(五)青岛应辟为万国租界。(六)山东已成,各路应由中日合办,路警亦由中日特别编制之。(七)已定约未成之铁路应准日本承办。

在《惟民》第五号发表《北庭外交之阴谋》,揭露北洋政府图谋召回中国代表、解散代表团,专留顾维钧补签德约的阴谋:

据上列各种消息,奥约是否可以遽行签字,尚待斟酌,陡然解散代表团,专

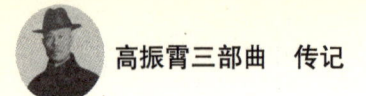

留顾维钧办理德约,北庭之阴谋如见。西南当局,固不应堕其术中,我国民尤当有维持国民威信之良好方法,勿使拒签德约之成绩付诸东流也。

在全国人民的支援和影响下,中国代表团向和会提出两项提案:取消帝国主义在中国的特权;取消日本强迫中国承认的《二十一条》,收回山东的权益。结果中国代表团的提案遭到列强否决。

同时,高振霄还积极争取国际力量的同情与支持,致信批评美国总统威尔逊在中日关系上采取"双重标准"。在《敬告威尔逊》中说道:

威尔逊先生,从这回国际联盟看来,也很苦的。前次宣言十四条,本是极正义,很和平的。刻下因上议院反对山东问题,连累了合约,一时不能批准,所以先生着了急,到处演说,反对少数政治……把中国参战功劳,抛到九霄云外,初时劝我们参战,现时又把中国山东送给日本。先生是拥护中国人的自由,还是拥护日本的自由呢?现世界各处皆得自由的保证,我到没看见,同盟的上面,剥夺了菲门人几百年的自由,我山东数千年的自由,大书特书的,被国际联盟保证到日本人手中了。我今天才明白,美国人一千亿元的代价,却是替东方德意志的日本送礼的。

高振霄会同报刊同仁的电文与报道,在报刊上公开披露后,全国各地报刊纷纷大声疾呼:内惩国贼,外争国权!轰轰烈烈的五四运动随之爆发。

高振霄在《惟民》上先后发表《南北军人都不容于学生》《警厅擅捕学生之风潮》、《第三次请愿代表之残凌史》等文章,声援五四运动。其中,在《第三次请愿代表之残凌史》中揭露北洋政府镇压请愿代表真相,号召"人民得此觉悟,惟有联合各省人民向卖国北庭再谋一次抗争之奋尔":

京函云徐段故纵马良,杀人称霸,向国民示威,冀贡媚于日本。京津鲁三处人民,以痛遭切肤,乃有第二次四批千余人之大请愿。乃北廷视国民如仇敌,以效忠外人之故,公然向无拳无勇之人民代表,大施蛮暴。虽已孱弱纯洁之爱国女子,不能免其狂殴滥捕,军警有为之色沮泪下者,虎狼奴吏,谄上性成,不少见也。因而唐山代表郭友三君因伤殉国,北京女代表击伤肋骨,天津西沽大学李君伤腑,失血旬余,其他鳞伤遍体之代表与童子军,尤不可胜数。至断绝饮食,露宿雨泊,虽盗贼无此凶残,不图竟见之于肉食之官吏军阀,乃心犹未足,且欲枪杀爱国青年马俊以泄愤。幸外交团主持人道,电话告诫,北庭虽媚日性成,然外交之告诫,亦闻虎色变。此后始将拘捕代表省释。吾民几因触起日本而死,复因外交缓颊而生,是北庭缓之出生入死,一视外交之旨趣为转移。此等代表中国之半性政府,吾人犹容许之,以对外对内,岂不为中国悲。乃半性之西南政府,对于苟合借款,则如望云霓,对于国民代表之残凌,则如秦人视越,而公然反

第十章 议会外交

对北庭卖国,不与言和,尤恐妨及借款之分肥,故从不敢道及只字,向卖国党讨余沥者,吾民尚希望其救国吊民乎?

高振霄发表文章声援五四运动

在全国人民的支援和影响下,中国代表团向和会提出两项提案:取消帝国主义在中国的特权;取消日本强迫中国承认的《二十一条》,收回山东的权益。

常言道:弱国无外交。当中国代表团的提案被列强否决后,6月27日清晨,在巴黎的华工和中国留学生举行了声势浩大的抗议活动。

6月28日,是和会的签字日。当得知卖国的北洋军阀密令中国代表团在和约上签字后,三万多华人齐集在中国代表团的住所外面。他们发出了一个共同的呼声:"不能签字!"

作为斡旋于列强的中国代表顾维钧,已清楚"中国无路可走,只有断然拒签"——这一天他"又生气又沮丧愤慨,这一拒约使得寻求妥协的种种方法均告失败"。

所以,在巴黎和会对德和约签字仪式上,中国代表团的两把椅子空着。是日,直系军阀吴佩孚得知此消息,也给徐世昌发电称赞:"亦见我国外交尚有人也!"

在据理力争功败垂成之后,中国代表拒绝在和约上签字,这是中国近现代外交史上第一次对列强说"不"。他们在外交上所表现出的坚决果敢精神,与过去晚清及北洋政府的卑怯习气迥乎不同,开一时风气之先。当时,连日本也不得不承认:他们失败了。他们认为像是在被美国、英国、法国审判,有一种被白种人看不起的味道。

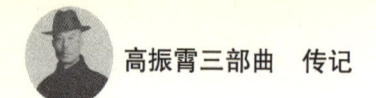

外交解密档案显示,陆征祥曾回忆道:"在我生平的事业中我第一次坚信,不服从命令是我的职责,我们的国家应自己作主,不能再允许别国耍弄,我不愿意再在不公正的条约上签署我的名字,我完全是自作主张拒绝签字的。当晚深夜,在闭幕会议已经结束几小时后,我收到一封完全出乎意料的电报,向我下达不签字的命令,其实我已自行其是地大胆实行了。"

王正廷则强调拒签是他的影响。他说:"签约之日,和会事事为我备齐,待我随班签字,当此之时,廷与陆使愤慨万分,而陆使心犹重违北京训令,迟疑未决,经廷一再趣劝速决,二人卒皆严拒不到,以示对外南北代表始终一致,会中各国莫不诧异,初以为此种举动中国人第能空言而已,断不敢行,不图竟见诸事实也。"

巴黎和会中国代表虽未签字,可是依然没有收回山东权益。

当历史的车轮进入1919年,一个惊天噩耗传到高振霄耳里:在辛亥革命武昌首义中,与高振霄同为"总稽查"的辛亥元勋蔡济民,在鄂西护法时惨遭军阀毒害。高振霄顿时痛心疾首,悲愤难平,蔡济民被害的前因后果仿佛就在眼前浮现——

那是1917年7月,黎元洪下野后由北洋军阀控制北京政府。8月,孙中山在广州召集国会非常会议,以维护《临时约法》和恢复国会为号召,建立了护法军政府,发动护法战争。蔡济民被孙中山任命为鄂军总司令,办理湖北事宜。11月底,蔡起兵龙坪,攻克武穴,但由于孤军深入无援,失败后逃往广州。

同年底,党人牟鸿勋、苏成章起兵利川,当他们得知蔡济民在穗,立即电请蔡为鄂西靖国军总司令。

蔡接电后,绕道前往就任,司令部设在利川县城考棚内。同时邀任董必武和姚汝婴为司令部秘书,首义后任武昌第八、第九仓库主任的本家蔡极忱任军需处主任,蔡良村为秘书长。共谋反对北洋军阀的护法战争。

蔡济民为了尽快扩大组织力量,日夜奔波筹备经费等事宜。同时让蔡极忱到老家携带一面九角十八星旗到利川祭旗护法。

时唐继尧以护法军政府元帅称川、滇、黔靖国联军总司令,于1918年12月初在重庆召开会议。蔡济民于12月7日赴渝,13日东下利川。

鄂西靖国军对全国护法运动给予了有力的支持,给北洋军阀以沉重打击。同时,鄂西靖国军也成为前清旧军官的川军唐克明的眼中钉,唐伺机勾结川军旅长方化南谋害蔡济民。川军明里高唱护法,暗里只为争地盘。因慑于蔡济民的威名,表面上唐克明和方化南不敢妄为,暗里却收买了川鄂交界处的土匪头子田泽云,设下了借刀杀人的毒计。

第十章 | 议会外交

1919年1月28日(农历戊午年腊月二十七日)那天,川军部署全城戒严。方化南托言回万县就医,指使田泽云向利川县城蔡部进攻。

为了避免护国军之间相互残杀,蔡济民即集合部队,在辛亥革命武昌首义升起的第一面共和旗帜——九角十八星旗下,庄严宣誓:"各位同志,目前局势紧张,我们是从辛亥革命走来的正义之师,宁死不开同室操戈之渐!"

针对敌人不择手段搜捕,蔡济民为了避免正面冲突,便躲避在利川县文庙(今教育局)的天花板上。

可是,田泽云的手下捕获了蔡济民的勤务兵之后,对勤务兵进行威逼利诱,最终勤务员供出蔡的躲藏处。田氏搜出蔡济民后,将蔡济民五花大绑送往方化南司令部(老南门口)。蔡济民刚到门口,方化南的参谋长吴清熙下令开枪,一枪伤腿,一枪伤股,一枪伤头,蔡济民惨遭杀害,时年33岁。

蔡济民老家蔡官田同去的10名族人,除蔡丙田一人回家报丧外,其余9人一同遇难。蔡济民胞弟化民得知噩耗后,与堂弟润民一道前往利川,为亡兄收尸入殓,灵柩覆盖着九角十八星旗运回武汉,暂厝于汉阳归元寺。

作为开国元勋,蔡济民一生为挽救民族危亡,披肝胆历艰险,几至于死者,但他早把生死置之度外。民国元年先有歹徒杨时杰等勾结乱兵对蔡济民拘捕;后有黄梅武穴吕贼超群的围攻,多次他安然脱险。独在利川遭小人之手。所以,蔡济民被害,举国震惊,舆论哗然。

孙中山得知后,曾派建始籍同志朱和中解决鄂西纠纷,朱向孙报告实情后,孙中山批示:"以著该地同志讨唐、方,以报蔡济民之仇,望协力成之。"

革命党人得知后,纷纷以不同形式哀悼,其中党人田桐就写了两副挽联,有一联云:

推翻专制,再专制,又推翻,大力可掀天,比黄兴、蔡锷,依样尽忠民国;
缔造共和,伪共和,重缔造,义军思护法,恨范缊、张达,凭空暗杀桓侯。

同时,党人还公推董必武(用威)到上海向孙中山有关方面申诉。董必武与张祝南(国恩)从湖北利川到上海后,并带去了驻夔府(今四川奉节)之湖北靖国军总司令黎天才致孙中山函。

高振霄获悉后,他于1919年3月18日会同在广东的鄂籍议员张伯烈、刘成禺、白逾桓、居正、时功玖、韩玉辰、田桐、吴昆、张知本、彭养光、彭汉遗、胡祖舜等,联署通电各报馆,为蔡济民昭雪。电文全文如下:

广东鄂籍议员通电各报馆均鉴:近阅方纵队长化南筱电,不胜骇叹。蔡总司令济民惨被方军刼杀,前经同人电请查究,在案方军初既刼杀生前,兹复污蔑死后,证以该参谋长吴清熙皓电未及蔡公一字之非。即该纵队长由方致黎公原

电,更颇示引罪垂悼之意。初无相稽之恶,今以舆论伸讨,欲盖未能遂。出以撦诬之计审其辞,屈具见情虚。蔡总司令既迭次勾煽友军部曲,当局何竟未之前言?该纵队长既早受凌逼,当时何不申请查办?萧柏所部既同为叶军之叛兵,何以在蔡则为勾煽,在彼则为招安?情词诡异,显然可见。况萧柏叛蔡之后,该纵队长既不扶同剿办,更结以为利。特使蔡部孤寒,遂遭毒计,爰书已具,置辩何辞?总之方军枉法杀人罪无可逃,其事实已于黎联军总司令转述叶冯两代表之报告见之矣。同人均为护法而来,原属同仇,有何歧视?以人心未死,直道当存,义师方兴,法不可挠,用是申辨,凡以为川鄂前途计也。现方化南既已自承罪人,斯得伏乞。护法政府唐联帅、熊督军、黄黎各总司令依法调集人证,秉公讯办。并希诸公扶持正义,一致主张为荷。

　　蔡济民被害案,罪魁铁证,早经分呈,只是解决问题要靠实力,蔡济民所部瓦解,没了力量;孙中山虽表同情,此时已被迫辞去大元帅职务,难以相助;章太炎等人慷慨陈词,愤愤不平,却无实力;地方势力各人自保,不肯出力。申诉长期不得结果。时至1928年,高振霄参加公祭蔡济民活动,并在会上报告了蔡济民事迹。

　　不久,方化南在强大的舆论的压力下畏罪自杀了。

　　再说第一次世界大战后,美、英、日等帝国主义国家为重新瓜分远东和太平洋地区的殖民地和势力范围,由美国建议开始筹备召开国际会议——华盛顿会议,亦称太平洋会议。

　　华盛顿会议实质上是巴黎和会(1919年)的继续,其目的是要解决《凡尔赛和约》未能解决的帝国主义列强之间关于海军力量对比和在远东、太平洋地区、特别是在中国的利益冲突,完善第一次世界大战后的帝国主义和平体系。

　　会议标榜废除秘密外交,实际上所有重大问题都由美、英、法、日四国代表团团长会议先行讨论决定,有时法国也被排斥在外。

　　会议计划于1921年11月12日至1922年2月6日,在华盛顿举行。将有美、英、法、意、日、比、荷、葡和中国的代表团参加。

　　鉴于巴黎和会的经验教训,1921年7月27日,首先由高振霄、叶夏声等非常国会议员,组织参议院外交委员会研究应付太平洋会议,通过高振霄提出的请派太平洋会议代表议决案。两天后,高振霄以非常国会参议院参议员身份,向非常国会并孙中山大总统提交议案,咨请政府速派代表参加太平洋会议。要求借助太平洋会议,取消日本灭亡中国"二十一条",收回原德国在山东的权益,并修改和废除其他一些侵害中国主权的不平等条约。文曰:

　　美总统召集太平洋会议一事,关系远东及太平洋问题,至深且钜。我国日

第十章｜议会外交

受强邻之压迫,北京拍卖主权,国几不国,今此一线生机,正我正式政府独一不二之机会,所有取消不平等之条约,及裁减军备实行民治诸事,尤为我国生死之关系,应请即日开会讨论议决,请政府速派得力代表迅赴列席,实为至要。

当时,中国有志之士对华盛顿会议投入了极大的关注和热情,寄予了很大希望,甚至将太平洋华盛顿会议视为"中国生死存亡之关键"、中国收回主权的绝佳机会。

非常大总统孙中山收到高振霄的议案后,立即要求国会非常会议尽快研究议案,依法表决。国会通过该议案后,孙中山马上命令外交部妥为筹备此事,并于8月间复函高振霄《咨复国会非常会议已饬外交部筹办出席太平洋会议文》。函文指出：

为咨复事：七月二十九日,准贵会议咨开,议员高振霄提出咨请政府速派太平洋会议代表议决案,文曰：'美总统召集太平洋会议一事,关系远东及太平洋问题,至深且钜。我国日受强邻之压迫,北京拍卖主权,国几不国,今此一线生机,正我正式政府独一不二之机会,所有取消不平等之条约,及裁减军备实行民治诸事,尤为我国生死之关系,应请即日开会讨论议决,请政府速派得力代表迅赴列席,实为至要'等语。经于本月二十七日开会议讨论,依法提付表决。大多数表决,照案通过。相应备文咨达,即希查照办理等因前来。查此事政府早已虑及,现正在筹备进行中。准咨前因,除仍饬外交部妥为筹备外,相应咨复贵会议查照。此咨。国会非常会议。孙文。

8月11日,由国会议长林森提议派大总统孙中山参加华盛顿会议。8月中旬,为了赢得民间力量的支持,在广州召集了"太平洋问题讨论会",太平洋讨论会召开了多次会议,通过诸如《太平洋周刊》等积极进行的舆论活动。

刚开始,孙中山和广东政府面对这种时势和舆论,对华盛顿会议表面上采取了乐观的态度,实际上却相当慎重。在国会提出派代表参加的决议前的7月末,广东政府政务会议已经决定派代表参加华盛顿会议,并通过外交部向有关国家提出认可中国参加华盛顿会议的要求,当国会敦促参加华盛顿会议后,孙中山接受并答复该项已在进行中,外交部已向有关国家提出了发送邀请函的要求了。孙中山对亲自参加华盛顿会议的要求采取了慎重的态度,但是另一方面通过外交部向美国政府提出了同意广东政府派特使参加华盛顿会议的请求。孙中山的这种态度出于广东政府在没有取得国际社会认可的前提下,派代表参加华盛顿会议不会顺利的现实判断。

8月13日美国政府向北京政府发送了邀请函：表明其承认北京政府的立场,北京政府亦马上表明了参加意向,对美国政府给予了积极的呼应。

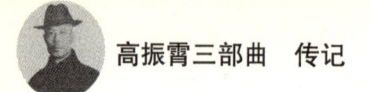

在8月25日召开的政务会议上,孙中山督促美国重新考虑。孙中山指出:广东政府是中国的合法政府,广东政府应参加华盛顿会议,北京政府为非法政府无权参加华盛顿会议,即使北京政府参加了华盛顿会议,但其缔结的条约,广东政府将不予承认,其缔结的条约不会发生效力。9月5日孙中山以非常大总统的名义,就出席华盛顿太平洋会议代表资格发表宣言。宣言云:

> 本政府职权,由法律所赋予,为中华民国正式政府。向来对外交涉,均系秉诸公道,故周旋国际,绝对不受何种缚束。本大总统谨代表政府及中华民国国民郑重宣言:将来华盛顿会议,苟非本政府所派之代表列席与会,则关于中国之议决案,概不承认,亦不发生效力。凡我友邦及我国民,幸共鉴之。

通过高振霄等一批有识之士的斡旋,当时国内涌现了许多针对华盛顿会议的社会团体。这些团体于1921年11月11日在上海召开大会,成立了全国国民外交联合大会,作为华盛顿会议的后援,发表了致美国总统哈定及华盛顿会议各国代表团电,中国国民的爱国热情可见一斑。

在广东政府的抗议和美国一部分舆论的影响下,美国政府表示,只要北京政府同意,广东政府可以派遣一个代表参加中国代表团;北京政府也表示,可以接纳广东政府外交次长伍朝枢参加代表团。但是广东政府表示北京政府为非法政府,南北政府联合派代表没有现实性,拒绝了美国和北京政府的提案,协商最终破裂而告终。

最终,中国参加太平洋会议的三个全权代表为驻美公使施肇基、驻英公使顾维钧和前司法总长王宠惠。

会议期间,施肇基代表于1921年11月26日提出了《十项原则》,要求尊重并遵守中国"领土之完整及政治与行政之独立",却又赞同美国要求中国实行的"门户开放"政策。

到了12月14日,王宠惠代表正式提出:废除1915年日本向中国提出的"二十一条要求"的议案。1921年12月29日,高振霄、朱念祖等于国会非常会议起草广州国会对外宣言,反对"二十一条密约"。宣言指出:

> 此次太平洋会议之种种及已往之条约的、势力的、经济的,凡为国际不平等之解决及待遇,但有碍中华民国之领土及主权之一者,吾人誓死不能承认!

中国代表还在会议上提出山东问题。后经中日双方谈判,于1922年2月4日签订了《中日解决山东悬案条约》和《附约》,日本被迫交还德国胶州租借地,但仍保留许多特权。同日,日本代表币原喜重郎发表声明,废除"二十一条"的一些条款。

与此同时,顾维钧代表则提出关税自主、取消在中国的领事裁判权、撤退外

第十章 | 议会外交

国军警、撤销在中国的外国电台和邮局、废止各国在华租借地、取消势力范围、公布秘密条约并由大会决定有疑点的条约的效力等议案。

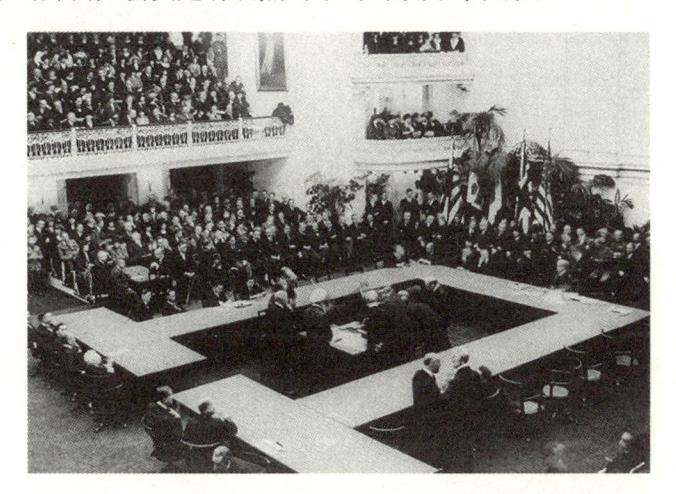

华盛顿会议现场（议员高振霄提出参加华盛顿会议议案）

南方政府虽然没有派代表出席此次太平洋会议，但高振霄却一直关注会议的进程和取得的成果。会议结束后，他发表文章，赞太平洋会议：中国被列强掠夺的主权部分得以收回，中国朝着恢复主权迈出了重要的一步。

护法时期中国唯有两次参加"巴黎和会"和"华盛顿太平洋会议"重大国际会议时机，高振霄有幸成为中国派遣参加"两会"代表的提案人，并成为在国际上强烈要求收回日本强占青岛的呼吁者和鉴证人，在中国外交史上留下了浓墨重彩的一笔。

第十一章　纵论"自治"

面对军阀混战,民不聊生,如何由天下大乱走向各地自治?高振霄认为:"'自由'是人格的要义,'自治'是恢复'自由'的要义。'自治'是讲求'自由'的手段,'自治'始能'自由'!"

第十一章 纵论"自治"

1919年是一个不平凡的一年。

这一年有三件事,让高振霄终生难忘。

第一件是新年开春,即于1月18日开始在法国举行的为期半年的巴黎和会。高振霄据此提出议会外交议案,促成孙中山领导的广州政府与北洋政府联合派代表,一同参加巴黎和会。

第二件事是这年春夏之交,在北京爆发的、震惊中外的五四运动。

高振霄认为,五四运动虽然发生于1919年5月4日,但其思想基础可追溯到辛亥革命与北洋军阀统治前期的新文化运动。它是中国知识界和青年学生反思中国传统文化,追随"德先生"(民主)与"赛先生"(科学),探索强国之路的新文化运动的继续和发展。尤其是新文化运动高举民主、科学、人权、自由等大旗,从思想、政治、文化领域激发和影响了中国人尤其是中国青年的爱国救国热情,从根本上为五四运动的出现奠定了思想基础和智力来源。

五四运动的起因是,在第一次世界大战完结后举行的巴黎和会中,列强把德国在山东的权益转让给日本,即山东问题。当时北洋政府未能捍卫国家利益,国人极端不满,从而走上街头游行示威抗议。当时最著名的口号之一是"外争强权(对抗列强侵权),内除国贼(惩除媚日官员)"。

5月3日晚,北京大学学生举行大会,高师、法政专门、高等工业等学校也有代表参加。学生代表发言,情绪激昂,号召大家奋起救国。最后定出四条办法,其中就有第二日齐集天安门示威的计划。这四条办法是:(一)联合各界一致力争;(二)通电巴黎专使,坚持不在和约上签字;(三)通电各省于1919年5月7日国耻纪念举行游行示威运动;(四)定于1919年5月4日(星期日)齐集天安门举行学界之大示威。

5月4日,北京三所高校的3000多名学生代表冲破军警阻挠,云集天安门,他们打出"誓死力争,还我青岛""收回山东权利""拒绝在巴黎和约上签字""废除二十一条""抵制日货""宁肯玉碎,勿为瓦全""外争主权,内惩国贼"等口号,并且要求惩办交通总长曹汝霖、币制局总裁陆宗舆、驻日公使章宗祥。学生游行队伍移至曹宅,痛打了章宗祥,北京高等师范学校(今北京师范大学前身)数理部的匡互生第一个冲进曹宅,并带头火烧曹宅,引发"火烧赵家楼"事件。随后,军警给予镇压,并逮捕了学生代表32人。天安门前金水桥南边高悬的一副对联引人注目:

卖国求荣,早知曹瞒遗种碑无字;
倾心媚外,不期章惇余孽死有头。

烧掉赵家楼的学生游行活动受到广泛关注,各界人士纷纷给予支持,抗议

逮捕学生。北京军阀政府颁布严禁抗议公告,大总统徐世昌下令镇压。天津、上海、南京、杭州、重庆、南昌、武汉、长沙、厦门、济南、开封、太原等地学生,在北京各校学生罢课以后,先后宣告罢课,支持北京学生的斗争。

由于学生运动影响的不断扩大,《五七日刊》和学生组织宣传,学生抗议不断遭到镇压。6月3日,北京数以千计的学生涌向街道,开展大规模的宣传活动,被军警逮捕170多人。学校附近驻扎着大批军警,戒备森严。进而,引发了新一轮的大规模抗议活动。

自6月5日开始,上海工人举行有六七万人参加的大规模罢工,以响应学生爱国运动。紧接着,京汉铁路长辛店工人,京奉铁路工人及九江工人都举行罢工和示威游行。全国22个省150多个城市都有不同程度的反应……

国内轰轰烈烈的五四运动,促成了同年6月28日,中国代表拒绝在巴黎和会的和约上签字。

在高振霄看来,五四运动是继辛亥革命之后,又一次具有划时代意义的爱国运动。

第三件事是广州纪念第八个"双十节"活动。高振霄在参加广州纪念双十节后发表纪念文章中说,此前七年在津京沪汉各地所见举行纪念双十节情形,均不及广州此次纪念活动。是日,在广州东园左右,由上午八时起至下午三时止,经过学界、商界及劳动界各数十万人,各种各色的欢声震天。还有学生的血书,请同胞救国,各种插画,及讨卖国贼等字,旅住广州的外国妇女均身着夏布参加纪念活动。在游行队伍里,忽然现出孙文、黎元洪的油画像,令记者心中顿生一种感想!

广州东园(高振霄等护法议员重要活动场所之一)

第十一章 纵论"自治"

后来,他又在纪念辛亥革命的"双十"特刊上发表专文,强调弘扬辛亥革命的奋斗精神与牺牲精神。文章说:

读者诸君呵,我平时最怕提起这事,我提起辛亥故事,我很悲伤的。这十月十日的纪念,不过是个政治革命的纪念。政治革命本乃是不彻底的东西,要想彻底改造,是万万脱不了社会革命的公例(注一:平民革命)。这个分别我去年曾在《人刊》上说过,但是辛亥的事虽不算个什么,辛亥以后的革命,又怎么样?

读者诸君呵,我的悲伤并不是我革了命,没得什么权利,我才伤心的。我所悲伤的是辛亥以后的革命,一回不如一回。什么癸丑呢?丙辰呢?靖国呢?护法呢?都带点英雄革命的彩色,甚至毫无结果。总说起来,都是将领革命,不是群众革命。都有点权利的兴味,不是牺牲的精神。看来看去,除了五四运动以外,到是辛亥的事,还有二三件可纪念的。那三件呢?(一)奋斗的精神。(二)牺牲的精神。(三)无掠夺的行为。

近代中国曾有一个梦想,在当年被追寻得轰轰烈烈,如火如荼!那便是地方自治。地方自治在晚清萌芽,在 20 世纪 20 年代的"联省自治"运动中达到高潮。其中,高振霄就是"自治"与"自由"的理论构建者与实践先行者之一。

1923 年 3 月,时任中俄交涉督办的王正廷,在上海法租界钜籁达路(今巨鹿路)上兴建了一所花园洋房,作为他在上海的私人府邸。

上海巨鹿路 786 弄 66 号旧外交部长王正廷旧居照

深秋的一天,同住于钜籁达路高振霄为恭贺老友王正廷乔迁之喜,特地前往参观这所花园洋房。

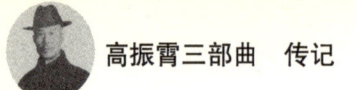

王正廷新居位于钜簌达路北侧,靠近今延安中路,东西两侧分别是富民路和华山路。此地属法租界,花园住宅较多,园地宽广,环境清幽,设备齐全,特别是社会各界名流、外籍高级职员常居于这一带。

王宅是这些花园住宅群中的一个,环境良好,花园面积大,适宜居住。四明村、模范村等大型新式里弄住宅也在附近。

高振霄走进这座小洋房,但见这座砖混结构二层楼房,复折式屋顶覆盖有红色机平瓦,底层墙面为红砖砌筑、上部抹灰,内外部的装潢都比较简单,以木结构为主。造型独特,室内布置淡雅,不愧为温馨港湾。

高振霄与王正廷经历类似。武昌起义爆发后,高为湖北军政府总稽查、王任军政府外交司司长;南京民国临时政府成立后,高为孙中山高等顾问,王为参议院议员及副议长,一度代理议长。尤其1917年护法军兴,他们一起赴广州参加护法运动,高为非常国会参议员、湖北参议长,王则署理军政府外交总长。他们在一起共事,结下了深厚的友谊。1918年,高振霄提出"巴黎和会议案",并举荐王正廷作为代表出席巴黎和会。和会期间,王正廷在巴黎坚持拒签对日和约,高振霄在国会鼎力相助,均赢得了海内外的尊敬。

老友上海重逢,又同寓于法租界的钜簌达路,而王氏刚刚乔迁,故王特地设家宴款待高振霄。他们一起煮酒论时局。

首先,高振霄盛赞王正廷为近代中国的实业交通、金融保险、文教体育、宗教慈善、医药救助等方面所做的成就。尤其是对于1922年当选为国际奥委会委员,成为中国历史上第一人国际奥委会委员,表示衷心的祝贺。

接着,高振霄话题一转说:"经过这几年的政治漩涡,我在精神上,不知受了多少痛苦。一些政客与政治学者关于'自治'的言论,我是不大相信的。"

"老兄的看法与正廷不谋而合,我们今天就一起来煮酒论'自治'了。"

"好的,那我就班门弄斧了!我梳理了一下,依社会学者的言论看起来,'自治'的解释,对于被治说的,一切都由自己治理,是各个人的天职,也是群众的天职。一个人要是不能'自治',必定为人所治。一群人要是不能自治,必定被他群人所治。被治的人,绝对不能自由。"

"是的。西方人士不是说'不自由毋宁死'么!"

"窃以为,'自由'是人格的要义,'自治'是恢复'自由'的要义。幸福是人生的目的,'自由'才有幸福,自治是讲求'自由'的手段,'自治'始能'自由',自由!"

"那么,老兄是如何看待'联省自治'呢?"王又问道。

"学理上的联省自治包含两方面内容:第一,容许各省自治,由各省自己制

定省宪,依照省宪自组省政府;第二,由各省选派代表组织联省会议,制定联省宪法,组织联邦制的中央政府,如此,既便于弘扬民主法治,消解军阀势力,又可以解决南北之争,完成国家统一。"高答道。

"这一观点本人十分赞成,同时也得到许多知识分子社会名流的推崇。比如章太炎、蔡元培、梁启超、熊希龄、范源廉、汪大燮、孙宝崎、王芝祥、钱能训、谷钟秀、林长民、张耀曾、褚辅成、章士钊、张东荪、胡适、朱经农、丁世峄、李剑农、蒋方震、王宠惠、张继、曹亚伯等。"王表示首肯。

"是的,梁任公在《解放与改造发刊词》中,首次提出'联省自治'的政治主张,他写道:一、同人确信旧式的代议政治,不宜于中国,故主张国民总须在法律上取得最后之自决权。二、同人确信国家之组织,全以地方为基础,故主张中央权限,当减到对外维持统一之必要点为止。三、同人确信地方自治,当由自动,故主张各省乃至各县各市,皆宜自动地制定根本法而自守之,国家须加以承认。"高振霄说。

"章士钊亦云:故窥现今之大势,莫如各省先行自图自立……然后公议建立中国全部总政府于各省政府之上,如日耳曼联邦、合众联邦之例,即谓全中国自立可也!"王补充说。

"早在1911年11月,孙总理中山先生在与《巴黎日报》记者谈话时说:'中国于地理上分为二十二行省,加以三大属地即蒙古、西藏、新疆是也,其面积实较全欧为大。各省气候不同,故人民之习惯性质亦各随气候而为差异。似此情势,于政治上万不宜于中央集权,倘用北美联邦制度,最为相宜。每省对于内政各有其完全自由,各负其统御整理之责;但于各省上建设一中央政府,专管军事、外交、财政,则气息自联贯矣。'广东省长陈炯明也认为:盲论之士,往往以主张分治,即为破坏统一,曾不知分治与集权,本为对称之名词,于统一何欤?北美合众国成例俱在,岂容指鹿为马!民国以来,正坐盲论者误解集权为统一,于是野心者遂假统一以夺权。当然,现在孙大帅是主张北伐而非联省自治的。"高振霄说。

"客观上讲'联省自治'本身没有错,只是被某些人利用而已。据在下所知,'联省自治'运动的策动者是熊前总理希龄,湖南谭前督军延闿第一个响应这个主张的。"王正廷继续说。

"此言不假。早在1917年6月,北京政府撤免谭延闿湖南督军职务时,北京的湘籍人士,便提出了'湘人治湘'的口号。最先提出以'联省自治'方式来解决时局的,便是翰林公熊希龄。1920年夏,湘军把张敬尧从长沙驱逐出去,7月22日,谭延闿以湘军总司令的身份,在长沙宣布湖南省自治,并创制省宪。

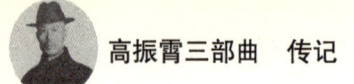

谭延闿于1920年7月22日发表'还政于民、湘人自治'的通电,表示要'顺应民情',实行民治,'采民选省长制,以维湘局'。并获得浙江军阀卢永祥、广东军阀陈炯明等人响应。"高振霄补充说。

"不仅如此,这年10月,章太炎先生应邀访问长沙,亲自策动鼓励谭延闿实行联省自治。11月2日谭延闿发表通电,提出联省自治,比一省自治提高了一步。11月9日,章太炎在北京《益世报》上发表《联省自治虚置政府议》,表示支持。1922年1月《湖南省宪法》公布,先后得到四川、云南、贵州、两广、浙江和奉天等省地方军阀响应。一些知识分子,胡适、章太炎、张东荪等人也支持在联省自治的基础上建立联邦制国家。但孙中山个人反对联省自治,主张中央集权式政治体系。"王正廷说。

"有人对湖南自治说三道四,我却不以为然。湖南人忠于湖南,但不会忘情中国,真正愿意一省独立永久脱离中国的毕竟是少数。中国自古以来的自治,都是相对于大中国而言,是统一条件下的治理方式调整,因而自治运动发展到一定阶段,就是《三国演义》的开篇,分久必合,合久必分。"高振霄回应道。

"摇摆的宪政在湖南实行省宪的影响下,全国多个省份也匆匆制定宪法。紧接湖南之后的是浙江省。浙江省宪的起草者是原省议员何建章、沈钧儒等人,内容和湖南省宪大同小异,于1921年9月公布,共17章158条。在政府三权分立的组织之外另设监察委员会。除湖南、浙江之外,四川、江苏、陕西等省的自治运动也较有影响。1920年,长期处于外省军阀统治之下的湖北,在这一思潮和运动的影响之下也不甘落后,要求实行自治。这一时期,涌现出一大批倡导、推动自治运动的团体,如湖北省地方自治筹备会、湖北民治促进会、湖北地方自治研究会、湖北省宪讨论会。此外省议会、省教育会、省农会、旅京同乡会、旅沪同乡会、湖北各界联合会等团体也是自治运动中较活跃的组织力量。湖北是老兄的老家,请介绍一下湖北的情况。"王正廷说。

1920年12月14日,湖北全省地方自治筹备会宣告成立并举行第一次会议。25日,旅京湖北同乡会在北京湖广会馆宣布成立湖北民治促进会。1921年1月1日,夏寿康借用湖北省长职务之便成立官方的湖北全省自治筹备处。

"我们湖北人,什么样子呢?我们说爱人,我们更爱我天天所见的人。我们爱世界,我更爱我生长那一小世界。湖北自黎元洪引贼入室,段祺瑞到湖北的时候把一班革命的人杀的杀、囚的囚。段芝贵到湖北的时候,不是革命的人也是杀的杀、囚的囚。什么三烈碑也铲了,起义门也毁了,临走的时候腰缠四百余万。所带一班小强盗更不消说,个个都是升官发财。到了现在简直成了王占元的征服地。说来大家都说人家不好。依我看来,责人不如责己。辛亥的事,湖

北人能做,这'自治'事,湖北在民国元年,也曾首先创设。最好现在还是自行自治,几个蠢强盗算不了什么。"高振霄说。

"我以为,中国的近代军阀是植根于封建经济基础的政治毒瘤。它必然地会在现实统治中形成以血亲、私谊和乡谊等为纽带的封建裙带关系网,对比其他各省军阀,王占元表现得尤为突出。"王正廷说。

"的确如此。首先从政界方面说,对于湖北省地方重要权力部门和有油水可揩的机关,王占元都已安插了私人。有人指出:王氏的用人,所有关道、局长、知事各项差委,不是他的亲戚,就是他的朋友;不是他的大马弁,就是他的小差遣。这些扒手都是山东人,想找一个湖北人做种子,也找不出来。"

"王占元通吃湖北政界,在军界亦拼命排斥湖北人,实行以北制南的方针。新军的招收,一定要到北方去招,湖北人当兵,他们不要。当时湖北驻军,计有卢金山、于学忠、宋大沛、赵荣华、寇英杰、王都庆、张联芬各部,但都是河北、河南、山东三省的人。其入湖北籍贯者,仅有刘佐龙第四混成旅的两个团和贺国光一个单人在寇英杰部当团长。即或偶有湖北籍军官稍当大任者,一与王氏意见不合,即生疑窦,随之便想法除掉。如南元超,武汉警备司令,湖北浠水人。因与当时北京驱王大会主席孔庚同乡同里,当然时有往来。王亦疑忌,即以电话请南到署吃饭,饭后数小时即暴卒。"高振霄介绍说。

"我想,联治运动在湖南兴起,湖北为湖南近邻,素有两湖之称,于是湖北省自治运动亦因此渐行发动起来。其导火线是1920年8月底,前任湖北省长何佩瑢被人指控为安福余孽开去湖北省长职。"王继续说。

"本来这只是全国政治斗争一朝天子一朝臣的把戏,不会对湖北造成什么影响。然而在同一大总统命令中,却还有如下文字:'特任孙振家署湖北省长。'这就引起湖北籍官绅阶层代表的反对。本来这些人对王占元长期以来排斥鄂籍人士痛恨不已。过去一段时间何佩瑢固然政绩不好,而且还曾经是王占元的参谋长、亲信,但何原籍毕竟是湖北,符合'鄂人治鄂'的名义,不便公然反对。而这个孙振家从山东来湖北为宦历时既短,且'政绩毫无,声名恶劣',仅凭与王占元为姻亲之故,骤然长鄂,显系王占元企图继续任用私人完全控制湖北政治的步骤。于是以省长人选问题为因,湖北地方官绅和民族资产阶级上层代表开展了一场争取'鄂人治鄂'或省自治为果的反对王占元独霸湖北的运动。这年8月21日,湖北省议会通电北京政府以大局未定,人心浮动为由,要求俯从民望,免予更易,挽留何佩瑢。接着旅京湖北同乡会召集会议,推举代表向国务院请愿,要求收回任命孙振家为湖北省长之成命;同时致电湖北省议会号召同心协力'持鄂人治鄂主义'。"高振霄介绍。

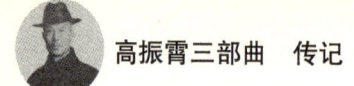

"据弟所知,湖北旅津原民国政府要人黎元洪、周树模、汤芗铭等人也发表讲话,响应反对孙振家长鄂主张。"王说。

"到了9月10日,弟会同张知本、范鸿钧、胡祖舜等发起的旅沪湖北自治协会通电'宣布王占元罪状',提出实现自治要求。同时,发起组织旅沪湖北自治协会,这是湖北省自治运动中最早产生的一个自治团体。发行宣传联邦主义鼓吹自治运动的月刊——《新湖北》。9月14日,著名律师施洋在《汉口新闻》报上发表《我希望反对湖北省长的人进一步主张民治》一文,提出由全省民众普选省长和人民参政的十条要求。这样,从湖北省到京津沪各地以湖北籍官绅上层人士为主掀起一个反对王占元,争取湖北省自治的浪潮。随之,湖北及旅居各地的湖北籍人士开始纷纷成立促进省自治活动的组织及发起宣传鼓吹者自治活动。"高振霄说。

"我看过这个刊物,感觉不错。好像是1920年9月20日于上海创办的月刊,署名为旅沪湖北自治协会主办。"王说。

"是的。我们创办此刊的主旨是:宣传联邦主义、鼓吹自治运动;在'鄂人治鄂'的口号下,反对湖北督军王占元;讨论新湖北的建设问题,提出了八项主张。"高振霄说。

"湖北省自治运动的勃兴是你们这些促进派积极宣传、推动的结果。那么,其倡导力量由哪些成分组成?"王正廷问。

"湖北省自治运动中的倡导力量主要由五个阶级或阶层组成。一是曾经参加、领导过辛亥革命的鄂籍资产阶级革命派,主要代表人物有蒋作宾、孔庚、李书城、潘正道、潘怡如等。这些革命者自从辛亥革命失败后,仍然不遗余力地继续探寻中国的出路。第一次护法运动失败后他们组织、发起了自治运动,希望通过西方的联邦制和地方自治制建立民主政治,实现国家统一。他们在这场运动中展现了其卓越的组织和领导才能。正是因为他们的加入,才推动湖北自治运动发展到了最高峰——援鄂战争的爆发。二是新式士绅阶层。由于湖北的新式士绅阶层长期受到军人的压制,为了保护自己的经济利益和政治权力不受到侵犯,在民主浪潮的推动下,他们对联省自治表现出了极大的兴趣。三是工商业界。在王占元统治下的湖北,政治黑暗、金融混乱,从而严重地阻碍了民族工商业的正常发展。更有甚者,王占元常常以维护治安为名,一再要求商界筹集军饷。久而久之,商会演变成为他的筹饷局。而接二连三的兵变,促进了民族资产阶级的觉醒。他们认识到军阀不仅不能保护商民,反而加捐增税,增加其负担。因此自治运动爆发后,他们也纷纷起来要求改变现状。四是一批鄂籍的旧官僚。如黎元洪、周树模、张国淦、田文烈、刘揆一、夏寿康、李开优、饶汉祥

等均参加了湖北省自治运动。他们均出身于湖北,民国后曾先后在中央政府或湖北地方政府中担任过要职。联省自治期间他们也极力鼓吹'民治'和'鄂省自治':自美总统有民族自决之宣言,全球风靡,欲以强权压制民意者,虽有万钧之力,终归于失败之途。就今日中国之情势言之,息争尤必出于联省自治之一法。盖因联省自治成则彼此不得互夺地盘,武力无所用矣。五是共产主义者。董必武、刘子通、张国恩、施洋等人虽然在这一时期已经接受了马克思主义,但并没有完成从理论到行动上的彻底转变。董必武、刘子通、张国恩等人于1921年8月组织了湖北宪政讨论会,专门从法理上研讨省宪问题,以促进湖北省宪大法早日产生。施洋还将马克思主义的劳工观和民主观与湖北自治运动相结合,提出了'平民自治'的主张。这些人在进行理论宣传的同时,还积极投身于实践,如施洋和董必武曾被推举为代表,分别到湖南、四川进行求援活动,临时自治政府成立后,他们又在其中担任要职。"高振霄答道。

"窃以为,湖北的'自治'虽受湖南影响,但采取的方式与湖南有所不同。"王正廷又说。

"是的。起初的'驱王(占元)自治'运动是以合法的请愿方式进行,即希望北京政府罢免王占元,进而实现自治目标。但随后不久,蒋作宾、孔庚、施洋、董必武等运动中的激进派率先觉悟。他们通过总结此前请愿的经验,意识到了依靠政府不能达到去王的目的,于是推荐施洋、董必武、潘怡如等人为代表,积极地向邻近的湖南、四川两个自治省份求援,率先走上了武力'驱王自治'的道路。大多数鄂人,如省议会,旅京、津同乡会等仍将驱王自治的希望寄托在政府身上。在多次努力失败后,他们决定改变策略方针,请求湖南、四川出兵援助。这样,他们与激进派团结在一起,被迫走上了武装斗争的道路。"高振霄回答。

"1921年湖北省自治运动成功的'驱王',如果没有导致湖北各界民众如此激愤的武宜兵变,或者王占元还能安稳地再当几年督军也未可逆料。"王说。

"武宜兵变发生于1921年4月底至5月初。那时,北洋军阀为直奉战胜皖系后势力分配及靳云鹏内阁去留问题,在天津召开了三巡阅使会议。会上,靳云鹏提出'各按现有兵额一律裁减二成'的计划。本来这个计划只是提议,没有形成决议;另外对于拥兵自重的军阀来说,即使形成决议,也可以不执行。然而5月下旬,王占元召开了军事会议,以天津会议提议为由,提出裁减士兵问题。为什么王占元这次如此主动遵命中央?原来,王占元旧二师的士兵因跟随王占元多年,以屡次战役而有加米加饷之优待。有的士兵一个月饷银达二十余两,因此军饷支出很大。从实力地位出发,将手下的一个师扩编为一个军,这是王占元数年的夙愿。而扩充兵力又不至于增加费用,最好的办法莫过于裁减老

兵,补充新兵。因为二师一个老兵的饷银可以养三四个新兵,也就是一个老二师可以养三四个新二师。因此在5月底,经过几次秘密军事会议,王占元决定实施裁减老兵的计划。就在这计划正着手颁行的时刻,6月4日突然传来宜昌驻军发生哗变的消息。宜昌兵变是在不到半年时间内发生的第二次兵变。变后所到之处,焚掠庐市,波及外商"。宜昌兵变之后,王占元并没有认识裁减老兵可能导致被裁部队哗变的危机。6月7日,王占元宣布将陆军第二师七、八两团裁减。士兵们提出补发以前欠饷再遣退的请求。然而王占元为了鲸吞退伍兵的欠饷,以时局维艰,暂毋庸议予以拒绝。那些被裁士兵本来心里就不痛快,而王扫地出门的举动更增加了他们抱有狡兔死,走狗烹之愤。因此当他们看到从宜昌来武昌未受惩办的变兵一个个抢鼓得满满的金银钱币包裹,即将满载而归时,一时间愤怒、叫骂如滚滚浪涛席卷了二团;各级官佐也恼恨王占元太绝情义,一致声言放弃管束责任,由各队士兵自由行动。于是在当晚夜半时分,首由第二师第八团开始了有组织地发动抢劫武昌的兵变行动。随后,其他各部队也纷纷加入上街烧杀抢掠的行列。据后来省议会粗略估计,这次兵变共计公私财产损失数千万,损害人命五百余人,中流弹者有57名。通都大埠,化为灰烬。报载:"洪杨之后,无此浩劫。"高振霄接着说。

"武宜兵变发生后,湖北反对王占元的斗争是不是首先从湖北驻全国各大城市的同乡会发起的?"王问道。

"是的。6月9日,鄂省旅京同乡会在湖广会馆召开紧急会议,商议武宜兵变后鄂人如何行动问题。到会者将近千人,为从来未有之盛况。6月10日,鄂籍旅湘同乡会在长沙湖北会馆召开大会,决定通电广东政府与护法各省和湖北全省请求援鄂驱王。鄂西靖国军司令吴醒汉,湘鄂军团司令夏斗寅也派代表参加。6月11日,鄂省旅京同乡会代表张仕谦、黄炳蔚等十四人联袂赴国务院请求政府依法惩办王占元。6月13日,旅沪湖北同乡会及在沪各团体召开临时会议,决定派代表赴京请愿,罢免王占元,抄产赔偿湖北人民损失。在湖北,6月10日武昌各善堂和团体为筹备自卫赈济召集大会。会上律师公会副会长施洋作了最为痛切的发言。"高振霄答曰。

"只是大多数人还是希望通过北京政府行使自己的职权,和平妥善地解决这个问题。但后来北京政府不仅未对王占元稍加惩戒,反而'责成督军省署妥筹抚辑',继续留鄂使用。这种做法冷却了湖北相当一部分人对中央政府寄予希望的心。"王说。

"当时有人就一针见血地指出:'追源祸始,则当道自认统驭无方,实无委过之余地。然既统驭无方,反博得当机立断之奖饰。以此而类其余,则所谓惩办

叛兵长官者无非虚应故事罢了。鄂人重创之后,所不能释然者,亦正在此。'"

"所以,当北京政府一再为王占元推诿兵变而主张留任的时候,湖北各界决定驱逐王占元。"王正廷说。

"湖北各界名流是可忍孰不可忍,他们在蒋作宾、孔庚、李书城等人带领下,决定不失时机地利用鄂省人民驱王热情的高涨进兵武汉,武力逐走王占元,响应孙中山北伐。6月19日,湖北全省自治筹备处紧急会议,全体一致通过主张自卫、办省防团、商团、保卫团的决议,并通电北京政府'酌量情势,发给枪弹,以安乡里'。这种最低的自卫要求也为中央政府不允许。因此到了6月底,湖北各界联合会举行会议决定自主行动,步蒋作宾等人后尘,派副会长施洋去长沙以湖北各界名义敦劝湘军援鄂驱王。7月4日,湖南《大公报》连载了洋洋万言的《鄂各界代表施洋致湘人泣恩书》,呼吁湘军举义援鄂驱王自治。恰好这时,国民党系川军将领熊克武因遭排挤谋向外发展来湘接洽。于是一场以武力为后盾的援鄂驱王军事行动很快就在鄂湘川之间酝酿开来。"高介绍说。

"面对鄂人的乞援,湘、川两省军阀出于各自利益上的考虑,决定出师援鄂,战争爆发。在战争第一阶段,由于湘军斗志高昂,以势如破竹之势很快攻占了武昌附近的蒲圻。"王氏说。

"据在下所知,1921年,湘军出动前,省长赵恒惕派多名说客到西南各省活动,说打算在驱王之后,在武汉召集各省代表,商量组织联省自治政府的大问题。提议一出,云南、四川、浙江、山西等纷纷表示赞同。当时甚至有传言,说是联省政府的名单都有了,比如黎元洪任元首,段祺瑞任总理,陈炯明长陆军,而孙中山则传说要被推举为太平洋会议的代表。"高振霄说道。

"王占元见四面楚歌,最终被迫致电北京政府引咎辞职。北京政府则改任吴佩孚为两湖巡阅使,湖北黄冈(今武汉新洲)人萧耀南为湖北督军,孙传芳为长江上游总司令。王占元的去职宣告了驱王运动的成功。"王说。

"萧耀南取代王占元,使驱王运动告一段落,但自治毫未有端倪,北洋军阀的如虎如狼之师,依然压鄂境地,北廷如雷如霆之官吏,依然凌鄂人也。去一王,来一王,固不可。去一王,来二王,则犹不可!湘鄂负重大牺牲,俯首贴耳,奉戴若人,侈言自治,勿乃太滑稽乎。"

"近代中国面临'千年未有之变局',各方政治势力纷纷出场,有识之士先后提出了各种主义和救国主张,有的仅仅在思想界流行一阵便销声匿迹,有的一时顺应了潮流得以付诸实践,却因水土不服、政局动荡而中途夭折了!"高振霄喟然长叹。

联省自治从1920年兴起,如火如荼开展了几年,并常混杂着各个军事实力

派的争斗,让一些激进的知识精英失望不已,更没有唤起民众参与的热情。在孙中山看来,联省自治并不能推进民主,只有主张分权制、以县为单位实施地方自治,才是正途。故孙中山反对联省自治,更认为联邦制乃倒果为因之举。而广东省省长陈炯明则主张"暂缓军事""先立省宪"。这为接下来的"府省之争"埋下了伏笔。

1922年春,孙中山在广东韶关建立北伐大本营,组成联军欲进攻江西,开始了打倒帝国主义和军阀、武力统一中国的国民革命,很快俘获了大部分人心。

百年前的政局跌宕起伏,这背后是什么在起决定性作用?民初的政党政治乱象丛生,这当中又隐藏了怎样耐人探寻的密码?

第十二章　护法中坚

> 北洋军阀践踏法统，非法解散国会，导致护法军兴，高振霄即与孙中山、章太炎、程光璧、陈炯明等各界名流南下，结成护法同盟，经略南方，与践踏法律的北廷分庭抗礼……

第十二章 护法中坚

护法军兴,南方护法阵营的文宣、武卫,以及闽南的经济试验区,呈现出一片如火如荼的景象。

所谓"护法",即是指维护《中华民国临时约法》(简称"临时约法")的法统地位。

早在民国元年3月8日,中华民国临时参议院通过了《中华民国临时约法》(简称为"临时约法"),南北议和期间,袁世凯曾承诺南北统一后遵守"临时约法"。

1913年2月,根据《中华民国临时约法》规定,中华民国进行首次国会选举,并且在1913年4月8日首次召开国会,选举袁世凯为中华民国大总统。

可是,袁氏当上了大总统后,觉得"临时约法"中的责任内阁制架空了他大总统,于是,他不仅利用亲信除掉了主张责任内阁的国民党元老宋教仁,还于1914年1月10日非法解散国会;同年5月1日,袁氏又精心炮制了所谓《中华民国约法》(简称"袁记约法"),同时废止"临时约法",致使法统荡然无存。

不仅如此,袁氏于第一次世界大战期间,被迫同意日本对华《二十一条》。接着,1915年12月12日又搞起"洪宪帝政"。为此,蔡锷等人发动护国战争反对袁世凯称帝,袁世凯被迫取消帝制,之后于1916年6月6日病逝。

1916年6月7日,黎元洪继任大总统后,于6月29日正式申令恢复"临时约法",法统得以恢复。

哪知,1917年5月,北方督军团变起,黎元洪被迫退位,国会再度解散。北洋军阀重掌政权后,拒绝恢复法统。

为此,手握海军重兵的海军总长程璧光首倡"护法",即维护"临时约法"、恢复国会与黎大总统之职,广东省长朱庆澜电陈炯明于上海,请陈回粤商议北伐"护法"。

此时的孙中山也发表通电,主张武力护法。高振霄立即响应,同孙中山,与章炳麟、陈炯明,以及部分议员,乘海琛号、应瑞号两艘军舰,于7月6日离沪南下,17日到达虎门,19日到达广州,号召"护法"。

在广东各界欢迎会上,孙中山发表演说,指出当今变乱,"实真共和与假共和之争",认为"假共和之祸尤甚于真复辟",只有打倒假共和,才能"得真共和之建设"。

与此同时,孙中山特派高振霄在上海法租界恺自迩路二八二号(今黄陂南路与金陵中路交叉处),设立国会议员招待处,负责通讯联络南下护法议员。从此,高振霄奔走于沪穗之间,充当这个联络处的"掌门人"。

8月18日,孙中山在黄埔公园宴请高振霄等国会议员,商讨召开国会问题。

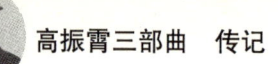

考虑到来粤议员不足法定人数,决定效法法国大革命前夕第三等级代表举行国民议会的先例,召开"国会非常会议"(又称"非常国会",或称"护法国会")。25日,非常国会正式开幕。高振霄、刘成禺、韩玉辰、张汉、董昆瀛、居正、彭介石、张知本、关棣、牟鸿勋等十名湖北籍代表,当选为非常国会参议院议员;31日通过《中华民国军政府组织大纲》13条,规定中华民国为戡定叛乱、恢复《临时约法》,特组织中华民国军政府。

9月1日,非常国会选举孙中山为海陆军大元帅,陆荣廷和唐继尧为元帅。10日,孙中山正式宣誓就职。

中华民国军政府的成立,标志着南北对峙局面的形成。当时的中国政治局面可谓是"府外有府、府内有党、党中有派",林林总总、跌宕起伏。"南方"阵营内派系林立,主要有政学会、益友社、民友社、新新俱乐部、蒙古议员俱乐部、广东议员俱乐部、广西议员俱乐部、云南议员俱乐部等。"北方"阵营内主要有客庐系、丙辰俱乐部、护法议员联欢会、宪法研究会、安福俱乐部等。

非常国会内部政团虽多,仍以政学会、益友社、民友社三系最大。政学会六十余人,民友社五十余人,益友社六十余人。某些学者认为,政学系可称为极右党,民友系可称为极左党,益友系则立于两党之间,据有两院议长四席之三,颇有左右轻重之势。

政学会为旧国民党之稳健派,由"南关五十号派"与"石行会馆派"合并而成。南关五十号派为民国五年北京政学会之一部分,曾与研究系携手,其嫡系不过三十人,拥岑春煊为首领,辅之以章士钊、冷遹、张耀曾、谷钟秀,以攫取护法政府之一切实权。其主张与北方之研究系极相似。石行会馆派一部出于"北京平社",一部出于"北京宪法研究会",到粤后,由李根源竭力结合,并为一派。其干部人物为刘治洲、徐兰墅、刘彦等,与民友社系绝不相容。

民友社以"照霞楼"为本部,本派议员约四十余人,内容分三部,为同盟嫡派。洪宪以前为中华革命党,国会恢复后为丙辰俱乐部,旋与韬园合组民友会者,以林森、谢持、居正、田桐等为中坚,世人称之为"大孙派",即孙文派。一部为进步党裂出之分子。洪宪覆亡后,在北京为韬园俱乐部,嗣并入民友会,以彭介石、万鸿图、张新吾、温世霖等为中坚,到粤后又增入若干激烈之分子,世人称之为"小孙派",即所谓孙洪伊是也。一部为"共和派",即旧共和党分子,以高振霄、王湘等为中坚。

益友社之机关为"褚寓",政馀俱乐部亦附入之,称旧国民党之温和派,为南方国会中之唯一多数党。其领袖为吴景濂、褚辅成、王正廷,均为参、众两院正、副议长。政学会与民友社发生争议时,益友社恒立于调和地位,西南实力派与

第十二章 护法中坚

之颇表同情。

高振霄参加政党的历史可追溯到1905年。当年，他加入孙中山创立的同盟会。1910年秋创办德育会，后并入共进会，为共进会骨干。1912年1月16日加入民社。1912年5月9日民社与统一党、国民协进会、民国公会、国民党合并为共和党；6月底，共和党内部分化成为"新""旧"两派："新派"以原民社成员高振霄、张伯烈、郑万瞻、刘成禺、胡鄂公、时功玖等人为中心，包括原统一党"少壮派"黄云鹏、王湘、吴宗慈、王绍鏊、解树强等人，同共和党"旧派"张謇、熊希龄、孙武及黎元洪、袁世凯展开斗争。1913年5月29日共和党与统一党、民主党合并为进步党。6月22日，原共和党民社派之高振霄、张伯烈、郑万瞻、刘成禺、胡祖舜、彭介石、胡鄂公、梅宝玑等与原统一党之黄云鹏、吴宗慈、王湘等共40余人发表独立宣言，以第三党自居，即新共和党。1914年1月10日至1916年8月，袁世凯解散国会，清除所有党派；1917年2月，原韬园派的丁世峰与原丙辰俱乐部马君武、温世霖等因不满段祺瑞对德外交，合并成立民友社；高振霄为民友社拥护孙中山护法中坚，直至护法结束。在此期间，高振霄一方面对内拥护孙中山、改组军政府、支持选举孙中山为非常大总统；另一方面对外反对北洋政府、声援"五四运动"、反对曹锟贿选；第三方面在议会外交上提出"巴黎和会"议案、"华盛顿太平洋会议"议案，反对日本"二十一条"等。

自始至终参加护法实践的高振霄发现，在护法阵营内，不仅非常国会内部派系林立，而且以孙中山为首的军政府，与当时广东省政府都督陈炯明（字竞存，广东海丰人）的关系，也不是铁板一块。

作为辛亥革命元老，高振霄早就知道，陈炯明和孙中山的关系可追溯到辛亥革命时期。

在陈炯明看来，从辛亥革命广州起义到二次革命期间，以黄兴来说，他是陈炯明在黄花岗起义里一同冒险犯难的革命伙伴。就孙中山而言，他不过是身居海外，一个松散革命同盟（同盟会）里的"名誉"会长。

1911年年底，在任四十二天的广东都督胡汉民随孙中山北上南京，就任总统府秘书长。当时广东临时议会，曾指责胡汉民弃职不辞而去，并恳请副都督陈炯明接任都督。陈炯明代理都督后，即积极整理财政，维持纸币，解散民军，不到三个月，政通人和。时任美国驻广州领事曾赞美陈炯明的政绩说：广州得到平静度日，可以说是一个奇迹。

孙中山1912年4月正式辞职后，又助胡汉民回任广东都督。因陈炯明只是"代理都督"，如今都督复职，知趣的他便退避香港，给胡腾位置。胡氏十分清楚，治粤少不了与陈氏联手。于是，胡于5月初派专员持亲笔信前往香港恭迎陈氏返穗。进而，双方协议分工合作：胡主持行政，陈主持军事，维持秩序，兼理禁除烟、赌、斗、盗四害。

二次革命失败后，孙中山流亡到东京组织中华革命党。中华革命党的新党章程有一个特殊规定：每个党员须向孙个人宣誓效忠，打手指模为证的条例。一些国民党的重量级同志如黄兴、陈炯明、谭人凤、李烈钧、熊克武、柏文蔚等一样，均拒绝加入中华革命党。

直到护法军兴，孙中山与陈炯明才再度携手。那时，因广东省长朱庆澜与广东督军陈炳焜（桂系）不和，朱于1917年8月中旬辞职离粤前，委任陈炯明为省长公署亲军司令，陈遂借此名义收回省长警卫队二十营。即年前讨袁结束后，改编的共和军旧部。

高振霄就是在此间与陈炯明相交、相识的。接下来，高致力于国会护法，陈则组织起南方政府自己的军队，与军阀抗衡。虽然岗位不同，但目标一致，理念相似。

1918年1月，陈炯明把二十营警卫队改编为"援闽护法粤军"，8月进驻漳州，他从此在闽南逗留两年零四个月，埋首经营"闽南护法区"，等待粤军回粤。

在闽南根据地期间，陈炯明践行民主社会主义。在漳州创办《闽星》杂志时，他不仅亲自撰写发刊词，明确提出"全人类社会主义"。而且还致函列宁，他在信中写道："人类所有的灾难都来自资本主义的国家制度。只有消灭国界，我们才能制止世界战争。只有消灭资本主义，我们才能考虑实现人类的平等。"赢得中外赞誉。

1919年10月访问漳州的美国驻华使馆武官艾利森指出："漳州到处可见到建设的现象……道路拓宽，新屋不少；街道清洁，治安良好。美国侨民对陈之施政，也均引以为荣……人民虽负重税，但看见施政效果，也感满意。"1920年12月共产国际的机关刊物《共产国际》，发表了苏俄（布）西伯利亚负责人威廉斯基的文章，称赞漳州"是中国南部革命的中心""是中国革命青年和社会主义者的朝圣地"。

无独有偶，此时的高振霄一方面在国会提出议案，即请通令各省确实教育计划迅予恢复原有经费并增筹经费建议案。另一方面在《几弗提》上发表了《我之大同观》，其观点与陈炯明的"民主社会主义"，何其相似乃尔。其中一段云：

吾人欲谋全人类永久之和平，非达于大同不可。欲达大同，先除异小，以个人进步，来互助精神，排除障碍，改造环境，脚踏实地，再接再厉，行见人同此心，心同此理，极乐世界就在此方寸中也。

树欲静而风不止。当时盘踞广东的桂系军阀和北洋军阀暗地勾结，对广州

第十二章 护法中坚

护法军政府多方扼制。1918年5月初，国民党内的政学系则依附桂系，提出改组军政府案。致使广州非常国会取消孙中山之大元帅职，代以委员会制，设七政务总裁，选举唐绍仪、伍廷芳、唐继尧、孙文、林葆怿、陆荣廷、岑春煊等七人为军政府政务总裁，拥戴岑春煊为主席。

孙中山因此愤然辞职，并于1918年5月4日，就第一次护法失败发表通电，说明被迫辞去大元帅职原由。通电指出："吾国之大患，莫大于武人之争雄。南北如一丘之貉。"随后离粤取道日本返沪。

5月24日道经汕头时，曾到三河坝粤军前敌总司令部，同陈炯明商谈时局。当粤军誓师于广州东郊时，孙中山曾设宴招待粤军将领于军政府，并在祝酒词中说："军政府成立数月，毫无进展，经陈总司令竭力经营，使得有此军队，即以此军队，实行护法，再造共和，实所厚望。"

孙中山于6月26日抵上海后，一度对时局悲观失望。他表示将"专理党务，对于时政，暂处静默""对于时局问题，实无具体办法"。好在孙中山辞职后，他与随行大员在上海期间的生活费用，悉数由陈炯明在漳州每月汇往上海。如孙中山每月1000银元，汪精卫、胡汉民、廖仲恺每月500元，居正、戴季陶等每月300元，还有国会议员等若干元。

不久，当得知苏俄十月革命的一举成功，让孙中山看到了希望的曙光。于是，他于1918年夏天致电列宁和苏维埃政府，在祝贺俄国革命的伟大胜利的同时，"希望中俄两国革命党团结一致，共同奋斗"。列宁即复函孙中山，向"中国革命的领袖"致敬，愿中苏携手合作，"共同进行斗争"。

当得知陈炯明率军东征闽南一度十分困苦，高振霄联袂国会议员与军界人士以种种方式予以声援。1919年1月26日，闽陕湘鄂四省两院议员及各军代表百余人聚首羊城，召开闽陕湘鄂联合会，与会代表公推高振霄曾起草公函，交由林森、赵世钰二人前去广州军政府交涉，要求全力支援陈炯明护法。公函云：

总裁诸公钧鉴：

启者，援闽粤军总司令陈炯明君血战经年，复地千里，诚西南护法军人之最力者。刻因子弹缺乏，万分告急，未识诸公已否接济。查闽陕湘鄂为护法军重要门户，敌人以和平为政策，停战为军略，不惜四面来攻，司马之心路人皆知。现在虽云停战，而军事上之先着要不能以人之愚我自愚，致陷援军于死地。诸公鸿谋远略，千乞勿分畛域，速为接济，粤军之幸，全国之幸。用是公推林（森）赵（世钰）二君代表本会趋前呼号，迫切之至，无任待命。

此时的孙中山是公开赞成陈炯明倡导的"联省自治"的。所以，陈炯明率领粤军胜利地逐走桂系军阀，并于1920年11月2日返抵广州时，即请孙中山回粤

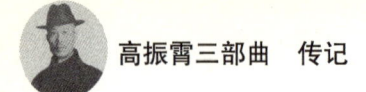

重组军政府,团结西南,为建立十二省联省政府的初步计划。12月8日,上海申报就有广州军政府各总裁拟采用美洲合众国的制度,定名为联省政府的报导。章炳麟也由上海致电陈炯明,主张军政府改名为联省政府。

接下来,陈炯明与孙中山的关系逐渐变得微妙起来。

高振霄认为,客观上讲,孙中山和陈炯明的政治主张总体目标是一致的,都是希望中国独立,建立统一国家。但是,他们的在政见上与具体实现目标的途径上明显不同。而且在性格上,二人都比较自负,都相信自己的选择。这为后来的分道扬镳埋下了隐患。

从腥风血雨中走来的孙中山明白,"在革命时期内需要一党专政"。即通过中央集权制,组织革命的武装推翻北洋军阀的统治,才能统一中国。孙中山认为,既然俄国的布尔什维克党员,一切听从他们的领袖列宁的指挥,而一举取得十月革命的成功,我们国民党为什么不能接受由我孙文来指挥北伐呢?

在陈炯明看来,只有先在广东搞好民主宪政,仿照美国,建立与欧美民主国家相仿的联邦政制,才能以点带面,逐步走向全国和平统一。这个主张,史称"联省自治"。他的观点是:"我的毛病虽可跟人走路,但不能闭起眼睛而瞑索以行。若灼知所行之非路,必明以相告。告而不听,让其试验,不加反对可也。勉从其强拉同入迷路,每每不肯迁就,以此之故,适与孙先生自信为识途,强拉人瞑行,而又不容人献替者,恰恰相反……"故陈始终抱着"不助孙北伐,也不阻孙北伐"的原则行事。

起初,孙中山与陈炯明之间的分歧,只是在革命阵营内部的会议上,各抒己见,甚至争论。并没有对外公开叫板。

有一天,作为报业同仁,高振霄应邀与上海《字林西报》驻北京的美籍记者乔柏(Rodney Gilbert)相聚广州,乔柏与高畅谈了专访孙中山时的对话趣闻——

乔柏对孙中山说:"我此次南下采访,主要是想采访一些有关你与陈炯明将军发生冲突的新闻资料。可是,却让我大失所望了!"

"我很抱歉令你失望!我与陈炯明决裂的传说,不足置信。我不能否认我们之间有意见不同之处,但是我们能够避免'讲客气'的恶习,有事便尽量坦白的在会议席上争论。将来也许有不能解决的重要大事,以致用武,亦未可料。但是目前这些谣言,全是由北方制造出来的。"孙答道。

随后,乔氏前往广州专访陈炯明,在晤谈中,陈对军政府未表示任何意见。而对于建设广东为"模范省",以广东为推进"联省自治"运动之核心的计划,却畅谈了一个小时,仍似余兴未尽。

其实,早在第一次护法失败后,非常国会讨论孙中山回粤重组军政府不久,即有"孙(中山)陈(炯明)不和"的传闻。

在这段时期内,也可以说是"军政府"(或"孙派")与"省政府"(或"陈派")的不和。

"孙派"中核心人物包括孙中山身边的大员,以及留粤的非常国会内民友社系议员林森、谢持、高振霄、王湘、王乃昌、彭介石等。

"陈派"中的主要人物是粤军中的将领,这些将领大都是自辛亥广东光复以来,追随陈炯明多年的同生共死、流血流汗的革命同志。他们在惠州,两次倒袁,援闽,与回粤,"转战经年,备受艰苦"。他们认为,在漳州卧薪尝胆期间,他们以弹丸之地支撑局面,还要负责供应上海公寓之同志的生活费用。他们因此耿耿于怀。

在"陈派"人的眼里,这些在租界公寓内,高谈阔论的"无聊政客"们,为了自己的饭碗,赶抵广州,坐享其成,还要选举非常大总统,从而粉碎了南北和平统一的希望,他们心里是难得悦服的。两派困在广州一隅,积怨渐深,孙、陈之间的关系也愈来愈微妙。

陈炯明一直反对孙中山就任非常大总统。他认为:依总统选举法,总统由两院联席选出,出席议员至少须全部的三分之二,即须有580名议员出席,才能举行选举总统会。而当时广州的旧国会议员才两百多人,还不够原众议院人数的一半。且实行记名投票,这岂不是自毁法律吗?和北方毁法,又有什么本质不同?一旦广东成立正式政府,结局只有一个:南北之间将再次陷入战争之中。

因此陈炯明明确表示:反对孙中山就任非常大总统,如果孙执意就职,他将不参加就职典礼。以至于孙的就职拖了一年多时间。

在孙中山看来,北洋军阀一日不除,国无宁日。必须在非常时刻采取非常手段。他说:"元年以来尝有约法矣,然专制余孽,军阀官僚僭窃擅权,无恶不作,此辈一日不去,宪法即一日不生效力,无异废纸,何补民权?"

在选举非常大总统的问题上,高振霄与陈炯明存在着分歧。高振霄认为,在正常情况下,陈炯明的"依总统选举法"主张,他百分之百的赞成。只是,此时是北洋军阀武力把持着北方政权的非常时期,就得采取非常手段——通过非常国会议员来选举大总统。

为支持孙中山改组军政府,在1919年1月8日召开的非常国会两院议员谈话会上,高振霄主张依照大总统选举法第五条"国会当于国务院摄行职权三个月内组织选举会选举大总统",并提出了具体议案,请两院依法速选总统:

制定宪法为吾人天职,而遵守宪法尤为将来之表率。我中华民国之宪法全部虽未成立,然而一部分已经宣布者允宜严谨信守。查大总统选举法二年十月

四日公布,乃宪法中之一部分,已经天经地义永誓遵守之宪法。谨按大总统选举法第五条二项"大总统因故不能执行职务时以副总统代理之;副总统同时缺位,由国务院摄行其职务"。同时,国会议员于三个月内自行集会组织总统选举会,行次任大总统之选举。又按七年十月十日中华民国国会第三次宣言,自民国七年十月十日起,委托军政府代行国务院职权,依大总统选举法第六条之规定"摄行大总统职务至次任大总统选出就职之日为止"。兹幸两院国会议员均足三分二列席之人数,按照大总统选举法第二条二项,应行即日组织大总统选举会。本席认为,此会较之制宪尤为切要,不可缓者。盖制宪尚无时日之限制,此则皇皇大典,神圣不可侵犯。即令等下而言,揆之政局更为如网在纲,吾人责任所在,即国家安危所关,此正吾人本良知以致良能之时也,迫切之言敬候公决。

1月18日高振霄又提出组织选举会案,将军政府改为护法政府。1月19日章太炎先生就参议院议员高振霄君提出速选总统案,致函参众两院议员。电文如下:

参众两院诸公鉴:

昨者,和平之说风靡一世。苟以民生憔悴,兵力单,不得不少望息肩,鄙人亦何敢独持异议。而寻窥微旨,似不与始愿相符。南政府有二总裁,唯以副总统、总理为目的,则不得不拥戴罪魁以为其主。毁法乱政,非所问也。

鄙人以为,时至今日和战两穷,唯有速选总统以绝北人希望。若遂分裂,北方亦已不能作战矣。若仍持和议,则主体在我而不在彼。可取销者,北政府与新国会也。而南方斗极,得以屹然不动,维持大体,莫善于此。

昨闻参议院议员高振霄君已提出组织选举会案,乃知闭门造车,果有合辙。嗣得元日两院通电,又云改军政府为护法政府。此事得无与选举抵触,将以是延长喘息,以为议和之主体耶?抑以是堵塞选举耶?其或提议组织选举会者,本无诚意,而姑以虚声恫赫北方,以遂敲诈之目的耶:甚非愚黯所敢知也。

近闻南方私议,以为选举果成,必召外人干涉。此乃徐世昌、唐绍仪辈造作虚词,以欺国人之耳目耳……

1919年8月7日,孙中山见广州军政府内武人枉顾国法,断然宣布辞去总裁职。11日,广州非常国会挽留孙中山。9月2日,孙中山函覆林森、吴景濂,说明坚辞军政府总裁原因,并劝国会取消军政府。9月4日,广州政府挽留孙中山仍任总裁。孙复电未允。

1919年10月27日,高振霄在国会提出了《关于组织军事委员会行政委员会的提案》。旨在依法将护法的大权由国会总摄,随后推动选举孙中山为大总

统,继而平稳地将权力移交给孙中山。当时的上海《民国日报》曾全文披露了他提出的议案。其方案云:

国将亡矣,北为卖国,南为误国,此今日稍有常识者所公认之事实。吾人受全国父老兄弟之委托,此次南来、云护国本,变谋建设,虽谋建设,又为创造,凡来粤者,当然抱有一种救国之希望。民与贼合,自春徂秋,不特和平无望,大好河山,日蹙千里。军政府不死不生,倘若再另其迁延迟迴,非特前敌义勇之士,转展就木,半壁西南,胥沦于夷,吾人坐以待毙,后之人不责军府之昏,而吾人同为千秋罪人矣!英之立宪,法之共和,在历史上其国会议员均以代表资格为革命手段,故能战胜王党,永奠国基,此稍治世界史者所知之。特证今吾国,帝妖充塞燕幽,国贼布满中北,此种猛兽毒蛇,非斩尽诛绝之利器,非西南政府也,非成文法也。爱国之将士,全国之人心,均吾人千万之横磨也,唯在吾人之志气如何耳。青年救国声嘶,各军代表再请作战,乃军府无人为助,借口作梗,是则军府为执行中枢者,都亦绝望。非吾人自为执行,绝不足以救危亡,故此泣恳同人,抛却一切将就敷衍的思想,共起最后之决心,由两院组织军事委员会、行政委员会,以代议资格作救亡的奋斗。古语云:求人不如求己。吾人自辛亥以来,凡事改革、卒居退让,致为一般官僚、武人所把持,驯至吾人血汗终成泡影,国家前途更不堪问,是前车也,是吾人之罪也。吾今悔罪,吾人之责也。吾人之责,不死中求生,更为国之罪人。昔鲁仲连死不帝秦,行见子孙为人之奴,犹不乘此机会伐罪立功,吾人无人格矣!心危莫择,敬乞公决。

附:组织委员会草案

第一条 本委员会以代行国家最高职权,至完全国权恢复为宗旨。

第二条 本委员会分军事、行政二股。

第三条 委员由两院议员互选若干人,委员长即以两院院长充之。

第四条 委员会、国会负国务院之责任。

第五条 委员会议决事件许军政府总裁署名行之。

第六条 委员会办事条例另订之。

第七条 本会至约法有效或宪法完全有效之日废止。

以上七条,略述大概,同人如蒙赞成,当另案讨论。

提出者:高振霄

紧接着,经过高振霄等志同道合的同仁推动,非常国会通过并宣布改组军政府为中国合法政府议案。报载:

鄂军代表高振霄发表三个意思,大致谓:(一)已往政治运用之谬误。即以前之内阁制、总统制两说均趋重对人的多,故结果多不良善。(二)法律相对的

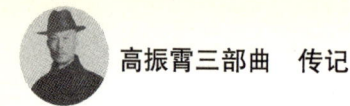

失效。因前军政府改组之始,大纲上的条文少限制,责任上便得互相推诿、互存私见。(三)政府须容纳多数的民意,必使各省各军及各省议会镕作一炉,行使护法救国的意思。以上三点乃今日改组军府制度上应细为研究者。

国会众议院议员白逾桓、川军代表张知竞、桂军代表覃超、浙军代表张浩、粤军代表黄强等纷纷力挺。称:"此次护法即系拥护国会,至于此次改组问题,改组或不改组或应如何改组之处,本军全体完全服从国会意思。"媒体纷纷报道:非常国会真正到了"民党重新兴盛时代",与孙中山领导的"正式政府"和衷共济,共同进取的时候了。

1921年4月7日,高振霄在广州参加由林森议长主持召开的国会非常会议,会议通过了《中华民国政府组织大纲》,其内容包括:正式政府的国家元首为大总统,大总统由非常国会选出,大总统的职权是总揽政务,发布命令,统率海陆军,任免文武官吏,对外代表中华民国,设各部掌部务,各部部长由大总统任免。

当时有报道说:比较《中华民国政府组织大纲》与高振霄提案的《组织军事委员会行政委员会草案》,二者目标均是改组军政府为合法政府,不仅条文都是7条,而且本质相同,颇有异曲同工之妙。《中华民国政府组织大纲》是《组织军事委员会行政委员会草案》组织框架的继续与发展,为孙中山后来当选非常大总统制定了法律依据。高氏维护法统国纲及护法立场与英明可见一斑。

第十三章　羊城蒙难

高振霄遭到抢辱后,愈挫愈勇,致函孙中山表达护法到底的决心！孙亦复函向其致意。函云:"兄等间关流离,不堕初志,至可钦佩。文力所及,自必为诸兄后盾,务期合法者战胜非法,统一乃可实现……"

第十三章 | 羊城蒙难

在孙中山就任非常大总统的前后五个多月时期内，孙中山为了争取陈炯明支持他就任非常大总统，一直申言赞成"联省自治"。所以，双方此间在政见上，似已无异议。

不过，"孙（中山）陈（炯明）不和，终必决裂"的传说，早已极盛其时。就连中外报刊也纷纷捕捉此类信息。

北洋军阀了解到这一情况后，觉得此时正是打击南方政府的大好时机，于是唆使广西军阀入侵广东。

在千钧一发的关键时刻，陈炯明受孙中山之命，率领粤军打了一场伤亡重大、劳民伤财而结果"前功尽弃"的战争，进一步加深了陈对孙不满。

经高振霄会同非常国会议员的全力推动，孙中山于1921年5月5日，在广州正式就任非常大总统，并发表就职宣言和对外宣言。他在对外宣言中表示："列强及其人民依条约契约及成例，正当取得之合法权利当尊重之。"对国内天然资源的开发则实行"开放门户主义，欢迎外国之资本及技术"。希望各国承认广州政府"为中华民国唯一之政府"。

次日，非常大总统孙中山任命国务院各部长官。任命：伍廷芳为外交总长，唐绍仪为财政总长，陈炯明为内政总长兼陆军总长，汤廷光为海军总长，李烈钧为参谋总长，徐绍桢为总统府参军长，马君武为总统府秘书长。

孙中山当选非常大总统后要做的第一件事就是出师北伐。从前北伐之声甚高，犹不过一种宣传性质。近则已经决定必将实现，日来筹备极为忙碌。为师出有名，将北洋军阀劣迹昭示天下以便讨之，孙中山首先任命高振霄担任国会起草委员会委员长，与理事张凤九一起撰写讨伐北洋政府总统徐世昌、总理靳云鹏、直系军阀首领吴佩孚檄文。宣布徐世昌、靳云鹏欺世盗名，祸国残民等"十大"罪状，以及吴佩孚集误国、叛国、卖国之罪于一身之的讨伐檄文——《宣布徐世昌罪状之通电》《宣布吴佩孚罪状之通电》。

9月9日，高振霄与焦易堂、李希莲等提议宣布徐世昌、靳云鹏及吴佩孚罪状案，经国会非常会议出席议员约200人表决通过。

10月3日，高振霄与张凤九等起草《宣布徐世昌罪状之通电》《宣布吴佩孚罪状之通电》报告大会，檄文情理交融、铁证如山，在社会各界产生了强烈反响。

声讨徐世昌、靳云鹏的电文云：

天下之元恶大憝，孰有甚于欺世盗名，祸国残民者乎？乃伪总统徐世昌竟以渝渝小人之心而行其奸诈贪残之术，祸国虐民十年于兹。兹本吊民伐罪之义，再将其罪状胪列于后，愿国人洞烛其奸，急起而共图之……综此十罪，皆荦

· 157 ·

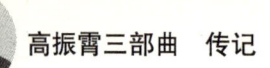

荦大者,至于纵容叛兵破坏教育,卖官鬻爵,重征苛敛,殴辱代表,勾结外盗,坐失蒙边,侵吞账款,罪恶更复,攫发难数,以上等等,虽皆徐世昌殃民祸国之恶,然伪总统靳云鹏确亦不能辞其长逢之罪焉,况亡国条约之经其手订者,亦复不少。总之,吾灿烂之中华民国,十年来之祸乱频仍,惨杀浩劫直延至今而犹不已者,无一非徐靳之互相济恶所酿而成,此獠一日不死,国人永无生机,国人一日欲生,应起共诛此獠,邦人君子其昭鉴之。

声讨吴佩孚的电文云:

查吴逆以鬼蜮之性为禽兽之行,盗名骗世,外欺知而不全之外人,内欺热心爱国之青年,当全国声讨卖国贼时,彼则利用机会讨卖国贼之总理,而拥一卖国贼之总统。党同系以伐异,正春耕而用兵,使直、鲁、豫数千里之人民仓皇奔逃,有麦无收,失其天食,故华北二千余万民之灾荒,吴佩孚实造成之,此该逆为人道之贼者一也;河南、湖北为南北要冲,吴逆欲雄挟据中原,暗唆成慎扰乱豫北,贿买王贼占元之部下焚掠宜武,用为攫夺张本,迨成败,则反攻之,湘鄂自治军与该逆阳许,驱王以冤湘鄂之志士,阴率大军,乘其废弊,讨收渔人之利。不料自治军义勇莫当,该逆以三倍之众战而不胜,乃不惜决沙湖、磁矶、武泰、金口等堤,使武汉各属数百万生灵同葬鱼腹,贻数百年后无穷之祸……

1922年2月3日,孙中山以大元帅名义发布动员令,十万余大军分路出师北伐。但由于连年战乱,湖南方面宣布保境息民,公开拒绝借道北伐。入湘计划于是告吹。

3月26日,孙中山在桂林大本营召开会议,决定班师回粤,改道江西北伐。

4月9日,孙中山决意变更计划,令在桂各军一律返粤,潜师而行,到了梧州,陈炯明才知道。

4月16日,孙中山在梧州召开军事会议,陈炯明仍避而不见。孙中山再一次愤怒,想将陈炯明的总司令、陆军总长、内务总长、省长等职一概免去。是胡汉民以操之过急恐生变为由,极力劝阻,孙方作罢。

另一面,胡汉民又劝陈炯明去孙中山面前认错,"照总理素来待人宽大的胸襟,定可以不咎既往的"。但等了三天,陈炯明还是没有出现,孙、陈二人的矛盾再次激化。孙中山随后解除了陈炯明粤军总司令、广东省长、内务总长职务,仅保留陆军总长一职,令其所属部队直属于大元帅。

4月23日下午,孙中山在广州越秀山总统府召开全体幕僚会议。大本营内有两种意见:一是主张暂缓北伐,先清内患,解决"陈家军";二是立即转道北伐,避免与陈炯明直接冲突,双方仍留转圜余地。

孙中山赞成第二种意见,"竞存叛迹未彰,在桂粤军数年奋斗,犹欲保存",

第十三章 羊城蒙难

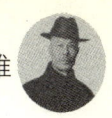

因此,他决定亲自督师北伐,"两广仍交竞存办理,给以殊恩,当能感奋"。

孙中山急图北伐,与北方形势的发展,不无关系。4月下旬,第一次直奉大战爆发。孙中山与奉、皖军阀一直有秘密接洽,结成三角同盟。孙中山深感这是联合奉、皖军阀,夹击直系的千载良机,必须立即出兵策应,他已无暇顾及解决陈炯明问题了。

出乎意料的是,直奉开战,仅及一周,奉军便被吴佩孚击败,狼狈退回关外,南北夹击直系的计划,化为泡影。但南方的北伐,却箭在弦上,不得不发。

1922年5月4日,孙中山以陆海军大元帅名义下令从韶关北伐,李烈钧为北伐军总司令,许崇智为三路总指挥。北伐军在前进途中秋毫无犯,纪律严明,声势大振,势如破竹。最终北洋总统徐世昌被迫辞职。

高振霄组织起草《宣布徐世昌罪状之通电》《宣布吴佩孚罪状之通电》电文,从发起讨伐北洋军阀三巨头檄文开始,呼唤民众,吹响北伐号角,一场打倒军阀割据,武装统一全中国的北伐战斗在中国大地上打响,历时半年之久,徐世昌下台。

由于孙中山曾一再发表政治宣言,承诺只要徐世昌下台,他亦将同时下野。因此,舆论普遍认为,徐世昌下台后,停止内战,旧国会恢复制宪,联省自治、和平统一的倡议,应时而起,给"北方有'非法'总统,南方有'非常'总统"的僵局一个和平解决的希望。北京大学校长蔡元培,暨李建勋,胡适等二百余知名人士,于次日致电孙中山及广州非常国会,请孙停止北伐,实现与徐世昌同时下野的诺言。

可是,徐世昌下台后,皖系又以"法统重光"为由,抬出黎元洪复任大总统,遭到孙中山的通电反对,故他拒绝辞职。

再说陈炯明被孙中山罢黜的消息传出,驻守在广西的粤军,顿时沸反盈天。1922年5月8日,孙中山委任陈炯明的亲信叶举为粤桂边督办,以示对粤军的信任。

然而叶举并不领情,叶于5月20日率驻桂之粤军第一军所部六十余营突然开进广州。同时,发电要求孙中山恢复陈炯明粤军总司令和广东省省长职。此时的陈炯明,唯恐局势恶化,则对旧部"几费劝诫",要求部下不要与孙中山发生冲突。当时北京驻广州记者的报道如下:

现在南北大局又发生绝大变化,旧国会既已恢复,则西南护法之目的已达;徐世昌既已去位,则西南北伐之目的亦已达。倘南北从此同心协力,共谋民国前途之幸福,则统一之成立,即在指顾间。若孙先生仍为一班宵小所蔽,不惜违反民意,只知贪恋权位,则必有人起而议其后,南方必从此多事,诸将领不患无立功之地,不必今日因余(陈炯明自称)一人之位置,而与孙先生冲突。

此间,孙中山的左右手汪精卫和马君武等到惠州征求陈炯明的意见时,陈亦信誓旦旦地表示:他从党谊和人格起见,必无反对孙先生之理,对于部下各将领,也一定完全负责;倘有不听命令,而反对孙先生者,他唯有自杀以谢国人。

香港报纸曾于此间登载过粤军总司令参谋处送来的函件,其中一函说:"孙大总统率兵回粤,免陈氏之职,宣布陈氏罪状。而陈总司令则谆谆训令其部,如欲出于一战,则先将其枪毙,方可开战。则可知陈氏之酷爱和平也。"

1922年6月1日,孙中山自韶关到达广州,一是借以震慑陈炯明的部下叶举所部;二来想让前方将士,知后方并无变故,可以安心前进。

哪知,孙中山到广州后,想马上召见叶举所部将领当面谈话,解决军饷和移防问题,但叶举却借故在一天前离开了广州。孙中山非常愤怒,曾密令海防司令陈策开炮轰击"陈家军",但被劝阻。

此时的陈炯明仍在惠州隐居。各界纷纷函电吁请陈炯明回省;前往劝驾的使者,车水马龙,络绎不绝。甚至连陈独秀也到了惠州,劝陈炯明不如加入共产党,领导华南地区的革命。

6月2日,孙中山在总统府设宴招待粤军将领,竟没有一个高级军官应邀前来,只来了几个中下级军官。

孙中山一连拍了三封电报,要求陈炯明立即到广州面商一切,又派人到惠州催驾。但陈炯明拒绝在这个时候到广州。他说,在省城军队撤出之前,他都不打算到广州。陈炯明曾经说过,一旦粤军叛孙,则"天下之恶皆归焉",他不在这个时候去广州似乎是为了避嫌。

然而,局势在继续恶化,6月3日,叶举宣布广州戒严,大街通衢,遍布岗哨。

6月12日,孙中山邀请广州报界出席茶会,决心通过报纸,向陈炯明摊牌。孙中山不仅将他与陈炯明的矛盾公之于众,其语气充满了火药味。孙对报界说:

现在我得向你们全体提出请求:请你们在十天内,以同一口径对他们发出警告。告诫其撤到距离广州30里以外地区。若他们置之不理,时间一到,我将用3寸直径的大炮发射有毒炮弹轰击他们。我会提前9小时发出通知让市民躲避,接着的3小时内,达姆弹将落到他们头上。那样的话,他们六十余营的兵力会全部完蛋。

6月13日,叶举接到粤军第二师师长洪兆麟从汕头发来的密电,电文中说:

现在旧国会开会,黎总统复职,人心切望统一,我粤军为护法中坚,此时当有态度表示,应请陈总司令返省主持一切,时机急迫,不容稍缓,若果陈总司令不出,我等亦当一致行动,早日解决大局,以促统一之进行。现派旅长尹骥来省,商议一切,希为接洽。

第十三章 羊城蒙难

接下来,人们不愿意看到的惨状终于来临了。国闻通讯社报道了6月16日当夜高振霄目击记:

晚夜三点钟,叶举兵谋叛,攻取总统府及各机关。今总统已移驻军舰。伍博士尚在省公署,不肯迁徙,誓以死殉职守。贼匪则正围攻卫戍司令部,拟夺其械,散其军云。语毕,即登楼去。

"六一六"事件后孙中山与侍卫人员合影

由于叶举之流对非常国会议员支持孙中山,尤其是高振霄等提案选举非常大总统,耿耿于怀。是故在炮轰总统府的同时,也不惜动用武力驱逐国会议员。

当时,在广州的非常国会议员,寓居于长堤海珠酒店、大市路谢卓英故宅、士敏土厂(即水泥厂,孙中山曾两次在这里建立大元帅府)三处。其中高振霄寓居于长堤海珠酒店。

广州长堤大马路(议员高振霄护法期间寓居长堤海珠酒店)

广州孙中山大元帅府

到了6月17日上午，叛军等由叛将率领蜂拥至议员公寓，一哄而入，翻箱倒箧，大肆搜劫，尽将细软夺放怀中，意犹未餍。其中有着黄衣者三人，手提长枪，腰横肩交，皆子弹带，胫里行囊背负雨笠，笠上大书"粤军"二字，昂然入室曰：尔等几个人？尔有钱否？蔡突灵答道：没有。又问：尔辈议员，每月数百元，怎么会没有？蔡曰：诚然，唯因军费挪移国会用款，已积欠五个半月了，安得有钱？于是，蔡从衣袋中取出银包放于台面上说：我倾其所有，尽于此矣。其数约在十二三元，其一伸手攫之……

这时，一叛军军官又冲着高振霄吼道：尔等议员不去北京国会，留此何为？今日即要勒令尔等离省。

高振霄从容答道：我等系护法议员，不当北京议员，且我等复有家小在此，在广州当议员，亦属枵腹从公，岂轻易言离粤！

军官不由分说，喝令各军士持枪押送各议员下香港轮船，不许携带一物。议员暨家属妇女老幼，各仅穿随身单衣，不名一钱，吞声就道，甫离寓所。该叛军等即尽将各议员箱笼什物家私，用汽车多辆装载，满如山积，呼啸而去。

这些被害者包括高振霄、张大昕、卢元弼、陈家鼎、蔡突灵等，并眷属数十人，寄寓者拓鲁生等十数人。抵港后，困顿不可名状。幸总统府谢持秘书长专程到港，为受难议员设法代筹旅费，暂救目前。

刚刚抵达香港，高振霄为以正视听，首先代表落难各位议员向记者陈述"六一六事件"真相。他说：本人自当议员以后，两受暴力解散，两受流离之苦，顾不

过为大势所逼,个人身家,仍得安全退去。乃不图在粤安居,反受向称护法之叛军之直接迫害,至于仅以身免,并受押解之辱。此真自有人类以来所未见之横暴,自有代议制以来所未见遇之浩劫。此等无法无天之举动,纵有苏秦、张仪之舌,实无辩护之余地。

高振霄话音刚落,又有一名议员,泣不成声地述说其当日被辱情形,更甚发指。该议员说:余乃北省人,携妻寓某公寓。是日该叛军等到公寓搜劫时,尽将一切凡值银一毫几分者,皆取去。余再三哀恳,留些衣物蔽体,均遭呵斥。叛军人员称:你留得狗命,算你彩数,岂能让你留得财物!这时,某议员持一上好皮袍价值百元者,含笑送之,请其勿扰其他物件。某军官竟怒目喝道:谁与你笑,又谁要你送?真乃是"秀才遇到兵,有理说不清"。搜掠毕,厉声押令各议员及家眷、妇女、小孩、仆婢出门行。某议员妻仅穿白绸衫绸裤各一,该叛军某官某忽瞩目及之,即云,你此挎尚新,须换与我。回顾所部兵士由掠得衣物中,取旧布挎一条,当堂督其换下。浙江议员祝震老,觉得是可忍孰不可忍,三投珠江而不死,抵沪即精神失常!

非常国会议员到了上海后,负责接待议员的同人专门向报界发表了一封公开信,简述议员被抢情形。公开信指出:

陈炯明祸粤,逆迹昭著。其军队对于商民,禁止出入,且抢掠奸淫,无所不为。至国会议员对于陈逆并无何仇,奈陈逆下令逐孙大总统之日,竟逐议员出境。海珠酒店,士敏土厂,大市街三处国会议员招待所,陈逆军队,则强逐强掠,所有行李劫去殆尽,欲当押一物,以作旅费来港亦不可得。此等阴毒手段,袁世凯无此专横,即张勋亦无此暴厉。举袁、张所不敢为者而陈逆竟擅行之,实属无法已极……其凄惨形状,足令人怵目伤心,发指眦裂。即土匪据南宁省会,当入城之际,尚能保守秩序,于公家物业与人民财产,毫不损害,且绝少奸掠之事。不图广东之陈家军竟有此举动,实广西土匪之不如。公论在人,诚不诬矣。

高振霄离粤转港赴沪后,7月3日联署旅沪国会议员,连续发表了声讨陈炯明称兵作乱、图覆国本的两次宣言。其中第二次宣言电文云:

民国成立十一年耳,濒于危亡者二次,一曰洪宪之乱,一曰复辟之变,皆以解散国会肇其端,然国会职权揭橥约法非何种强力所能予夺。民国六年,孙大总统率海军南下,各省景从刘建藩崛起,零陵以弹丸之地毅然兴护法之喷。厥后虽更多故而再接再厉,诚以护法戡乱,事不容已,道合志同,历久不敝也。乃陈炯明与吴佩孚狼狈为奸,一则藉叛军之暴力麾议员便去,一则分卖国之余润招议员使来。归刦掠者既惨无人道,示优异者尤蔑视人格。举袁世凯、张勋不

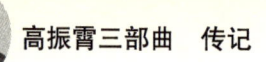

敢为者而悍然为之,纪纲扫地不有拨反则正气或几息矣……

据《申报》1922 年 7 月 4 日报道,在上述通电发出两天后,高振霄又联署国会议员发了第三封通电。电文云:

国会在粤六年已开常会,并依法选举总统组织政府。法统国纲峙如由岳迤来,北方武人嗾使三五不肖冒集国会,拥黎僭位,背义毁法,早为国人共弃。兹复诱令陆军总长陈炯明称兵作乱,图覆国本,扰害一时之秩序。其罪小残破人类之道义,其罪大应由大总统行使国会赋予职权,外僭窃之奸徒,内清反侧之叛徒,澄奠民国,巩固共和于焉。斯赖谨此宣言。

接着,高振霄还会同其他国会议员联署发表了《国会议员告国人书》,向社会大众说明真相,以正视听。全文如下:

各省省议会,农工商会、各师旅长、各司令、各团体、各报馆均鉴:

陆军总长陈炯明,于六月删日,黑夜称兵,谋弒总统,背叛国家。翌晨令杨坤如之副官赖永忠等,率匪军数十人,困海珠国会议员招待所。初时不准出入,继则按房抢劫。直至下午三时,挟迫所内个人,即时离去广州,衣服行囊,完全劫夺。及个人出门时,男女身上之长衣、眼镜、手表、戒指零碎等件一概搜括净尽。日暮,该副官等将衣服、银钱册分后,所有书籍、器具等,均用汽车运至杨之司令部。次日,又至士敏土场第二国会议员招待所,亦如前次搜法,且加伤害。两所之同人,仓皇奔走,仅以身免。现在广州市面,每日抢劫,十室九空。似次盗贼行为,袁世凯之叛国,张勋之复辟,莫荣新之祸粤,不忍为不敢为之事,陈炯明之粤军,公然为之。是则陈炯明者,直匪首耳。匪而不肯自认为匪,胆敢饰词通电,谓旧会重集,请孙下野云云……除请孙大总统就近严剿外,特将身受目睹之事实,敬为国人告之。

广州叛乱后,外界谣言四起,各种揣测不已,孙中山一度情绪低落。7 月 24 日,高振霄会同旅沪国会议员一百八十余人在上海尚贤堂(今淮海路、淡水路、金陵西路、马当路间)组织"法统维持会",继续护法。翌日,再次联署旅沪国会议员发表法统维持会宣言,支持孙中山,誓言坚持护法、废黜奸邪。宣言云:

中华民国开创于辛亥革命,巩固于临时约法,既不可自有法返于无法,使国家永无宁日,更不可认矫法为合法,使盦壬长窃政权。爰集同人组织斯会,意在护法统黜奸邪,辨真伪明是非。

8 月 22 日下午二时,高振霄在恺自迩路通讯处,按照现在的说法是"广州南方政府驻沪办事处"召集旅沪国会议员召开茶话会,商派各省代表谒见孙中山,表示护法之志始终不渝,到会者六十五人。高振霄、凌钺、刘云昭、李燮阳相继

第十三章 羊城蒙难

发言,"略谓自中山先生来沪后,各方颇有前往接洽,报章亦迭见有谈话登载,然俱为私人间之谈话。对于国会同人,尚未有公开言论表示态度。故今日开会,拟推代表前往探询中山先生态度,以解外间之揣度"。后高振霄与杭辛斋、吕荫南、陈荣广、张知本等五人为起草员,发表通电昭示国人,"略谓任何势利护法之志始终不渝,现在护法前途已有开展,更当力持初衷云"。

下午二时,高振霄、凌钺等与各省代表宋桢、田锡章、谭维洋、刘荣棠、曹振懋、徐可亭、杭辛斋、刘云昭、焦易棠、陈荣广、彭养光、张凤九、黄策成及华侨代表刘芷芬等,同往中山寓宅谒见。

孙中山见到全国各省旅沪国会议员代表前来探望,心中不由生出感激与喜悦之情。广州叛乱后,孙中山一直困在永丰舰上居住、办公、指挥,长达五十余天。直到8月9日,孙中山才因病乘英舰"摩轩号"去香港,14日乘俄国"皇后号"邮船抵达上海。当孙中山见到了志同道合的兄弟们后,激动的心情难于言表。他紧紧地握着高振霄的手激动地说:"汉声兄,有你们大力支持,鄙人不会懈怠,愈加始终如一坚持护法,丝毫不苟。请兄务必将国会护法受挫与重振情况报告与我。吾拟近期设宴,召集报界人士宣告鄙人坚定护法之立场并犒劳在场的各位同人。"

两天后,孙中山在法租界莫利爱路二十九号孙府设晚宴,邀请高振霄等部分旅沪国会议员与上海报界人士餐叙,气氛甚是融洽。

高振霄看到孙中山饱满的革命热情和坚定的护法信念,倍感欣慰、深受鼓舞,抑制不住内心的激动,挥笔写信给孙中山写了一封亲笔信,并附国会国情报告。信中在对中山先生深表敬意的同时,表达了护法议员团结在孙中山周围誓死护法到底的决心。信中大意是:

孙大总统护法之目的,唯求国会能真正完全自由行使职权,其宣言大公无我,最为明白。匪首此次羊城叛乱,不但广州所有之公署机关,均被洗劫,近且奸淫女学,烧杀市民,是则张献忠、李自成之流,何得借口法律政治。盖陈逆炯明之流前借粤人治粤之名,盗取广东政权,今乃借国会恢复之名,劫掠广州财产。盗匪之面目,自行暴露……我大总统临危不惧,捍卫法统,受到社会各界的敬仰与支持!我等护法议员同人,将一如既往地维护孙大总统的法统权威,以社会公义、民族大义为己任,誓死捍卫法律尊严,非达目标,永不停歇……

孙中山看完高振霄信后,心情久久不能平静。此时此刻,他不禁回想起高振霄等国会议员护国、护法以来,虽然遭受种种不公平的待遇,但他们仍然不计个人得失,以职责所在为归依,无私奉献心力……于是,孙中山于9月3日写了

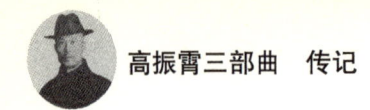

一封热情洋溢的亲笔信,向高振霄致意。信中写道:

"兄等间关流离,不堕初志,至可钦佩。……自必为诸兄后盾,务期合法者战胜非法,统一乃可实现……"

"六一六"事件后孙文覆高振霄函稿

"六一六事变",非常国会解散,护法告终,中山下野,革命处低谷。然而,高振霄与孙中山之间患难之情,却愈加深重,对革命充满必胜乐观主义信念更加坚定。从孙中山覆高振霄书信中可见一斑。

1923年1月15日,讨伐陈炯明的粤军开进广州。陈炯明败走惠州,并通电宣布下野。为表彰讨伐陈炯明有功各军,高振霄受命于孙中山,于1923年1月24日起草讨伐陈炯明出力各军慰问电。

再说黎元洪以"废督裁兵"重做冯妇后,于1922年11月6日,黎颁大总统令,任命高振霄为政治善后讨论委员会委员。而后,又决定对有勋劳于国家、有功绩之士高振霄授予崇高至上的荣誉——嘉禾奖章。

嘉禾奖章始设于1912年7月,南北统一之时。

那时的嘉禾勋章共列九个等级,授予那些有勋劳于国家或有功绩于学问、事业的人,授予等级按授予对象的功勋大小及职位高低酌定。

在中华民族的辞典里,嘉禾本是生长得特别茁壮的禾稻,古人视嘉禾图案为吉祥的象征。民国成立后,嘉禾图案取代清代的龙纹图案,经常出现在货币、徽章上,并具有简易国徽的性质。不过,当时对嘉禾图案样式,并未作明确的规定。直到新中国成立后,国徽图案中仍然保留了嘉禾。

第十三章 | 羊城蒙难

　　经过一段时间的筹备,时至 1923 年 1 月,黎元洪大总统正式签署大总统令,对一批有勋劳于国家或有功绩于学问、事业者授勋。其中授予功勋卓著的高振霄二等嘉禾勋章。

高振霄获得"二等嘉禾勋章"

第十四章 "醉仙"情缘

> 暴风雨,暴风雨就要来了!酩酊大醉的高振霄一边怒吼,一边拉开窗门,准备从二楼跳下,教训戒严的军士!家住对门的沈姑娘眼疾手快,立即从家中抱来几床被絮,铺在窗台下面……

第十四章 "醉仙"情缘

"雷阵雨"是广州五六月天气的"关键词"。

1922年6月4日早上,高振霄起床后在羊城街头散步,看到晴朗的天空,彩云飘飘,一轮红日喷薄而出。他多么希望这是北伐露出的曙光。

几个小时后,老天爷突然变脸了。

一会儿,乌云翻滚,太阳的笑脸顿时消失得无影无踪,天空陡然变得像打翻的墨水一样黑沉沉的,从东北角扯起一块巨大的黑布;一会儿,一道银蛇似的闪电,蹿出乌云,发出刺眼的万丈光芒,在空中一掠而过。

顷刻间,"轰"的一声,炸雷骤然响起,震耳欲聋,地动山摇;广州市郊一片碗口粗的参天大树,被炸雷拦腰斩断。

继而,狂风大作,飞沙走石;无数间民房被飓风掀倒,瓦砾狼藉,哀魂遍地,灾民无家可归。

紧接着,豆大的雨点,从天空飞流直泻,猛"砸"下来。刚开始,雨点犹如断了线的珠子,不停地滚落下来;继而雨越下越大,像筛豆,似瓢泼,如倾盆。

雨点疯狂地"砸"在地面上,飞溅起一朵朵白色的水花。先是"哒哒哒",接着是"沙沙沙",后来变成了"哗哗哗",一阵赛过一阵,"疑是银河落九天"!

此时的南粤大地,笼罩在一片白茫茫的雨帘中,一切景物在雨中变得朦胧起来。

就在暴风雨到来前一天,羊城的各个交通要道、重要设施布满了荷枪实弹的军警,来往的行人都要进行盘查,搞得人心惶惶。

原来是驻扎在广州的陈炯明亲信、粤军第一军军长叶举,不听从身在城外的陈炯明的一再劝告,悍然宣布在广州全城实行戒严。

面对此情此景,高振霄的心情顿时变得沉重起来!他的脚步不由自主地来到一家名为"醉仙居"的酒楼二楼,前去借酒浇愁。他边走边念念有词:

夏天孩儿面,一天变三遍;

北伐前线鏖战急,粤军后院兵戎见……

高振霄心里明白,此时全城戒严是"项庄舞剑,意在沛公"——叶举开始同以孙中山为首的广州军政府公开叫板了。

他越想越感到悲愤,喝着喝着,不禁喝得酩酊大醉,而且走到窗口旁边,指着楼下街头戒严的军士,破口大骂起来。

手握钢枪、耀武扬威的军士,岂容有人公开叫骂自己,便故意大声嚷道:"醉汉,别在上面发酒疯。要是有种的,你就跳下楼来,老子带你去见我们的叶长官!"

"你这个小兵痞!老子是从辛亥革命的炮火中走来的,连生死都不怕,难道

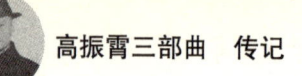

还怕他不成!"酩酊大醉的高振霄一边怒吼,一边拉开窗门,准备从二楼跳下去!

楼上眼疾手快的顾客,顿时一跃起身,一下子把高振霄紧紧抱住。但高氏却使出浑身力气,仍然坚持要跳下去,并高声呐喊:"天下兴亡,匹夫有责!岂能容忍乱军张牙舞爪!老子就是要当面问问叶举,他到底安的什么心?!"

这一幕被家住酒楼对面的大家闺秀沈爱平,看得一清二楚。说时迟,那时快。她一转身回到家里,同家人一道从家里抱出几床被絮,迅速铺在窗台底下。

一刹那间,高振霄凭借着几分酒劲,从楼上纵身一跃而下,正好落在被絮上。

常言道:酒醉心明。高振霄仍然怒气未消,只是舌头有点不听使唤,他说道:"快,快,快去把那个叶,叶举叫来,我,我,我要当面问问他:你到底想干什么?"忽然"哇"的一声,他像喷雾器一样呕吐不止,呕吐物喷洒在被絮、地面,甚至沈小姐身上……

那两个兵士,被这震撼的场面惊呆了,在众人愤怒的谴责声中,来不及发声便灰溜溜地离开了。

沈爱平来不及擦拭身上的呕吐物,急忙与酒店老板一道,张罗着大家七手八脚将高振霄抬到沈家。接着,沈小姐又喂高振霄喝下解酒汤……

此次与高振霄醉酒奇遇,让沈爱平心情久久不能平静:在军阀混战的乱世,竟有这么一介书生,忧国忧民,为民请命,敢于向邪恶势力宣战!他的确是一位顶天立地的大丈夫。

高振霄酒醒了后,又是沈姑娘叫车把他送回议员公馆。

一路上,高振霄回想起这位见义勇为、充满爱心的奇女子,顿时百感交集:如果不是她及时伸出援手,说不定自己会落下终身残疾。

此时此刻,高振霄心潮澎湃,他甚至认为,沈爱平就是当今活着的"鉴湖女侠"秋瑾。在世风日下,人心不古的时候,她的如此义举的确难能可贵。

6月6日,高振霄为了报答沈姑娘的救命之恩,特地备好礼品,专程前往沈家致谢!沈家得知国会非常会议参议员礼贤下士,特意在酒仙居定下酒席为高氏压惊。席间,高振霄又从沈姑娘的言谈中,了解到广州市民厌恶军阀柄政、期盼安居乐业的愿望。于是,高振霄欣然命笔,题写了"视民如伤,侠骨柔肠"八个大字的条幅,赠予沈家。

由于两人有共同语言,接下来几天,他们不是在一起濡墨交流,就是针砭时弊,对时局深表担忧,彼此你来我往,更是情契意合了。

几天后,叶举之流悍然制造了"六一六"炮轰总统府事件,顿时舆论哗然,举国震惊。

第十四章 "醉仙"情缘

被炮火惊醒的沈爱平,听说高振霄等国会议员遭受凌辱,立即赶赴议员公馆,公开对驱赶议员的官兵宣称,她是高振霄的家属,誓死要与高氏一同乘船赴港,同生死、共患难。

高振霄极力劝她别做傻事,不要做无谓的牺牲,让她迅速回家;抵达香港后一有消息,他会立刻发电报给她报平安。可是,他好说歹说,就是不从。

全副武装的粤军士兵前来阻拦,她则以自杀表决心。官兵们对这位"自投罗网"的痴情女子没办法,只好让她上了船。

患难之中见真情。两人落难香港期间,相互关心、相互勉励,彼此撞击出爱情火花。

不久,国会议员们分批来到大上海。这对生死相随的伴侣,在患难与共的同志见证下,一起在上海滩走上了红地毯。同人们纷纷评说:他们的天作之合,给混沌的乱世平添了一段爱情佳话。

经过"六一六"事件后,孙中山更加坚定了以俄为师的信念,同时也让他看清了新、旧军阀的本性,更从高振霄等威武不屈的革命同志身上,看到了北伐的希望。

为了争取社会各界广泛支持革命,孙中山以其在洪帮中显赫的"洪棍"(元帅))地位,准备安排辛亥革命武昌首义走出来的武将向松坡(字海潜)与文士高振霄,联袂进入上海洪帮,重组帮会革命雄风。

那天,孙中山特地找高振霄交心谈心。孙中山说:"汉声兄,弟有一个想法,想跟我兄交换一下意见。"

"总理有何见教,请明示!"

"兄可知道,早在1893年,弟曾在美国檀香山参加过洪门组织,并利用洪门组织,广泛联络江湖志士,进行推翻帝制的革命活动。1918年12月30日,弟写成《孙文学说》一书,提出'知难行易'一说。"

"如果在下没记错的话,总理的鸿篇巨制《孙文学说》卷一,于1919年5月20日付印,6月5日由上海强华书局发行。而且里面有一段记载了洪门的渊源:'洪门者,创设于明朝遗老,起于康熙时代。盖康熙以前,明朝之忠烈士,多欲力图恢复,誓不臣清,舍生赴义,屡起屡蹶,兴师拼命,然卒不能救明朝之亡。迨至康熙之世,清朝已盛,面明朝之忠烈,变残废殆尽。二三遗老,见大势已去,无可挽回,乃欲以民族主义之根苗,流传后代,故以反清复明的宗旨,结成团体,以待后有起者可借为资助也。此殆洪门创设之本意。然其事必当极其秘密,乃可防政府之察觉也。夫政府之爪牙为官吏,而官吏之耳目为士绅,故凡所谓士大夫之类,皆所当忌而须严为杜绝者,然后其根株仍能保存,而潜滋暗长于异族

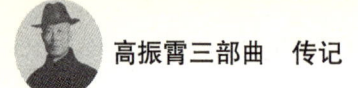

专制政府之下。以此条件而立会,将以何道而后可?必也以能全群众心理之事迹,而传民族国家之思想。故洪门之拜会,则以演戏为之,盖此最易动群众之观听也。其传布思想,以不平之心,复仇之事以表之,此最易使士大夫闻而生厌远而避之者也。其固结团体,则以博爱施之,使彼此手足相顾,患难相扶,此最合乎江湖旅客无家游子之需要也。而终乃传以民族主义,以期达其反清复明之目的焉。'"

"汉声兄真可谓过目不忘!"孙中山感佩高振霄的惊人记忆力后,便娓娓道来他加入洪门的历程——

那是在孙中山同保皇党论战之后,他觉得美洲的华侨比檀香山多,预备赴美洲宣传革命。他知道美洲华侨力量的伟大,就要加入洪门。因此在洪门前辈,经孙中山的叔父钟水养介绍,孙中山于1903年冬天,毅然加入了檀香山致公堂。这天在国安会馆(同兴公司举行入盟礼节场所),同时拜盟的有六十余人。并由主盟人封孙中山为"洪棍",洪门称"元帅"为"洪棍"(当时加入洪门的会员名册,现保存在檀香山)。

有了洪门元帅的身份后,孙中山到美国旧金山受到了热烈欢迎。因为当地华侨有90%参加洪门致公堂,总部设在旧金山,各埠设有分堂。不过,各分堂主张各不一样,再加之保皇党的人从中欺骗,洪门中人几乎忘了反清复明的本来面目。孙中山有见于此,乃建议举行洪门总注册,代致公堂拟定新章程,将反清复明的范围更加扩大,使洪门演变成了一个革命团体。

当时的洪门致公堂的总注册和孙中山重订致公堂新章程,对于美洲华侨革命工作关系极为重大。美洲华侨七万人共捐赠款项约二十一万元美金,有力地支持了孙中山先生的国内革命之急需。所以称华侨为"革命之母"。

"汉声还曾记得,谭人凤君曾在《社团改进会意见书》中写道:'辛亥革命之成,实种于二百年前之洪门会党。在运动之初,惟洪门兄弟能守秘密。发动之后,亦惟洪门兄弟能听指挥。人无论远近,事无论险夷,人人奋勇,个个当先,卒有武昌起义,各省响应,不数月而共和告成,军队之功,实亦洪门兄弟之功。'"

"是的。在1908年之前,我们领导的多次武装起义,基本上都是发动会党,1908年河口起义失败后,虽然重视了发动新军起义,但仍然没有放弃发动会党。会党性质我固知之,其战斗自不如正式军队;然军队中人辄患持重,故不能不以会党发难。"所以,孙中山一直关心发动会党的工作,并将联络会党作为他的革命统一战线的策略方针。他和上海帮会的关系,也是他革命统一战线策略方针的一部分。

"总理从事革命活动一开始即与帮会结下不解之缘,这是中国的国情决定

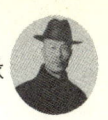

的。总理既委派革命同志联络上海帮会,又亲自联络上海帮会;如委派陈其美、徐朗西等人联络上海帮会,同时又和黄金荣等过从甚密。总理对帮会的影响力是多方面的……"

"不错。为了促使美洲洪门致公堂和同盟会密切合作,文曾命令同盟会员以个人身份加入致公堂,实行'堂内合作'。我们与上海帮会的关系可分为两种情况:一是委派革命同志联络上海帮会,二是弟直接联络上海帮会。当然,其影响既有积极方面,也有消极方面。"正是这"堂内合作"的实践,为以后的第一次国共合作的"党内合作"形式提供了范例。

"辛亥革命期间,由于上海在国内的重要地位,不仅总理重视在上海联络帮会,其他革命党领导人物也重视在上海发挥会党的作用。例如陶成章、章太炎、蔡元培等在上海组织军国民教育会暗杀团(属于秘密结社的会党性质),在此基础上,于1904年11月在上海成立光复会,虽然也在浙江活动,但总部却设在大上海。"

"谈到联络上海帮会,不能不谈到陈其美(1877—1916年),字英士,浙江吴兴(今湖州)人。他1906年留学日本东京警监学校,加入同盟会,1908年回国后,为革命运动穿梭于京津沪浙等地联络革命党人。1909年曾准备与浙江会党首领策动起义,因泄露未遂。后在沪创办《中国公报》《民生丛报》,协办《民立报》等,宣传革命。鉴于帮会不接受帮外人指挥,英士于1903年即在上海参加了青帮(又称清帮)。从此,英士成为青帮中的'大字辈'的大头目之一。"

"陈英士是总理忠实的追随者和得力助手,是辛亥革命时期苏浙沪一带的主要革命领导人之一。他当时是不是在总理的授意、支持下联络上海青帮的?"

"此话不假!"孙中山说,自己于1910年6月29日秘密来到上海时,首先在宋嘉树寓所约见了陈其美,要求他汇报在青帮中的运动革命的情况。因此,陈其美向孙中山报告:"现在上海的青帮和洪帮一样,均可听命于孙先生,可以为革命所用!"

"据在下所知,当时许多帮会首领人物是跨青、洪两帮的,上海青帮首领兼洪帮(哥老会)首领曾国璋拥有一支帮会武装,曾国璋死于湖北后,他在上海的这支帮会队伍,由他的属下'通'字辈的刘福彪(一作刘福标)、孙绍武、王小弟等人带领。刘福彪是上海闸北洪帮的当家三爷,当他得到武昌起义的消息后,便派人找到革命党人张承西,表示愿率三千多洪门兄弟组织敢死队赴武汉助战,要求革命党派人担任领导。1911年10月25日,张承西参加洪帮被推为大哥,刘福彪自居二哥,这支洪帮武装接受了革命党的领导。由于这支武装本来的首领曾国璋是跨青洪两帮的人物,所以这支队伍具有青洪两帮的性质,统称

其为帮会武装更合适。陈其美得知此事后，于10月26日，在四马路(今福州路)一支香餐馆宴请其首领，通过会谈，帮会武装同意拥护陈其美为领袖。根据陈其美的要求，刘福彪等决定不去武汉，改在上海举义以响应武昌起义。会后，青洪帮分子利用自己的各种关系，积极为起义做准备。"

"看来汉声兄对帮会的革命同志了如指掌了！"

"总理过奖了！听说总理曾亲自联络跨青、洪两帮的徐朗西。这位革命同志兼帮会人物，同时又委派其联络上海的帮会。"

"是的。徐朗西(字峪云)是陕西省三原人。早年留日，为同盟会首批会员。此君学识、志向兼备，遂派他回国联络青洪帮，发动更多的会党人士投身革命。朗西从日本回到上海后，为革命需要，遂周旋于帮会之中，与袁寒云、步林屋、曹幼珊、阮慕白、段譬臣等人广为交游。他在上海滩与这些青帮上层人物的交往，为以后他在上海帮会中的影响奠定了基础。"

"徐朗西回国后，总理通过您的日本好友宫崎寅藏，与中国帮会首领稔熟的关系，很快让徐朗西担任了洪门龙头大哥和青帮理字辈，直至成为洪门峪云山山主和清门大字辈。可谓名震天下。"

"是啊，民国临时政府成立时，朗西任南京临时政府造币厂厂长。弟就任全国铁路督办时，以徐为秘书，为实现弟提出的十年内在全国建设20万里铁路的设想尽心尽力。二次革命期间，朗西与陈英士在上海起兵讨袁。失败后，朗西在上海参与创办《民意》《生活日报》《民国日报》，继续从事反袁宣传。1917年护法军兴，时陕、甘、宁、青、川、滇、黔七省民党结盟，组织联军讨伐段祺瑞，公推唐继尧为总司令。1918年8月，于右任就任陕西靖国军总司令，计划与滇、川、黔、鄂等省护法军配合，夺取陕西，然后分兵进攻郑州与武汉，与南方的护法军队会师中原。弟认为进军策略以先取陕西为上策，因为陕西是以段祺瑞为首的北洋军阀兵力薄弱的环节，且三原有于右任领导的靖国军可以呼应。于是，文在上海任命徐朗西为七省靖国军援陕前锋总指挥。并对朗西说：'此次作战，靠你的军事特长，且你是陕人，此番打回老家，先得人和，定能取得胜利，倘若中途发生变化，可将此字传给后辈，作为参加革命事业的纪念。'临行时，特书'天下为公'条幅相赠。徐取道两广到云南，川滇黔等八省联军总司令唐继尧派姚以价为滇军援陕第一路司令，与朗西率军向陕西进发。援陕军第一路经过半年苦战抵达紫阳一带时，唐继尧却改变初衷，以影响南北和议为由，令徐驻军待命。"

"总理，可否介绍一下您是怎样联络上海帮会的另一头目黄金荣的？"

"好的。文同黄金荣的渊源，可追溯到民国元年开国典礼。那天，弟就任中华民国临时大总统，黄金荣曾委派他在新闻界任职的门生(当时黄金荣尚未正

第十四章 "醉仙"情缘

式入青帮,不能开香堂收徒弟,只能收门生)杭石君,专程前往南京送来一封祝贺信于弟。后来,弟是以上海的青帮分子徐福生为中介,与黄见面的。徐福生本是天后宫(河南路桥附近)的一个青帮头目,手下有不少徒弟,因争夺天后宫的庙产,遂有'闹天宫福生'的绰号。此人随黄金荣做鸦片生意,认识了一些广东人,由广东人介绍认识了文。近年,文在上海,想利用黄金荣在法租界的势力掩护革命工作。弟曾给徐福生写过一把扇面,福生拿了这把纸扇去见黄金荣,说弟想看看黄先生。黄金荣听后十分高兴,约定日期要徐福生伴随弟到黄家。黄金荣亲自出门相迎,邀弟到楼上会客室面谈。弟对黄说,希望黄利用在法租界的很多关系,帮助和保护在上海的革命同志和朋友。黄金荣二话没说,一口应承。"

孙中山喝了一口茶后,继续说:"不久前,文又写信给黄金荣,大意是:帝国主义支持军阀制造内战,是造成民生凋敝的根源,只有革命才能消除封建军阀之间的混战,解救陷于水深火热之民众。而革命需要有人才之参加及经济上之援助,请黄先生联系志同道合之朋友,在人才和经济方面多加援助。据说黄金荣平时与朋友间的经济来往比较吝啬,但收到弟的来信后,居然一次拿出一千银元交给徐福生转送给我,还通知虞洽卿也捐助了一笔钱。弟接到黄金荣的捐款之后,当即回信致谢。由于徐福生奔走出力,弟又给徐福生写了两把扇面。徐福生特地把其中一把扇面裱好后装上镜框,悬挂在家中的客厅正中。此后,又曾给黄金荣先后写过几封信。"

"听说两年前,蒋介石在上海和陈果夫、戴季陶等从事物品证券交易所的活动。蒋介石在经济上发生了困难,曾投靠黄金荣门下成为黄的门生。蒋介石要南下投奔总理,黄金荣是看在总理的情面上,就慷慨资助了蒋介石旅费。黄认为这也是间接支援革命了。"

"他们也是这样跟我说的。"孙中山谈及此处,正式道出此次面谈的目的:"汉声兄,通过今天的一席谈话,让我更加坚定了选派汉声兄与松坡兄,一起在沪上重振洪帮雄风的初衷。"

"汉声虽不才,但愿唯总理马首是瞻,与松坡兄一道同舟共济!"

"好,我要的就是你这句话!我马上修书给上海的青、洪帮大佬,你们择日走马上任吧!"

"遵命!"

"好!文静候老兄佳音!"

高振霄拱手告别!

第十五章　厕身洪门

高振霄受孙中山之命,以洪门帮会组织"五圣山"副头目的身份,襄助"龙头"老大向松坡,在上海重振洪帮,策应孙中山领导的反对北洋军阀及外国列强的斗争。

第十五章 厕身洪门

在孙中山眼里,高振霄为人豪爽,仗义执言,敢于担当,是一位同志加兄弟的挚友。

武昌起义前,高振霄与湖北大冶人向松坡(字海潜)本身就是洪门之哥老会中人。因此他与会党过从甚密,广泛结纳反清志士。

孙中山在改造国民党的关键时刻,经过慎重考虑,决定选派高振霄与向海潜重振上海洪帮,且两人一文一武,正好相得益彰。

一日,由副山主高振霄司仪,山主向海潜在上海滩正式坐堂"五圣山",举行了隆重的开香堂仪式。

洪门"五圣山"锦旗

新入会的洪帮兄弟们首先要洗面,以表示他们彻底清洁,像新竹子一般开始新的生活。接着,他们换上专门定做的丝质长袍,依次从前门步入堂口,穿过一列房间,经过一行行威武列队的洪帮兄弟,最后来到房子的最尽头,那里设有一个祭坛。

祭坛在中央,四周挂满横额。祭坛上供奉的人物包括洪门始祖:殷洪盛、傅青主、顾炎武、黄犁州、王船山;"五宗":"文宗"史可法、"武宗"郑成功、"宣宗"陈近南、"达宗"万云龙、"威宗"天佑洪(即苏洪光)。还有"前五祖":蔡德忠、方大洪、胡德帝、马超兴、李式开。"中五祖":杨仗佑、方惠成、吴天成、林大江、张敬之。"后五祖":李式地、洪太岁、吴天佑、林永超、姚必达。"五义":郑君达、谢邦恒、黄昌成、吴廷贵、周洪英;"五杰":郑道德、郑道芳、韩龙、韩虎、李昌国。"三英":郭秀英、郑玉兰、钟文君。"军师":"男军师"史监明、"女军师"关玉英。

新会员面对祭坛静默片刻后,转向面对大堂一边坐着副山主高振霄,祭坛旁坐着山主即"香主"向海潜。新会员写上自己的名字后,毕恭毕敬地递给山主向海潜,然后由副山主高振霄讲述洪帮的历史。

那是明末清初改朝换代之交,面对清兵大举入关,各路汉族义士纷纷揭竿而起,自发地组成了一个影响广泛的民间秘密组织——"天地会"。

所谓"天地会",意即"拜天为父,拜地为母"。故名。"天地会"以"反清复明"为旗帜,对内互称"洪家兄弟""洪家"或"洪门",又称洪门帮会,简称洪帮。

创立洪门的始祖为明末清初义士洪英。洪英又名殷洪盛,山西平阳府太平县人。崇祯四年(1631年)中进士。洪英贤明练达,慷慨好义,所收门生众多,其中最得意的五位门生,即蔡德英、方大成、马超兴、胡得帝、李式开,被洪门后人尊为"前五祖"。

1895年孙中山在香港成立兴中会总部得到了洪门会党首脑人士郑士良、朱贵全、丘四等人的积极协助配合。兴中会会员中,洪门会党成员占比多达31%。

1904年(光绪三十年)孙中山为联络华侨、统一洪门思想和组织在檀香山加入致公堂,担任"洪棍"(洪门元帅)之职,故洪门中人皆称孙中山为"孙大哥"。革命女侠秋瑾被封为"白纸扇"(洪门军师)。孙中山还亲手为致公堂拟定新章程《致公堂重订新章要义》。新章程要义其一,从组织上统一了洪门。其二,提出以"驱逐鞑虏,恢复中华,平均地权"为洪门宗旨。其三,提出了解决经费的办法。致公堂与同盟会联合组成"洪门筹饷局"(又称国民救济局),成为历次起义运动及辛亥革命的强大后援。"致公堂"后发展成为今天的"中国致公党"。

1905年1月孙中山为致公堂重订新章,宣布"驱除鞑虏,恢复中华,创立民国,平均地权"十六字为宗旨。1905年8月20日,孙中山和黄兴在日本东京成立了中国同盟会,并以致公堂十六字宗旨再次作为中国同盟会的政治纲领。

民国以前,洪门既有以"会"为独立单位者,如"哥老会";也有以"堂"为独立单位的组织,如"致公堂"即是。民国以后,就逐渐自然统一成以"山堂"为主的发展。所谓"开山立堂",必须拟定"山、堂、香、水",这就表示一个山头只有一个"堂"。

1907年武汉成立的共进会,也是一个以洪门成员为主,具有洪门秘密结社色彩的革命组织。主要成员中除了同盟会员外,大多是洪门系统中各地洪门哥老会、孝义会、三合会、洪江会的首领。"共进会"的含义是"以会党做基础,再联合各党各派,共同团结,向前迈进"。

高振霄简要讲述了洪帮历史后,接着,给大家介绍"龙头"向海潜大哥与洪门的机缘——

那是1907年1月,两湖地区颇有影响的武昌革命组织日知会遭受破坏,酿成了震惊中外的"丙午之狱"。但革命党人并没有被吓倒,由原日知会会员组织的各种革命团体如雨后春笋般涌现出来。其中向海潜、李绍白领导的群英会,

就是此间兴起的一支革命的有生力量。兄弟我与谢石钦兄等发起创办的德育会，黄申芗、覃炳钧(覃秉钧)、戴鸿炳、林兆栋的种族研究会，蔡济民、吴醒汉、张廷辅、王宪章的将校研究团，熊子贞(十力)、何季逵的黄冈讲习所，贺公侠、黄元吉、曾省三、江炳灵、梁维亚、汤寿煊(又名行健,字舜卿)的文学研究社，杜邦俊、杨永康、杨秉之的义谱社，吴贡三、李亚东、梁钟汉的铁血军，高尚志、陈孝芬、曾尚武的德育会。一共成立了二十多个类似的革命团体。

这些团体多半建立在军营里，以陆军学堂的学兵和新军中的士兵为主要发展对象。群英会对外称一百零八人，取水浒梁山泊聚义一百零八将之意，实际人数远不止此数。其主要成员有向海潜、李绍白、刘国祥、吕中秋、熊秉坤、秦培鑫、吕尹雄、熊开鉴、姚鸿圣、石玉山、杨庆山、胡开进、罗仁香、丁洪本等。向海潜既以军队组织部勒会党，又以会党方式团结军队。他在党人中拥有一种潜在的势力，因为以他为首的群英会，包含有不同组织的革命同志、会党分子和部队中的下级军官。当时文学社的负责人刘复基，十分赞同并支持他组织群英会这一行动，认为运用这种组织形式，可以大量结纳会党成员，而会党素有反清传统，对革命非常有利。事实证明，群英会成员后来无论是在武昌起义还是在阳夏战争中，都表现十分出色，出生入死，立下赫赫战功，不可等闲视之。

武昌起义前，向海潜负责与炮队联络。起义后，他率领民军攻打汉口，火烧华景街，为武昌起义的胜利立下了战功。湖北都督府成立，他任参谋，阳夏战争吃紧时，他曾以参谋名义赴湖南，联络会党援鄂。阳夏失守后，他联络会党负责武昌的卫戍工作。

自1895年中日甲午战败后到1911年辛亥革命爆发前短短十六年时间里，孙中山和黄兴为首的同盟会发动的乙未广州之役到武昌首义等12次起义大多是由洪门会党协助、参与、捐资。随着辛亥革命武昌首义一举成功，洪门"反清复明"旗帜最终以孙中山领导的"反清创民"成功而载入史册。

南北议和期间，民国副总统兼湖北都督黎元洪为了巩固自己对湖北的统治，在网络党羽、培植亲信的同时，还加强了对革命队伍的分化瓦解。武昌起义后，共进会领导人孙武出任湖北军政府军务部长之职。孙武居功自傲，"逢人称首义"，以"革命元勋"自封，且作风跋扈，独断专横。他极力拉拢黎元洪，控制着军政府的多数重要位置，并借机排挤、抑制文学社、共进会的成员。孙武等人的言行激起湖北文学社及共进会成员的极度不满。他们私下议论："做了几天新官就得意忘形，瞧不起党人，要是长久下去，那还得了吗？我们非杀他不可！"不久，一场以"倒孙"为直接目标的群英会暴动(亦称湖北的"二次革命")来临了——

事情发生在1912年2月，向海潜、黄申芗等人以群英会为基干，组成"改良政治群英会"，策划武力推倒孙武行动。2月27日夜，以黄申芗、向海潜为首的群英会成员，会合第31标组成的教导团，由文学社领导的伤兵团体毕血会，起义老兵组成的将校团，以及由士兵组成的义勇团，集众达数千人，佩戴群英会徽章，涌上街头，由向海潜打响第一枪，高喊"打倒孙武""打倒军务部长"的口号。随即包围了军务部及武昌大朝街孙武寓所。因孙武事先得到消息，已匆匆逃避汉口。群英会等会众遂捣毁孙武的寓所，放火烧其房屋。

群英会事变造成孙武派与"倒孙"系两败俱伤：孙武被免职；黄申芗被迫去日本留学，向海潜离汉去了上海。

宋教仁被刺，引发了"二次革命"。孙中山在沪发表讨袁通电，并于1913年8月8日任命向海潜为江苏讨袁军副参谋长（临时总司令为何海鸣、参谋长为王宪章），率部镇守江阴。袁世凯对向十分忌恨，曾赏银10万元捉拿他。袁军猛攻江阴城，讨袁军处于敌众我寡之劣势，军事失利，人员伤亡惨重。部下建议他弃城救人，保存实力，向海潜高声说道："人在城在，人亡城亡。即使我被打得只剩下一兵一卒，也绝不弃城逃走！"孙中山闻讯后，急忙电令向海潜撤退，并对在场人员说："我宁失江阴一城，绝不可失向海潜一人！"

"二次革命"失败后，向海潜流亡日本，不久即加入了中华革命党。他曾和黄申芗一起拜见过孙中山。《孙中山在日本活动秘录（1913年8月—1916年4月）——日本外务省档案》记载："晚七时四十分（1913年12月1日），黄申芗、向海潜、郑林双、丁仁杰、何仲良一起来访，议事，九时三十分离去。本日下午二时二十分，夏述痕、凌钺来访，议事，晚九时三十分离去。下午四时四十分，陈其美来访，五时十分戴天仇（戴季陶）来访，一起议事……"

当时高振霄、潘康时等在上海进行活动，参加了一系列反对袁世凯和反对段芝贵、王占元对湖北人员残酷统治的斗争。蔡济民由日本回国后，他们会商数次后认为：倒袁应重行动，在上海租界空谈无济于事，遂回汉运动军队。黄申芗则住汉口日本人松酒家，筹划反袁。后蔡济民等亦到汉，任起事军事指挥长官，江炳灵任副官长，刘英、黎言岳、吕丹书、聂豫等均参与军事活动。高振霄、黄冈轩、张汉、胡石庵、潘养伯、卢智泉、王少丞、黄浩吾、严养吾、张汉杰等作为学界代表也参加了这场武汉的反袁斗争。

1915年高振霄得知老战友向海潜自日本回国，二人联袂具有广泛群众基础的各山头兄弟，在反对段芝贵、王占元的斗争中发挥了重要作用。据辛亥同人卢智泉回忆："同志们举熊先生（熊晋槐）为讨袁军总司令，以谋继起。同志们身上都带有三角形的药水刀子，对反动派的走狗，哪里遇到就在哪里跟他们干。革命同志把反动派的走狗往租界上拉，他们把革命同志往华界拖。就这样，侦

缉老爷们被党人弄死了不少:熊先生家里就弄死了三个;卢志泉勒死了陈捷三;向海潜、马骥云、吕丹书等杀死了走狗几十个。工程营发难有功的程正瀛,堕落成为王占元的特务,也就是在这个斗争中被党人拉到租界,装入麻布袋沉之长江的。经过党人这种坚决的斗争,王占元的稽查长周三毛甘愿两不相犯。至袁世凯死,黎元洪继任大总统,释放政治犯,反袁斗争始告一段落。"

1917年,护法军兴,孙中山始任命向海潜为护法军政府军事委员,复任命为大元帅府援鄂第二混成旅旅长、湘鄂联军总指挥、湘军援鄂鄂省自治军左翼总指挥等职。

向海潜会员证

当副山主高振霄讲完"龙头"的光荣历史后,由香主向海潜亲自主持祭祀仪式。

首先,向海潜燃点一束香,求神赐予忠心和力量,然后走到祭坛前,虔诚祭祀那些过往死去的洪帮兄弟。山主主祭之后,在场的洪帮兄弟老会员换上专门制作的长袍,与新入会的兄弟一起跪祭。

这时,在新会员附近跪着三个假人,颈上挂着牌,表明他们是洪帮的叛徒。向海潜用长剑砍去假人头,并向新入帮的兄弟说明这是叛徒的下场。然后香主开始祭祀,述说忠义。

接着,向海潜招来一名打手,打手走到每一个跪着的人面前,把刀尖压在他们的胸前问:"哪一样更坚强,刀刃还是你的心?"新会员答:"我的心!"即表示宁死也不出卖洪帮兄弟。

宣誓是仪式的重要组成部分,誓词中有如背叛帮会,就会万剑穿心之句。

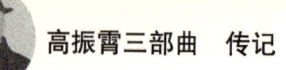

然后新会员跪在一圈不停转动的竹筒上,胸前举着一把刀。在他们起立时,要朗诵效忠誓词。那些转动的竹筒令人站不稳,若新会员跌向前方,就会死于剑下,死去的人会被认为是不坚定的。

剑试之后,新会员还须过"火坑"。地上放着一大堆烧着的纸和木条,新会员必须从火上走过。

继而,新会员再次跪在祭坛前,有人把一只雄鸡在他们面前传看过后,香主一刀砍下鸡头,将鸡血倒入酒中,新会员用针刺破自己的左手指,滴几滴血入内,并发誓如果出卖帮会秘密,就会五窍出血。

此后,香主焚烧写着三十六誓词的纸,把纸灰放入碗中,递给每一个新成员一饮而尽。新成员算是正式加入帮会,开堂仪式到此结束。

其实,洪门也是码头文化的产物,旧时的运输主要是靠黄金水道的漕运,拥有大量的码头工人,故洪帮与清帮均有三点水。而码头工人是工人运动的一大群体,所以,帮会也与工人运动有着千丝万缕的联系。

国民党工运史专家马超俊在谈到中国历史上不属于地方性质的帮会时说:"此种帮会,毫无地方色彩,绝无同乡观念。但以帮之首领为中心,以帮之宗旨为依归。凡愿拥护某帮之首领,赞成其帮之宗旨者,即可加入,受帮之保护,同时亦听帮之制裁。但关于此种性质之帮会,其组织多属于秘密结社,……青帮与洪帮,注重低层社会,尤多手工帮与苦力工人,是欲知我国劳工组织之初期发展阶段,不可不知有青洪帮。""民国前后,青帮曾以其潜伏势力,在革命过程中,亦多贡献,地位乃日见重要,与洪帮分门别户,而成为我国社会结构中之两大秘密集团,潜滋暗长,声势赫然,尤与工人阶级,关系密切,凡稍有劳动运动之经验,即知水陆码头之独占劳动领域,以及颐指气使对工人可以上下其手者,殆无不为青洪帮人。事实俱在,昭然若揭,固毋庸讳饰也。"

中共早期领袖瞿秋白也明确指出:"上海的工人之中,差不多一大半是属于青帮、洪帮等类的秘密组织的;工厂工人尚且如此,苦力更不必说了。"

在上海滩的几大帮会中,"五圣山"是民国时期最大的洪门帮会组织之一,在全国许多地方设有分支机构,在民国帮会史上占有重要的地位。

"五圣山"所辖仁、义、礼、智、信五堂,远在创山之前,就已各自发展到一个省到数个省的范围,算得上是名副其实的"遍地开花"。五堂经五伦总堂联系、协调,分进合击,于各地普设分堂,五堂所在地也自然有条件称之为"总堂"。

据当年与"五圣山"山主向海潜私交很深的"五圣山"杭州码头内八堂礼堂大爷蒋成言回忆:1923年4月,向海潜来到上海,与朱卓文、梅光培、明德、张子廉等人结拜,创立洪门"五圣山"。

第十五章 厕身洪门

当时之所以取名"五圣山",有两重含义:一是为了纪念洪门的前五祖、中五祖和后五祖;二是开山结义的五兄弟开有"仁、义、礼、智、信"五堂口:朱卓文的仁文堂堂主、梅光培的义衡堂堂主、明德的礼德堂堂主、向海潜的智松堂堂主与张子廉的信廉堂堂主。

"五圣山"各堂的弟兄公推向海潜为总山主,高振霄为副山主。

作为昔日哥老会、群英会大佬的向海潜会同老战友高振霄,雄心勃勃地规划:以上海为基地,全力反对北洋军阀,为洪门的发展打开新局面。

然而,近代以来,上海素为青帮之大本营,尤其是黄金荣、杜月笙和张啸林三大亨的势力,上自军政宪警,下至贩夫苦力,盘根错节,不可动摇。

"五圣山"成立后,青帮即对其排挤、封杀。而高振霄当时还身兼非常国会参议员,不能以公开身份参加"五圣山"活动。向海潜只能在上海佛教寺院的住持、当家和尚中发展成员,而无法深入金融、企业和军警界。

与此同时,"五圣山"的几个堂主也信仰各异,志趣不一。

仁文堂堂主朱卓文与胡汉民、胡毅生兄弟结为莫逆,对实际主持广东国民政府工作的廖仲恺极为仇视。经过向海潜、高振霄的多年努力,"五圣山"终于打开了局面。

蒋介石发动"四一二"政变以后,向海潜与吴铁城、商震、钱大钧、杨虎、谭延闿、李济深等建立了友谊。吴铁城为"五圣山"提供经济援助,而向海潜与主张反蒋的李济深最为投机,李济深不但加入了洪门,而且出任"五圣山"的会办。

20世纪30年代,"五圣山"彻底走出了初创时的那种窘境,其势力范围已扩大到整个长江中下游地区。辛亥革命武昌首义志士李西屏,于1934年1月在致胡汉民的信中说:"至于洪门推行正猛,新近又加入向海潜、蓝绍亭。两同志在洪门极有力量,尤有深长之革命历史。蓝君,即蓝天蔚之叔,辛亥贵州起义曾任民政长。向君在湖北历来革命,累踬累起,愈失败愈坚忍。鄂西一带据有伟大潜势力,亦将来吾党之基础部队也,故翊东(李西屏,名翊东,以字行)特别注意。"

同年2月致胡汉民的电报中又说:"向海潜同志在鄂西确有潜势力,拟恳给予鄂西宣抚使名义,以便前往收集。"

1936年,高振霄会同向海潜四处斡旋,在上海筹建洪门联合团体。如何凝聚四十多个洪门团体呢?高振霄对向海潜说,千古一圣将,关公独尊神。关羽终其一生,实践一个"义"字。要想克服各山头互不联系、在社会上影响不大的弱点,我们目前搞联合,也应举起"义"字旗。青年除恶,体现的是义;桃园结拜,凝聚的是义;身在曹营,恪守的是义;沙场释敌,遵循的是义;一心辅助刘备打天下,秉烛达旦,千里走单骑,过五关斩六将,其核心是义。我们洪帮就是要弘扬

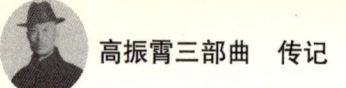

关公之义的丰富内涵,表现为忠心报国,除暴安民,知恩图报;还表现为君臣有礼,长幼有序,朋友有情,它是儒家思想伦理道德和中华民族优良传统美德的结合体。关公把义发挥到极致,也因之而获美名。至今包括上海滩在内的许多关帝庙的关公神像处,均挂着"大义参天"匾额。

向氏认为高振霄言之有理,两人便分头进行联络。经过一段时间的筹备,他们又选择在上海大境路关帝庙,召开洪兴协会成立大会。

洪兴协会取义"同心协力,复兴洪门"之意。在当时的上海洪门中,向海潜与高振霄的"五圣山"势力最大,高振霄又是资深国会参议员背景,所以大家公推向海潜与高振霄共同担任洪兴协会会长。但高振霄从团结各派兄弟的大局出发,主动提名名望颇高的汪禹丞与向海潜共肩此任。因此,会议最终推举向、汪两人为洪兴协会会长。

洪兴协会成立后,事务所就设在浦东大楼五圣山的会所里,由高振霄主持日常事务。向、汪每月召开理、监事会议,各山头的龙头大爷们彼此交流情况,联络感情,消除隔阂。过去,上海洪门内部经常为争地盘、挖墙脚而互相打斗。自从洪兴协会成立后,再也没有出现过这种现象了。

高振霄投身洪门"五圣山"后,当时国内政治乱象丛生。他在团结洪门同人的同时,仍然一如既往地以非常国会参议员的身份参政议政。1923年7月27日,旅沪国会议员推高振霄等五人为起草员,高振霄等相继发言,对于护法彻底的研究,互相讨论,非达到实行护法不已。

到了10月7日,一些国会议员被曹锟所收买,充当贿选工具。高振霄是可忍孰不可忍,随即联署旅沪主持正义的国会议员发表宣言,对其知法犯法,予以谴责。宣言云:

本月微日,宛平所行伪总统选举会,其出席分子半为议员(如吴景濂等是也),半为非议员(如王家襄等是也),揆诸大总统选举法,根本不能成立,应构成紊乱国宪之罪。况公然贿买,秽德彰闻,灭廉耻、毁宪纲、率兽食人,罪在不赦。某等谨依国宪之规定,宣告宛平为会选举曹锟之所为,于法当然无效。所有同谋,窃为诸犯,愿与天下共弃之。特此宣告。

10月8日,护法国会议员在通讯处开会,高振霄提出对移沪国会应发宣言,并被公推为起草员,于双十节上午十时至下午二时,在大世界共和厅庆祝共和纪念及公祭殉义各先烈,并下半旗以志哀。又闻各议员以北京国会贿选曹锟,实足为国家奇耻大辱。

多行不义必自毙。1924年10月22日,一直对直系军阀把持政局、排斥异己不满的第三军总司令冯玉祥,按照和奉军的秘密约定,于当天深夜突然回师北京,发动了震惊全国的"北京政变"。冯玉祥宣布成立"国民革命军",以一个营包围了总统府,将曹锟囚禁于中南海延庆楼。继而控制北京局势。贿选总统曹锟的屁股尚未坐热,就被赶下台了。

冯玉祥在政变后的第三天召开军政会议,决定先由黄郛暂组摄政内阁过渡,然后由冯玉祥发出通电,邀请孙中山北上,共商国是,并提出召开由各实力派参加的国民会议,产生正式政府。

11月1日,当初曾和南方达成"反直三角同盟"的段祺瑞与张作霖,为全国舆论所迫,也故作姿态地电请孙中山早日北上,主持大计。当时正值国共第一次合作,李大钊与范熙壬等人士也积极促成孙中山北上,孙中山于4日决定接受邀请。11月10日,孙中山发表《时局宣言》(即《北上宣言》)。

11月13日,孙中山偕宋庆龄等乘永丰舰离广东北上,经香港、上海,抵日本长崎,次日到神户。日本记者、政学各界及中国留学生约300人登船欢迎。一路上,孙中山不顾旅途劳顿,频频会见中外媒体与各界人士,发表对时局主张,敦促日本朝野维护东亚和平。接着,他又不顾海风凛冽,于12月4日风尘仆仆赶到天津,抱病接见群众……在京的非常国会临时主席范熙壬等代表国会在天津欢迎中山先生北上。

不幸的是,由于积劳成疾,孙中山于1925年3月12日在北京撒手人寰。噩耗传来,高振霄不禁潸然泪下,自己自1905年加入孙中山创立的中国同盟会以来的二十余年的革命往事,一幕幕在脑海浮现:

1911年参加武昌首义;1912年被孙中山委任为高等顾问,并被批准拟为"酬勋"出洋留学生之一;1913年荣膺"辛亥革命甲种功臣"嘉奖;1917年6月,与孙中山从上海乘船南下广州护法;1917年至1925年,孙中山在沪恺自迩路282号建立议员通信处,自己被中山及同人视为"广州南方护法政府驻沪办事处""掌门人"并坚守到最后;1918年受孙中山之邀,对"五权宪法"进行专门研究并编纂专著。同年,非常国会并通过了自己提出的派孙文、王正廷等五人为南方政府代表,参加"巴黎和会"的议案;1919年提出《组织军事委员会行政委员会提案》,多次提案选举孙中山为非常大总统;1921年8月收到孙中山致《咨复国会非常会议已饬外交部筹办出席太平洋会议文》。同年9月23日,与孙中山一起在广州召开代表会议成立"中韩协会";1922年9月3日,收到孙中山亲笔复信;1923年4月受孙中山派遣,出任上海洪帮"五圣山"副山主……

高振霄想着想着,不禁辞以情发,一份沾满泪水的哀悼孙先生的唁电,一蹴而就。而且连夜前往电报局发给孙中山的长子孙科(字哲生)。电文云:

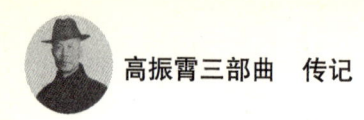

北京铁狮子胡同孙哲生先生鉴：

晚闻前大总统孙公噩电，不胜惊骇。孙公手造民国，启迪颛蒙劳身，焦思护法救国，扫历朝之积毒，开东亚之曙光。纺氓受其怫憬，环球钦其学理，而乃未竟全功，大星忽陨，小民共悲慈父，国家顿失长城。先知既没后生，何依瞻念前途，弥深悲痛。愿先生节哀继志，从事恢宏，临电神驰，哀悼不尽。

1925年3月19日，孙中山灵柩由协和医院移至中央公园（今中山公园）社稷坛前殿，从24日起，举行公祭。4月2日，孙中山灵柩移往北京香山碧云寺金刚宝座塔内安放。高振霄赴京参加中山先生公祭和国葬。1929年6月，高振霄又赴南京紫金山参加孙中山奉安大典。

"革命尚未成功，同志仍需努力。"伟人长逝后，高振霄以忘我的精神，继承革命先行者的遗志，投身于"振兴中华，福利民众"的事业之中。

第十六章　社会贤达

高振霄诀别国父孙中山后,寓居上海。他会同章炳麟、范熙壬等社会名流,内谴国贼、外争国权。第一次国共合作破裂后,高振霄转任"汉冶萍"清算委员会委员,参与其接管与整顿工作。

第十六章 社会贤达

高振霄诀别中山后,一直寓居上海滩。

此间,他以辛亥革命元老的身份,相继与章炳麟(号太炎)、范熙壬(字任卿)、王绍鳌等社会贤达,组织社会团体,继续关注国计民生。

章太炎虽然比高振霄年长13岁,但类似的革命经历与共同的理想,使他们由神交到过从甚密。

章太炎

早在1904年,轰动一时的"苏报案",章太炎陷入囹圄,高振霄曾在科学补习所演讲时,义愤填膺地针砭时弊,为章氏打抱不平。后来,高振霄所在的《湖北日报》《政学日报》因"漫画诗",被封报抓人,章太炎亦口诛笔伐,对清廷兴"文字狱"进行猛烈的抨击。

1912年1月1日,南京临时政府成立,他们均婉拒高位,均只出任一个象征性的角色——枢密顾问。

随后,他们一同加入民社、共和党,从此一起走过二十余年的风风雨雨。

1925年5月30日,上海学生两千余人在租界内散发传单,发表演说,抗议日本纱厂资本家镇压工人大罢工、打死工人顾正红,声援工人,并号召收回租界,被英国巡捕逮捕一百余人。下午万余群众聚集在英租界南京路老闸巡捕房门首,要求释放被捕学生,高呼"打倒帝国主义"等口号。英国巡捕竟开枪射击,当场打死十三人,重伤数十人,逮捕一百五十余人,造成震惊中外的五卅惨案。

惨案发生当夜,社会各界代表立即召集会议,决定扩大斗争规模,号召上海人民举行罢工、罢课、罢市,以抗议英帝国主义的大屠杀。在蔡和森、李立三、刘少奇等的领导下,31日晚上海有组织的二十余万工人成立了上海总工会,并选举李立三为委员长。6月1日,上海全市的总罢工、总罢课和总罢市开始了,其中包括二十余万工人的总同盟罢工,5万学生罢课,绝大部分商人参加罢市。

6月7日,由上海总工会、全国学生联合会、上海学生联合会和各马路商界总联合会推举代表,组成"工商学联合委员会",提出了惩办凶手并赔偿、取消领事裁判权,永远撤出驻沪的英、日海陆军等17项交涉条件。同时运动继续发展和扩大,北京、天津、南京、青岛、杭州、开封、郑州、重庆等全国各大城市和几百个城镇的人民,纷纷游行示威,罢工,罢课,罢市,通电,捐款,表示支援,形成了全国规模的反帝怒潮,并得到国际工人阶级的支援。

此时此刻,高振霄会同章炳麟等社会各界名流向租界当局严正交涉,提出"租界吏役擅杀华人,一切可以保护治安借口,恐虽专制君主,亦无此残戾也。唯有责成外交当局,迅速收回租界市政,庶几一劳永逸,民庆再生",强烈要求北洋政府出面交涉,施加外交压力,收回租界,并要求严惩凶手,释放被捕学生,向死伤者赔偿。

经社会各界斡旋,自6月1日起,北京外交部向驻京公使团领袖意国公使先后提出了三次抗议,6月16日北京政府还派专使蔡廷干、郑谦、曾宗鉴南下,与英、日等国六名委员在上海谈判。双方在上海一共开了三次会议,六国委员最后竟拒绝继续谈判,于是谈判中断,交涉移北京进行。

迫于中国社会的压力,上海公共租界将总巡麦高云、捕头爱伏生免职,中国收回了上海会审公廨。而顾正红案由上海交涉员与上海日本领事谈判,至8月12日始行解决,由日本纱厂与工人订立条件六款,附件三款,包括赔偿工人损失费1万元,补助罢工损失费10万元,日人入厂不准携带武器,不得无故开除工人,提高工资等。

五卅惨案发生后,罢工、罢课、罢市运动也广泛波及武汉三镇。6月10日,因英资太古轮船公司职员打伤搬运工人余金山,引发全体码头工人罢工。6月11日,一艘英国军舰停靠到华界的苗家码头,聚集了大批前往示威的中国群众。这时又发生英国水兵在江汉关附近用刺刀戳伤工人刘国厚的事件,人群又纷纷涌往出事地点。英租界当局出动义勇队、海军陆战队,关闭前后花楼街的铁闸门,阻断租界西南部的交通,迫使群众从西北方大智门离开英租界。到晚上10时许,大批中国军警奉命到英租界维持秩序,导致退避的中国群众被挤进英国人的防线,当场被英国水兵、义勇队射杀十余人。

得知汉口英租界惨案噩耗,高振霄与章太炎、王绍鳌等上海社会名流,于6月11日发表了一封《为汉口英租界惨案唤醒全国军人》通电。电文云:

第十六章 社会贤达

上海英捕房肇衅，贼杀吾民，交涉未了，而汉口英租界戕杀苦工之事又见告。是则英人于此，绝无悔过之心。究其所以跋扈如此者，实由频年军界内争，置外患于不顾，故英人得伺隙而起。临时政府及工商学界，对于此案，非无严重之抗议，相当抵制，而彼方犹恃顽强，听之藐藐。然则樽俎之外，当有折冲，非可以徒手交涉明矣！历观诸公对外交各电，濡笔陈词，非不慷慨，然果使同心卫国，何不连名署电，表示一致，使英人有所慑而不为？且国家之设军队，自警备队外，皆名国防，年来内战频繁，其始或能树名义，其终且自为私图，乃并国防名义而亦忘之。长夜未醒，外衅猝至，若不尽释旧嫌，武装卫国，微特本案永无了结，正恐英人所以蹂躏吾民者，又将出于上海、汉口之外。彼焰愈张，民心愈愤，此后越出轨道之举，又焉能保其必无，则遍地皆成荆棘，诸公亦无所藉手矣！窃请连名署电，敦促临时政府函外，更尝请求临时政府开一国防会议，以国防纪律之师，卫国防重要之地，庶足对现局而毙方来。仆等手无尺兵，不得不以空言督责。诸公身绾军符，高权在手，若亦以空言自了，甚非所以望于介胄之士也。

与此同时，武汉学生联合会、商会、农会等群众团体连日开会，督促湖北省长萧耀南对英交涉。

6月13日，北京政府外交部汉口特派交涉员、胡钧向英领事提出抗议，强烈要求英领事对这一事件负完全责任。英领事在15日的答复中，竟诬赖中国群众闯入租界，损坏英、日产业，英人始行开枪抵御。

胡钧是国会众议院议员与非常国会议员范熙壬的同窗好友，又是高振霄两湖总师范学堂的师长、堂长。高振霄与胡钧、范熙壬沟通，协调立场。范熙壬说，他正准备与李书城等旅京同乡会一行七人，南下武汉交涉汉案。高振霄表示，将组织旅沪同乡会声援。

范熙壬一行抵汉后，他代表旅京同乡会面见省长萧耀南，要求向英帝国主义提出收回英租界和人权问题。湖北省各法团外交后援会也力挺。各地媒体纷纷给予了报道。有一篇文章云：

范熙壬等返汉代表旅京同乡会汉案后援会与省各法团后援会拟《人权保障八条》《先决条件三条》《本案条件七条》于七月十七日武昌民众大会面陈省府，坚请执行：

京省代表向省当局提出请愿两策：

首先京代表范熙壬面递人权保障请愿书，又对英要求条件两公函：

（一）迳启者：查人权保障详载现行法律，本极明了。政府当局如能遇事尊崇法律，顾及民权、社会安宁、人群幸福……

（二）迳启者：汉案交涉事件前经暂提六条，函请查照办理在案。兹选经开

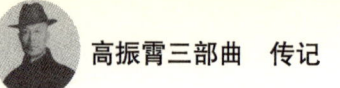

会缜密讨论,议决先决条件三条,本案条件七条各由省府负责提案提出,严重交涉,势非达圆满解决之目的不可……

资深国会非常会议议员南下及旅京、旅沪同乡会声援,原来态度暧昧的萧耀南此时腰杆子也硬了起来。他接过请愿书后,当即表达意见。报载:"省督劲容敬而答之:沪案初起,耀南即主张与国民一致,及汉案相继而起亦复如是。……乃不幸竟致发生误会。所幸诸公回鄂,各团体人士能力合作,相助耀南进行外交,并深感佩。保障人权是我分内之事,不日既当公布,并誓为遵守,以答诸公爱国家乡之盛意。"

接着,萧在交涉中驳斥英领事说:"机关枪是对付强大敌人的武器,而英军竟用来射击徒手群众,这个责任恐怕英领事无论如何辩论,也难以推诿。"

6月24日,英领事在复照中又将责任推到领事团,谓开枪乃领事团公意。对此,中国外交部汉口特派交涉员胡钧,又发出照会据理从下列三点严正驳斥:

一、事件发生在英租界;二、以机关枪射杀徒手群众者为英国水兵及义勇队;三、指挥开枪者为英国军官。

6月30日,武昌举行了六万多人的反英示威大会,会议由省议长屈佩兰主持,通过对英交涉条件,会后举行示威游行。可是,英领事的答复仍然抵赖,并说"如再有类似事件发生,吾等亦唯有取同一方法自卫"。

到了7月11日,武汉各界五万多人召开"汉案周月追悼会",向惨案中死难同胞致祭。会上高呼"打倒帝国主义""取消不平等条约"等口号,并宣布从当天起,实行对英经济绝交,不买英货。会后,举行了声势浩大的示威游行,范熙壬与李书城等人走在队伍的最前面。武汉报纸接连几天进行连篇累牍的报道。报载:"首先京代表范熙壬面递人权保障请愿书,及反英要求条件两公函。……并郑重请予三日内分别施行,借以安定民心,表示官民一致。"

在各方的压力下,英领事不得不同意举行谈判。7月23日,胡钧在与英领事会谈中提出解决汉案的最低条件:

一、撤退英军舰,解除英租界义勇队武装;二、英租界完全由中国军警驻扎保护;三、赔偿伤亡及因本案所受之一切损失;四、撤销太古公司在租界外之行栈码头及一切建筑物;五、英领声明担保不再有伤害、侮辱华人之行为。

尽管胡钧对武汉各团体联合会提出的收回租界、废除不平等条约、取消领事裁判权、惩凶、道歉等主要条件,只字未提。然而英领事对胡钧提出的这些最低限度的条件,也毫无诚意接受。经三次会谈,费时月余,最后宣告破裂。

谈判破裂的第二天,武汉各团体,由董必武、吴德峰、蔡以忱等人发起,筹备组织水陆大游行,对英帝国主义进行大示威。

第十六章 | 社会贤达

9月7日，武汉三镇16万群众，分四路举行水陆大游行。同一天，荆州、沙市、黄冈、鄂城等地，也举行了声势浩大的游行示威。

在中国上下强大舆论的压力下，英领事请出代理领袖领事——比利时领事从中斡旋，约定9月16日在交涉署继续谈判。经四次会议，于10月3日达成协议，10月20日正式签字。其要点如下：

一、撤退军舰问题，双方同意移京办理。解除义勇队武装问题，如中国当局兵力足以保护租界时，则英方不召集义勇队；二、中方军警在英租界沿江边马路设岗8处及巡逻队若干。中国官厅认为情况紧急时可通知英当局，派军队进入租界；三、赔偿问题，暂时保留，待再议；四、太古公司问题，仍由中英当局继续讨论；五、英租界当局切实通告各巡捕，不得无理侮辱华人；中国官厅亦应告诫华人，注意勿违警章。

弱国无外交。尽管包括高振霄在内的社会各界使出浑身解数，列强在中国的国土上的暴行屡有发生。

高振霄会同章炳麟、徐绍桢、冯自由等利用其社会影响，继续不遗余力地呼吁社会各界人士，为国分忧、为民请命。

直到1926年10月10日，北伐军光复武昌后，解决汉口英租界才列入汉口国民政府议事日程。

这年11月23日，天津英租界破获国民党天津市党部，逮捕15名国民党人，英方不顾国民政府的抗议，将被捕者引渡给奉系北洋政府，这激起南方国民党人反英情绪。

1927年1月3日下午2时，武汉三镇举行北伐胜利、迁都武汉的大规模庆祝活动时，中央军事政治学校的宣传队在江汉关前华界与英租界交界处的空地上进行反英宣传，要求废除不平等条约、收回英租界，聚集了大批听众，在江汉关形成大批中国民众与英国军警对峙的局面。

次日清晨，根据英国驻华公使的命令，英国领事葛福撤走义勇队、海军陆战队，下午又撤离巡捕。湖北省总工会纠察队和武汉卫戍司令部先后进驻汉口英租界。

1月5日，20万示威群众包围巡捕房，在混乱的情形中，英资企业全部停业，英租界内侨民全部搭乘军舰或商船离开汉口。武汉国民政府外交部长陈友仁拒绝了英方恢复汉口英租界的要求，最后在2月19日与英国公使代表欧玛利签订了《收回汉口英租界之协定》。

3月1日，汉口英租界工部局解散，3月15日，中国政府成立了汉口第三特别区，直属于国民政府外交部管辖。

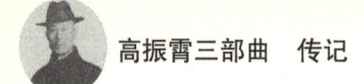

1926年1月13日,正值章炳麟虚岁59岁,依"做九不做十"的习俗,北洋军阀孙传芳为笼络社会贤达、名士,特送大餐券100席和白兰地一箱为章氏祝寿。

受孙传芳之电邀,高振霄与章太炎、徐绍桢、冯自由等十余人于2月22日抵达南京。当日晚,孙传芳在总司令部设宴为章太炎、高振霄等接风洗尘。

孙传芳

翌日正午,孙传芳再次设宴并邀本城各厅道作陪。席散后,孙传芳专为上宾们炮制的上乘狮峰山下胡公庙前的"御茶",章太炎与高振霄等同孙传芳在茶室继续商议时局问题。章对孙说:"督军之席颇不易为,试观已督军其结果未有良佳者,君今且为五省联会总司令,其权位之大较诸督军增加五倍,则尤不易,为希望好自为之,则五省人民之幸也。"高振霄亦告诫道:"传芳君手握重权,切勿尸位素餐,让列强为所欲为地鱼肉我同胞了!"

孙传芳当即信誓旦旦地表示:"诸公训示,传芳洗耳恭听,为国人效力是职责所在!"

2月24日午时,前南洋第九镇同人沈同午、杨建时等一百余人,于沈氏私邸设宴欢迎章太炎与高振霄等,饭后赴玄武湖游览。临行时,孙传芳专派军乐队与专挂花车一辆的优隆礼节欢送。随着军乐齐鸣,汽笛一声,列车缓缓移动,高振霄一行离宁返沪。

为了进一步在外交上给列强施加压力,高振霄会同章太炎、徐固卿、黄大伟、周伯尧、杨春缘、徐锡麟等各界名流,于是年4月12日,加入了以维护国权、确立外交方针、发扬民治精神为宗旨的国民外交协会。大家公推章太炎、徐固卿、黄子荫、邓家彦等为名誉会长,马湘伯任会长,杨春缘、沈田莘及高振霄等为副会长。

作为外交协会负责文宣的副会长,高振霄与同人于4月18日正午时,在四马路的"一枝香"酒楼举行了第二次国民外交协会同志聚餐会。参加本次会议的有《大陆报》郝志翔、《字林报》叶俊恺,及《申报》《新闻报》、各通讯社等中外新闻报界记者共百余人。章太炎在会上发表了即席演说,他说:"民国十五年来,内政不修,外交凌夷,国民若不起而努力,将来必失去国性。今本会既经成立,希望群策群力,一致对外。"

4月25日,高振霄与黄介民、沈仲杰、孙霁青、徐翰臣会同文书股起草国民外交协会对内对外宣言,对北洋军阀及帝国主义者严加警告。

1927年,第二次国共合作彻底破裂后,高振霄遂淡出政坛。

高振霄离开政坛后,一度投身于汉冶萍公司的整顿工作,践行其"振兴中华,福利民众"的理念。

19世纪60年代,随着洋务运动的兴起,以李鸿章、张之洞为代表开始兴办近代军工企业和民用企业。1890年张之洞在汉阳大别山(今武汉市龟山)开始动工兴建湖北铁厂。张之洞致电李鸿章,决定开办大冶铁矿。1893年初,大冶铁矿基建工程竣工。同年9月标志着中国近代钢铁企业诞生的汉阳铁厂亦竣工投产。1908年,时任经理盛宣怀奏请清廷批准,合并汉阳铁厂、大冶铁矿和萍乡煤矿,正式成立汉冶萍公司,堪称"中国钢铁工业的摇篮",也是当时亚洲最大的钢铁联合企业。由于汉冶萍公司是清政府唯一的新式钢铁联合企业,控制该公司实际上等于控制了清政府的重工业。

1918年,随着第一次世界大战结束,一片繁荣的汉冶萍公司宛于昙花一现,一落千丈,迅速萧条下来。不久,汉阳铁厂1号高炉、2号高炉相继停产。

日本对汉冶萍公司早有吞并之心,竭力给中国政府贷款谋求控制权。

高振霄早已看出日本的卑略行径,将其阴谋告白天下:

二十世纪的世界是煤铁的世界。欧美地方,都有缺乏的呼声。日本立国的要素,更是缺乏这项东西。所以竭全国的死力,来图谋这大冶的铁矿。汉冶萍公司借了日本两千余万。日本的野心,天天在那地想行使他的债权的作用。我湖北人,自南京政府时候,就拼命地想争回自办。九年以来,湖北全体人民,都把这事认为"全国生死"的关系。就是欧美实业家政治家,都说是东亚和平不和平的关系。欧战期间,日本人用汉阳铁厂念五两一吨的铁,制造枪炮,卖给我们中国的李完用杀我们的同胞,到还赚了亿万金钱。可惜了日本总没有机会,把这铁厂弄到手。现在听说汉阳铁厂停了工。这中间的黑幕,一定是什么督军省

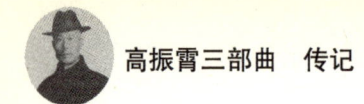

长,受了运动,替日本人造机会。你既停了工,他当然借口债权的问题,同中东铁路一样。"

随后,国民革命如火如荼,北伐军由广州向北挺进,攻势如潮,节节胜利。国民政府农矿部宣布成立清算汉冶萍委员会,限令汉冶萍公司于1929年3月,将所有煤铁厂矿及一切财产交由清算委员会接管。

高振霄向国民政府提出辞退宪法委员会等职务,主动要求从事参与对汉冶萍公司的整顿清算工作。

得到授权后,高振霄以汉冶萍公司清算委员会委员身份参与接管工作,出台整理汉冶萍公司办法,并大声疾呼:

湖北人呵;中国人呵! 这铁是中国的'脊梁精'。若是弄到日人手中,就同打断了中国的脊梁。东亚的和平,也就永久无望了。

高振霄维护民族工业的举动遭到日本无理反对。日本驻上海总领事重光葵以接管汉冶萍是侵犯日本帝国利益的名义,向民国政府连续三次提出抗议,一次比一次强烈。派军舰"嵯峨号"、"浦风号"开进黄石石灰窑江面。甚至扬言,如果国民政府前来接管大冶铁矿,日本将派陆战队上岸"保护"。

1927年7月25日,日本首相兼外相田中义一向天皇呈交了一份题为《帝国对满蒙之积极根本政策》的文件,1929年末经南京《时事月报》披露后被称为《田中奏折》,这份文件中提出:"惟欲征服中国,必先征服满蒙;惟欲征服世界,必先征服中国。"

国内的军阀混战,日本乘隙而入,汉冶萍公司的形势愈加严峻,每况愈下。高振霄望洋兴叹:回天乏术!

抗日战争爆发后,国民政府军政部兵工署以"前方抗战需要,自行铸造钢件甚急"为由,拆迁汉冶萍公司的钢铁厂,另在重庆创办新厂,以建立国防重工业基地。为不给侵略者留下工厂,对未能抢运走的设备设施实行了爆破,张之洞一手创建起来的工厂,在一阵阵爆炸声中夷为平地。

第十七章　协力抗倭

> 高振霄利用"五圣山"的平台，会同张执一、黄申芗，网罗了一批洪帮与青帮中的爱国分子，以及具有民族责任感的知识分子等各界知名人士，开辟了一条民间抗日联合的新途径。

第十七章 协力抗倭

他乡遇故知,是人生的一大快事。

1931年秋冬时节,高振霄在武昌首义的老战友黄申芗来到上海。黄申芗系湖北大冶人。原名绍香,字少骧、圣养。他是于"九一八"事变爆发后,毅然走出世外桃源庐山,来到上海参加抗日救亡运动的。

老友在上海滩重逢,二人甭说有多兴奋。

作为先期在沪上落户的高振霄,特设家宴为老友接风洗尘。二人开怀畅饮,倾谈离别之情。黄申芗深情回忆了这几十年曲折的生活经历:

1905年,黄申芗与他人组织同心会等。次年投入湖北新军,后考入特别陆军小学堂。日知会被破坏后,他在湖北新军中最早发起组织种族研究会,以后又组织过军队同盟会、群治学社等革命团体,与高振霄相交相知。共进会湖北总部一成立,他将各团体归并,加入共进会,并成为主要负责人之一。在收编会党、发展革命组织及策划新军武装起义等方面,做过大量工作,1910年他与李六如等密谋响应焦达峰在长沙的起义,事泄走沪。武昌起义后任湖北都督府近卫第二协统。被张难先先生称为"共进会的翘楚,为革命努力很久,对革命运动最有力者"。

1913年,黄申芗和詹大悲等在汉口策划讨袁,事败潜离武汉。

黄申芗文思敏捷,出口成章,尤工诗词,著有《圣汉诗稿》一卷传世;又善武略,可谓文武双全。他的才干,深得孙中山先生的赏识。1916年8月,黄氏老母七十大寿时,孙中山、黎元洪都派人专程到大冶,送去祝寿的中堂。从这一点上就可以看出,孙中山与黄申芗的关系非同一般。

酒过三巡,黄申芗带有几分醉意、又有几分惆怅,向高振霄吐露了自己参加护法以来的主要经历——

1917年护法军兴,孙中山任命的首位关外大都督蓝天蔚在鄂西组织靖国军,黄申芗应邀前往出任参谋长。不意,骄横的军阀利用卑劣手段将蓝天蔚阴谋杀害。黄申芗悲愤地离开鄂西前去庐山隐居。

直到1924年,经粤赣边防军务督办、黄的小学同学方本仁极力推荐,黄申芗出任江西水上警察厅厅长,管理赣鄂皖三省间(上至富池,下至安庆)水上警察事务。水警厅设在南昌赣江门外滕王阁附近。

"一官犹在水,无日不风波。"黄对水上警厅生活深感厌倦,对集党政军大权于一身的蒋介石不信任,又风闻政局有变,于是于1926年断然请辞。随后,举家迁移至江西彭泽县再次过起隐居生活。

黄申芗曾在《寄居彭泽遣兴》序中写道:"彭泽因山为城,环抱可爱,故昔人有'青山好处唯彭泽'之句。余既赏彼天然之胜,又以渊明故治遗风犹存,遂谋

别墅于此。城北有水萦回而入,是曰回塘。塘外有洲,多古柳,曰柳林洲。洲上有台,曰小姑洑台。盖于是处望小姑山,犹觉明媚也。扬子江至小姑洑与彭郎矶之间,忽分流逆转而上,约五里,迄彭城,旋折而东去。江山如此,可不谓有情乎?彭郎矶流甚急,近矶处产鲤绝佳,以故彭泽鲤鱼称美于世。盖凡鱼游急水者,其鳞尾必甚活跃而有力,其味无不鲜美也。城中居人,可千户。市上兼沽名酒,曰陈年封缸,味醇而烈,每饮必醉……"

这时候,黄申芗采纳了其兄黄壬芗(字芷屿,辛亥武昌起义时,曾任第七协十四标军需官)的建议,在离彭泽县城几十里外的东方村(即今杨梓镇的方家店),买了一些荒山和荒田,从老家湖北大冶招募了一些闲散劳力,办起了一个小型农场。

黄壬芗早年受实业救国思想的影响,对果树和农作物栽培很有研究,且精明能干。他每天带着工人,不是在果园里浇水、剪枝、打叶,就是在田间松土、间苗、除草。自得其乐。

黄申芗与兄长一道,在此过起了典型的耕读生活。在此期间,他读的书很多,涉猎极其广泛,除了经史子集类的书外,释、道两家的书也读了不少。同时对马列主义著作也产生了浓厚的兴趣,阅读和研究了一些方面的书籍。

这段时间,兄弟情笃,一家人和睦相处,生活比较平静,心情格外愉快,还与彭泽当地名门联姻。"为辟桃源地,移家竟可居。客归花照户,午睡鸟探书。木尽牛山美,蔬兼鼠壤余。绕田风光好,春在野人庐。"

黄申芗在彭泽县城内购得民房一栋(今县公安局院内),与山中桃源农场相呼应。可惜,好景不长。当时彭泽山区的治安不好,土匪猖獗,抢劫事件时有发生。他有个在国民革命军任副团长的侄子,回家省亲期间,被土匪杀害。这件事对黄申芗刺激很大,他曾对这个侄子抱有厚望,视同己出。侄子北伐时曾任先遣队支队长,作战勇敢,屡立战功。

屋漏偏遭连夜雨。时至1929年,黄申芗的次子黄宣在安徽大学肄业后,任九江海关税务科员,因病不幸辞世,归葬在彭泽县城北郊。

如此天灾人祸,让黄申芗兄弟丢了两个亲人遗骨在彭泽,且均是白发人送黑发人。黄氏兄弟承受不了中壮年丧子的打击,便把农场托付给长子黄元和表弟胡九如管理。兄长黄壬芗一家回了湖北,黄申芗则上了庐山,住在牯岭附近的剪刀峡。住处是幢石头结构的房子,名曰六泉山馆,自号六泉主人。

1931年"九一八事变"的炮火,重新燃起了这位辛亥革命元老的爱国激情。黄申芗就在这苦恨报国无门的时候,来到上海加入中共组织,以满腔热情参加抗战运动。

第十七章 协力抗倭

高振霄在听了老战友的一席话后,不禁感慨万端。他对黄氏兄弟丢了两个亲人遗骨在彭泽,表达深切的哀悼之情!同时也为黄申芗走出痛苦的低谷,而投身民族救亡而感到由衷的高兴。

接着,高氏讲述了自己辞去在宪法委员会委员后,正式将家人由广州海珠国会议员招待所(长堤海珠酒店),迁往上海法租界钜籁达路晋福里(今巨鹿路181弄晋福里10号)居住的过程。

高氏后裔前往高振霄旧居巨鹿路181弄(晋福里)寻根

为了让老友尽快熟悉上海的人文地理,高振霄以东道主身份介绍了上海法租界与钜籁达路的风土人情——

提到上海大都会,自然得说说法租界。上海法租界是上海的两个租界之一(另一个是上海公共租界),主要位于新中国成立后的上海市卢湾区(现已并入黄浦区和徐汇区两区)内,东部狭长地带则伸入今黄浦区。

上海法租界是近代中国四个法租界中开辟最早、面积最大、也最繁荣的一个,另外三个分别是天津法租界、汉口法租界和广州法租界(沙面)。该租界于1849年开辟,1900年小幅扩张,1914年开始大幅扩张成立法新租界,1920年代发展成为上海最好、最高级的住宅区。

在法租界发展的早期,这是由于较之公共租界,法租界更为接近华人居住

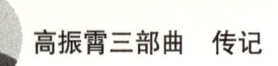

的旧城区,而且很早就有众多的华人居民入住,消费人口众多。在第一次世界大战以后,则是由于法新租界良好的基础设施和环境,吸引了大批欧美侨民和中国中上层人士入住,具有发展为繁盛商业区的基础。太平天国战争期间,上海法租界因为大量华人涌入,才开始兴盛起来。

由于法国政府在二战期间坚持中立立场,所以在抗战期间,上海法租界成为各方人士的云集的地方。抗战前,上海法租界内华人人口增加到将近50万,是1910年的五倍。

租界内的钜籁达路,由上海法租界公董局修筑于1907年,当时属于越界筑路性质。之所以起名钜籁达路,是公董局为了纪念1901—1908年间三任法国驻沪总领事钜籁达(Louis Ratard)而命名。钜籁达在任内与上海道台开议扩展法租界至上海县城西门外自方浜桥至斜桥一带,修筑了钜籁达路,首铺有轨电车轨道等。

上海巨鹿路(原上海法租界钜籁达路)

这条路自东向西(东起现在的金陵西路,西至常熟路),全长2290米。这里生活气息的浓郁它没有复兴西路那么精细,但也很容易把它同五原路、新乐路这一类的西区小路区别开来,因为它更复杂,也更有魅力。

钜籁达路给人的印象是神秘的,神秘的洋房上有秋千,神秘的花园里盛开着白色的杜鹃花。底楼带天井的书店更像是摆流水席的客堂间;而大花园被改造成露天的餐厅。它是一副非现实、非理性的样子,只是多了幽幽的无可奈何。一些人却亲昵地称它为上海的"兰桂坊"。

高振霄对黄申芗说,这里的法式花园住宅林立,蒋介石的爱庐就在这里。1927年12月1日,蒋介石与宋美龄在此结婚。宋子文当年在上海有多处住宅,

第十七章 协力抗倭

其中他于1921年建于此处的宋子文私宅,是其两幢法国式建筑之最爱之一。上海法租界也是帮会组织的大本营,不仅洪帮在这里,青帮的黄金荣和杜月笙亦然。

他们边喝边谈,黄申芗不禁勾起了对在此牺牲战友的怀念。他对高振霄说,1930年9月,钜籁达路391弄12号的一幢石库门三层楼房挂出了"上海福利电器公司工厂"的招牌。这就是中共创办的第一个无线电训练班的所在地。这年12月17日,冲进来6个巡捕,在场的张沈川等20人全部被捕,所幸休息在三楼的石光乘特务不注意已设置了安全警号。被捕的20人没有泄露党的机密,也没有一人承认是共产党员,但仍被分别判处有期徒刑,后来有4人在狱中病逝。

高振霄在安慰老友时说,我们对烈士最好的纪念,就在不同的岗位上,用不同的方式同倭寇作殊死的斗争。

1932年1月,日本侵略者的铁蹄长驱直入,把战火烧到了上海。1月28日,十九路军毅然扛起淞沪抗日战争大旗,与日寇进行了一场殊死的血战,经过一夜你死我活的肉搏战,一举歼灭了入侵闸北的所有日寇。赢得了中国人民尤其上海社会各界的广泛支持。

图 "八一三"淞沪会战之国军在阵地上

高振霄一方面与章太炎、冯自由等名流,揭露倭寇践踏祖国河山的强盗行径。另一方面他与向海潜、黄申芗等故旧过从甚密,组织洪帮"五圣山"兄弟,帮助黄申芗等中共地下党,以不同形式投身抗日救亡运动。

一天,高振霄看到法国记者来采访十九路军司令长官陈铭枢的报道,备受振奋。报道说:2月18日,陈铭枢在上海寓所接见了法国记者,记者问:"请问这次战争的意义是什么?"陈铭枢斩钉截铁地回答:"日本侵略我们,我们就得反抗！意义明了：反侵略战！"记者又问："中国方面有必胜的把握吗？"陈铭枢毫不犹豫地答道："我们只知道，谁侵略我们就反抗谁！至于胜败，我们始终就没有想到这个问题。"

高振霄急忙放下手中的报纸，立刻打电话与陈铭枢将军联系，并亲自将提前组织好的物资送往陈铭枢司令部官邸。一边慰问铁军，同时与陈铭枢司令共同商讨抗战大计。

黄申芗则按照中共地下组织的意见，委托原来的部下杨方珍（1924年，黄任江西水警厅长时，杨曾任军需主任），商得大慈善家朱庆澜、王一亭两人同意，与高振霄一道发起上海市爱国商民认捐。

同时，高振霄与黄申芗还多次组织担架队、医疗队抢救伤兵，组织便衣队为十九路军提供情报，组织劳军队为十九路军提供后勤补给……

在全体上海市民的支持下，十九路军将士士气高涨，同仇敌忾，誓与日军决一死战，使敌人付出了惨重的代价。在双方对峙期间，日军三易其帅，也没能夺得一寸土地。

不久，黄申芗将上海法租界即今襄阳北路44弄仁德村15号的一幢三层楼的房子全部租下。

这里地处深巷，极其隐蔽，又在法租界内，为联络工作方便，黄就将中共地下党的秘密联络站设在这里。中共党员和民主人士潘汉年、李杜、安娥、张执一、王学文、王绍鏊、刘仲容等人均是这里的常客。

上海成为孤岛后，黄申芗深居简出，谨言慎行。为掩人耳目，高振霄与黄申芗会同当时的一方名士江眉仲、孙华复、袁巽初、余越园、陈屺怀等人组织了一个诗社，作为革命工作的掩护。其中袁巽初，是两广总督袁树勋之子，清末任过督练公所总参议。蒋介石赴日留学，"曾受其试，称弟子焉"。著有《巽初词》。余越园，名绍宋，又字樾园。清末入日本法政大学留学。后历任司法部参事、次长、北京法政专门学校、北京美术专门学校校长、北京师范大学、法政大学教授等职。擅长金石书画诗词。著有《书法要录》《书画书录题解》《寒柯堂集》等。陈屺怀，名训正，是陈布雷的堂兄。早年东渡日本，后加入同盟会。曾任上海商报总编辑及社长、浙江民政厅长与杭州市长。著述十分丰富。

1934年，高振霄会同黄申芗积极推动并参与中华民族武装自卫委员会的筹建工作。4月20日，《中国人民对日作战的基本纲领》发表。纲领由宋庆龄、何香凝、李杜等1779人签名，以中华民族武装自卫委员会筹备会名义发表。

《纲领》呼吁中华民族武装自卫，把日本帝国主义驱逐出中国。5月初，武装自卫委员会总会成立,宋庆龄任主席,黄申芗任民众武装部长,李定南任组织部长,林里夫任宣传部长,李国章任军事部长,陈璧如任总务部长,章乃器任经济部长。后来黄申芗改任交际部长,由李杜任武装部长。1935年,黄申芗还通过李杜、王德林的关系,与周保中派出的代表张建东取得了联系,帮助周向各方面号召,筹集饷款。中共地下党员王学文回忆道:

黄申芗系共产党员,参加过武昌起义,认识李六如同志。1935年上海特科遭受大破坏,当时负责人邱吉甫被捕。我由香港到上海,与特科接上关系后,即和他们一起维持上海特科被破坏后的局面。当时也和申芗同志发生了一个时期(自1935年末到1936年初)的横的关系。他当时有许多关系(在上海和南京等方面),因非上下级关系,我不便问,但由于工作上的关系,也知道一些:如通过黄找到潘震亚(当时的红色律师),和黄一起主持介绍李杜入党的仪式……

早期中共地下党员王绍鳌,也于1955年8月9日,给当年地下党负责人、新中国成立后时任中央统战部副部长的张执一,以及中共上海市委统战部写信,说明高振霄与黄申芗的关系。信中云:

黄(申芗)和我曾在短期内一起工作过,我和党发生地下工作的关系,也是由他介绍的。根据我了解,他是全心全意忠于革命的一位同志。从1934年起,他就为着革命事业开始做广泛的统战工作,曾组织了一个抗日反蒋的秘密团体,……黄与上海最大的洪帮"五圣山"大佬高汉声(即高振霄,参加过武昌起义)广泛地网罗了洪、青两帮许多爱国分子,以及一部分不满现状的小资产阶级知识分子,确能替革命开辟广阔的统一战线的道路,兄所深悉。

1936年,在隆重纪念"一·二八"抗战四周年之际,上海各界正式成立了救国联合会。2月间,职业界救国会、国难教育社相继成立,都加入了各界救国联合会。5月,全国学联、全国救国联合会也在上海成立。

此时,高振霄利用其"五圣山"副山主的身份,与向海潜积极斡旋,筹组洪兴协会将上海滩的四十多个洪门团体实行大联合,团结起来一致抗日。

为了贯彻《八一宣言》,扩大抗日民族统一战线,黄申芗经常与时任中共上海地下党负责人、中共江苏省军委委员张执一秘密开展地下工作。张执一,原名谨唐,湖北汉阳人,1934年在武汉曾领导许澄宙从事青年、宣传与农运工作,后因散发传单被捕,进入反省院,与许澄宙被关押在一起有半年之久。1935年9月来到上海滩,正式更名'执一',意即:哪怕牺牲自我,也要坚持斗争到底,执一不二!担任上海各界救国会干事,参加学运、军运和兵运工作。他曾在鲁迅逝世的追悼大会上为鲁迅先生扶灵……

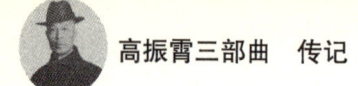

许澄宙是高振霄的亲戚,当时正住在上海法租界钜籁达路晋福里高振霄的家中。一日,许澄宙找到张执一。两人在聊天时,许澄宙不经意透露出他的亲戚高振霄是洪帮最大山头"五圣山"二当家,曾是辛亥革命老人、孙中山高等顾问、护法国会议员,虽然清高自赏,但是颇有民族气节和侠骨义气。张执一曾多次听黄申芗说起湖北老乡高振霄,今天又听到许澄宙的详细介绍后眼前一亮,决定尽快拜访洪帮大爷高振霄,策划"洪帮"联合"青帮"一致抗日之事。

在许澄宙和黄申芗的引领下,张执一等三人一行来到上海法租界钜籁达路181弄晋福里。晋福里是颇具上海新里弄建筑特色的民居,建于二十世纪二十年代初,门楼上方书写着"晋福里"三个字,门楼下面的通道宽敞,可供汽车通行。晋福里是高振霄创建五圣山时买下来的,里面的住户大都是洪门兄弟。

门口两名站岗的洪门兄弟见到是许澄宙等,打过招呼后,没加盘问就请三人进去了。进入大门后,张执一看到左右两边,八栋灰色三层楼平行排列。待走在狭窄的楼道里,张执一意想不到的发现并感慨:堂堂洪帮大佬,虽然有座座楼群,自己的居住环境却很平常,与一般平民没有两样,楼梯过道仅能一人通行。这给张留下了深刻的印象。

巨鹿路181弄(晋福里)10号(后为高振霄夫人沈爱平居所)

许澄宙敲门后,门童应了一声,忙打开了房门,问明情况后将三人带到正堂。高振霄在书房听到有客人来访,放下手中的书卷,闲步走来,看到许澄宙、黄申芗都是熟人自不必说，还有一位后生虽不熟悉，估计也是两人好友，所以热情地请三人落座，并嘱咐佣人泡一壶上好的龙井。

待众人落座后，高振霄亲自给每人斟上一杯龙井。此时，许澄宙、黄申芗争先向高振霄介绍起张执一的情况。

张执一速拱手向高振霄施礼到："晚辈执一，久闻高老先生大名，今日有幸登门拜访，真乃三生有幸，请您老多多指教。"

"哈哈，贤弟过奖喽。我看你相貌堂堂，可真是年轻有为啊。既然你是澄宙、申芗的好友，那自然也是我高某人的朋友了。有什么能用到我高某人的话，尽管说，我一定全力以赴。"高振霄爽朗地答道。

"既然高老先生这么痛快，晚辈也就不再拐弯抹角了。这次前来拜访，想请高老先生利用洪帮'五圣山'的'护身符'，团结一切可以团结的力量，为抗日尽一份力。"张执一诚恳地请求道。

"没问题，在抗日这件事情上，我的态度一直很明朗，只要是有良心的中国人，都应该为抗日尽一份心、出一份力！鄙人一直在关注小日本的狼子野心，早年老夫当国会议员期间，就全力反对丧权辱国的'二十一条'，支持王正廷不在'巴黎和会'上签字。现在小日本越来越猖狂了，我辈应该团结一致，全力对外，保家卫国。"高振霄态度坚定地说。

"鲁迅曾说过，'我们从古以来，就有埋头苦干的人，有拼命硬干的人，有为民请命的人，有舍身求法的人，……这就是中国的脊梁。'晚辈看老爷子您就是我们中国的脊梁。早就听澄宙、申芗说高老先生豪爽仗义、事事以民族大义为重，今日一见果然名不虚传。"张执一紧紧握着高振霄的手敬佩地说道。

"是啊，'苟利国家生死以，岂因祸福避趋之'。在国家、民族遭遇危难之际，每一个中国人都应该勇敢地站出来，用我们的生命来捍卫她！我对苏俄十月革命十分了解，对贵党的主张：'停止内战、一致抗日'十分赞成，一直通过澄宙和申芗全力协助贵党抗日。"高振霄深情地说。

高振霄说他了解苏俄十月革命一点都不假。早在1919年，他在当《惟民》杂志主编时即在《社会主义与我》一文中写道：

俄之波尔失委克（即布尔什维克）是人类真正的幸福，不出十年，必要实现的……这社会主义，比如春风吹草，一道元阳开泰，凡是有根的生物，都要自然发扬起来。我自己要不自觉自制，身体力行，那就被社会所淘汰，成了过去废物了。

高振霄与张执一虽然是初次见面，但经过一番倾心吐胆的交谈，二人一见如故，颇有相见恨晚之感。

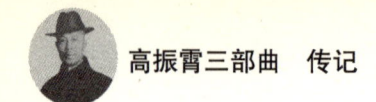

高振霄当即表示,他看过中共中央1935年8月1日发表的《为抗日救国告全体同胞书》(即《八一宣言》),宣言阐发了国防政府的主要职责是抗日救国,其行政方面包括以下十点:一、抗日救国,收复失土;二、救灾治水,安定民心;三、没收日寇在华一切财产、粮食、土地,交给贫苦同胞和抗日战士使用;四、没收汉奸卖国贼财产、粮食、土地,交给贫苦同胞和抗日战士使用;五、废除苛捐杂税,整理财政金融,发展工农商业;六、加薪、加饷,改良工、农、军、学各界生活;七、实行免费教育,安置失业青年;八、实行民主自由,释放一切政治犯;九、实行中国境内各民族一律平等政策,保护侨胞在国内外生命、财产、居住和营业的自由;十、联合一切反对帝国主义的民众作友军,联合一切同情中国民族解放运动的民族和国家,对一切中国民众反日解放战争等善意中立的民族国家建立友谊关系。所有这些,都反映了社会各界各阶层人士的共同心声。他自己也愿意全力以赴帮助中共,为抗战尽一点绵薄之力。

告别时,他们相约下次到高振霄家里进一步商量组织联合抗日武装事宜。

言必信,行必果。

在与张执一见面不久后,高振霄便承约五圣山"龙头"老大向海潜,与张执一、陈家康在自己的晋福里家中进一步秘密会晤,促成双方达成一致抗日共识。

张执一与陈家康一进入室内,就看到向海潜已经在那儿等候了。经高振霄介绍,因三人都是湖北老乡,大家均用家乡话交谈,倍感亲切。

当谈及团结一切力量,组织抗日民族统一战线时,三人一拍即合。自此,高振霄的寓所成为协助共产党积极抗战的一个重要据点,高振霄与向海潜麾下的洪帮成为支持共产党积极抗战的一支重要力量。

高振霄与张执一的关系也愈加亲密起来,成为无话不说的好友。一天,张执一写信给高振霄:"初到芜湖,天气很冷,冻得吃不消,老兄可否借我一件御寒的旧外套。"高振霄看到后焦急万分,连饭都顾不上吃,马上把自己一件灰色马裤呢长袍托人送给了他。此后,高振霄还利用洪帮关系,经常帮助张执一秘密送出去大批共产党青年干部。有一批青年还辗转去了延安革命根据地……

新中国成立后,张执一对此次同高振霄与向海潜的一段交往,仍记忆犹新。他在回忆录中写道:

1936年夏天,我正在"上海文化界救国会"作干事工作,许澄宙前来找我。许在武汉参加共青团,曾受过我的领导,1934年在武汉因散发传单被捕,进入反省院,同我关押在一起有半年之久。这时他正住在上海法租界钜籁达路晋福里一个亲戚家。这个亲戚叫高汉声(振霄),是湖北辛亥革命老人,曾任北洋政府

第十七章 协力抗倭

时代的国会议员……长期住在上海作"寓公",搞"洪帮",成为上海有名的洪帮头子之一。我到高家找许澄宙,认识了高汉声。经过我同高谈话,他表示愿意协助我们党做工作。从高的谈话中,其中有个最大的洪帮头子叫向海潜(号松坡),也是辛亥老人,原来是孙中山在长江一带搞革命的社会力量的支柱。向曾组织部队反对北洋军阀。失败后,到日本投靠孙中山,由孙中山布置到上海搞洪帮运动,成为上海最大的洪帮五圣山的"龙头",并且拉高汉声任五圣山的副头目。

在我认识高汉声不久,同我一道搞学生工作的陈家康(新中国成立后曾任外交部副部长),被党组织分配去搞工人运动。当时上海工人中洪帮分子很多,他为了利用洪帮身份去接近工人,曾要党通知我,介绍他同高认识,打算通过高认识向海潜,参加洪帮。高汉声为陈家康介绍了另一个洪帮头子李凯臣(此人后来在抗战时跟汪精卫当汉奸,任伪长江航务局长。日本投降后,被国民党捕逮,死在狱中),陈家康便参加李凯臣的"山头",利用洪帮的名义去活动工人。我有时去高汉声家,争取他为我们做工作,在洪帮头子中宣传抗日反蒋。

1937年抗日战争爆发,向海潜积极表示抗日,高汉声便要介绍我同陈家康去见他,经党组织同意后,我们便同向海潜见了面,谈得很好,他表示愿意秘密协助我们党工作,我们就推动他支持"救国会"活动。

洪门的帮规很严格,是洪门长期以来形成的规矩,各种活动严加保密,多为地下组织活动。高振霄为了不连累家人,很少将外面的活动告诉家人。一般家里来什么人或者从事什么活动,妻子沈爱平总是主动回避,将两个幼小的女儿带到后堂去玩。

不过,沈爱平早就知道丈夫与共产党走得很近,自己也与张执一夫人经常来往。至今,高家还保留着沈爱平给李先念主席、张执一部长的信件底稿。

1936年5月,在上海成立了全国各界救国联合会,由全国五十多个来自全中国的团体代表出席,会中发表宣言,呼吁停止内战、释放政治犯、建立统一对抗日本侵略的政权。当时选举了马相伯、宋庆龄、何香凝、沈钧儒、邹韬奋、章乃器、史良、王造时、李公朴、沙千里、陶行知等人担任执行委员。

7月15日,沈钧儒、章乃器、邹韬奋、陶行知联名发表《团结御侮的基本条件与最低要求》,呼应中共《八一宣言》之停止内战、组成抗日民族统一战线的主张,要求国民党停止剿共。而11月12日救国会举行了孙中山的纪念活动,担任主席团成员的史良也要求国民党政府停止内战、联俄容共、扶助农工。救国会多次同情中共的举动,惹恼了当时的国民党右翼分子,也得罪了上海的日军。

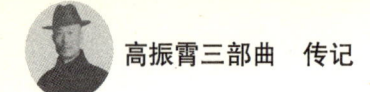

当时日本驻沪总领事若杉即命令领事,约见国民党上海市政府秘书长俞鸿钧,要求逮捕救国会成员。

果然,11 月 23 日上午,沈钧儒、章乃器、邹韬奋、史良、李公朴、王造时、沙千里等 7 位救国会的领导人,以"支持工人罢工,扰乱社会秩序,危害民国"的罪名陆续在住宅被捕。由于 7 人都具有专业的社会地位,因此被称为"七君子事件"。

为此,中共在全国发动了向国民党抗议和营救"七君子"的运动。以宋庆龄为首,何香凝等各界知名人士都参加了联名向江苏高等法院提出声明,如果"救国有罪",大家都愿入狱,同国民党进行针锋相对的斗争。作为民国初期国会议员与护法非常国会议员,高振霄也立即表示声援"七君子"的爱国行动。

1937 年 4 月 3 日,国民党控制的江苏高等法院正式起诉"七君子",并另外通缉在美国讲学的陶行知等 7 人,随后也在苏州开庭侦讯"七君子"。

为了营救"七君子",宋庆龄找到高振霄,希望利用高振霄在国民党内的地位,以及洪帮在全国各地的影响,参与营救。

高振霄早年一直追随孙中山,并在广州结为患难知己。孙中山对高振霄"至可钦佩"。

他与宋庆龄也是旧识,当年高振霄母亲从武汉来上海时,宋庆龄和蒋介石、宋美龄曾亲自到码头迎接。蒋介石经常尊称高振霄为老师。

受宋庆龄之托,高振霄前往南京面见蒋介石,劝其立即释放七人。当老蒋与他们打哈哈时,一向耿直的高振霄厉声质问道:"爱国难道有罪吗?如果爱国也有罪,那么你把老夫也抓到监狱里去好了。"

与此同时,宋庆龄、何香凝、胡愈之还发起"救国入狱"运动,张执一也受命积极推动。宋庆龄甚至到苏州监狱要求与"七君子"一起坐牢。高振霄代表社会各界力挺。

卢沟桥事变发生后,高振霄会同向海潜于 7 月 21 日,致电声援北平宋哲元委员长暨二十九军全体将士。电文云:"君等抗战,忠勇激发,无忝于我民族英雄之本色,今者政府态度坚决,人民万众一心,前线士气,必益涨起,杀敌图存,千钧一发。海潜韬晦沪滨仍愿本总理反清复明精神,率海内素以保障民族为职志之在乡健儿,请缨政府,群起与彼周旋,粉身碎骨,亦所弗辞,谨布衷忱,用以互勉。"

次日,二人又直接致电蒋介石,表示"弟虽不才,愿以在野之身,统率海内健儿,与暴日一决生死,一息尚存,义无反顾,悲愤待命,无任屏营"。

再说经过中共与宋庆龄、高振霄等各界爱国者人士的共同努力,1937 年 7

第十七章 | 协力抗倭

月 31 日"七君子"终于被释放。为此,高振霄与向海潜一道特意在自己的宅邸为"七君子"接风洗尘,并公开表示支持"救国会"运动。

高振霄参与营救的"七君子"
(右起邹韬奋、李公朴、沙千里、沈钧儒、章乃器、史良、王造时)

第十八章 "心腹大哥"

> 经高振霄斡旋,张执一、陈家康等,在晋福里高宅与向松坡会晤,相谈甚欢。接着,高振霄主持了张、陈一行加入洪帮的开堂仪式,向松坡赐他们为"心腹大哥"……

第十八章 "心腹大哥"

"国破山河在,城春草木深。"

1935年,日本帝国主义开始制造各种借口侵略华北,中国的民族危机更为加深,民族矛盾急剧上升,成为当时中国社会中最主要矛盾。

国际上,德、意、日等国的法西斯势力,越来越严重地威胁着世界的和平与安宁。它们对各国共产主义运动的仇视和迫害,迫使共产国际不能不开始考虑对策。显然,当时的战略、策略已经跟不上形势的发展,必须来一个大的转变。1934年5月23日,苏联《真理报》发表了公开主张共产党人可以同社会民主党人联合反对法西斯主义的文章;在同年9月开始召开的共产国际七大筹备委员会会议上,共产国际的主要领导人对片面强调"下层统一战线"的观点提出了批评,谈到了改变统一战线策略路线的问题;同时将1935年7月25日至8月20日召开的共产国际第七次代表大会和主题确定为:共产国际新的统一战线总政策和总策略。

中共驻共产国际代表团成员吴玉章回忆道:"1935年6月在莫京听到'何梅协定'及平津日寇屠杀我爱国人民及上海《新生》事件等等难忍的消息,我们急电王明同志共商对策,提出了展开革命新局面的《八一宣言》。"

王明时为中共驻共产国际代表团团长,他回到莫斯科后,主持起草了《八一宣言》的草稿,经过代表团成员几天讨论,完成了初稿,还吸收了时为《救国时报》编辑的爱国学者胡秋原的意见。

初稿确定后,王明将它翻译成俄文,送交斯大林和季米特洛夫审阅。斯大林等对《宣言》表示赞赏,建议在适当时机予以发表。

因那时中共在上海的地下电台被当局破获,以至于中共的对外电信联络只有通过驻莫斯科的中共驻共产国际代表团。

与此同时,中国共产党在法国巴黎创办了一份报纸《救国时报》,主要从事抗日民族统一战线的宣传。它在形式上表现出是在巴黎编辑、出版、发行的,所发消息是直接或间接地来自中国国内。实际情况并非如此。《救国时报》的编辑工作是在莫斯科完成的,而印刷和发行则在巴黎。

《八一宣言》首次在报刊全文公开发表是1935年10月3日,因其落款时间与明码电报的发布时间均是1935年8月1日。故名"八一宣言"。

高振霄非常赞成宣言的主张,如:"我国家、我民族,已处在千钧一发的生死关头。抗日则生,不抗日则死,抗日救国,已成为每个同胞的神圣天职!……当今我亡国灭种大祸迫在眉睫之时,共产党和苏维埃政府再一次向全体同胞呼吁:无论各党派间在有任何政见和利害的不同,无论各界同胞间有任何意见上或利益上的差异,无论各军队间有任何敌对行动,大家都应当有'兄弟阋墙外御

其侮'的共识,首先大家都应当停止内战,以便集中一切国力(人力、物力、财力、武力等)去为抗日救国的神圣事业而奋斗。苏维埃政府和共产党特再一次郑重宣言:只要国民党军队停止进攻苏区行动,只要任何部队实行对日抗战,不管他们与红军之间有任何旧仇宿怨,不管他们与红军之间在对内问题上有任何分歧,红军不仅立刻对之停止敌对行为,而且愿意与之亲密携手共同救国。"

不仅如此,高振霄还听到了这样一段趣闻——

当时,国民党党政高层为了促进中苏文化交流,由立法院长孙科、监察院长于右任、军委副委员长冯玉祥、中宣部长并驻苏大使邵力子,以及陈立夫等发起组织中苏文化协会及各地分会,并普遍创办俄文专科学校。1935年张冲从莫斯科返国后,正是"调查科"扩大为"特工总部",总部负责人为原科长徐恩曾。张冲任"设计委员会主任委员",职务地位仅次于徐。当时"特工电台"是属于先进的情报工具,由张冲负责领导。7月底,特工总台窃听到中共中央一份很长的电报,电台人员认为是特种密码,因此请"密码专家"张华穆破译。张关起门来翻译了三天三夜,绞尽脑汁,也没译出,还说"这个密电一定非常重要,估计是红军作战计划,我不知怎样译不出来"。张冲想了又想,认为密码译不出,那么就用明码译。张冲本不懂密码,所用明码就是普通电报局对外的商业明码,十分意外,明码竟译出来了,原本不是什么保密的"军事计划",而是公开对外发布的中国工农红军《八一宣言》,是红军北上抗日,并号召抗日统一战线而向全国人民发布的宣言。所以张冲是第一个读到这个宣言的国民党上层人士,这个宣言使他思想发生变化成为拥护者、推动者。至于,这个所谓"密码专家"本是特工总部负责人徐恩曾的心腹,他听说张冲译出来了,为了遮羞,就向徐报告说张冲通共,控告张有通共的密码,所以他译不出而张冲译出来了。徐本就十分忌妒张冲与陈立夫太密切,也曾多次向陈立夫密报张冲有通共之嫌,这次听了张华穆的密告,正好大做文章,向陈立夫报告。陈一听好笑起来,顺手把一本书店出售的明码本给徐,并说"把这本交给密码专家去译吧"!

事后高振霄才知道,《八一宣言》之所以要推迟至同年10月才在《救国时报》上正式发表,目的是想让读者相信:《八一宣言》是中国国内的苏维埃政府和中共中央起草的,从国内邮寄到巴黎,经历了近两个月的时间。

当时这一现象也的确迷惑了一些读者和少数史学者。不明真相的竟由此断定,《八一宣言》发表于长征期间,甚至肯定是毛儿盖会议的产物。

《八一宣言》的发表,是中共抗日民族统一战线策略路线形成的标志。同时也客观上推动了国共两党间的直接接触。

当蒋介石看到《八一宣言》关于各党派组织全国统一的国防政府的呼吁后,

第十八章｜"心腹大哥"

他立即要宋子文、陈立夫、曾养甫等人设法打通与共产党的关系。

1935年底,国民政府驻苏大使馆武官邓文仪通过爱国学者胡秋原,与中共驻共产国际代表团王明、潘汉年等人进行了接触;曾养甫派人与中共中央北方局和长江局取得了联系。从1936年1月起,中共中央北方局代表周小舟、吕振羽到南京同曾养甫等人进行了谈判。在《八一宣言》的影响下,1935年11月12日由马相伯等二百八十余文化界人士共同发起的"文化界救国会",连续发表了《救国宣言》与《第二次救国运动宣言》。宣言明确提出了"停止内战;开放民众组织,保护救国运动;释放一切政治犯,共赴国难"的政治主张;一批国军将领也以不同形式,对南京当局不作为表达强烈不满。

1936年,张执一前去看望高振霄,送给他一份报纸,报上披露一则图文并茂而骇人听闻的消息:国民党新编第一军参谋长续范亭中将,于1935年12月26日在南京中山陵"哭陵"后,剖腹自戕。

高振霄看后说:"我对续将军范亭君略知一二。他,早年曾参加辛亥革命和反对北洋军阀的战争,后历任国民军第三军第六混成旅旅长、国民军联军军事政治学校校长、陆军新编第一军中将总参议等职。'九一八'事变后,他专程找蒋介石要求停止内战,蒋拒不纳谏,后又同于右任一起向国民党中央陈述抗日救国大计,仍'毫无补益'。"

"所以,1935年12月26日下午5时,续将军就前往南京中山陵声泪俱下地吟诵了《哭陵》诗:'谒陵我心悲,哭陵我无泪。瞻拜总理灵,寸寸肝肠碎。战死无将军,可耻此为最。腼颜事寇仇,瓦全安足贵?三岛切腹士,东海大和魂。悲壮牺牲者,不出王侯门。宇宙谁为贵?大地我独尊!无畏精神在,身死国犹存。'诵毕便剖腹自杀。"

"所幸,被卫兵即时发现遇救。救护人员还在他衣袋里发现了一首绝命诗《七绝·绝命》,令人荡气回肠。诗中写道:'赤膊条条任去留,丈夫于世何所求?窃恐民气摧残尽,愿把身躯易自由。'"

此事发生后,南京当局严令报馆不许声张,还派特务监视医院,不让任何记者采访。

纸包不住火。一张上海私人报馆突破禁令,刊登续范亭躺卧病床照片和五首绝命诗手迹,引起举国震惊。

续范亭的壮举,是对蒋介石不抵抗政策的有力揭露和抗议,激励了全民抗日热情。但为消除影响,国民党竟造谣说是续范亭因"失恋"而自杀。

后来,续范亭在一篇文章中讽喻说:"不错,我是失恋了。早在国民党成立时,我就爱上了她。希望她将来能有出息。但我没想到她长大后变节了,被坏人引诱改嫁了。今年,她刚25岁,就已经丑陋的不像人样子了。我对她的确失望了,不再爱她了。"

1936年2月下旬,就在续范亭伤愈即将出院前,张学良亲自来院探望,临别时对续范亭说了一句隐语:"来他个三元和。"

"三元和"是麻将桌上的行话,是红中、发财、白板相碰而和,是一翻全胜的意思。在这里,意即争取红军和国民党中央军、地方军三方面联合抗日的双关语。

1936年10月18日,杨虎城亲到杭州拜会在西湖养病的续范亭。两位老友促膝交谈,直至深夜。

杨虎城向续范亭谈了许多有关张杨携手与共产党合作抗日的内幕,明确透露杨与张有意逼蒋抗日的意向。杨虎城还邀请续范亭赴西安共同抗日。续范亭考虑到西安与延安较近,就答应了,并赴西北参加抗战。

接下来发生的西安事变并和平解决,促成了国共两党的第二次合作。高振霄特设家宴,请黄申芗、张执一等友人庆贺。

席间,张执一对高振霄说:"高老先生,我们今天来还有一个不情之请!"

"我们之间还用得上请么?但讲无妨!"高振霄笑哈哈地说。

"今天,本来是执一邀我同来向您祝贺阳历新年,并请您老将出山的。没想到,却接到老兄的邀请,这真是瞌睡遇到了枕头!"黄申芗接过话茬说。

"我们想跟您商量一件事,可否利用你们帮会的关系,搞一个'群众社',出版一份八开的大型报纸?"张执一补充说。

"这个主意好!老夫愿效犬马之劳,抛砖引玉!这是老夫的夙愿,也是洪门的要旨——抵御外来侵略。'洪门十条'的第一条就是要'精忠报国'。"高振霄爽朗地答道。

"老将出马,一个顶俩!我今天借花献佛,敬老兄一杯!"黄申芗向高振霄敬酒。

"感谢老先生老骥伏枥、鼎力相助!"酒过一巡,张执一也拿起酒杯起立,向高氏敬酒。

"老乡过奖了!天下兴亡,匹夫有责,理所应当!"高振霄一饮而尽后,又若有所思地向执一说:"老朽以为,既然是群众社,办报的宗旨需以'民'为切入口,视民德兴替,修私德以完人格,重公德以结团体,精忠报国。"

"老先生真是宝刀不老,后生综合一下概括为六个字:人格、民族、国格。行吗?"

"好!我出钱、出场地,你们出力、主持笔政!"高振霄对黄申芗、张执一说。

第十八章 "心腹大哥"

"妙！老爷子是董事长，黄将军为总经理，后生就是总编辑了！"张执一兴奋地说。

"我提议，我们三驾马车共同举杯，庆祝《群众社》正式成立！"黄申芗起立说。

接下来，以高振霄的名义立案的《群众社》出版后，成为抗战的喉舌，深入帮会兄弟与市民人心。

由于《群众社》是以帮会名义办的报纸，非党派色彩，在包括张执一主持的《新东方》在内的进步报刊，遭当局封杀后，它依然奋然前行。

张执一则充分利用《群众社》这一舆论阵地，发表了一系列的爆炸性新闻，引起了空前的轰动效应。

诸如：中共中央代表周恩来赴杭州，直接与蒋介石谈判；驻沪日军再次对国民党当局施加压力，以日舰艇七十余艘与其海军陆战队，在沪东地区大搞军事演习；日军又在江湾区和虹口公园一带，举行阅兵典礼，挑衅我国人民愤怒情绪……

同时，《群众社》还向读者披露：国民党江苏高等法院在日军的压力下，向爱国运动"七君子"：沈钧儒、章乃器、邹韬奋、李公朴、王造时、沙千里、史良等人提起了"公诉"等，更是一石激起千层浪，社会各界纷纷以不同形式声援"七君子"。

1937年8月23日凌晨，日本上海派遣军司令官松井石根率日军第三、第十一师团，分别在吴淞铁路码头、川沙镇北面强行登陆成功，淞沪会战进入第二阶段。

当时陈诚集团军在吴淞、宝山、罗店一线频频告急，蒋介石虽然调兵遣将，但仍显兵力不足，压力重重。于是，蒋介石于9月4日致电在上海的戴笠，命令戴与杜月笙等上海人士合作，加快步伐，"限一月内组成一万人的武装游击部队，任务是配合国民党军队作战，在上海近郊牵制阻击日军，并协同保安部队，严防和肃清敌谍、汉奸的骚乱活动等"，并颁给"苏浙行动委员会"的番号。9月7日，蒋介石又两次电令戴笠从速成立"苏浙行动委员会别动队"。

戴笠奉命到了上海，立即召集青帮头目杜月笙、黄金荣、张啸林，洪帮大佬高振霄、向松坡及商会会长刘晓籁、银行界江浙财阀大佬钱新之等人组成"军委会苏浙行动委员会"，并组建了抗日别动队，后改称苏浙行动总队，下设"动员部"和"游击总指挥部"。"军委会苏浙行动委员会"直属国民党军委会，但又是带民间性质的机构，杜月笙为主任委员，刘志陆、向松坡为委员。

在野军人刘志陆为游击总指挥。刘早年跟随孙中山从事暴力革命，长期失意，这时戴笠利用他是旧军人的关系，也把他拉进来了。

苏浙行动委员会总指挥部下设共五个支队，每个支队1500余人左右；每个

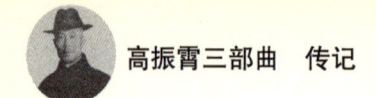

支队分设三个大队,每个大队须满500人。

向松坡、高振霄的洪帮分担第一支队,向松坡提名的洪帮头目何行健(号天风)为第一支队长。杜月笙的青帮负责成立第二、第三个支队,杜月笙提名的朱学范(新中国成立后任邮电部部长、全国人大常务委员会副委员长)、陆京士(朱、陆当时系杜月笙的青帮头目,国民党黄色工会的负责人)分别为第二、第三支队长。上海商会分担第四支队,戴笠还调来一个别动队的老部队为第五支队。这些支队的名义,都冠以"别动队"的名字。

当时高振霄会同向海潜等帮会巨头发动的抗日力量,虽"有群众数十万人,听候点编指挥",但是,洪帮财力远远不及青帮。

一次,在高振霄、向松坡与张执一、陈家康商发动组织洪帮加入"别动队"的会面中,向松坡窘迫的说道:"杜某人有钱,可以花钱收买人当兵,杜当时以百元或50元作为'安家费'到各难民所去招兵;向某是穷光蛋,要别人去卖命,没有钱哪能一时招到一千多人?"

高振霄解释道:"向大哥的意思是说,你们能动员多少人就拿多大的名义,以洪帮身份出现,由我们作掩护,一切由你们做主,我们绝不过问。"

经过高振霄巧妙安排,陈家康、张执一、王际光、余纪一等共产党人在向海潜家里正式加入洪帮。张执一在回忆录中写道:

在刚组织的"别动队第三大队"时,向海潜曾一再嘱咐我们,必须以"洪帮"的面目出现,以免暴露身份。他提出要我们的干部取得"洪帮"身份,学点"洪帮"知识。考虑到如果我不带头,就很难说服其他干部,于是经过张爱萍同意后,由陈家康和我带领王际光等队长和分队长十多人,去向海潜家里举行入"帮"仪式,称向海潜为"大哥",向海潜赐陈家康和我为"心腹大哥",其他如王际光、余纪一等为"老三""老五""老九"不等。

从此,以中共党员背景参加别动队的人员公开以洪帮的名义,去活动工人,扩大抗日力量,坚持抗战活动。

由共产党人及洪帮兄弟组成的"别动队第一支队第三大队",大队长由共产党人王际光担任,另有陈家康派去的一个姓林的支部书记,协助王际光进行工作。其中三个中队长和九个分队长都是进步分子,有的是中共党员,有的是接受中共领导的救国会会员,完全控制在中共上海地下党手里。不仅别动队总指挥部没有派人过问过,何行健的支队部也没有过问过这个大队的内部事务。在组建"别动队"期间,上海及苏州、松江、嘉兴等地的工人、学生、店员、教师有不少人曾参加该部队抗战。知名爱国人士章乃器等都曾介绍进步知识分子、青年工人参加。

第十八章 "心腹大哥"

别动队第三大队组成后,在南市黄土坡集中,准备开往上海近郊闵行镇一带的梅农垄时,张执一还到该大队去检查过工作,并同余纪一一起在何行健的"支队部"住了两天。

在蒋介石命令与戴笠直接指挥下,洪帮、青帮大佬向海潜、高振霄、杜月笙、黄金荣、张啸林组织推动,共产党人张爱萍、张执一、陈家康、朱学范等人积极参与支持,商会会长刘晓籁、银行界江浙财阀大佬钱新之等人大力资助,使这支国共合作旗帜下颇具上海帮会特色的苏浙别动队抗日武装迅速发展到上万人并展开与日军浴血奋战。

苏浙别动队组建和充实后,全体将士均投入淞沪会战,战斗尤为惨烈,牺牲特别惨重。第一、第三、第四支队陆续部署于苏州河沿岸,配合正规军抗击日军。

苏浙别动队第四支队奉命由沪西赶至闸北,掩护中国军队撤往苏州河南岸。该支队的全体人员奋力阻击日军的进攻,凭借街屋进行巷战,逐街逐屋与日军展开争夺。他们勇敢有余,但军事素养不足,因而伤亡巨大,全支队基本损失殆尽。第一、第三支队也参加了阻击战,并付出了巨大牺牲。

由共产党领导的第三大队于10月上旬即被派至华漕镇沿苏州河布防。当日军发动渡河攻势时,他们人人奋勇,个个争先,坚持了两昼夜,终于打退日军,守住了阵地。直到中国军队换防后,才撤到青浦翁洪桥整顿。该大队共伤亡一百多人,表现了上海工人抗敌救国的崇高精神。

10月20日傍晚,第三大队突然接到命令:立即开赴华漕前线接替胡宗南部队,守卫苏州河南岸500米防线。22日清晨,庙场上摆着数挺轻机枪,场地间杀声阵阵,戴思成抓紧时间带领战士在操练,他不时地与北岸第一中队联络,并安排战士为前方提供给养,一切都显得紧张而有序。

就在此时,北岸的战斗打响了。日寇的那架侦察机被击落便暴露出中国兵的行踪,为报复这支部队,日寇的一个大队从嘉定南翔杀出,直扑第一中队阵地,敌我双方就此冤家路窄激烈开火。一支草创组成几无战斗经验的军队与一支训练有素装备精良的军队较量,靠的是战士们的爱国主义精神和初生牛犊不怕虎的勇气,又得益于任达的指挥才能和军事骨干的力量。

第一中队先是给敌人出其不意的迎头痛击,继而狠狠地打退了顽敌的一次次疯狂的反攻,从南翔到华漕仅8千米左右,日寇的援军可以轻而易举地到达目的地,所以这场胶着战连恶斗了两天两夜,抗日英雄们打退了侵略者守住了国土,用鲜血换取了来之不易的胜利。这次交火后的数天,日寇再也没有派兵前来厮杀,他们似乎遗忘了这个令他们威风扫地的阵地。唯一的解释只能是其他防线上正打得如火如荼,实在腾不出罪恶之手。

根据史料记载，其时中日双方正在大场一线拼得天昏地暗你死我活。第三大队的战士们做好最坏的打算，誓死坚守阵地直至最后。23日下午两三点钟光景，华漕镇的上空突然出现十余架轰炸机，它们在刹时间投下了一批又一批炸弹，狂轰滥炸令人猝不及防……

一时间爆炸声震天，惨叫声不断，弹片横飞一片火海。华漕庙大殿坍了，大戏楼毁了，民房不见了……战士们倒在血泊中，老百姓埋在废墟里，庙内外全是血肉，满目惨状……最后死里逃生的、遍体鳞伤的战士们，全部聚拢在一起仅五六十人！

最令人哀痛的是在淞沪会战后期一次战斗中，第一大队长廖曙东被日军团团围住，他以手枪击毙数敌后，跳入水潭中，高呼："中国不亡！抗战必胜！建国必成！"结果500人的队伍，大部分牺牲，幸存者仅剩几十人。

"八一三"抗战后期即上海大撤退前夕，上海南市地区的中国军队只留下了一个旅，而别动队朱学范领导的第二支队和陶一珊领导的第五支队却誓死不退，坚持以血肉之躯与日军鏖战，历时三天，直至被租界当局解除武装。

这时，文强奉调为国民革命军军政部前方办事处上校处长，主要任务是收容自上海撤退的国军及别动队溃散人员。在沿途遭到日机轰炸、扫射，到处出现汉奸、日谍破坏捣乱的严峻形势下，文强将前方办事处在句容县成立起来，向镇江、金坛、浦东、常熟、无锡派出了五个收容小组，先后收容了30000余人，原别动队的一万余官兵只收得2000人，除少数星散不归者外，其余都在上海抗战中牺牲了！

图 "八一三"淞沪会战后上海市民逃难场景

第十八章 | "心腹大哥"

文强率队沿溧水、当涂、芜湖一线转移,将收容到的正规军官兵归入集训部队后,到了江西湖口,尚余非正规部队的抗日战士1万人。这批人员奉命集中于安徽的祁门县历口镇和浙西的淳安、遂安两县整理训练,更名为军委会教导第一团。原别动队一支队何天风的残部与毛森的游击干部训练班等合编为教导第二团。

1938年1月,前方办事处奉命撤销。文强改任军委会教导总团部少将政训室主任,负责收容部队的整训工作。当年春节,戴笠在祁门历口的联欢会上正式宣布:教导总团完成任务后改名为"忠义救国军"。关于这个名字,戴笠曾给文强谈起,是因为该部队成员多为青洪帮徒众,对传统的忠义思想比对什么国民革命、三民主义更容易理解接受。

日军占领上海后,"五圣山"山主与副山主是走是留?各方关注!

此时此刻,高振霄主动请缨留在上海滩,与倭寇周旋;向海潜只有尊重这位年长自己七岁的老大哥的决定,二人明确分工:"五圣山"大本营由高振霄主持,向海潜离沪到后方组织洪帮抗日。

向海潜启程前往汉口那天,高振霄送"大哥"到码头时,专程绕道来到外滩作告别游,昆仲俩在此驻足凝视,触景生情,共话"十里洋场"的辛酸史。

高振霄首先说:"松坡兄,弟每次来到这里,就想到腐朽无能的清政府割地赔钱的那段屈辱历史。"

"老大哥说的是。上海之所以称之为'十里洋场',就是因为这里曾是东方巴黎,西方冒险家的乐园;这里洋人横行,洋货充斥,具有浓郁的西洋风情。"向海潜说道。

"弟来沪后特地梳理了一下,这里的'洋场'一词,源于上海故城北门外一里地的一条名为'洋泾浜'的河流。它是黄浦江的支流,英法租界的界河。它的北面为英租界,南面为法租界,美租界则在虹口。侵略者在各自的租界里,修桥铺路,建教堂、医馆、茶楼酒肆、声色犬马淫色之场所。"

"汉声兄,你看看,正是倭寇践踏我大好河山,才使流离失所的难民,背井离乡,哀魂遍野。我看了看《申报年鉴》上的记载,日军在淞沪开战以来,这里有4998家工厂、作坊的设备被毁坏,上海丧失了70%的工业能力。大量难民涌进只有10平方英里的公共租界和法租界,致使人口从150万猛增到400万,数万无家可归者流落街头。在最寒冷的冬季,上海街头发现了一万余具尸体。"向海潜面对洋泾浜租界里的华堂大厦哀叹道:"真是华堂酒肉臭,路有冻死骨!"

"松坡兄,前日弟披阅沪上掌故时,也有一个新发现:首次将'十里洋泾'称作'十里洋场'的是一位老报人。"

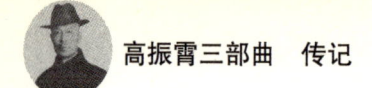

"你看的那本掌故是不是叫做《淞南梦影录》?"

"正是。撰述此书的老报人名曰黄协埙,字式权,原名本铨,号梦畹,别署鹤窠树人、海上梦畹生、畹香留梦室主。江苏南汇(今属上海市)人。早年博学工诗词,尤长于骈体文写作。进入《申报》馆工作后,每日著论发挥,声名大噪。光绪二十年(1894年)冬主笔何桂笙逝世,总编纂钱昕伯年迈多病,遂继任《申报》总编纂,先后主持《申报》笔政二十年之久。'十里洋场'一词就出于此公1883年写的《淞南梦影录》。文中载:'钱塘袁翔甫大令尝有《望江南》词三十首,文言道俗,尽相穷形,读之如向十里洋场,采风问俗。固不第作海天之闲话,甄香国之新闻也。'"

"汉声兄不愧是老报人,对此公了如指掌。"

黄协埙将"十里洋泾"中的"泾"字改为"场",使"洋场"比"洋泾"更为贴切,具双关含义:它既指租界地洋泾浜,又指洋人肆意掠夺与花天酒地的场所。

接着,他们面对矗立在黄埔江边外滩边那几十栋风格各异的欧式大楼:哥特式的,罗马式的,巴洛克式的,从最南头的亚细亚大楼到最北头的东方汇理银行大楼,大发幽思。

因为这里的"万国建筑"群,有些是他们亲眼目睹建成的著名建筑。首先是汇丰银行大楼,大楼有稀世三宝:大门两侧有一对铜狮,一只张口一只闭嘴,有银行吐纳资金之意;大门内八角亭上部有一幅巨型马赛克壁画,八个世界名城的标志性建筑,顶部还有希腊罗马神话中的人物,八幅壁画和圆顶壁画之间有星座图像;大楼大堂内有罕见的28根13米高的意大利天然大理石柱,其中4根是没有拼接的。

汇丰银行大楼于1921年5月5日开工,1923年6月3日竣工。是委托著名的英资建筑设计机构公和洋行(Palmer&Turner Architects and Surveyors)设计,英商德罗·可尔洋行承建的。当时的造价为1000万两白银,这笔庞大的建造费用几乎是汇丰银行两年的赢利,占当时外滩所有建筑造价总和的一半以上。是外滩占地最广,门面最宽,体形最大的建筑,被公认为是外滩建筑群中最漂亮的建筑,中国近代西方古典主义建筑的最高杰作,远东最大的银行建筑,也是仅次于英国的苏格兰银行大楼的世界上第二大银行建筑。有"从苏伊士运河到远东白令海峡最豪华的建筑"之誉。

汇丰银行大楼的"姐妹楼"——海关大楼,由英公和洋行设计。原系清政府建于1864年,设为江海北关,关署是一座中国衙门式的木构房屋。1853年小刀会起义时被毁,1857年修复。1891年拆除旧屋,1893年由英国建筑师设计、浦东川沙匠人杨斯盛主持建造成了一座三层砖木结构的英国哥特式楼房。1925

第十八章 "心腹大哥"

年又拆除旧屋重建,于1927年年底落成。大楼最著名的是高耸的钟楼和大钟。此大钟原是1893年安装于教堂式江海北关大楼上的海关大钟。钟楼依次分为钟坠、钟面、主机、鸣钟几部分,是一组调音谐和的鸣钟装置。这座大钟是亚洲第一大钟,也是世界著名大钟之一。

那时的海关大楼与其说是中国海关,实际上被英、美、法三国领事馆参与的税务委员会所控制。

海关大楼与雍容典雅的汇丰银行大楼齐肩并列,相得益彰。已经成了上海无可替代的永久性标志,代表了上海的历史。

1930年代末的上海,虽然遭受帝国主义的蹂躏,但上海工商经济并不是一片萧条、满目疮痍,而竟有过一段空前的畸形繁荣时期。到1938年底,租界内恢复生产和新建的工厂总数达4700多家,超过战前两倍以上,在1939年,又新设工厂1705家。年终结算,全市所有银行和钱庄除了一家之外,竟统统赢利。故当时的上海有"东方第一大都会"之誉。无数创业家的传奇发生在这里,无数的超级富豪于斯产生,沙逊大厦、和平饭店、安利洋行,这些充满传奇色彩的名字都足够进入哈佛MBA的教程。

不仅如此,很多企业至今仍然是世界级的玩家。如汇丰银行(全称为"香港和上海银行有限公司",英文缩写HSBC,中文取"汇款丰裕"之意)系汇丰集团在亚太地区的旗舰,也是香港最大的注册银行,以及香港三大发钞银行之一。而美国友邦保险有限公司(简称"友邦保险"或"AIA")是美国国际集团(AIG)的全资附属公司,自1931年在上海创立以来,按寿险保费计算,集团在亚太地区(日本除外)领先同业,并于大部分市场稳占领导地位。

在"五圣山"龙头向海潜撤去武汉后,高振霄接任"五圣山"总山主并着手一些难民安置工作。

此间,考虑到高振霄已经年近六十,又是老同盟会会员、国民党元老,国民政府曾多次派人到沪动员他向大后方撤退。但高振霄婉拒了当局的美意,坚持留在上海。妻子劝说他不要再去冒险了,他说:"到了后方虽然安全,但是可以用于支援抗战的关系全没了,不能只在上海做寓公啊!"湖北的家人也担心焦急地劝说他尽快离开上海。他寄信给湖北的家中说:"无国哪有家,为拯救中华,驱逐日寇,视死如归。"

向海潜离开上海到武汉不久,就进入万县,最后落脚陪都重庆。在四川袍哥范绍增(八十八军军长)等人的帮助下,"五圣山"在四川扩展开来。首先,向海潜将礼字袍哥副总社长廖开孝,仁字袍哥、军统骨干罗国熙,原二十军中将副军长夏炯转入五圣山,然后通过这些洪帮首领将重庆的仁、义、礼各堂袍哥全部

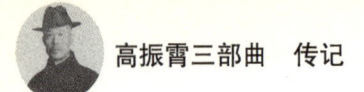

转入五圣山。这样,"五圣山"成为全国势力最大的洪门山头。向海潜在重庆也十分活跃,常到洪门弟兄集中的党政机关和企业访谈,鼓励弟兄们全力抗日。他还派人到湖北组织抗日游击队,以便深入敌后打击日军。

高振霄执掌上海"五圣山"后,利用多种方式杀倭寇、锄汉奸,大长中国人的志气。

常言道,没有不透风的墙。高振霄的抗日爱国行动,引起日本人的不满,他们决定对高振霄进行威逼利诱。

那是1938年2月10日即农历正月十一日,高振霄正在家里布置帮会里元宵节事宜。突然,一个帮会兄弟报告:一个日本少佐率一伙身着便装的日本官兵,耀武扬威地闯入高公馆。

高振霄首先质问道:"本人与少佐素无交往,也未发出邀请,你们怎么不顾法租界之保护条例,公然闯入本人寓所?!"

"高山主,我们接到密告,有一名抗日分子藏匿在贵府。今天是奉命前来搜查!"少佐一边狡辩,一边拿出一张照片递给高振霄过目。

"我从未见过此人!可否告知其消息来源?"

"无可奉告!"

"既然如此,高某碍难从命!"

"那好,搜!"日军少佐将手一挥。

"来人啦,我看谁敢无理!"高振霄针锋相对地吆喝道。

"二位息怒!"正在双方剑拔弩张之际,日军翻译立即插话打圆场说:"山主,少佐是奉命行事,不妨就让他走走过场,也可洗清山主的嫌疑。"

"是啊,高山主,我们只是例行公事,请配合!"

高振霄心里清楚,日军现在打着"亲善"幌子,且自己住在法租界,日军不敢公然造次,他们无非是给自己一个下马威而已。

所以,高振霄只好让其搜查寓所,在日军连一根稻草也没捞到后,他又随日军来到特高课"协助调查"。

刚开始,日军以为高振霄之所以没有随向海潜撤退武汉,个人必定有所图。于是,特高课大佐对高振霄待为上宾,并百般拉拢他说:"高先生是辛亥革命元老,你们的领袖孙逸仙博士是我们日本人的朋友,并取了个日本名字'中山'。我们此次邀请先生前来,就是想与你交个朋友。"

"不错,我不仅是孙先生的追随者,而且也是性情中人。可是,你们不要忘了孙先生的革命主张是'驱除鞑虏,恢复中华'。你们有这个资格与我们交朋友吗?"

第十八章 "心腹大哥"

"此话怎讲?"

"你们侵占我们的家园,屠杀我同胞,这是交友之道么?"

"我想,先生误会了!我们来到这里,不是什么侵略,而是帮助贵国建立王道乐土的'大东亚共荣圈'。"

"只有强盗才把别人的东西据为己有!"

……

高振霄断然拒绝了日军的要求后,日军恼羞成怒,不惜动用毒刑威逼高振霄交出共产党和爱国志士的名单。但高振霄坚贞不屈,视死如归,未吐半个字。

鉴于高振霄及其洪帮在上海的势力与影响,再加上身在外地的向海潜闻讯后,动用其洪帮在"七十六号"的兄弟出面营救,在身心备受摧残二十多天后,高振霄才被保释出来。难怪洪门兄弟赞叹曰:

舍身赴义、只为民族,终生奋斗、不留退路;

忠义精神、大公无私,一生洪门、死而后已。

第十九章　策反日伪

高振霄一气之下冲到丁锡山跟前,"啪啪啪"抽了几记响亮的耳光,丁氏猝不及防,被打得眼冒金星,顿时如丈二和尚——摸不着头脑。继而,高指着丁的鼻子厉声骂道:你这个忘恩负义的东西……

第十九章 | 策反日伪

"八一三"淞沪会战后的几年间,上海滩头、洋场巷尾,曾掀起几场人、鬼、魔大战,处处愁云惨淡。

在这东方第一大都会里,秦楼楚馆依旧,歌舞靡靡中,却有人血溅粉墙;章台柳巷处,雕梁画栋间,往往鬼哭狼嚎;寻常百姓宿舍、店铺、报社、银行,会突然飞沙走石、天昏地暗、血肉横飞……

中日开战初的一年间,因上海的英租界和法租界超然于战祸之外,处于第二次国共合作的国民党当局,充分利用租界的有利条件,将其两大特务机构("中统"和"军统")在上海大量潜伏特工,刺杀汉奸和日本特务,给日军造成了很大的创伤。

面对日本间谍(特高课)在上海无用武之地,曾经策划了"九一八"事变的日本特务头子土肥原贤二,于是就想到了在上海创建类似于"中统"与"军统"的特务组织。

此间,由于国民党副总裁汪精卫的叛变,军统的特务头子戴笠派出了军统天津站的19个特工,到越南对汪精卫进行暗杀。结果暗杀失败,仅杀了汪精卫的秘书。此事使得日本认识到了汪精卫的重要性,日伪特务机关"76号"因而于斯诞生。

所谓"76号",原是位于沪西极司菲尔路北76号(今万航渡路435号)一栋住宅的门牌号码。上海沦陷前,"76号"为安徽省主席陈调元的住宅,有一座洋楼、一座新式平洋房、一座很大的花园。与其东邻的74号、马路对面的75号,均为当年外国人向当局购买土地修建的花园洋房,门牌为公共租界的蓝底白字门牌。

"76号"的始作俑者是李士群。早年参加过共产党,曾赴苏联学习,后被捕叛变成为国民党的中统特务。1938年又投靠日本特务机关,当了搜集情报的汉奸。日军侵占上海后,为急于控制上海,便出钱、出枪,指令李士群尽快建立汉奸特务组织。李士群觉得自己的号召力不够,他想到了军统、中统双料特务丁默邨。

丁默邨原本是国民党军统局第三处处长,当时的地位与戴笠、徐恩曾相当。抗战爆发后,因为贪污张国焘的招待费,被戴笠一状告倒,跑到昆明养病去了。

于是,李士群派人把丁默邨接到上海,住进大西路67号(今延安西路665号),两个人联手投靠日本特务机关。

1939年春,在日本驻沪领馆引荐下,李士群、丁默邨向日本军部代表土肥原贤二提出《上海特工计划》,李士群还调查编制了一份《上海抗日团体一览表》,得到日军重视。日本大本营专门下达了《援助丁默邨——派特务工作的训令》。

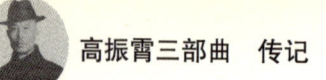

为了扩大自己的班底,李士群曾想办法和青帮老大杜月笙拉拢关系,结果失败了。于是,李氏退而求其次,只好找他的"老头子"——师父、另一个青帮头目季云卿拉过去。因此季云卿的弟子也投靠了"76号"。

在李、丁二氏的网罗下,以降日的军统、中统人员做骨干,另通过收买流氓、地痞等社会渣滓作打手,拼凑起一个汉奸特务组织的班底。

第一个被招进来的是一个无恶不作的杀人魔王吴世宝。他的别名叫吴云甫,江苏南通人。身材高大,肥头鼠目,满脸横丝肉,一颗杀人心。吴世宝原是公共租界跑马厅的一个小马夫,后来给上海丽都舞厅老板、著名大流氓高鑫宝开汽车。吴世宝的姘妇佘爱珍,就是青帮头子季云卿的干女儿。

接着,诸如在公共租界充当特别巡捕的潘达、戴伯龄、宋源等十兄弟;杨杰、张鲁等"七大委员会";国民党上海特别市党部和军统高级成员马啸天、王木天等,统统招揽进去。李、丁尚未归属汪精卫的"伪国民党"之前,仍由日本特务机关控制,对外用"中华扬子江轮公司"的名义为掩护,建立侦查网、情报网。直到1939年2月以后,影佐祯昭决定拨给李士群、丁默邨500支枪、5万发子弹、500公斤炸药和每月30万日元,命令他们稳定上海局势。

经日本特务机关"梅机关"的晴气庆胤中佐选定,将上海极司菲尔路七十六号作为丁默邨、李士群特务组织的驻地。

就这样,一栋洋房,一笔经费,一群乌合之众,一个在上海一度最让人闻风丧胆的特务机构,于此开张了。李士群在一次会议上高呼:"左手消灭蓝衣社!右手打倒CC团!"当时人们称汪伪特工总部"76号"为"歹窟""魔窟",汪伪特工则被称为"沪西歹徒"。

1939年5月,叛国投敌的汪精卫来到上海筹建伪政权。日本侵略军为增强汪伪实力,遂将丁默邨、李士群的特务组织拨给了汪精卫。力量薄弱的汪精卫立即把这个特务组织当做自己实施傀儡统治的支柱之一。

同年8月底,经过汪伪国民党"六大",汪伪国民党中央执行委员会特务委员会特工总部正式成立,由周佛海任特务委员会主任委员,丁默邨任副主任委员,李士群任秘书长。丁默邨、李士群分任"特工总部"的正、副主任,但"76号"的真正主人,却是日本特务机关。"76号"内驻有一支由涩谷准尉统领的日本宪兵分队,职责就是监视"76号"的汉奸特务。"76号"每采取大的行动,不但要事先知会日本特务机关,还要在日本特务机关派员督导下方能实施。

汪伪"六大"的召开,立刻激起国人的愤慨,全国舆论一致声讨。汪精卫的所谓"和平运动"陷于四面楚歌之中。李士群觉得机会来了,便利用"76号"的

第十九章 | 策反日伪

一批乌龟王八特务打手,一再捣毁报馆,四处暗杀绑架,使上海孤岛笼罩在浓厚的恐怖气氛之中——

《中美日报》遭爆炸被封闭;《大美晚报》总编辑张似旭、总经理李俊英被枪杀,报馆被血洗;中国化学工业会社总经理、富商方液仙被绑架等。

从此,"绑票"之风,风靡大上海,搅得人心惶惶,提心吊胆,家无宁日。

汪伪政权忙于粉墨登场期间,是上海"孤岛"最为黑暗、残暴、残酷的日子。日伪为了重点打击国民党的地下抗日机构,采取收买、敲诈、绑架、暗杀等各种手段,拉拢和发展汉奸势力,镇压一切爱国团体和爱国人士之残忍程度达到了极致。当时,国民党上海市地下党部的张小通被汪伪特工逮捕后,被他们十分残忍地肢解几大块并以硝酸毁尸。

在日本军国主义铁蹄和汪伪政权的暴行镇压下,许许多多抗日爱国主义志士包括国民党、共产党优秀分子或者被汪伪特务抓捕后杀害,或者在汪伪政权的威逼利诱下,丧失信念,感到抗战胜利无望,最终纷纷投靠日汪伪政权。诸如国民党组织部副部长吴开先投降、上海区区长王天木叛变,军统局南京区区长钱新民、上海区区长陈恭澍变节。上海孤岛成为一片焦土,在沉浮,在流血。

1939年8月,潜至上海法租界的国民党中央组织部副部长吴开先,在变节前给国民党中央的报告中说:"汪逆恐怖政策,日益加厉,因此请求中央速派妥员来沪主持肃反工作,鼓励民气,坚持阵线。否则阻碍甚多,工作不易开展。"于是,国民党派时任忠义救国军总部政治部主任文强,前往上海租界担任国民党抗日策反委员会中将主任委员要职。

文强于1907年9月19日出生于湖南省长沙县金良乡(今长沙市望城区白箬铺镇)的一个书香之家,是文天祥的第23代后裔,毛泽东之母文七妹为其姑母。他的父亲文振之与他早年留学日本,与孙中山、李烈钧、蔡锷、程潜、黄兴等辛亥革命元勋是朋友,参加过孙中山先生领导的辛亥革命和蔡锷将军等领导的讨袁护国战争;曾任云南省高等审判厅厅长一职。在退休还乡后,在家乡兴办教育事业。

中学时代,文强与表兄毛泽覃是同学。1925年考入广州黄埔军校四期,与林彪同期。同时加入中国共产党和中国国民党,加入共产党的介绍人为教官周恩来。北伐战争时从事政治宣传。此后随朱德进入四川,1930年曾任中共川东特委书记,管辖23个县,次年在重庆被捕,越狱后遭处分,愤而脱离中共。1935年,文强进入杭州浙江警官学校,加入军统,得戴笠赏识。继收容抗日别动队之后,此次受命前往上海。

就在文强假扮商人辗转赴上海租界路途中,1939年8月28日,汪精卫在上海沪西公共租界极司菲尔路76号,召开了所谓"中国国民党第六次代表大会";

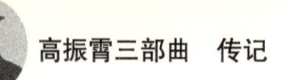

9月初,汪伪特务头子丁默邨、李士群便在这里设立了特工总部。

文强奉其后台老板戴笠之命,于1939年冬受命来到上海后就开始组建策反班底。

来上海的第一件事,就是尽快与身兼多重身份的高振霄联系见面,特邀高加入国民政府军事委员会驻上海策反委员会。在高振霄设家宴款待文强席间,文强向高氏讲述了他再度来沪的惊险之旅——

此次戴老板(即戴笠)给我派了一个任务,让我担任国民政府军事委员会驻上海策反委员会主任委员,我已经是少将。具体的任务有两个:一是对付日本人和汪伪特务,一是代表戴老板驻上海,主要搞情报工作。

是时,我偕副官、译电员一行三人,从温州动身乘坐一艘外轮前往上海。刚一上船,没走多远,说是船只一律要检查,就把我们的船扣留了。

我们搭乘的这条船是运牛皮的,温州宰牛很多,牛皮大都运往上海。几天过去了,由于天气热,牛皮味道散发出来,搞得满船臭烘烘的。船上有一百多号人,淡水吃光了,海水又不能饮用。大家都急得要命。我更着急,我在枕头里还藏着一个密码本呢!日本人上船检查了一通,什么也没检查出来,就走了。我找到船员问问情况,他问我是做什么的,我说是做生意的,并对他说:"这样扣押下去,走又走不了,什么时候能到上海呀?还活得活不得啊?"

见有的旅客随声附和,我就小声对船上的旅客说:"当我看上船检查的日本人中,有一个翻译,我便建议跟这个翻译沟通一下,主要问及:第一,这条船为什么被扣留?第二请他跟日本人通融,我们普通旅客又没有犯什么法,为什么扣押我们这些人?如果需要花几个钱,我们大家凑几个钱,送点礼物给那个翻译,必要的时候,给日本人也送点礼。"旅客们纷纷表示:我说得有道理,我们不能在这里等死。

"好!我去跟翻译谈谈,如果需要拿钱,希望大家帮助一点,有钱出钱,有力出力。我们这一百多人要平平安安到达上海。"我对大家说。

第二天,日本人又上船检查,日本人走在前面,翻译走在后面,我一拍翻译的肩,他一惊,回头一看:"你拍我干什么?"

"翻译先生,你也是中国人,应该做点好事啊!你看,把我们关得这样久,放也不放,船上吃的没有了,淡水没有了,我们死路一条啊!我们还不晓得什么原因把我们关在这里?"

翻译左右看看,小声讲:"这个船长是个白俄,日本怀疑他有苏俄背景,所以要扣留他,进行审讯。"

"我们都是普通乘客,哪认识白俄船长?如今你们已经扣留了船长,为什么要我们这些无辜的乘客在这里受苦受难呢?"

第十九章 策反日伪

"你讲的也有道理,我有机会跟日本人讲讲看。"

"我们现在是叫天天不应,叫地地不灵!诚请你看在都是中国人的份上,做点好事吧!尽快让我们离开这个又脏又臭的地方!"我看这个翻译还有点爱国心,就拼命地请求道。

"好吧,我明天帮你们去说。你们等我的消息,千万不要乱来,日本人知道了可不得了!他们是什么事都做得出来的。"翻译特意嘱咐说。

天又亮了,日本人上船检查,那个翻译偷偷把我拉到一边说:"我昨天跟日本小队长讲了,小队长的意思是这条船被扣留了,要搞另外一条船送你们走。"

"你们不是皇军吗?搞条船还不容易啊?"我问。

"日本人从安全起见,要打电报到上海去调他们控制的船只。"翻译回答道。

"不过,你们恐怕要花几个钱,并不是我要钱,是要给日本人送点东西;不送东西也可以,拿出些钱来。"过了四五天,翻译又找个机会悄悄跟我说。

"好!赎财免灾。我们不但要给日本人送礼,对你也要酬谢一番,我们大家都商量好了。"我说。

我跟大家一商量,凑了七八百块钱,我塞给翻译:"这些钱都交给你,你自己留下一些,其余的送给日本人。把我们平安地送到上海,我们就感激你了!"

"我不要,不要。"他还推脱几下,我拿出一些钱硬塞在他的口袋里。

就这样,我们好不容易到了上海。这也是我第二次到上海。

启程前,我曾拜访过第三战区司令长官顾祝同将军,他派了一个少将专员冯作仁代表第三战区驻上海,顾长官要我到上海后跟冯联系,说他熟悉情况,可以帮助我。

我一到上海,就去找冯作仁。我跟他接头时,相互交换了名片,商谈了联络方式。但是,没过一个月,他就被日本人杀害了。我给他的那张名片落到了日本人的手里,日本人知道我到了上海。

高振霄听了文强的一席话,当即举起酒杯:"来,来,来,我这杯酒为文强兄压惊!"

"高老先生是辛亥功臣、党国元老,不敢当。这杯酒我敬您!"文强立即起身走到高的身边。

"哎,你是客!岂能反客为主!要不,我们共饮!"高振霄附和道。

"第二杯酒是文强的不情之请,请老将出马,肩任军统局上海策反委员会委员!"文强仍然站在高振霄身旁敬酒。

"好!承蒙文强兄厚爱,我这杯酒喝定了!"老实讲,高振霄平时是看不惯军统与中统的一些做法的。但此次意义不一样,大家都是为了抗日救国的大事,

· 239 ·

作为辛亥首义志士、国民党元老,他岂有推辞之理。所以,当文强提出要他担任策反委员时,他二话不说,当即应允。

"老将出马,一个顶俩!我就知道老先生定会出山,为重整山河献计出力!所以,经请示上峰事先特地准备好一份任命状。"话毕,双手将任命状呈上。

"老朽愿与各位同舟共济,不辱使命,来我与大家共饮此杯!"高振霄立马站起来,接过任命状说。

至此,高振霄正式成为国民政府军事委员会驻上海策反委员会委员,而且是资格最老、声望最高的委员之一。

高振霄之孙高中自(右)与文强之子文定中交谈

文强走马上任后,为了应付不测,便经常变换住所。当时在上海英租界南京路跑马厅租了一幢两楼一底房屋,以杜月笙开设的金子交易所为掩护,作为策反委员会办公处,展开策反工作。

初到上海,那是1939年12月的一天,文强与保镖到南京路上一个百货商店卖礼帽的地方,说:"拿一顶礼帽我试试看。"一戴,很好。卖帽子的人把文强的旧帽子装到盒子里。文强说:"旧帽子我不要了,买一顶新帽子就够了。"店主对他说:这个盒子你拿回去,新帽子不戴的时候装进去,省得落灰。文强觉得言之有理,就戴着新帽子,拎着盒子走出大门。

刚一出门,突然蹿上来四条大汉,一边两个猛地把文强胳膊往后一翻,摁倒了便拖上了车子。

文强想,糟了!自己不应该出来逛商店,冒这个险。他定睛一看,汽车里还坐着两个人,其中有个人认识。

文强说:"你是李参谋吧?"这个李参谋是"八一三"淞沪会战时,文强参与组建的抗日别动队何天风支队的参谋主任李燮宇。

提起何天风,文强再熟悉不过。他又名何行健,自诩为保定军校四期出身,

第十九章 策反日伪

是一个跨青、洪两帮的人物,也是军统的老特务。

在"八一三"事变后,军统头子戴笠,在上海组织了军事委员会苏浙行动委员会上海别动总队,总队之下,分五个支队,第一支队司令就是何天风。

戴笠与杜月笙虽未直接参加上海别动总队,可是他们都是苏浙行动委员会的常务委员,戴还兼任书记长哩。后来上海别动总队改组为军事委员会忠义救国军淞沪指挥部时,何任总指挥,复任副指挥兼第一纵队司令,指挥丁锡山所部。

何氏因受总指挥杨伟与参谋长徐志道的上下倾轧,失欢于戴笠,便带了丁锡山所部,投降汪伪。曾任"76号"的第三厅长兼汪伪肃清委员会和平救国军副总指挥兼第一路司令。

李燮宇看着文强笑道:"你还认识我啊?我们有一年多没见面了,还是搞别动军的时候见过面的,我们见面不容易呀。你到上海,怎么不通知我啊?今天哪,我们也是遇到你的,请你跟我们到上海浦西饭店走一趟,我们的头头在那儿等你!"

李氏看文强不理他,便恬不知耻地炫耀说:"我现在可不是别动军的参谋了,而是浦东丁锡山国民爱国军的参谋长了。"

文强在车上仍被两个大汉紧紧地按着说:"李参谋,我们当年搞的部队是为了抗日,你现在越走越远了,你走到了哪条路上去了?"

"我走到哪条路上去了?你要知道,我们是得到汪先生支持的!"李沾沾自喜地答道。

"汪精卫是什么人你们很清楚,你们应该大义灭亲。我们中华民国只有一个政府,汪精卫又成立了一个政府,那是汉奸政府,你投靠汪精卫,不应该呀!"

"你别跟我说大话!我们这些人,跟地上的蚂蚁一样,那些大人物都投靠汪精卫,我们是哪里有饭吃就到哪里去。"李氏"嘿嘿"两声说。

"哎,你现在到底要把我弄到哪里去?"

"不远,愚园饭店,我们的头头要在那时和你见面。"

"哟,你们是鸟枪换炮了,这个防弹汽车倒是很保险。"文强看了看汽车,随声说。

"呵!你说这个宝贝呀,是日本人给我们的!"他得意洋洋地答道。

车到了愚园路,经过愚园饭店,不停车,转了一个圈,向沪西开了。文强说:"李参谋,你不是说丁锡山要和我见面吗?愚园饭店到了,为什么不进去啊?"

"改变了,不到愚园饭店了!"

"那到什么地方去?"

"到沪西,百乐门饭店!"

文强明白,此时的沪西是日本人和汉奸的世界。而举凡上海上流社会,无

· 241 ·

不知道百乐门饭店的。它的全称为"百乐门大饭店舞厅",其名字源于英文 Paramount 的谐音"百乐门"。英文的原意是"至高、最大"。这个名字正好迎合当时上海人追求吉祥如意大富大贵的心理。

左起裴高才、高中自在上海百乐门采风

那是 1929 年,原开在静安寺路戈登路(今南京西路江宁路)的兼营舞厅的大华饭店歇业,被誉为"贵族区"的上海西区,没有一个与之相适应的娱乐场。1932 年,中国商人顾联承投资 70 万两白银,购静安寺地营建"百乐门"。

1933 年开张典礼上,时任国民党政府上海市长的吴铁城亲自出席发表祝词,当时百乐门的常客有张学良、徐志摩;陈香梅与陈纳德的订婚仪式在此举行,卓别林夫妇访问上海时也曾慕名而来。

百乐门娱乐场由杨锡镠建筑师设计,号称"东方第一乐府"。建筑共三层。底层为厨房和店面。二层为舞池和宴会厅,最大的舞池计 500 余平方米,舞池地板用汽车钢板支托,跳舞时会产生晃动的感觉;大舞池周围有可以随意分割的小舞池,既可供人习舞,也可供人幽会;两层舞厅全部启用,可供千人同时跳舞,室内还装有冷暖空调,陈设豪华。三楼为旅馆,顶层装有一个巨大的圆筒形玻璃钢塔,当舞客准备离场时,可以由服务生在塔上打出客人的汽车牌号或其他代号,车夫可以从远处看到,而将汽车开到舞厅门口。

第十九章 策反日伪

百乐门最红的舞女陈曼丽,亭亭玉立,多才多艺,擅长京剧。曾经与京剧名家叶胜兰、马福禄合演过《鸿鸾禧》。当年,中国实业银行的总经理刘晦之有幸赢得陈曼丽的芳心,在愚园路579弄的中实新村租赁了一套房子。按理说,陈曼丽有了强大的靠山,便该告别舞女生涯,过一种全新的生活。但她不愿被刘金屋藏娇,仍然活跃在舞场……

文强被押送到百乐门饭店门口,车门打开,几个打手把文强抓了出来。说:"你上楼,我们的头头要见你。"

面对枪口,又是日本人控制的地盘,文强只好上了二楼。他进门一看,是一间很大的房子,里面坐着一个人,是汪精卫手下的一个汉奸师长。这个人坐在沙发上,左边有个小凳子,前面是一个圆桌。他抬起头看了文强一下,说:"文将军,你还认识我吗?"

"我认识你丁锡山,没有杜月笙把你保出来,你活不到今天。你这个杀人越货的海盗,今天到底想把我怎么样!?"文强质问道。

丁锡山原是在"八一三"会战前,已被判死刑的刑事罪犯,被文强等人提议保释出狱,让他召集江湖上的匪盗团伙戴罪立功加入抗战行列。1938年春夏间,丁锡山曾受日伪南桥维持会长李天民引诱,率队投降日伪,编为浦东保安队。但他很快又设计诱杀了李天民及日军代表,率部反正,编为忠义救国军驻浦东地区的第八支队并任队长。

哪知,到了1939年10月,丁锡山又被已经降日的"大哥"、原别动队上司何天风骗至上海。在日伪威逼利诱下,他再次率队降日,编为日伪和平反共建国军第十二路军,任中将司令。

文强到上海后,曾与高振霄商量,已将丁锡山列为策反对象。只是工作千头万绪,尚未来得及与之接触展开工作。

"你们那边的人,为什么把我的大哥杀掉了!"丁锡山手在圆桌子上一拍,怒气冲冲地吼道。

丁锡山所说的大哥,就是前面提到的叛变投敌的何天风。

何天风被杀的真相是这样的。在"76号",何天风与变节分子王天木、汪伪特工总部第一处处长陈明楚(第容)等,因过去都系军统特务,相处较密,与汪伪社会部副部长汪曼云亦属旧友,也比较接近,在丁默邨与李士群之间,是丁默邨的一党。此时丁、李已经貌合神离,李为削弱丁的力量,便采取釜底抽薪之法,逐一去掉丁的党羽。正在这时,陈恭澍领导的军统局上海区已经锁定制裁何天风。于是,军统与李士群联手,制造了一起枪击案——

那天傍晚,在"七十六号"礼堂欢迎由粤来沪的大汉奸陈公博的宴会上,何天

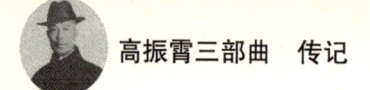

风与王天木偷偷地对汪曼云说:"我们今夜去玩个痛快吧!"汪说:"不行,我今晚是主人,不能客人没走,我就和你们先溜啊!"何与王以为汪胆子小不敢去玩,便说:"你放心好了,我们扛十支枪去,怕什么?"汪说:"我不是怕,就是这里拖住了脚。"何说:"那么,我们在百乐门等你吧!不见不散,等你来了,我们再翻场子(换地方)。"

当晚一起出去玩的,除王天木、何天风外,还有陈明楚与冯国桢(冯是南汇人,随何天风、丁锡三一起投伪),还带了些喽啰保镖,浩浩荡荡,分乘几辆汽车,招摇过市而去。

他们先到百乐门,后来又翻到了兆丰总会(是沪西一个大赌窟,地址在兆丰公园对面),先在外面舞池里跳了几场,便一起踱到后面赌台的优待室,准备抽几筒鸦片烟接接力,养养神,再回舞厅跳到天亮。当四个人离开舞厅时,冯国桢走在最前面,何天风和陈明楚居中,王天木殿后,那些保镖也都簇拥随出。何天风与陈明楚还没有走离舞厅多远,王天木的保镖即向何天风、陈明楚连连开了枪,何、陈应声倒地。冯国桢看到何、陈中枪,自己亦急忙卧倒。这时何天风的保镖也掏枪回击开了。据传这人枪法很准,因此王天木的保镖不敢再开第三枪,在一阵乱哄中逃出了兆丰总会。至于王天木,因走在最后,听到枪声,立即缩步,逃回舞厅,躲在沙发背后,直到日本宪兵闻讯赶到,就地戒严后,才把他找出来。这时"76号"的人也赶到了,于是将王天木、冯国桢,以及留下的那些保镖一起带到了"76号"。此时,汪伪特务林之江迅速拔枪对准王天木,声称要替何天风、陈明楚"报仇",被人劝下。

而丁锡山却把诛杀何天风的账记到文强名下,于是就布置手下人绑架了文强,为"大哥"报仇。

在丁锡山拍桌打椅的一刹那间,文强一下子抢了丁放在桌子上的手枪。但由于丁氏人多势众,文强已经处于丁氏手下的团团包围之中。

正在这千钧一发的关头,突然,房门外闻声走来两个穿长衫马褂的老人。一个是龚春圃,湖南平江人,曾任吴佩孚手下的少将监务官、丁锡山的师父;另一个就是策反委员会委员高振霄。

原来是文强的保镖林跃超,多留个心眼,暗中保护文强。当他发现文强遭到绑架后,立即前去报告给高振霄。林跃超只是他的化名,他曾经在毛森组建的别动大队当过兵,后来被军统特训班抽调上来,经过培训后潜伏在上海租界,担当文强的交通员兼保镖。

高振霄、龚春圃与丁锡山都是上海洪帮头领,且高、龚辈分比丁氏高。所以高振霄一进门,便喝令堵在门口包围文强的几个喽啰立即退下。

在问明缘由后,高振霄冲到丁锡山跟前,照着丁的脸就是"啪啪啪"几记响

第十九章 | 策反日伪

亮耳光,丁氏猝不及防,顿时被打得眼冒金星,犹如丈二和尚——摸不着头脑。

继而,高振霄指着丁的鼻子厉声骂道:"你这个忘恩负义的东西,你可曾知道,当初你身陷囹圄时,就是文先生吩咐杜月笙把你保出来的。如果不是文先生说了话,你早就被枪毙了!看看你这身汉奸皮,只有文先生说一句话才脱得下来。如果你死心塌地为日本人当汉奸,早晚有一天也会死在日本人的手中……"

龚春圃也在一旁训斥丁锡山道:"你报什么仇啊?何天风是自食其果,不当汉奸能杀了他吗?你的救命恩人是文先生,你这个家伙简直是黑白颠倒,让人莫名其妙!"

文强见状,就将缴到手的那支手枪交给了高振霄,也对丁锡山作了一番规劝。

在前辈面前,丁锡山立即一骨碌碌跪在地上,痛哭流涕表示悔过,其他喽啰也纷纷跪下求两位大哥宽恕。

为了让文强迅速离开这个是非之地,高振霄大声说道:"丁锡山!赶快让你的手下把文先生送上汽车,跟我们走!如果有一点不对,你这个家伙就活不成了!"

"前辈教训的是!就这么办,就这么办,不知道送前辈到什么地方去?"丁锡山连连说。

"这个嘛,到了车上我们自然会说的。如果文先生有个三长两短的话,你可别怪我们动'家法'!"高振霄强调道。

旋即,丁锡山叫他的手下把文强送上汽车,到了愚园路英租界路口,高振霄让文强下了车。随后,又另外叫了一辆汽车,他们这才脱险。

图　高振霄营救文强的百乐门舞厅

换了车后,高振霄对文强说:"文强兄,今天好危险!我们事先并不晓得你被绑架了,我们是以洪帮的身份,来做丁锡山的工作的。是你的保镖林跃超及时告知,正好把你救了。好危险哪,幸亏丁锡山这个家伙还买我们二人的老面儿,不然,就会骑虎难下了。你看,我们身上都出了一身冷汗。"

"大恩不言谢!如果没有洪帮大哥见义勇为的营救,兄弟我早已成为日伪的刀下之鬼喽。"心有余悸的文强感激地对高振霄和龚春圃说道。

后来,文强在《军统与汪特在上海的一场争斗》一文对有过生死之交的高振霄回忆道:"委员高汉声,湖北人,民初国会议员,又是有名的洪帮大爷,清高自赏,贫病交加,颇有骨气的书生本色。"

"我兄大难不死,必有后福!"他们告别时,高振霄拱手说道。

经过高振霄恩威并重的呵斥与说服,丁锡山终于率部反正与日军开战。

经过这场风波,文强小心起来。丁默邨又是一个老奸巨猾的家伙,他的小特务多如牛毛,得知文强在上海租界,肯定不会放过他的。几天后,他接到湖南籍一位叫杨建生的医生打来的电话,说请他去四路湖南餐馆吃饭。文强与一些老朋友在那家餐馆吃过几顿饭。只是这个杨医生与他没有任何交情,他请吃饭会出于什么目的?文强细细一想,这件事实在太蹊跷,他含糊答应却没有去。文强让林跃超装扮拉洋车的车夫,守在那家湖南餐馆,看看有没有可疑的人。等了好几个钟头,餐馆里出来几个衣着不凡的大汉,边走边骂骂咧咧,说又害得老子白溜达腿了!林跃超见这几个人腰间鼓溜溜,猜出他们是"76号"派来的特务,便回去向文强作了汇报。文强听后,眉头紧锁,从那时开始,文强愈加小心了。

"76号"特务组织不甘心,加强了对文强的搜捕。丁默邨了解军统的路数,开始对租界进行搜查,派出大批的特务活动在租界里蹲守,企图将文强等策反人员捉住或击毙。一次,高振霄与龚春圃之侄陪同文强到锦江川菜馆去共进晚餐,商谈策反事宜。他们坐在二楼特设的一间被女老板董竹君称作"特别间"的雅座。这是专供文人雅士、各界名流用餐,国、共两党的抗日地下工作者常以此作为谈话场所。他们刚刚落座后不久,忽听店伙计一声惊呼,只见有人影从窗外闪过,向高振霄与文强开枪射击。好在刚进餐馆,女老板董竹君就提醒过他们,所以当"特别间"有特殊客人用餐时,董竹君都要派出店伙计在过道上巡视,一有伙计呼叫客人就要立即躲藏。在伙计惊呼之时,高振霄、文强等有所警觉,他们迅速闪身躲到桌下。那天店伙计凭着经验判断,那个打黑枪的家伙是日本特务,故出声报警。使高振霄与文强又逃过一劫。

不久,策反委员会两处秘密交通站遭到丁默邨派出的特务的搜查,幸亏是

第十九章 | 策反日伪

高振霄通过内线通知文强,让其提前离开,否则难逃厄运。接着,文强手下两个重要的特工被捕,其余的人变得异常紧张起来,他们谁也不知道早晨出门,晚上能否平安回来。译电员小程也是江山人,她公开身份是一家舞厅的歌女。那天她从一个秘密联络点取信,发现一张奇怪的纸条。上边写道:汪伪"76号"总部派万里浪捕杀文先生。信中还说文强手下有人落网,经过严刑拷打下,已经叛变,招出文强的几处落脚点。

写这张情报的人,就是高振霄安排潜伏在汪伪特务机关的帮会兄弟。

这份情报让文强知道了失踪特务的动向,以及汪伪特工总部下一步的行动。

高振霄利用洪帮的可靠兄弟,布置了特殊的联系方式和对策,使文强得以坚持在上海开展策反工作。在高振霄与文强组织的策反委员会领导下,先后成功策反了汪伪政府军委会委员、参军处参军长、和平建国军第三集团军总司令唐蟒,汪伪军委会委员、开封绥靖公署主任刘郁芬,汪伪武汉绥靖公署参谋长罗子实,驻苏州伪军军长徐文达,驻无锡伪军师长苏晋康,汪伪军委会委员、苏皖绥靖总司令和第二集团军总司令杨仲华等多名日伪要员。他们,以及所领导的麾下都成为抗日战争的重要力量之一。

后来,文强几次遇险,都在高振霄的保护伞下化险为夷。1941年年底文强奉命撤离上海,高振霄以洪帮身份作掩护,继续坚守在"孤岛"与日伪周旋。

第二十章　送婿参军

王国熊要求走上抗日前线,岳父高振霄展素挥毫,专门给胡宗南修书一封交其面呈。女婿揖别老泰山,翁婿默默相对,泣不成声。这一幕岳父送子婿参军抗倭的场面,令女婿永远铭刻在心。

第二十章 送婿参军

"养不教,父之过;教不严,师之惰。"在一般人看来,这两句《三字经》中的名言,前一句是对父母说的,后一句是对老师而言的。

可是,高振霄认为,这两句话均是对父母的要求。因为父母不仅是子女的家长,也是孩子的第一任教师。在对待子女的教育问题上,父母与家庭成员之间必须相互配合,言传身教。

由于重男轻女的封建礼教的长期影响,一般而论,大多数中国家庭把女子当作别家人,甚至剥夺了女子享受学校教育的权利。

熟悉中西法律的高振霄却不以为然,他在家庭教育的问题上,于子、于女均一视同仁。有时天平还会倾向于女儿这一边。在孩子幼年时期,高振霄就与夫人一起磋商,选择优秀的家训文本对女儿施教。女儿高正和至今记得当初父母的一段对话——

"夫人啦,从汉代到明清,以《孔子家语》《颜氏家训》和《朱子治家格言》为代表的家训读本一直都在流传,为子孙留下文本形式的训诫也成为一种趋势,比如唐太宗李世民为了教育继承人如何做好皇帝而编写了《帝范》等。夫人你出自名门望族,熟读经书,你认为我们对子女的家教,应该选择哪种家训文本为好?"高振霄与夫人沈爱平商量道。

"先生是在考妾身吧!说起家训书籍,我倒是看过多种读本,请恕我直言,多数家训文本是以道德教化和行为规范讲授为主,较之生动活泼的言传身教,未免显得有些格式化、教条化。不过,也有保留了文化趣味的作品,那就是颜之推所作的《颜氏家训》。"沈爱平对老公表达了自己的观点。

"对极了!颜之推生活在南北朝后期之北齐至隋朝,《颜氏家训》成书于隋。颜之推本人几经丧乱,曾自称:'三为亡国之人。'他当时写作《颜氏家训》的目的,是为了教育子孙礼仪、道德与学术、文化,保持其门风、传承其家学,故而书中不仅涉及立身处世之道。还对当时的社会风俗、文学、经学、史学与音韵训诂之学等多有介绍。家父生前曾告诫我,这是一部家教的百科全书,须融会贯通。"高振霄首肯并补充道。

"通览《颜氏家训》八卷二十篇,内容质朴明快,说理深刻,我认为它是一部不可多得的中华家训宝典,有人甚至称之为'篇篇药石,字字龟鉴'。"沈爱平赞称道。

"是的,颜之推首先把读书与做人作为家训的核心。他把圣贤之书的主旨归纳为'诚孝、慎言、检迹'六个字;认为读书问学的目的,是为了开心明目,利于德行,若能常保数百卷书,千载终不为小人。而且无论年龄大小,都应该读书学习。他强调:幼而学者,如日出之光;老而学者,如秉烛夜行,犹贤乎瞑目而无见者也。"高振霄如数家珍。

"我查阅了有关史料,北齐时,一些人教孩子学鲜卑语、弹琵琶,希冀通过服侍鲜卑公卿来获取富贵。可是,颜之推对此却不屑一顾,认为这样会迷失人生方向,即使能到卿相之位,亦不可为之。他要求子女应将'慕贤'放在首位,即将大贤大德之人作为自己的人生偶像,并且心驰神往地仰慕与仿效他们,在他们的德行濡染下成长。"沈爱平亦云。

"有一条非常重要,颜氏特别要求我们这些做家长的要率先垂范,成为子女的楷模。他说:夫风化者,自上而行于下者也,自先而施于后者也。是以父不慈则子不孝,兄不友则弟不恭,夫不义则妇不顺矣。家长要在践行箕帚匕箸,咳唾唯诺,执烛沃盥等细小的生活礼仪中,树立士大夫风操。持家要去奢、行俭、不吝。在婚姻问题上,做到勿贪势家,反对贪荣求利。务实求真,不求虚名,摒弃不修身而求令名于世的行为,名之与实,犹形之与影也。德艺周厚,则名必善焉。杜绝迷信,绝对不谈巫觋祷请之事,勿为妖妄之费。"高振霄强调指出。

"据我所知,颜氏后人也没有辜负这位煞费苦心创作家训的先祖,他们各以其突出的品德与才学闻名于世,著名者就有唐代的学者颜师古、书法家颜勤礼与颜真卿,其中尤以道德操守与个人才学都令后人景仰的颜真卿为最。"沈爱平补充道。

"颜之推自己是当时知名的文人学者,他在写作家训时尽量避免仅仅以教条训诫子孙,而是通过精选典型事例来说明道理。比如在《风操》篇中,他对取名拟字的原则发表个人意见的时候,就没有直接抛出自己的观点,而是以古人为例,间接表明自己的态度。比如西汉时代的文人司马相如,因为钦佩战国时代的赵国名臣蔺相如,故而为自己取名'相如';三国时代的大臣顾雍因为崇拜当时的著名学者蔡邕,也为自己取名为'雍',这些都是表达了对贤人的崇敬,所谓见贤思齐,所以才为自己起了一样的名字。"高振霄就取名问题述说《颜氏家训》的特点。

"必须指出的是,颜氏对一些人囫囵吞枣,将前人的姓和名都编入自己的名字之中的行为表示鄙视,认为这完全是附庸风雅,有违取名的本来原则——比如东汉的许暹字'颜回',梁朝的庾晏婴,就是明证。"沈爱平补充说。

"在我们中华文化传统里,取名拟字,体现了长辈对晚辈的一种期望与激励,或是取名者的一种道德向往与追求,在讲求典雅的文化家族里,这是一种体现品位的行为。"高振霄说道。

"颜之推以前人取名的得失,向子孙传达了其中的原则与禁忌,而没有简单以取名拟字应遵循哪些原则、起名字时应避免的几个误区之类的条目来说明,循循善诱,使自己的本意明白地表达出来,又不致过于严肃刻板,其试图通过这种潜移默化的形式让后人体悟优美之门风,可谓用心良苦。"沈爱平亦感慨道。

两口子正说到兴头上,忽然膝下的两个小千金正和、正坤蹦蹦跳跳地来到

第二十章 送婿参军

父母身边，正和首先不解地问道："爸、妈，你们为什么给我们两姊妹取这个名字呢？同学们都笑我们是男孩子名字！"

"哟嗬，你这个小丫头片子，意见还不小呢！"高振霄故意戏称道。

"女儿啊，国人素来重视起名，高家也不例外。高氏人家走到哪里，就将家谱带到哪里。你爸正是自幼受到高家'忠孝节义'家风的熏陶，才走上辛亥革命的道路。"沈爱平结合高氏家风，对女儿说道。

说到此处，高振霄颇有点激动，顺手将正和、正坤俩囡囡揽在怀里，语重心长地说："'振兴中华，福利民众'是我三十年前为我们高家所书。虽时过境迁，但我一直有一个心愿，回房县亲自召集各族长召开高氏联宗会，将'振兴中华，福利民众'八个字作为高氏字派正式写进《高氏宗谱》，意在让高家人牢记民众福利，努力振兴中华，为国为民努力奋斗。不过，这兵荒马乱的世道哪年是个头啊。看来，我真是难以抽身！实在不成，只能委托祖上本家兄弟了。"

"其实，这八个字不仅仅是我们高家的事情，更是我中华民族的大事。"沈爱平补充说。

"是啊，中华民族可能需要经过'振、兴、中、华'字辈的四代人，乃至上百年的英勇奋斗，方能实现振兴中华；还需要再经过'福、利、民、众'字辈的四代人，乃至上百年的不懈努力，方可达到福利民众的目的。中华民族要通过'振兴中华、福利民众'八代人，乃至两百余年的奋斗努力，实现中华民族伟大复兴的中国梦想。我想，这是我的愿景，更是你们的愿景，也是国人愿景。"高振霄进一步解释道。

高振霄话音刚落，两个女儿争着说："按照爸妈的说法，我们姊妹应该是'兴'字辈。我不明白的是，我们姊妹的名字为何不用'兴'字派呢？"

"啊哈，看来我们的小公主长大了！"高振霄给女儿做了个鬼脸后，轻言细语地对女儿说："由于中国传统礼教的根深蒂固，一般的族规规定：女孩子的名字不能上族谱。这样一来，你们的名字就不受字派的限制。因你们出生于军阀混战时期，我就结合时局的特点，给你们取名'正和'与'正坤'。意即正大光明做人，企盼天下和洽，以乾坤正气立世。"

"爸，妈！刚才你们这么一大堆道理，我似懂非懂。其中，有一点不明白的是：爸爸您是'振'字辈，我们是'正'字辈，这不是一个音么？如此取名我们姊妹就与您成平辈了，而且你们帮会的兄弟都称您大哥，我们也称您为大哥如何？"顽皮的高正和故意跟父亲耍贫嘴道。

"我说你这个假小子，平时只知道玩耍，何时才懂事！你听听，'正——''振——'，那是一个音吗？你该收收心了，在学习上得好好向正坤学学！"高振霄对高正和训诫道。

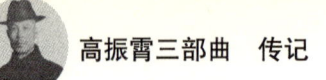

"正和,再别贫嘴了!来和正坤坐在一起。今天,我和你爸给你们选择了一部好书——《颜氏家训》。我从小就读这部书,受益匪浅。希望你们认真精读,不懂就问;不能只停留在背诵的层面上,更要切切实实地学以致用。"沈爱平对女儿说。

"你们对《颜氏家训》可能不熟悉,但你们可曾知道,它就是你们平时练习的颜体字的祖师爷颜真卿的祖先所作的一部经典。"高振霄耐心地说。

"颜氏在《勉学》篇中,讲到学习重要性的时候,特地以典型人物现身说法,讲了梁朝的贵游子弟们只追求舒适奢靡的个人生活而忽视学习,在太平年景无限风光,到了改朝换代之后,他们就因为并无真才实学而被冷落,反而不如那些凭借个人才学受到任用的平民子弟。"沈爱平也对女儿说。

"爸、妈,女儿谨记于心!"两个女儿异口同声地答道。

接下来,在高振霄伉俪的言传身教下,子女们遵循《颜氏家训》的"诚孝、慎言、检迹"格言,践行《高氏宗谱》中"忠孝节义"的要义,茁壮成长,在战时成家立业。

不过,高正和自幼活泼好动、贪玩,活像个顽皮的小子,以至于她的数学、英语学业成绩不佳。为此,高振霄特地为孩子请来家庭教师,为她开小灶。哪知,正和就是不专心,她从圣心教会小学到震旦中学、青年中学,这两门功课总是拖后腿,往往需要补考才能及格。

由于高振霄给家人立下了一条规矩:家人不准过问他这个一家之长的大事,即包括政事、洪帮中的事等。所以,对于高振霄的公开身份——洪帮"五圣山"山主,家里人都很清楚。但对高振霄担任军统策反委员,以及与"心腹大哥"——中共地下党的关系,家人从不过问。

不过,他们从家里进进出出的客人中,大都与抗战、救死扶伤等有关,已经猜测得出八九不离十。

对于父亲的义举,子女们看在眼里、铭记心头,而且相继以不同形式,为抗战救国贡献一份心力。

作为高氏顶立门户的儿子高兴庭英俊、善良、正直、勇敢。他继承了父亲的特质,爱打抱不平、富有正义感,也是一个血气方刚的男儿。抗日期间,高兴庭与妻子孙运英在湖北老家一边服侍母亲汪氏大人,一边在敌后抗日根据地积极组织参加抗日支前运动。他不是慷慨解囊捐助物资,就是组织担架队抢救抗日伤员,全力支持在老河口抗日的第五战区司令李宗仁领导的国民革命军与共产党领导的游击队。高振霄得知儿子高兴庭的抗日义举后,甚是欣慰。恰逢高兴庭、孙运英在湖北老家喜添长孙,高振霄大为欢喜,特备400元大洋委托李宗仁部属送至老家,恭喜长孙出世,并支持儿子的爱国举动。

第二十章 送婿参军

李宗仁在抗战时期老河口主政时照片

后来,有位曾被高兴庭救护过的抗日伤兵成为房县某公社书记。20世纪70年代初,这位公社书记偶遇从新疆回房县探亲的高兴庭长女高淑云。得知高淑云的身份后,他十分激动,紧紧拉住高淑云的手泪流满面地说:"你父亲是个顶天立地的大英雄,更是我的救命恩人。抗日期间,如果没有兴庭兄的搭救,早就没有我的今天"。话音未落,他不由分说的硬要拉着高淑云去家里吃顿饭,以示感谢高兴庭的救命之恩。

女儿高正和、女婿王国熊,早在上海青年中学读书时就相交相知。其中王国熊还参加了进步组织的爱国活动。随着高振霄将一批批追求进步的爱国青年送往抗日前线,女儿、女婿也跃跃欲试。

有一天晚上,女儿高正和缠着父母,希望父母能让他们伉俪前往延安投身抗日。哪个孩子不是娘身上的肉?女婿也是半个儿呀!刚开始,心疼爱女与女婿的沈爱平就是不同意。

由于王国熊、高正和抗战意志坚决,他们分头与父母软磨硬泡,而高振霄又与国共两党过从甚密,最后两代人形成一个妥协方案:同意王国熊前往前线参加抗战,高正和留在上海照顾父母。

于是,高振霄就秘密安排女婿与前往延安的进步青年一行16人,一道整装待发。

高振霄知道,女婿在自己的地盘上走出"孤岛",前往新四军控制的苏北根据地不在话下,问题是前往延安必须要经过国民党管控的西安。而当时正是

· 255 ·

"西北王"胡宗南坐镇西安,高振霄不禁想起了他与胡氏在上海的一段交往——

那是抗战爆发后不久,胡宗南接到蒋介石命令,到无锡集结待命。

可是当他率部队到达无锡尚未下车,就接到第三战区前敌总指挥陈诚的命令,因为宝山一线防线危急,要他立即到那里增援。胡带领第一师、第七十八师两个师约四万人,在杨行、刘行和蕴藻滨一带与日军展开激战。

高振霄得知,身为军长的胡宗南"日夜在战场指挥抚巡,从未离去,无不感奋"。于是,高振霄组织帮会中人和上海市民成立救护队与劳军团支援国军抗战。

经过几昼夜血战,部队始终守住阵地,伤亡惨重,但胡宗南始终不吭一声。顾祝同了解战况后,派部队来换防。胡这才说道:"再不换防,明天我也要拿枪上火线顶缺了!"

在敌我实力悬殊的情况下,胡带领部队在淞沪战场坚守了六周,而他们的牺牲也极为惨烈:四万人的部队最后只剩下1200人。当时著名报人张季鸾曾对高振霄说:"第一军为国之精锐,如此牺牲,闻之泫然。"

1938年1月,胡宗南奉命移军关中时,高振霄专门前往送行。

胡氏固守黄河、山西、陕西一带,是陪都重庆的屏障,战略地位极为重要。高听说胡曾率部几次挡住了日军自北攻向四川的钳形攻势,其间与土肥原贤二几次交手,让日本军不能进入潼关威胁重庆。

一年后,胡又被任命为第三十四集团军总司令,成为黄埔毕业生中担任集团军总司令的第一人,成为关中乃至西北地区拥有最高军职的将领,人称"西北王"。

想到此,高振霄为防不测,展素挥毫,专门给胡宗南修书一封,让胡为女婿王国熊一行提供方便。翁婿奉揖告别,高振霄老泪纵横,父子相对泣不成声。这一幕老泰山送子婿参军抗击倭寇的场面,令王国熊永远铭刻在心。

果然不出所料,王国熊一行16人途径西安时,被胡宗南部队拦下。王国熊对胡宗南的官兵道:我们是受人安排特来投奔胡总司令参加抗日的,并有书信为证。

胡宗南听到官兵汇报后,专门在官邸接见了王国熊一行。他接过王从上海带去的高氏亲笔信书信,打开一看,只见上面这样写道:

胡总司令寿山兄钧座:

海上一别数年,甚为思念!屡闻兄在西北抗日前线捷报频传,令人感奋!小婿国熊一行因慕将军威名,前来西北投身抗战!敬请我兄念及其一腔热血,高抬贵手,助其实现抗日救国之夙愿为荷!

专此,敬颂

大安!

汉声 拜书

第二十章 送婿参军

胡宗南看完信后，原来是执掌"五圣山"的上海洪帮大爷、国民党策反委员高振霄的姑爷要来抗战，他心里明白不论是自己率军在"八一三"淞沪会战，高振霄组织租界民众的后勤支持，还是现在仍然给西安解决急需的救治伤病员药品，或是上海策反管道的沟通，均不能马虎。胡氏对国熊说："国熊贤侄，令尊大人身体无恙否？"

"谢谢胡长官关心！泰山大人身体倒无大碍，只是时常忧国忧民呀！"王国熊拱手答道。

"在八一三淞沪会战期间，我率部在前线作战，令尊组织民众当好后勤，一时传为佳话！今日，又见这位德高望重的辛亥革命元老送子婿上前线，其赤肝义胆，与日月同辉！真可谓烈士暮年，壮心不已！你岳父大人不仅为抗战慷慨捐资，还支持你走上抗战前线；你们阖家开明、爱国，令人感佩！"胡氏若有所思地说。

"胡长官过奖！不过，家父与岳父经常教育我们：无国哪有家？如今民族危亡，后生作为七尺男儿，岂能袖手旁观！"王国熊礼貌地回答道。

"好，有血性，不愧为将门虎子！"胡宗南将王称赞一番后，热情地问道："国熊贤侄，你这次千里迢迢前来投身抗战，有哪些要求，请不必客气，如实道来！"

"晚生是为抗战而来，愿听长官差遣！"王国熊原本打算前往延安，见胡氏如此问他，此时他想起了临行时岳父的嘱咐："此时正值皖南事变发生不久，国共关系紧张，如果胡长官让你提出什么要求，你不要说出意欲前往延安的想法。反正不论延安、西安，都是抗日。"所以，王国熊就如此回答胡宗南。

"既然如此，你一路劳顿，暂且休息，改日先安排你插班到中央军校第七分校受训。这所军校是我来西安时组建的，是黄埔大家庭的一员，一般的有为青年大都是在这里受训后，走向抗日战场的。你看如何？"

"晚生遵命！"

"好！来人啦，请安排王国熊等住进招待所！"

在西安军校受训不久，王国熊就被调往赣南军统电信班培训。后来他才知道，是因为岳父为军统策反委员的背景，他才被分配到赣南。

赣南受训结束后，正值长沙会战期间，王国熊因多次请缨上前线杀敌，终如愿以偿。

长沙位于湘水下游，在洞庭湖滨平地之南，处在粤汉铁路（今京广铁路广州至武汉之武昌段）与京滇国道之交会点上。

湘赣、湘黔、湘桂铁路横贯其南，因地势低洼，历来不为兵家所重视。然而在中国持久抗战的战略中，湖南成为抗战粮食、兵源及工业资源的供给地，对中国抗战前途至关重要，成为中南地区的战略重镇。

· 257 ·

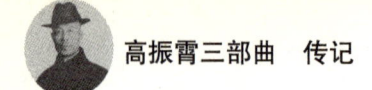

从地理概貌上看,长江以北为滨湖冲积带,地势平坦,虽非擅战之地,但其东有幕府、万洋诸山,西倚雪峰山,对长沙成犄角之势,可实行截击、侧击;正面有新墙河、汨罗河、捞刀河、浏阳河,可实行持久抵抗,整个地形成天然囊形阵地。

由此,中国军队根据地形特点,采取节节抵抗、消耗敌人,后退决战的战略。正是依据这样的战略,中国军队在前两次会战中与日军打了平手,保住了长沙。

1941年12月7日,珍珠港事件爆发后,日军在中国战场也发起了疯狂进攻。中日第三次长沙会战就是其中之一。

日军为配合其在香港地区的作战,日军进犯长沙的主帅阿南惟畿指挥四个师团、三个旅团(支队),约十万人,以三个师团进占湘北新开塘、西塘,沿岳阳至长沙铁路进犯长沙,一个师团由赣北安义西犯上高,配合其主力进攻长沙。

中方则由第九战区司令长官薛岳指挥十三个军,约十七万人,十个军在湘北新墙、长沙地区,三个军在赣北武宁、上高地区组织防御。并借助有利地势,在岳麓山布置两个重炮团,居高临下。炮团除拥有步兵炮之外,还有重型山野炮四五十门。

12月19日,驻扎在湘北日军一部攻占了岳阳东南段山。自24日起,第三、第六、第四十师团先后突破新墙河、汨罗江防线南下,守军以一部兵力与日军保持接触,第三十七军、第九十九军主力向金井以东及铁路以西地区转移。31日,日军越过捞刀河、浏阳河,从南东北三面包围长沙。在第三次长沙会战的第一阶段,日军的进攻总体来说是顺利的。

1942年1月1日晚,王国熊所部部分防线被日军突破后,神经高度紧张的薛岳,亲自打电话给预第十师师长方先觉询问战况,说:"你能守多久?"

方师长斩钉截铁地回答:"报告司令长官,请放心,我一定能坚守一个星期。"

"那你如何守法呢?"薛岳又问。

"我的部署是:第一线守两天,第二线守三天,第三线守两天。"方胸有成竹地回答。

"如此甚好!届时我为你请功!"薛岳表示首肯。

当天深夜,方先觉就写了一封信叫副官主任张广宽派人送到后方他的家眷那里,要求第二天以前一定要送到。

这封信被当时的政治部代主任杨正华拆看,原来这封"家书"竟是他的战前遗嘱。内容为:"蕴华吾妻,我军此次奉命固守长沙,任务重大,长沙的得失,有关抗战全局的成败。我身为军人,守土有责,设若战死,你和五子的生活,政府自有照顾。务望五子皆能大学毕业,好好做人,继我遗志,报效党国,则我含笑九泉矣!希吾妻勿悲。夫子珊。"

杨氏看过后,深为感动!他决定在报纸上发表以鼓舞士气,于是拟了新闻稿连夜送给《长沙日报》。

次日《长沙日报》头版大字标题:"方师长誓死守土,预立遗嘱。"

许多战士看到或听说方师长立了战前遗嘱的报道之后,十分感动,他们和学校师生纷纷表示:"成则以功勋报祖国,死则以长沙为坟墓!"

指战员们义愤填膺,抱着必死的决心投入战斗。一腔热血的王国熊也不例外,也效法师长向妻子高正和写了一封诀别书信。信中这样写道:

正和吾妻:

这也许是我给你的最后一封信了!眼下,我们已经在长沙身陷日军重重包围,今日便要与日寇作殊死搏斗了!如果我战死,请你不必过于悲伤,并代我照顾好父母。

"在天愿为比翼鸟,在地愿为并蒂莲。夫妻恩爱永,世世缔良缘。"我曾想我们俩能白头偕老,现在看来也许是奢望了。

父母为我们费了多少苦心才使我们成人,尤其我那慈爱的母亲,我当年是瞒了她投身革命的。你曾写信告诉我,母亲天天为了惦念她的出门在外的爱儿而流泪。我现在也懊悔那时在家时竟不曾多陪她老人家。到如今已是死生永别了!前日战友来时我还活着,而他日来时只能看到他的战友的尸体了。我想起我死后家人的哀伤,也不觉流泪了。

谁无父母,谁无儿女,谁无亲人?我们正是为了救助全中国的父母和妻儿,所以牺牲了自己的一切。自从参军的那天起,我就抱着誓死捍卫祖国山河的决心。今天,我即使死了,但我的遗志自有未死的同志来完成。"大丈夫不成功便成仁",死又何憾!

王国熊在给岳父高振霄的信中,提到春秋时期家住于澧的楚惠王相申鸣,起兵平叛白公胜的典故,以及戊戌变法英烈谭嗣同的绝命诗:"望门投止思张俭,忍死须臾待杜根。我自横刀向天笑,去留肝胆两昆仑。"

高振霄伉俪与高正和收到王国熊的书信后,不知熬过了多少个不眠之夜。一天晚上,高振霄夜不能寐,他看着案头女婿抄录的谭嗣同的绝命诗,不禁欣然命笔赋诗一首,赞叹女婿之视死如归的凛然正气。诗云:

申鸣孝义在,仗剑长沙行;

横刀向倭寇,丹心盖昆仑。

再说王国熊的信发出后,他所在的预第十师的第二道防线于1942年1月3

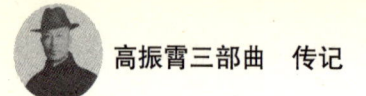

日遭受到了日军惨烈的攻击。

在1月2日晚,预第十师派出了几组便衣进行敌情侦察,发觉日军的第三师团已经得到第六师团的部分增援,而且增援部队都聚集在大小冬瓜山以及火车南站至红头山一带。

王国熊得到这一情报后,估计第二天日军可能进攻的重点就在大小冬瓜山一带,目的是突破阵地后占领杏花园高地上的军械库。于是,他将情况报告给团部,并引起了师部的重视。

自1月3日开始,日军主力果然开始攻打冬瓜山、红头山一带防线。由于中国军队在阵地上修建了许多明暗工事,交叉的火力给日军以重创。为突破中国的阵地,日军向中国阵地投掷了许多燃烧弹,燃烧弹把中国许多在明工事的战士卷入了火海,这些战士就这样被活活烧死。

尽管如此,中国军队修建的暗火力点还是造成了日军进攻部队极大的伤亡。日军为了摧毁我暗火力点,开始使用"人肉弹"攻击:遇到阵地的暗火力点时,日军就出动敢死队,全身用烈性炸药绑在身上前仆后继地向前冲,直到炸飞这些暗火力点。最后高地易手,整个高地被削平了一截。

"日军有敢死队,难道中国就没有敢死队吗?"王国熊再次请缨参加敢死队,在集中二十多挺机枪的掩护下,王国熊会同全师几十支投向冬瓜山。

中国的敢死队身绑炸药,趁着日军还没有稳固阵地时,向他们攻击,我们的战士看着人多的地方就冲了上去,然后拉响炸弹,与日军同归于尽。当时阵地上除了硝烟之外就只有残肢断臂,就像修罗地狱。

到整个战役结束为止,双方白刃拉锯11次,我方夺回了阵地。该处防线第二十八团除五十余人生存外,其余官兵全部壮烈殉国!

经过中日双方包围与反包围胶着进行,最终于1月15日将日军击退到会战前的区域。此次长沙大捷后,美国记者福尔门氏在报道中说:"中国第三次长沙大捷,证明了两个原则,那就是中国军队的配备,若能与日军相等,他们即可很轻易地击败日军。"英国《泰晤士报》说:"12月7日以来,同盟军唯一决定性之胜利系华军之长沙大捷。"

王国熊知道,第三次长沙会战虽然将日军击退,但日军一定会变本加厉地反扑。所以,经过短暂修整后,他们又投入了第四次长沙会战。

第四次长沙会战,又称"长衡会战"(长沙会战与衡阳会战)的第一阶段。当时坚守长沙的国民革命军第四军军长张德能,是第四战区司令张发奎的侄子。张德能在长沙是坚决执行薛岳的指示的,他没把参谋长赵子立放在眼里。由于张氏的意气用事,竟把全军主力放在长沙市区,只派一个第九十师去防守。

第二十章 送婿参军

结果,在号称固若金汤的英雄之城长沙,张德能的3万守军只坚持了4个整天,就被日军攻陷了。

就在长沙沦陷的当天下午3时左右,日军一小分队向王国熊所在阵地发动两次攻击,但被手榴弹和枪榴弹击退。

日军开始用步兵炮轮番轰击,接着又向中国军队阵地发射了烟幕弹与毒气弹。由于措手不及,也没有防毒面具,很多战士吸入毒气都开始发晕。

王国熊学过防止化学武器攻击路数,就让一个战士去收取各人的水壶及毛巾去打水,让战士们用湿毛巾护住鼻嘴,但即使如此,也还是有些战士丧失了战斗能力。

最后,王国熊所在的防线在毒气弹的打击和日军的攻击下,只剩下了两个人。他们就跳进一个枯井躲藏,日军在打扫战场时,用机枪对着枯井一阵扫射。也许是天佑英雄,他们俩只受了点皮外伤,竟奇迹般幸存下来。

王国熊突破敌人封锁线后,专门致信给妻子高正和,道出他逃过一劫的传奇经过。

随后,王国熊唱着"一寸山河一寸血,十万青年十万军"的军歌,参加了中国远征军。

长沙会战纪念碑碑文(民国三十年七月七日立)

第二十一章　营救"至亲"

高振霄积极、慎重地与中共地下党组织密切配合，研究营救"至亲"方案：只能智取，不能强攻；地下党则委托高振霄用洪帮山主的身份，以老家远房表亲的关系出面保释。

第二十一章 营救"至亲"

当历史的车轮进入 20 世纪 40 年代，腥风血雨下的"孤岛"上海，鱼龙混杂，乌烟瘴气。

1940 年 3 月 30 日，汪精卫在南京沐猴而冠，粉墨登场，建立了伪"国民政府"。

此间，因汪伪特工头目李士群与丁默邨在权钱交易上，分赃不匀，相互倾轧，最后李士群将丁默邨挤出了"76 号"。

就在李士群雄心勃勃，兵马强盛的时候，中共与国民党也纷纷选派精兵强将，打入极司菲尔路七十六号魔窟，对李士群进行策反工作。

"76 号"归了李士群以后，他把原来的一座洋式二门，改为朱柱飞檐的牌楼，并镌刻四个蓝底白色的大横额——"天下为公"，以示汪伪才真正是孙中山先生的继承者。同时显示一派"和平民主"的新气象。

其实，因为"76 号"是越界筑路，是英、美帝国主义在上海英租界区域以外强行修筑的一条马路。马路两侧的房屋仍属华界，而唯独这条马路归英、美管辖。"76 号"正是在这条路上，所以，它不敢在门外派武装警卫。只有"76 号"大门里，增设了一排警戒的人。

进入二门里，西首原有一个大花棚，李士群将其改成了关押犯人的看守所。紧挨着看守所西侧，新建的一栋小楼，是 76 号特工总部电务室。一天 24 小时"嘀嘀嗒嗒"，对外联络的电台都安在这里。

看守所的前面是三开间洋式平房，住着十来个日本宪兵队员，他们是由一个叫涩谷的日本宪兵准尉率领的。"76 号"的一切行动，都要事先征得他们的同意。

会议室在最里面，很隐蔽，此乃参加汪伪特工组织宣誓之用的场所。

凡是进入"76 号"大门的人，都得有特别的通行证。在"76 号"获得"特工总部"称号之前，这种特制通行证，是印有"始昌中学"名义的淡蓝色小本；而进入"76 号"二门的，则须有淡红色的出入证。

"特工总部"成立以后，一律更换了出入证，而要能够上楼的人，则必须持有一种极为特殊的"证件"，这就是别在西装翻领背面的一颗小小的证章。各路把门警卫，尤其通往二楼的警卫，只认这颗小证章，不认人。没有这颗小证章，即使天王老子也别想上得二楼去。

高振霄耳闻目睹"76 号"在上海滩的张牙舞爪，不禁忧心忡忡。

1941 年 1 月 20 日中共中央革命军事委员会命令重建新四军军部，任命陈毅为代理军长，刘少奇为政治委员，张云逸、粟裕先后任副军长，赖传珠为参谋长，邓子恢为政治部主任。部队整编为 7 个师和 1 个独立旅，全军共九万余人。2 月 18 日，任命新四军各师领导人，其中李先念为新五师师长兼政委。

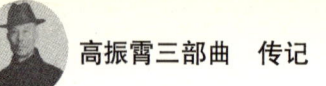

随后，新五师移师至大悟山，司政机关相继驻扎在依山傍水的湖北黄陂姚家山，湖北礼山（今大悟）新屋畈与白果树湾，李先念、陈少敏、任质斌等五师军政首长办公及住处、作战处、秘书处、参谋处、军需处、医务处、经济处、管理处等，一同驻扎在白果树湾。新五师政治部驻扎在白果树湾村下严家湾。政治部下设宣传部、组织部、锄奸部、联络部。

由于日伪的层层封锁，造成新五师的抗战物资奇缺。而沦陷的上海滩虽是"孤岛"，但毕竟是著名的国际通商口岸，拥有武器弹药、药品等重要战略物资。新五师常常利用湖北老乡高振霄的洪帮身份，将一批批急需紧俏物资，由上海秘密运送到抗日前线。

随着太平洋战争的爆发，日本开始推行新的侵华政策，为了获取太平洋战争所需战略物资，强化汪伪政权，需要安抚上海大资产阶级。同时日本进入租界后，不再希望有混乱的市面，而希望局势稳定。

此时"76号"却不明主子的用意，仍然一味胡作非为。在日本人眼里，"76号"的利用价值正在失去。然而，"76号"尤其是它的头目李士群势力已经坐大，日方并非能够轻易地排挤掉。

尽管李士群叛党、叛国，但他作为苏联、日本与国共两党的多重间谍，此时也在开始为自己留退路。

他一方面开始联系国民党军统特务，表明愿意为军统在上海的行动提供帮助；另一方面也为共产党的地下工作者从上海撤离提供帮助，还是苏联与中共的情报提供者。

新五师基于上述考虑，通过第一纵队政委兼政治部主任张执一联系到老友高振霄。高振霄则利用"五圣山"打入"76号"的内线，试图与李士群建立秘密联系管道。

时至1942年下半年，中共鄂豫边区党委书记、新四军第五师师长兼政委李先念，秘密来到上海，开展统战工作。

那时的上海滩，国、共、苏、美、英、日、汪多方间谍在此大博弈，险象环生。

尽管李先念使用化名来到上海，但汪伪特工还是接到密告，称新四军派员来沪活动。所以，李先念抵沪不久即遭被捕。只是敌人尚未掌握李先念的真实身份，再加上李先念坚贞不屈，日伪分子就将其关押在监狱。

高振霄闻讯后十分焦急，他一方面积极、慎重地与中共地下党组织密切配合，研究营救方案。决定：营救只能智取，不能强攻，地下党则委托高振霄用洪帮山主的身份，以李先念远房表兄弟的关系出面保释。另一方面，高氏利用打入"76号"的洪帮兄弟，与李先念秘密取得联系，及时了解动态。

第二十一章 营救"至亲"

当得知李先念的身份尚未暴露,日伪特务放松了对李的进一步审讯时,高振霄就通过"76号"的洪帮兄弟告诉李先念:高振霄与李先念的"表兄弟"关系。并将动用关系,办理保救出狱手续。

不日,高振霄找到汪伪高层,说道:"我的一个远房表弟,来上海只是做生意,可是他来后不仅生意没做成,反而遭到无辜逮捕。对此,我深表遗憾!不过,事已至此,我希望再也不要扩大事态,今天给我一个面子,放表弟出狱。我愿画押担保,证明表弟无罪。表弟的所有责任,一概由我高某承担!"

日伪当局见从李先念身上连一根稻草也没捞到,如今有人用重金担保,就送高振霄一个顺水人情。次日,就将备受折磨、浑身是伤、满身是血的李先念释放了。高振霄亲自带车将这位老家的"至亲",接回法租界钜籁达路晋福里自己的家中养伤。

在此期间,高振霄一边选派可靠的兄弟日夜守卫,确保安全;一边安排医护精心护理,医治伤口。

待李先念伤势转轻后,高振霄与李先念二人几乎每天都有说不完的话。当得知新五师在大别山区忍饥挨饿,仍然运用游击战、运动战,与鬼子周旋,打得敌人晕头转向的故事后,高振霄更是对李先念领导的新五师肃然起敬。他抓紧时间筹备了一批抗日根据地急需的棉衣、药品等物资。

一天,李先念对高振霄说,新五师曾一度忽视了抗战中的统战工作,造成基层工作出现偏差,但他们很快作出了调整。接着,他给高振霄讲述了礼遇其湖北军政府同事、辛亥志士胡康民的经过——

胡康民

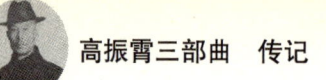

那是1941年金秋时节,在重庆的国民参政会参政员、国民政府国防委员会机要秘书胡秋原,突然接到了湖北黄陂老家族人从河南发来的一封电报。电文大意是:胡秋原之父胡康民(字家济)于秋收时节,被新四军第五师"请"去,多日未归。家人担心安全问题,切望胡秋原设法尽快疏通、营救。

这到底是怎么回事呢?

早在1940年4月,李先念率新四军豫鄂挺进纵队,与前期到达湖北黄陂北部山区蔡店乡姚家山地区的陈少敏部会合,边区党委机关和纵队司、政两部同时进驻姚家山,正式在此开辟姚家山抗日根据地。

皖南事变后,新四军豫鄂挺进纵队奉中央军委命令整编为新四军第五师。师长兼政委李先念、副政委陈少敏率军转战于湖北黄陂、孝感北部。此前,他们重组了中共黄陂县委,仍由任士舜担任县委书记;而延安陕北公学毕业、年仅26岁的魏天一,经八路军驻汉办事处派遣,回乡担任黄陂县抗日民主联合政府县长,兼任中共黄陂县委副书记。

魏天一走马上任后,按照中共中央关于建立抗日民族统一战线的原则,紧锣密鼓地筹组黄陂县参议会,组建区、乡政府,建立县、区抗日武装。

与此同时,鄂豫边区教育处联络辛亥元老潘康时(怡如)、赵均腾(南山)等知名人士,陆续开办了黄陂中学、荥阳中学、木兰中学、育才学校、师范学校等边区学校。

这年秋收前夕,为打开减租减息局面,黄陂县民主联合政府会同县参议会,动员了一批比较开明的地主、商人和乡绅等有钱、有势、有影响的人士,在乡村实行减租减息。

一个月来,各地进展比较顺利,只是黄陂长轩岭石门山的鲍家湾,却遭到了"护庄队"的公然阻拦,工作队无法进入开展工作。

鲍家湾地处山区,由山脚至山顶,顺山筑寨而闻名,当地人称之为鲍家寨。寨墙高十余米,建有炮楼6处,寨门临山脚小河沟,建有石桥,是唯一进入鲍家寨的通道。

寨内有房屋十余栋,雇佣保镖、家丁五十余人,备有长、短枪五十余支,迫击炮8门,居高临下,易守难攻,保公所亦设于寨内。

鲍家寨有个名叫鲍海舫的大地主,他们兄弟4人,拥有耕地三千五百余亩,山林数百顷,房屋五十余栋、三百四十余间,遍及矿山脚下的三乡四邻。在黄陂北乡重镇长轩岭、虎眼桥等地,他还开有当铺两处,槽坊三处,榨坊、磨坊各一处。

鲍家寨除拥有镖师、家丁等武装人员外,还长年雇有总管家、管事、裁缝、厨

师、丫头、奶妈、轿夫、绣花工、长工、短工、放牛伢等230人。

鲍家主要通过地租、高利贷和雇工剥削，聚敛家财。立订地租极高，即"一斗田交一石（旧时计量单位）谷地租"，从不减免，歉年入账立债，年利三分。并常逼租逼债，强行霸占农民家产，牵猪赶牛，夺田占屋，甚至逼迫农民以人抵债，若有不服，则动用县衙，滥施淫威。

由于鲍家寨割据一方，横行乡里，当地的百姓怨声载道，称鲍家老大鲍海舫为"草不生"，老二鲍锡侯为"铁算盘"，老三鲍济堂为"三疯子"，老四鲍冰如为"四阎王"。而且鲍家还有国民党军队为其撑腰，仅鲍家子弟就有十余名军官。鲍家寨简直就是当地的"独立王国"。

为端掉这个地方恶霸的老巢，早在土地革命时期，农民赤卫军曾三次攻打鲍家寨未果。

1931年10月，农民赤卫军集数千人，围攻鲍家寨达8个月之久，决心攻破其"土围子"。由于国民党军队空投武器与粮食支持，农民军牺牲数百人，最终不得不撤围。

抗日战争爆发后，鄂豫边区行署、新四军第五师派出的工作队行经鲍家寨，都被拒之门外。年轻气盛的魏天一对此非常恼火，他同县委书记任士舜研究后，决定设法整顿鲍家寨一次。

魏天一了解到，武昌首义后湖北军政府首任审计科长、黄陂知名的"四大金刚"之一的乡绅胡康民，与鲍家寨既有生意往来，又是亲戚关系。

日寇占领黄陂后，胡康民在黄陂县城中山大道的房产被炸毁，他亲手创办的前川中学被日军作为司令部。他在老家胡家大湾也有房产与田产，在汉口有商号，在长轩岭集镇有山货行，因均被日军控制，他无法前往。他只好到鲍家寨附近的杜家冲栖身。

有人怀疑，胡康民既是知名教育家，人称"康民先生"；又是一名商人与地主，还曾在湖北新军当过参谋，他极有可能就是鲍家寨的幕后军师，"护庄队"也许由他一手掌控。于是，魏天一便以请胡康民来县府参加议政的名义，把胡扣了起来，想借此敲山震虎。

胡康民来到县府后，魏天一对胡笑着说："胡先生，委屈你了！从今天起，你就住在这里吧！"

胡康民没弄清是什么原因，就被县政府软禁起来。虽然吃喝都是特殊优待，但每天都有人前来反复做说服工作，要求胡康民尽快解决鲍家寨各地主、财主的减租减息问题，以及让新四军及政府人员进入鲍家寨正常开展工作等。

胡康民是一个颇有个性知识分子。

当年统治湖北的直系军阀与国民党当局,觉得他创办的前川中学风水好,两次强行将县政府搬入学校,他与之进行了坚决的抗争。当局将其关押在大牢,定下"通共"的杀头大罪,他也在所不惜。所以,此次他对黄陂县府的"软禁"作法,就来一个"软抗"到底。

胡康民到根据地去了几天后,家人听到一些传言,说新四军与其说是请胡康民,倒不如说是诱捕。于是,就有了族人拍电报给在重庆的胡秋原之事。

当时在蒋介石的文胆陈布雷身边工作的胡秋原,接到电报后觉得很蹊跷:父亲与共产党素无瓜葛,新四军为何找他的麻烦?于是,他立即前往重庆八路军办事处,请董必武帮忙营救。

董必武与胡家是世交。在清末,董必武与胡康民都是胡康民的堂兄胡家善的早期弟子。武昌首义后,他们又一同在湖北军政府共事。

其后,胡康民返乡担任黄陂劝学所长(相当于教育局)和教育会长。当时的黄陂是一个绅权较重的地方,在抗战前夕,号称黄陂"四大金刚"的胡康民、陈仇九、柳植陔、王昭陔等人,在决定县内大事上往往是一言九鼎。

在第一次国共合作时,胡康民的长子胡秋原,就是在武昌大学(今武汉大学)读书时加入共青团的。同时,在董必武的领导下,胡秋原参与编辑国民党湖北省党部机关报《武汉评论》,以及主编全国学联的刊物《中国学生》。而新五师的李先念,则是董必武的湖北黄安(今红安)老乡。

正因为董必武对上述情况了如指掌。所以,他看了胡秋原拿去的电文后,便立即通过延安转发这封电报给正"软禁"在黄陂县政府的胡康民。

董必武送走胡秋原后,即把胡秋原请求释放胡康民一事,向重庆八路军办事处的周恩来作了详细汇报。

周恩来听后认为,当下正是加强统战工作之关键时刻,新五师必须马上停止这种蛮干行为。为慎重起见,周恩来亲自草拟电文,通过延安向陈少敏、李先念发了一封电报。

再说胡康民在边区被软禁的第十天下午,魏天一突然听到一个熟悉的声音:"小魏呀,你胆子不小啊!擅自关押民主人士,党和军队的信誉何在?!"

这个熟悉的声音出自鄂豫边区党委副书记(代理书记)陈少敏之口,魏天一立即迎上前去,并按战时的规定行了一个军礼。然后将手伸过去,准备与陈握手。

哪知,陈少敏站在那里怒气未消,一动不动,大声说:"你简直是乱弹琴,我不同你握手!放了人再说!"

魏天一见陈少敏严厉地批评自己,正想仔细解释自己这么做的理由。这时

第二十一章 营救"至亲"

县委书记任士舜走了过来,把一纸电文递给他。魏天一捧着电报,轻声念道:

鄂豫边区行署转李先念、陈少敏同志:

胡秋原先生是我党现阶段统战的著名人士之一,其父胡康民被软禁是错误的,必须立即放人!同时予晓以大义的器重,至少出任县参议员。只有这样,才能既有影响于当地军、政、民,又直接有利于我党和军队目前抗日救国的具体政策之实施与发展。

急盼回复!

周恩来于重庆

魏天一看完电报后,顿时脸臊得通红。

陈少敏见到了火候,便语重心长地对他说:"我是在会议上接到电报就立即赶来的,李师长也要我代表他来解决此事。周副主席正在重庆做国民党上层人物的统一战线工作,你们不迅速处理好这事,不是让党和军队难堪吗?胡康民我也清楚,本人对国家民族是抱积极态度的,不是抵制共产党政策那一类人。胡康民能来县府议事,不就证明他懂共产党政策,是相信我们的文化人吗?为什么用这样的错误办法呢?我明白,你们想借软禁胡康民一人,而吓住鲍家寨一群。可是,难道除了这个'下下策',就没有更灵活、更聪慧的良方吗?"

魏天一被训得耷拉着脑袋,一时语塞。

少顷,他坚定地向陈少敏表示:不折不扣地执行周副主席指示,立即释放胡康民。

陈少敏这才露出了笑脸。随后她与任士舜一道分别以鄂豫边区党委和县委领导人身份,同胡康民交换了意见。

接着,魏天一正式宴请了胡康民,表示赔礼道歉。

席上,作陪的陈少敏、任士舜正式宣布鄂豫边区暨县府的"紧急决定":聘请胡康民正式担任黄陂县参议员。并请胡康民随陈少敏去鄂豫边区政府所在地——今湖北大悟县的小悟山,参加正在召开的边区行署参政议事大会。

会议结束后,胡康民由小悟山回到黄陂县府驻地,任士舜、魏天一遵照陈少敏的电话指示,诚恳地同胡康民交心谈心。再经过县参议员、辛亥元老、鲍海舫的儿女亲家赵均腾,从中斡旋,胡康民愉快地接受了魏天一的建议:由胡康民、赵均腾领队,带领魏天一等县政府工作人员正式进驻鲍家寨。

这一天,鲍家寨是组织"护庄队"以来,首次接待共产党领导的政府工作人员。各财主、地主、商人等,都很尊重胡康民与赵均腾两位辛亥元老,对待魏天一县长一行也十分客气。大家相谈甚欢,气氛十分融洽。

如此化干戈为玉帛,魏天一特别兴奋,当即以县长的名义,在鲍家寨召开了

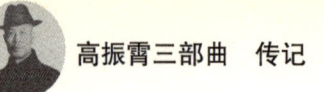

"勤政抗日救国动员会"。

会上,魏天一介绍了鄂豫边区军事斗争需要减租减息来动员生产发展,同时,他也开诚布公地请鲍家寨所有的财主能响应政府号召,做到有钱出钱,有力出力,一切为着抗日救国的军事斗争作贡献。

接着,胡康民以县参议员身份发表了演说。

他首次公开为共产党和新四军的减租减息政策叫好。同时明确指出,目前大敌当前,无国哪有家!他愿带头认捐,支援新五师抗日。

胡康民话音刚落,这些鲍家寨的财主、地主们刚开始是面面相觑。少顷,几位财主拱手对胡康民说:"您康民先生也出山啦,我们没话说!认捐!"同时,经胡康民建议,鲍家寨鲍海舫的儿子鲍汉杰,也应邀参加了县临时参议会,并代表鲍家同意接受减租减息政策。

当天,新四军及其县大队没费一枪一弹,就让鲍家寨的财主们退出了600多石谷子,劳苦大众无不拍手称快。

数天后,胡秋原收到胡康民的电报,说新四军已经送他返乡,并让其感谢周恩来的营救之恩。

高振霄听完李先念讲述家乡抗战中的统战故事后,倍感亲切,他的心似乎飞回了故乡。同时,他对共产党、新四军高瞻远瞩的策略,基层干部知错就改的作风,深表敬佩。

有一天晚饭后,应李先念的要求,高振霄着重介绍了青帮、洪帮分别成功策反"双枪黄八妹"与丁锡山的情况——

1937年11月3日至5日,日机、日舰对奉贤南桥、奉城、钱桥、柘林、萧塘等市镇进行狂轰滥炸,百姓伤亡惨重;随即,日军又在金山卫海滩突然登陆,烧杀奸淫,无恶不作。

黄八妹目睹日军的暴行,无比愤怒,她迅速用自己的积蓄买枪,并把多年结交的金兰姐妹聚集起来商量打"矮东洋",而后拉起300人左右的队伍,多次伏击日伪军。

黄八妹为了扩大队伍,还特意扮成难民进入申城,直闯上海大亨杜月笙的公馆。公馆的看门人照例加以阻拦,但听到黄八妹报出名号,怔了一下便同意往里通报。

那时,杜月笙身为上海各界抗敌后援会主席团成员兼筹募委员会主任,正在张罗筹备"淞沪别动总队",他记起黄八妹以前对法国驻沪总领事秘书樊尔谛夫妇被绑案的解决有过助益,就显得挺热心地对她说:"八妹呀,侬要我帮忙,闲话一句!我晓得,侬想做大事,嘿嘿。关于枪支弹药嘛,我能够替侬凑一部分。

第二十一章 营救"至亲"

不过,侬单独搞力道不足,勿如就编进淞沪别动总队吧!"

黄八妹一听,真是求之不得,她马上就答应下来。通过此行,黄八妹既有了"番号",又得到一批武器;她立即在乡间干出了动静,多次突袭骚扰百姓的小股日军。

1938年夏,国民党军第六十二师的钟录到金山、平湖收编地方武装。黄八妹同意接受收编,正准备与平湖谢友胜的队伍联合时,其母落入日军魔掌。这位普通农妇不愿拖累女儿,撞死于牢房。

黄八妹心中充满仇恨的怒火,她带队伍冲出日军包围,与谢友胜一起组成江南挺进队,担任护洋队队长。黄八妹和谢友胜很快成为夫妇,两人为了增强实力,分别广收干女儿,大招门徒,使队伍扩充至千余人。

他们有时化整为零,有时集中优势,利用复杂地形、黑夜对巡逻的日军突袭。黄八妹看到日军的电话线杆,便会拔枪打烂上面的线路固定栓头,中断敌伪的联络,然后伏击前来修复的日军通信兵。

黄八妹的枪法被人们愈传愈神,有"双枪黄八妹"之称。国民党第三战区司令长官顾祝同在召见黄八妹时,称她是"抗日女杰"。

1942年冬,黄八妹率部驻浙江余姚,参与"忠义救国军",被新四军活捉,当了俘虏。

新四军政工人员对黄八妹的抗日行为予以肯定,开诚布公地告诉黄八妹说:我们共同的敌人是日寇,国民党闹摩擦,只能使亲者痛,仇者快。老百姓叫你抗日女英雄,你今日还要痛歼日寇,报效国家,拯救人民才是,决不能化友为敌。

如此一席话让黄八妹深受感化,连声说:"我不再与友军为敌了!我一定以痛击日寇的行动来回答你们!"

丁锡山与"双枪黄八妹",两人经历相似,皆少贫而任侠,皆会绑票,皆能抗日,母皆为日军所杀。皆有忠义救国军经历,黄被新四军俘获教育释放,丁亦是新四军劫狱得脱。丁锡山在海匪湖盗中有一定威信。

军统在这次调查勘测中发现了上述情况后,觉得国难当头,海匪湖盗大多讲义气,也不甘做亡国奴,因而建议戴笠利用丁锡山的威望,收编盗匪队伍抗日。

戴笠、文强遂委托杜月笙出面将丁锡山保释,令其戴罪立功,收编盗匪,由丁锡山统一领导,赴前线抗日杀敌。

1937年10月,由于丁锡山出狱和他的号召力,盗匪纷纷投诚,接受苏浙行动委员会改编,组成部队以后参与淞沪会战,所属部队在上海南市和苏州河两

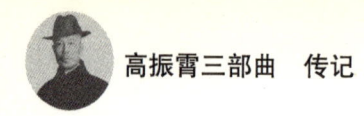

岸,配合国民党正规军对日作战。

尽管丁锡山所部成立才一个月,士兵缺乏训练,战斗力很差,而且由于时间仓促,军火供应不够,参战部队竟达不到人手一枪。但由于士兵大部分是工人、知识青年等组成,爱国热情很高,作战也很英勇。战后统计,在战役中战死官兵达1500多人,受伤500人。

抗战胜利后,丁锡山不愿参加反共内战,投奔苏中解放区,经陈丕显介绍,成为中共特别党员,任苏浙边区游击纵队司令员(化名丁旭文)。

不幸的是,在他率部由海路到奉贤县秘密登陆时,遭国民党部队围剿杀害,成为了一名革命烈士。这当然是后话。

李先念聚精会神地听完后,紧紧地握着高振霄的双手,对其不惜殚精竭虑,甚至忍辱负重,在隐蔽战线与魔鬼打交道的义举,表达高山仰止之情。

在高振霄的精心照料下,李先念伤病日渐好转。李先念要求尽快重返革命根据地,高振霄见日伪特务解除了对李先念的监视,便租用两艘大船、选派洪帮的得力保安人员,将李先念和抗日物资安全护送至苏北革命根据地。

后来,高振霄先后还营救过时任上海敌后工作党的领导人张执一,党中央派往延安学习深造的12名共产党青年干部,以及一大批共产党的领导及抗日志士。

新中国成立后,李先念、张执一曾派秘书专程来沪,看望高振霄遗孀沈爱平并为其解决住房及生活等问题,以感念高氏当年的搭救及英勇抗战行为。

第二十二章 较量"孤岛"

接二连三吃了高振霄两次闭门羹后,影佐祯昭气不打一处来。可是,影佐祯昭觉得"五圣山"山主的身份对建立"东亚共荣"确有利用价值,所以,他决定亲自走到前台,会一会这位洪帮大佬。

第二十二章 较量"孤岛"

日本特务机关,种类繁多,纵横交错。

在抗战期间,这些特务机构,政出多门,条块分工,垂直管理。既有日本内阁领导下的对华特别委员会,也有日本海军总参谋部情报部与日本陆军总参谋部情报部,还有北支方面军司令部和中支方面军司令部,如此等等,不一而足。

这些特务分布在中国的大江南北,长城内外,尤其密集于"孤岛"上海滩。

高振霄在出任军统局上海策反委员会委员后,他以资深报人的特有习惯,搜罗了官方与民间的相关资料,对日本特务机关进行了一番研究,发现了一些鲜为人知的"机关"——

日本在上海进行特务活动,早在清代就开始了。

日方十分看好上海这个亚洲的第一大都会,清末就开始在上海设立学校,培养熟悉中文和中国国情的日本人,为将来侵略中国做好准备。在这种指导思想之下,日本先后在沪上建立了"东洋学馆""东亚同文书院"等学校。

甲午战争前,日本参谋本部间谍荒原精潜至上海,利用日商经营的"乐善堂",搞起特务活动,他们化装成商人,实地调查,窃取了大量情报。

"九一八"之后,日本派遣了大量的间谍特务和浪人,潜入中国各地,收集情报,制造事端,配合军事行动。

与此同时,日本大使馆情报部、军事特务机关、"日日新闻"等新闻报馆、日本在华纱厂联合会等商业团体,还有日军参谋部驻沪办事处、大使馆情报部与宪兵司令部情报部等机关联合建立的"谍报联合侦察所"等,他们在淞沪会战前蜂拥而至上海,窃取了大量的中国军事情报。

在"一二·八"淞沪抗战之前,日军特务头子土肥原贤二又将特务川岛芳子派到上海,策划了所谓的"紫色行动",直接导致了"一二·八"淞沪之战的爆发。

日本占领上海后,沪上的日军特务机关更是多于牛毛:诸如大本营参谋部系统的"梅""兰""竹""松"四个机关,大本营陆军部的田机关、森机关与上海机关,日军中国派遣军系统的"情报谋略课""政治经济课"与直属机关等。而海军军令部武官府下设的情报部,有"支那方面舰队参谋部""日本海军特别陆战队""日本海军上海方面根据地司令部"和"日本海军第三舰队司令部"等四处,在特别陆战队司令部参谋室共同设立。同时,还有一些由日本浪人和黑社会性质的组织,自行建立的间谍机构。

在上述情报部门中,不得不谈到对华特别委员会下设的两个秘密特务机关——"兰机关"和"梅机关"。尤其梅机关的首任机关长影佐祯昭,可谓在中日间谍战中,鹤立鸡群。

1928年，影佐祯昭由参谋本部派至中国，任日本驻上海领事馆武官。1932年为日内瓦裁军会议陆军部随员，1933年7月任参谋本部中国课课长，1934年8月到次年8月复任驻上海武官。

1937年8月，淞沪会战期间，影佐祯昭晋升为大佐，复任参谋本部中国课课长，11月任第八课（谋略课）课长。次年6月，调任陆军省军务课课长。参与指导对华战争。

1938年11月，受陆军大臣板垣征四郎之命，影佐祯昭第三次到上海，指导日本"鸦片王"里见甫在上海创立里见机关——"宏济善堂"，企图联合青帮、洪帮一起贩卖日军队从伊朗运来的鸦片，收取巨额资金补充关东军军费。

影佐祯昭还参与创办了日本内阁设立的处理侵华事务的中央机构——"兴亚院"，并和日军特务今井武夫一起，同汪精卫的代表高宗武、梅思平，在虹口重光堂秘密签订了《日华协议记录》。

1939年，影佐祯昭奉东京参谋本部之命，专门负责对汪伪集团的策反联络。他很快集中了一批日本特工高手，如川本芳太郎、今井武夫、森延太郎、木村增太郎、金子晴元等。

这年4月，影佐祯昭护送叛逃至越南河内的汪精卫到上海。随即进行策划建立汪伪政权的活动，并在上海北四川路永乐坊设立特务谋略机关"梅机关"，并任机关长。

同年11－12月，影佐祯昭作为日方首席代表，在上海与以周佛海为首的汪伪集团代表，进行"中日新关系"谈判，并于12月30日签订了《调整中日新关系协议文件》。影佐祯昭因此而晋升少将，担任支那派遣军副司令，继续在板垣征四郎手下效力。1940年3月，汪伪国民政府成立后，又任伪政府最高军事顾问。

因影佐祯昭在指导日本"鸦片王"里见甫在上海贩卖鸦片期间，认识了青帮、洪帮中人，所以他透过"梅机关"锁定高振霄，几次三番企图策反其出任上海市伪政府高官。

首先，影佐祯昭让"鸦片王"里见甫，前往"五圣山"与高振霄洽谈"商务"合作事宜，实质是贩卖鸦片。

因高振霄对里见甫在上海滩的所作所为了如指掌，他的要求自然遭到了高振霄的断然拒绝。

接着，"梅机关"又对"五圣山"兄弟施美人计，将洪帮的一个小头目拖下水。

此事被高振霄发觉后，他迅速依照帮规来一个棒打"鸳鸯"，弄得"梅机关"鸡飞蛋打。

第二十二章 较量"孤岛"

接连吃了两次闭门羹后,影佐祯昭气不打一处来。而他觉得高振霄的身份对他们的确有利用价值,是故他决定亲自走上前台,会一会这位洪帮大佬。

只是1938年2月,日军曾经以霸王硬上弓的方式,将高振霄关押了三周,结果一无所得。于是,此次影佐祯昭就以华侨商人的身份,约见高振霄。

那天,洪帮兄弟阿力向高振霄报告:"有一位南洋华侨在百乐门饭店,邀请山主前往洽谈商务合作事宜。"

南洋华侨素有爱国传统,尤其在抗战中捐资、捐物,颇为踊跃,极大地激发了国人的抗战热情。高振霄听说后,决定按时赴约,前去尽地主之谊。

当高振霄来到百乐门饭店门楼下,他顿时有一种不祥的预感,脑海里立即想起1940年2月25日深夜,在这里发生的一场血案——

那次,百乐门的一位大红大紫的舞女陈曼丽,当时正被刘姓、彭姓两位舞客买钟坐台,而当日本特务要求她伴舞时,遭到了她的拒绝。日本特务顿时恼羞成怒,马上指使枪手在舞厅内对其进行枪击。杀手连发了三枪:一枪击中陈的颈部,一弹击中臂膀,一弹击中腰腹。陈曼丽当场倒地死亡。同坐的刘姓舞客右臂轻伤,彭姓舞客被流弹伤及背部,终告不治。

高振霄想到此,下意识警觉起来:莫非今天又是日本特务在打自己的主意?果然,他上楼与这位"华侨"交换名片时,发现对方的名片上赫然写着"影佐祯"。他心里说:这个影佐祯昭竟然去掉尾巴变成"影佐祯",意在迷惑不知真相的中国人。日本特务真是无孔不入呀!

因高振霄早已摸清了影佐祯昭及其"梅机关"的底细,所以,高振霄当时也没有立即揭露其伪装,就来一个顺水推舟,礼节性地请对方喝了杯下午茶。

"我在南洋就久闻高山主大名,今天相见果然气度不凡!"影佐祯昭与高振霄见面的第一句话就说。

"哪里,哪里,过奖了!老朽一个,病魔缠身也!得知先生远道而来,唯恐失礼,就强打起精神前来拜会!你看看,仅上了几层楼,就虚汗淋漓了!"因高振霄一来到百乐门便引起警觉,就故意在洗手间蘸了一些水在额头上。入座后又要了一大杯开水连喝了几口,意在尽快脱身!

"不知山主身染贵恙,失敬!不过,在下认识几位在上海滩的日本名医,愿为山主效劳!"狡猾的影佐祯昭也来个一箭双雕,意在看看他到底是装病,还是真病。

"谢谢先生美意!不怕先生笑话,老朽乃山野之人,素来不信西医,只看中医。而且这位老中医跟我看病多年,每天傍晚上门理疗,病情已见好转!"高振霄所说的那位老中医是他的好友与帮会中人,几乎每天傍晚到他家中聊天。高

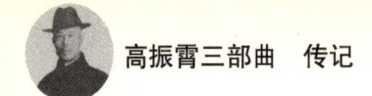

振霄迅速接过话茬,意在尽快脱身,离开这个是非之地。

"呵,原来如此。本人对中医倒无偏见,只是长期在外习惯于西医,西医的最大好处是疗效快。所以,我建议山主还是不要拒绝我的一番好意啰!"影佐祯昭继续劝说道。

"老朽孤陋寡闻,领教了!"高振霄话音刚落,跟班就心领神会地小声说:"老爷,理疗的时间到了!"

"实在抱歉!本来今天应该由在下作东,为先生接风洗尘!只怪老骨头不争气,我们后会有期!"就这样,高振霄就欠身匆匆告别了。

"后会有期,后会有期!"影佐祯昭也只有无奈地说。

回到"五圣山"后,高振霄大发雷霆,将阿力骂了个狗血淋头。并让堂口的兄弟平时多长一个心眼,防止日本特务乘虚而入。

1941年春夏之交,上海的天空乌云密布,一场暴风雨又要降临了。

这年5月1日清晨,高振霄忽然接到策反委员会密报,又一位国民党"中统"高官陷入了"76号"的魔掌——

那是1941年4月30日深夜,汪伪特工会同上海日本宪兵队秘密潜入公共租界内的静安别墅,将中统上海站长陈彬和夫人温斐以及两个幼女秘密逮捕,拘禁于"76号"汪伪特工总部。

高振霄与陈彬虽然分属于军统与中统,平时少有往来,但在策反锄奸方面也有情报共享与合作。

陈彬是1939年冬,奉命由香港调回上海,出任中将级中统站长的。此时的上海滩,可谓谍影重重、高手如云。而陈彬所接管的是一个遭受到日伪特工毁灭性打击的中统上海站,而他的对手又是极其残忍的魔头——丁默邨和李士群。丁、李都曾是CC系的成员,深谙中统内部情况及地下活动的规律,对中统等潜伏组织构成极大威胁。

陈彬上任伊始,曾礼节性地拜访过高振霄,问计重建中统在上海的地下组织。1939年12月,"日汪密约"即将签订,重庆中统总部给刚接任上海站工作的陈彬下达了制裁丁默邨的命令,意在借刺杀丁默邨来震慑汪精卫卖国集团。

那时,军统、中统都把锄奸行动当做地下战线的重头戏,自抗战爆发以来,仅上海一地,就有十多个重要的汪伪成员被重庆方面暗杀,如季云卿、傅筱庵(时任伪上海市长)、陈箓(时任伪外交部长)、屠振鹄(时任上海伪法院院长)、高鸿藻等。为了进一步惩罚汪伪的卖国投敌行为,重庆当局决定加大打击力度,而血债累累的"76号"魔头丁默邨自然就成了密杀令的首选对象。

哪知,不仅两次周密布置的暗杀行动失败,最后陈彬反而锒铛入狱。

第二十二章 较量"孤岛"

陈氏入狱后,伪社会部长丁默邨及伪特工总部长兼伪江苏省省长李士群,原与陈彬均是中统同事,并极欣赏陈氏才华,争相劝诱拉拢。但陈彬坚持民族大义,不为所动,受尽了老虎凳、辣椒水等酷刑折磨。

同陷牢狱之灾,特别苦了他那正在哺乳期的六个月的幼婴,因陈夫人奶水不足,小婴儿整日在牢里哭闹不停。小婴儿后被静安别墅的好心邻居任玉瑛女士从狱中救出。任玉瑛说:"我领出来的女婴,瘦得可怜,营养不良,整天哭闹,女婴后来身体虚弱、偏头痛等后遗症,都是'76号'造的孽。"

正在这时,重庆高层发来密令,要求已被捕的陈彬可以将计就计,适时打入汪伪内部执行潜伏任务。

于是,陈彬根据组织的指令,潜伏于李士群身边,被任命为伪江苏省保安处保安团长,驻防苏州附近。但陈彬始终念念不忘抗日救国宗旨,到职后对沦陷区内的反动分子予以秘密镇压,并将日伪的重要情报源源不断地发往重庆。

正在上海进行着策反与反策反的大较量的时刻,日军于1941年12月7日,竟疯狂地偷袭了美国珍珠港。

翌日,美国对日本宣战,并呼吁世界各国对日本实施贸易制裁。12月9日,中国正式向日本宣战。

美日交恶,日军悍然进入上海租界,租界结束了"孤岛"期。

自1937年8月13日淞沪会战爆发,中国调动七十万军队在上海附近与日军展开长达三个月的鏖战,虽然中国军队付出了极大的代价(阵亡33万人,空军损失过半,约当时全国三分之一军队兵员),上海公共租界的北半部,即今虹口、杨浦两区作为日军防区和日本势力范围,和华界一样受到重创。但最终实力占优势的日本军队击败了中国军队,武力占领上海除租界以外的全部地区,日人并将上海改名为"大道市",取自《礼运大同篇》之"大道之行也,天下为公"。抗日组织铁血锄奸团也同时针对汉奸、日军,展开一连串可歌可泣、热血澎湃的伟烈抗日战争。

从淞沪会战结束后上海沦陷的1937年11月,到1941年12月珍珠港事变日军侵入上海租界为止,上海法租界和苏州河以南的半个上海公共租界,开始了长达四年多的"孤岛"时期。这个时期的租界,四面都是日军侵占的沦陷区,仅租界内是日军势力未到而英法等国控制的地方,故称"孤岛"。

太平洋战争爆发后,日伪气焰十分嚣张,根本不把租界当局放在眼里,而租界的执法者也预感大祸将至,在日伪胡作非为时常常妥协退让。于是,日伪越界到租界去抓捕或暗杀抗日分子的事件时有所闻。

与此同时,日军不断调兵遣将,加强对上海的控制。1942年9月,日军特务

· 281 ·

头目今井武夫出任上海陆军部高级部员。

今井武夫曾参加策划建立汪伪政权和对蒋介石的诱降活动。先后任中国派遣军第二课课长兼第四课课长、报道部部长，日军新编步兵第一百四十一联队长，太平洋战争爆发后，率部入侵菲律宾。

今井武夫再到上海后，扮演了一个手持橄榄枝、玩弄"和平"的高级特务角色。他伙同其他日伪特务，采取种种手段，将一批中统、军统与中共特工纷纷拉下水。

1943年春，日本又派长期对中国进行特务活动的陆军中将柴山兼四郎，出任汪精卫政权的最高军事顾问。

柴山兼四郎也是老牌特务。1938年2月，柴山兼四郎就出任天津特务机关长，主要执行对吴佩孚的策反工作。次年4月晋升少将，9月出任汉口特务机关长。他的"竹机关"和上海影佐祯昭的"梅机关"，和知鹰二的"兰机关"，设在福建的"菊机关"并称。在汉期间，他执行日第十一军司令冈村宁次分化瓦解中国军队的政策，重点对中国第五战区的川军分化。1940年9月回国，历任辎重兵监部副兵监、陆军辎重兵学校校长等，1941年10月升任陆军中将辎重兵监。1942年4月成为驻大同的第二十六师团长。

柴山兼四郎出任汪精卫政权最高军事顾问后，重拳出击，密令手下的宪兵队长冈村少佐，毒死了不听话的"76号"特工头子李士群。

为此，高振霄不失时机地利用李士群死于非命的反面典型，给"五圣山"弟兄讲述了叛党叛国的可耻下场——

那是汪伪政权成立后，李士群当上了汪伪清乡委员会秘书长、"剿共救国特工总部"负责人、伪江苏省省长，成为显赫一时的人物。为了保护汪精卫及其伪政权，李士群还带领"76号"与国民党中统和军统特务进行斗争。国民党在上海、南京的特务组织，遭到了毁灭性的破坏。在李士群的软硬兼施下，不少军统、中统特务都倒向了汪伪政权，使得戴笠、陈立夫对李恨之入骨，欲除之而后快。

戴笠曾命令手下特务，不惜一切代价干掉李士群，但都因种种原因没能得逞。李士群是汪精卫的宠臣，不能公然捕杀，只能暗下毒手。经商议，谋杀工作由周佛海主持，丁默邨从旁协助。

周佛海接到除奸令后，制定了杀死李士群的三个策略。"上策"是利用日本侵略势力，即日本军人和李士群之间的矛盾杀死他；"中策"是利用李士群与其他汉奸的争斗除掉他；"下策"就是直接派军统特务搞暗杀。经过反复比较，最终军统采纳了"上策"，要借日本人之手除掉李士群。

第二十二章 较量"孤岛"

恰在这时,李士群的后台老板日本人晴气庆胤奉调回国。他的继任柴山兼四郎中将对李不听使唤早就不满意,李士群掩护日本宪兵部悬赏缉拿的军统特务佘祥琴逃脱之事,这时又被查知。于是,周佛海借"佘祥琴案"之机,找到了日本华中宪兵司令部特科科长冈村少佐,希望由冈村干掉李士群。

冈村得到柴山兼四郎的授权后,他首先派特工行刺,因李士群防范很严,几次都没有得手。随后,冈村决定用下毒的办法解决李氏。

那是 1943 年 9 月 6 日晚,李士群接到冈村少佐的邀请,在上海百老汇大厦冈村家里为他设宴。李士群不想去,因是日本人请客,碍于面子,还是硬着头皮去了。

到了百老汇大厦,宾主共 4 人,冈村、熊剑东、李士群及其随行的伪调查统计部的次长夏仲明。

随后,冈村的夫人将日本风味的菜肴一道道端上桌。李士群心里有戒备,看见别人动了的菜,他才稍加品尝。最后,冈村夫人端上了最后一道菜,是一碟牛肉饼。冈村介绍说这是他夫人最拿手的菜肴,今天李部长来了,特地做了这道菜,请李士群赏光尝一尝。

牛肉饼只一碟,李士群起了疑心,放下筷子不敢吃,他把碟子推给了熊剑东,说:"熊先生是我钦佩的朋友,应该熊先生先来。"熊剑东又把碟子推过来,笑着说:"李部长是今天的贵宾,冈村夫人是专门为你做的,我绝不敢占先啊!"李士群又想把碟子推给冈村。这时,冈村夫人又用盘子托出 3 碟牛肉饼,在冈村、熊剑东和夏仲明面前各放了一碟。

冈村解释说:"我们日本人的习惯,以单数为敬。今天席上有 4 人,所以分成 1、3 两次拿出来,以示对客人的尊重之意。在日本,送礼也是以单数为敬,你送他一件,他非常高兴。要是多送一件,他反而不高兴了。"李知道日本人送礼讲单数的习俗,经冈村这么一解释,他也就不再怀疑了。而且,看到其他 3 人把面前的牛肉饼都吃得精光,李士群也吃了 1/3。

两天后,李士群突然感到不适,开始是腹痛,接着上吐下泻,送医院抢救。经检查,李士群中了阿米巴菌毒。

阿米巴毒全称为阿米巴原虫病毒。阿米巴原虫病毒是用患霍乱的老鼠的屎液培育出来的一种病菌,主要是由溶组织内阿米巴引起的一种人兽共患寄生虫病。自 1875 年 Feder Losch 首次在人体发现该病以来,已有 9 个不同种属的阿米巴被先后发现,已报道的易感动物达 30 多种。该类原虫多寄生于人和动物的肠道和肝脏,以滋养体形式侵袭机体,引发阿米巴痢疾或肝脓肿。

人只要吃进阿米巴毒,它就能快速的在人体内繁殖。在繁殖期内,没有任何症状,直到36小时以后,繁殖达到饱和点,便会突然爆发,上吐下泻,症状如同霍乱。到了这时,人就无法挽救了。

不仅如此,细菌在人体内起破坏白细胞的作用,使人体内的水分通过吐泻,排泄殆尽,所以人死后,尸体会缩小得如同猴子一般大小。这种病毒只有日本才有。

李士群在死前曾想开枪自杀,他对身边的人说:"我死倒不怕,可惜我干了一生特务,不料自己还是被日本人算计了。我这是自己对不住自己啊!"

1943年9月11日,李士群有气无力地对亲信下达了最后一道命令:尽快干掉熊剑东。少顷,便一命呜呼了。

李士群暴毙于苏州饮马桥私宅。消息传来,震惊了整个中国沦陷区。

当时的苏州是汪伪政权的江苏省省会,省长突然神秘死亡,引发了街头巷尾无数的猜测和热议。一个又一个的演绎,把这桩命案戏说得扑朔迷离。

第二十三章　抗日英烈

日军驻沪最高头目设下鸿门宴,高振霄单刀赴会"斗酒"！当日军诱逼其出任上海市长伪职时,高愤然作色道:"中国的事情岂由外人安排？"气急败坏的日军头目密令冈村暗中在酒中投毒。高以身殉国后,蒋介石题"精忠报国"追祭。

第二十三章 抗日英烈

太平洋战争爆发后,日军四面楚歌。

为应付美英对日宣战,日军不得不分兵到东南亚的欧美殖民地国家。故在中国战场,日军极力推行"以华制华"策略。

随着战争的阴云笼罩着整个世界,各国谍报人员云集在这个看似奢靡繁华、歌舞升平的上海,他们为了各自的信仰和使命,穿梭在这个即将沉沦的都市里。

早已置生死于度外的高振霄,此间又配合打入日伪上层的国军将领唐生明,与敌特机关在上海滩进行了一番斗智斗勇的较量——

事情是这样的。

在抗日战争中、后期,湖南籍国军将领唐生明,因与汪精卫、周佛海等人曾经都是关系不错的朋友,而且他最爱吃喝玩乐,妻子又是一位歌舞片美女明星。在一般人看来,唐生明忍受不了重庆的艰苦生活,而偕美人前往去灯红酒绿的上海、南京,似乎是顺理成章的事。所以,戴笠物色好唐生明后,报经蒋介石批准暗中将其派往到汪伪政府的特务机关中去,从事策反工作。

唐生明的大哥唐生智,是高振霄钦佩的著名北伐与抗战名将。

在大革命时期,正是唐生智发挥关键作用,挥师北伐,顺利攻克了长沙,进而北伐军光复武昌,他因此成为国民武汉政府的风云人物。

1937 年 11 月,又是他向蒋介石自动请缨防守南京。在就任南京卫戍司令长官期间,他"誓与南京共存亡"……

南京、武汉相继失守后,唐生智一直在重庆坐冷板凳。当他得知弟弟被安排打入敌伪后,甚为不安。他认为:自己是坚决抗日的将领,如果同胞弟弟去"投敌"了,不明就里的人,还以为自己会同意弟弟去当汉奸的。这置他于何地?所以他极力反对,两兄弟为此几乎吵了起来。

然而,唐生明去意已决。他说,自己一向是尊重大哥意见的,这次却要自己做一回主,忠实地执行了蒋介石的命令。

此时意在必得的戴笠,为了劝说唐生智不要阻拦唐生明去南京,便放下身段亲自登门拜访唐生智,结果碰了个软钉子。

接下来,是蒋介石让身边的蓝衣社成员、唐生智的侄儿唐保皇带去老蒋的亲笔信,老蒋还亲自给唐生智打电话沟通,唐生智这才无奈地答应了。

临行前,唐生明前去向大哥辞行,并恳求大哥写一封信给汪精卫。因过去唐与汪常有往来,尤其是在武汉政府时期,私谊不错。

正在气头上的唐生智,一听要他写信给叛国投敌的汪精卫,更是火冒三丈。他指着唐生明的鼻子怒斥道:"真是岂有此理! 你不顾一切,只图自己享乐,还

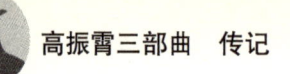

想把我也搭进去！别人如果拿我写给汪的信攻击我,我如何自圆其说？你要去你就去吧！你见到汪精卫也不准提到我,我决不会再和他往来。"

唐生明偕夫人、歌舞片明星徐来离开重庆启程赴桂林时,唐生智不仅没有去送行,而且唐生智还按照蒋介石的指令,在报纸上刊登公开声明:宣布与唐生明脱离兄弟关系。

情报的传递是一个艰难的过程。

为了便于传递情报,需要在唐生明身边安插一个"女佣"专司其职。

高振霄巧妙地安排浙江江山籍的帮会兄弟,将同是江山籍乡下的"女佣"徐巧云送到唐生明的住宅。

其实,这个徐巧云是在军统受过特殊训练的特工。她到唐身边后,出色地配合唐生明送出了一份份重要情报,营救出一批被捕的军统特工。

此间,"76号"特工破获了上海军统潜伏的工作站后,曾经前后抓捕了一百三十余名军统特工,有十几个是来自江山县的人,而且证据确凿,"76号"准备杀掉几个,以震慑军统特务。就在这时,唐生明亲自到汪精卫那里去求情,要求把所有羁押的军统特工释放。

唐生明的策反行动,当然逃不出铁杆汉奸特务徐治的眼睛,他马上将唐生明的所作所为汇报到"76号"总部。丁默邨的脸色阴沉,半晌不语。而后,他恨恨地说:这是引狼入室！

百密一疏,接踵而至的是"女佣"的做派露馅了。

"76号"出于对唐生明的极度怀疑,便派重重间谍搜罗证据,竟一无所获,唯独认为唐与"女佣"的关系大有文章可做。

徐巧云虽说是"女佣",但她很少做"女佣"应该做的家务事,除了陪同唐太太徐来逛街外,就是在花圃里看书,倒很像个大家闺秀,与她身份明显不符。"女佣"的做派,自然成为日伪特工徐治突破的防线。

徐治等人通过日夜跟踪,还发现这个江山籍的姑娘经常出去送信,时常与"五圣山"的兄弟接触,行踪极为蹊跷,怀疑她是军统特务的可能性极大。只是苦于没有抓到直接的证据。

徐治向"76号"的头子李士群汇报后,李氏认为,因唐生明与汪精卫、周佛海的关系不一般,所以,对他不能轻举妄动,只能对"女佣"下手。

于是,李士群密令徐治抓住机会及时抓捕徐巧云,企图从她嘴里掏出确凿的证据来。

正在千钧一发的紧要关头,高振霄接到"76号"的内线兄弟传来的情报,立刻通知告诉了徐巧云。

这样一来,当徐治撒开了一张大网,准备抓捕徐巧云时,徐巧云突然不再出门了。见没有抓捕机会,徐治急得抓耳挠腮,无计可施。

机会终于来了。

忽然有一天,徐治发现唐生明进了徐巧云住的屋子,甚觉可疑。于是,徐治悄然跟踪到门前,想偷偷看他们里面的情况。可是,钥匙孔太小,他看不清楚,且一不小心碰到了门板,发出响声。

里边听到外面的响声,也立即传出一阵窸窸窣窣的声响,接着徐巧云衣衫不整,披头散发跑了出去。

唐生明也显得很狼狈,推门见到了徐治,恶狠狠地瞪他一眼,没好气地说:你这个不知趣的东西,坏了老子的好事!

就这样,唐生明与徐巧云逃过了"76号"设下的陷阱。

1943年11月,中、美、英三国元首在埃及开罗开会,通过《开罗宣言》,要求战后日本归还占领中国的所有领土,包括台湾及其附属岛屿。但是,日本置若罔闻,依然作最后的垂死挣扎。

高振霄的民族气节和抗日爱国举动,日伪特务自然有所察觉,所以对他恨之入骨。

只是当时日军急于实施"以华制华",迫于高振霄在当时上海社会中的影响,日军和汪伪政权对他既怕又恨,百般讨好,企图拉拢他。

日军特工多次以"日中亲善"欺骗麻痹高振霄,拿重金诱降,甚至委任其伪上海政府高官等,但均被高振霄严词拒绝了。

1943年底的一天,汪精卫政权的最高军事顾问、日军特务头子柴山兼四郎,密令手下的宪兵队长冈村少佐带领十几个日本随从,抬着一大箱钞票与金银首饰,送到高振霄家里。企图收买高振霄,让其出任汪伪政府上海市负责人。

由于冈村与高振霄是初次见面,他在作了一番自我介绍后,并道出柴山兼四郎的意思。高振霄认为,冈村如此霸王硬上弓,自己也不能示弱。于是,他斩钉截铁地应对道:"冈村少佐,请转达柴山兼四郎,非常对不起贵国!我年事已高,骨头已经埋了半截,不能替贵国做事!请把钞票及首饰全部带回去好了!"

"高山主,就算我们交个朋友吧。"冈村见高振霄婉言拒绝,继续皮笑肉不笑地说。

"少佐先生,你可曾知道:我生平有许多朋友,包括有一些外国朋友,就是没有一个金钱朋友。所以,金银财宝对我高某人来说,生不带来,死不带去,如同

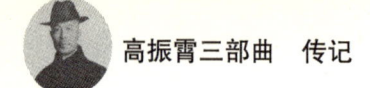

粪土,没有任何意义。"高振霄不屑一顾地说。

"高山主,请不要与金钱过不去!难道你就那么仇恨金银财宝么?"冈村仍然缠着不放,继续说。

"少佐先生误会了,我并非天生就仇恨金钱。中国有句老话,叫做:'君子爱财,取之有道。'"高振霄有理有节地回敬道。

"山主的为人令人敬佩!可是,这是柴山兼四郎君作为朋友的馈赠,岂能拒人于千里之外呢?"冈村仍然喋喋不休道。

"少佐先生:你可曾知道?中国人向来讲究'无功不受禄'。高某何德何能接受如此贵重的大礼?!况且我与柴山兼四郎素昧平生。"

"高山主客气了!你能留在上海滩,与皇军一道管理上海就是大大的功劳!"

"此言差矣!我只是在自己的家园里,过一个普通中国人的生活。我们'五圣山'与你们素无往来,谈何功劳?"

"即使山主口头上不承认,但是现在是我们大日本皇军管制上海,你在上海与我们一起生活,你们'五圣山'维持码头秩序,这就是中日共荣明证。难道不是客观事实吗?"

"那是你们日本人的逻辑!你别忘了,这是在中国!中国人素来是'道不同不相与谋'!"

"说得好!我记得你们中国有一句名言叫做:敬酒不吃、吃罚酒。"

"如果你把这些腥臜的钞票和金银首饰,看做是敬酒的话,那我吃下去你的敬酒,就会丧失一个中国人的尊严和良心,成为一个遗臭万年的卖国贼!所以,我宁肯吃罚酒,也决不能吃这丧尽天良的敬酒!"

冈村这时露出了狰狞的笑脸,厉声地对高振霄说:"高山主,你可曾认识公共租界的郁华律师?"

郁华是江苏高等法院第二分院刑庭庭长,也是高振霄的朋友,他当然知道。

那是1939年11月23日上午,已经五十来岁的郁华,戴着眼镜走出家门,准备去上班。谁知他刚出家门,只听"砰"的一声,一个埋伏已久的杀手向他射出了罪恶的子弹。郁华被暗杀,凶手就是日军走狗——"76号"特务机关。

那么到底是什么致使郁华招致了这样的杀身之祸呢?

郁华1884年生于浙江富阳县富阳镇满洲弄(今达夫弄)。是著名作家、诗人郁达夫的胞兄。他幼年丧父,只得靠寡母摆摊和几亩薄田维持生计。但逆境练就了他勤奋好学的好习惯,他16岁参加杭州府道试,一举得第一名,补博士弟子员。1905年考取浙江省首批官费生留学日本,先后毕业于早稻田

大学师范科、法政大学法科,获法学学士学位。1910年学成回国,在北京外交部工作。1912年考取法官,任京师高等审判厅推事,兼司法储才馆及朝阳大学刑法教授。1929年调任大理院东北分院推事,司法部科长,最高法院东北分院刑庭庭长。

"九一八"事变前夕,日寇通知郁华不得擅自离沈,另有要职委任,他化装逃回北京。1932年来到上海,担任江苏省高等法院第二分院刑庭庭长,兼任东吴、法政大学教授。

当时,二分院设在上海英租界,他利用所处的特殊地位,积极帮助、庇护进步人士,当田汉、阳翰笙、廖承志在英租界被捕后,郁华参与营救多有尽力,设法使其获释。上海沦陷后,郁华利用租界法权,坚持司法尊严,以维护民族利益,保护爱国人士,严惩民族败类。

此次郁华被杀缘起一桩报馆打砸案。汪伪政府为压制租界内报纸的抗日舆论,1939年7月22日,"76号"派了几个打手喽啰砸了《中美日报》,打手被公共租界巡捕房抓获,并被判了刑。

"76号"找了代理律师提出上诉,并写信给将承审这件上诉案的江苏高等法院第二分院刑庭庭长郁华,进行恐吓,要他撤销原判,宣告无罪,否则于他本人不利。友人劝他外出避祸,他说:"国家民族正在危急之际,怎能抛弃职守;我当做我应做的事,生死就不去计较了。"

在开庭审判时,郁华依据法理与事实,仍维持原判,将上诉驳回。不久,就发生了郁华惨死在日伪特务枪下的惨案。

高振霄听后,大义凛然地说:"少佐先生,郁华律师是我的朋友,也是我生平最敬佩的大丈夫!我就是死,也要死得像他那样,顶天立地!对得起我的祖国,对得起人民,对得起自己的良心,绝不能落下千古骂名!"

冈村顿时气得满脸通红,甚至抽出军刀,要向高振霄砍去!高振霄的手下的几大金刚也迅速把枪口对准了冈村。

"有话好说,双方息怒!"正在双方剑拔弩张的关键时刻,翻译官立即上前对冈村耳语一番,说出其主子临行时的交代:"意在感化,不可动粗!"

"开路!"冈村这才一跺脚,气急败坏地离开了晋福里。

抗战进入中后期,日军采取种种卑劣手段对待侨住在上海的"敌国"侨民,使得关押在上海国际集中营的"敌国"侨民备受寒冷、烦躁与郁闷的煎熬。

那是1943年1月24日,日本驻沪领事馆制订了《在沪敌国人集团生活所实施要纲》,决定对于与日本处于交战国关系的英、美等国在沪侨民收容进集中营,但是菲律宾人、印度人、马来人、缅甸人、持有英美国籍的日本人、中国人以

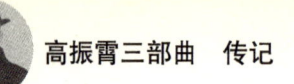

及荷属印度人除外,对于那些与日本断交国家的人民,将视对方国家的态度采取相应的举措。

当时估计将被收进集中营的人有7750名,日军决定在上海设立八个集中营,另在扬州设立一个集中营,也属上海集中营范围。

同年1月29日,集中营正式启用。4月底,第一阶段收容告一段落,八个集中营共收容英美等国侨民5258人。9月19日,大约900人乘船离开了上海。

这次欧美人撤离以后,日本占领当局对上海集中营人员进行调整,浦东、沪西、龙华等处集中营的收容者发生较大变动,由扬州集中营收容的一部分侨民也被移往上海。10月中旬,上海集中营收容人员为5706人,11月底为6155人,1944年9月底增加到6200人。

这些人来自英国、美国、加拿大、荷兰、比利时、澳大利亚、新西兰、南非、苏联、葡萄牙、挪威等。被关押者,年龄最小的仅6个月,最大的为88岁。

是时,被关押在龙华集中营的英国姑娘佩吉(Peggy Pemberton – Carter),曾在日记中这样写道:

"1944年1月6日。冷!真冷!太冷了!这是每次活动笨重、麻木的四肢时都会发出的单调声音。至于思维,我们的脑子就像一块冻僵了的海绵。处在这样的环境里,人们的脾气就容易急躁,每天围绕灯光、空间、窗帘、开窗、时间、借东西、偷工减料等所有你可以想象的问题都会发生争吵,满怀愤怒。"

对于被关进集中营英美等国侨民,英、美侨民由于事先对事态的发展有所预料,因而总体反应相对平静,但也有人不分昼夜地狂饮,自暴自弃。及至关进集中营以后,特别是感到在集中营生活极差以后,英、美侨民不满情绪日益强烈。有的表示,集中营条件恶劣、饮食不合口味,"我们要通过瑞士领事馆提出抗议"。

有人认为,"日本人在战争初期比较顺利,所以对待上海的敌侨还算优厚。但最近他们在西太平洋和缅甸战场上屡遭失败,因此迁怒到敌侨头上"。

为此,英美政府就英美侨民在集中营的遭遇问题,通过中立国瑞士领事,向日本提出强烈抗议。

时至1945年,美日之间战争日益激烈,日军曾经将沪西第三集中营(今上海动物园)关押的侨民转移到杨树浦,那里是日本在沪军事设施和工业设施相对集中的地方。

沪西第三集中营以收容老人、体弱多病者、幼儿等为主,日军此行的目的是,将这些侨民当人质,阻止美军对那里的轰炸。对此,美国从有关国际公约出发,对日本提出严重警告。

鉴于日本政府曾经自发地宣誓:对于关押的非战斗人员的待遇,适用战俘公约中的人道主义规约。所以,美方谴责说:日本政府现在的行为是对日本政府誓约的严重放弃,是对这些手无寸铁的市民的严重怠慢。

将这些非战斗关押人员迁入含有军事设施物的地区,其目的不能单纯解释为是为了使这些区域免受攻击,而是企图使其权力下的一切,包括日本人居住的地点或地区暴露在战斗地区的炮火下时免遭炮击,这是战俘公约第九条明令禁止的,此举是对战俘公约的严重侵犯。

面对日军迫害国际集中营的野蛮行径,高振霄表现出极大地愤慨。

他从国际人道主义的出发,每逢中国的传统节日春节或元宵节前夕,就以"五圣山"的名义进行募捐,将所募的衣物与食品通过国际红十字会,送到上海的各个国际集中营。另一方面还通过国际友人披露集中营真相,争取国际舆论支持。

1945年初春,上海的天气,变化无常。

按照气象术语的说法,如果连续5天日平均气温大于或等于摄氏10度,就进入气象意义上的春天。

这一年,上海进入气象意义上的春天是在2月下旬。

上海进入春天后,气温上升明显,元宵节(2月27日)当天的最高气温达到了摄氏17度,让人早已忘却冬天的寒冷。

可是,时隔20天后的3月17日白天,受冷暖空气的共同影响,上海的天空出现了中等程度的降雨。北方南下的强冷空气前锋开始影响沪上,顿时风力大增,气温一下子下降到摄氏4度,3月20日凌晨的最低气温甚至只有摄氏0度。

农谚云:"四月八,冻死鸭。"这说明江南倒春寒的确厉害,连农历四月都如此,阳春三月之春寒料峭程度,连北方人也喊吃不消。那时,常刮刺骨的偏北风,不穿一些厚实保暖的衣物不行,手套、围巾、帽子均须全副武装才行。

3月20日这天清晨,年过花甲的高振霄,早上穿一件绒线衣服外面套一件皮马甲,在院内活动了一圈就觉得有点支持不住,连续打了几个喷嚏。

妻子沈爱平听到喷嚏声后,连忙拿来了一件保暖的外套给丈夫披上,并拉他到书房坐下,倒了一杯热开水,并让佣人煎了一碗生姜汤,喝下。

高振霄停止了打喷嚏后,便开始他每天早晨的必修功课——诵读黄石公的《素书》一卷,循环往复,从不间断。

这天,他诵读的内容是《素书》卷一:"夫道、德、仁、义、礼五者,一体也。道者,人之所蹈,使万物不知其所由。德者,人之所得,使万物各得其所欲。仁者,

人之所亲,有慈慧恻隐之心,以遂其生存。义者,人之所宜,赏善罚恶,以立功立事。礼者,人之所履,夙兴夜寐,以成人伦之序。夫欲为人之本,不可无一焉。贤人君子,明于盛衰之道,通乎成败之数,审乎治乱之势,达乎去就之理。若时至而行,则能极人臣之位;得机而动,则能成绝代之功。如其不遇,没身而已。是以其道足高,而名重于后代。"

读着,读着,高振霄的右眼皮忽然跳个不停,他心里说:到底是昨晚看书太晚,眼睛疲劳过度,还是不祥之兆呢?

再说自从日军特务几次三番对高振霄软硬兼施,均无功而返之后,日军驻沪最高头目实在等得不耐烦了,他决定趁倒春寒袭击上海之机,向高振霄正式摊牌。

1945年3月20日下午,日军驻沪最高头目在百乐门设下了鸿门宴,专派冈村与几名日本特工来到高振霄家里,在亮出日军驻沪最高头目的一张请柬后,便催促高上车前去赴宴。

本来,高振霄想和对方来个鱼死网破,拒绝前往。但他想到自己策反的职责,还有家人与洪帮兄弟的安危,明知道是一场一去不复返的"鸿门宴",他做好了必死的准备,决定去会会那个日军驻沪最高头目。

作为老江湖,高振霄曾在上海滩游刃有余地应对一个个局中高手,每次交锋,就像是两个武功高强的侠客,无须剑拔弩张。

此次,高振霄也不例外,他决定单刀赴会应战。首先,他拒绝乘坐日军提供的车辆,而是自乘坐骑,带一个跟班,其手提一个灯笼、拎一坛房县黄酒,毅然前往。

一路上,他想到每次前往百乐门,都是面临着一场生死考验。而眼下日军在战场上已是强弩之末,此次日军头目定会狗急跳墙,张口咬人。高振霄决定来一个"黄酒斗日军"。

高振霄来到百乐门楼下,就吩咐随从把灯笼点着,亲自提着灯笼走进楼上的包间。他发现,日军头目已经在那里等候。

这是他们二人的首次见面,故双方均强装笑容。日军头目首先不解地问:"高山主,你怎么大白天打着灯笼呀?"

"哈哈,你不知道啦,这世道太黑暗,老夫打着灯笼心里亮堂!"高振霄从容地回答道。

"啊,啊,有意思,有意思。我向高山主介绍一下,这是内子,今天我们夫妇专门以正宗的日本料理,来款待我们尊贵的客人——高山主的到来。"日军头目狡黠地介绍说。

"不敢当！我们中国有句老话叫做'来而不往非礼也'！今天我也以中国新年的礼节,给你们贺新年!"高振霄一边拱手作揖,一边让随从拿出从湖北房县老家带来的特产黄酒。

"好极了！我来中国这几年,只听说过绍兴黄酒。没想到,高山主老家也有黄酒！那么,到底哪个黄酒的历史更悠久呢?"日军头目弯腰行礼后双手接过黄酒问道。

"说起黄酒,它是世界上三个最古老的酒种之一,是我国的民族特产。它的酿造特点是,用曲制酒、复式发酵酿造方法,堪称世界一绝。老夫家乡的黄酒,也叫'房陵黄酒',古代又称'白茅'。享有'封疆御酒'与'帝封皇酒'之誉。我曾翻阅了相关史料,上面清楚记载:绍兴黄酒最早产于公元前492年越王勾践时期,而房陵黄酒要早绍兴三百多年,即在公元前827年西周时期已成为'封疆御酒'了。于是'帝封皇酒'便不胫而走了。"高振霄捋了捋胡须,引经据典,泰然自若地说道。

"啊,没想到山主家乡的黄酒还有如此深厚的文化底蕴。那么,我不清楚的是,到底是哪位帝王所赐的'封疆御酒'呢?"日军头目好奇地问道。

"中国是一个历史悠久的文明古国,酒文化也独具魅力。说到'封疆御酒',不能不提及从我们房陵走出的闻名天下的《诗经》作者尹吉甫。那时,楚王就派太师尹吉甫作为使者,向周宣王姬静进贡。尹吉甫带了一坛房陵人自产的'白茅'(黄酒)献给周宣王,宝物呈上殿,开坛满殿香,周宣王尝了一口,大赞其美,遂封为'封疆御酒'。并派人把房陵每年供送的'白茅'用大小不等的坛子分装,依'白茅'分封疆土,奖掖诸侯。"说起中国悠久的酒文化,高振霄十分自豪地侃侃而谈。

"亚西！高山主不愧为酒文化的大师,更加勾起了我对中国酒文化的兴趣,能否告诉我:酒文化的精要是什么?"

"我国悠久的历史,灿烂的文化,分布各地的众多民族,酝酿了丰富多彩的民间酒俗即酒德与酒礼,世代相承,留传至今。这就是传统的饮酒文化根基。从历史记载上看,中国最古老的甲骨文中有很多不同的'酒'字,只有一个'鬯'才是中国历史上叫得出名的酒的第一个记载了。据汉朝班固的《白虎通义》解释:'鬯者,以百草之香,金郁合酿之成。'汉朝许慎的《说文解字》中释为'用秬酿、郁草芬芳,攸服,用以降神也'。意思是说,这是用粮食(黍)酿造的酒与芳香的郁金香草同煮而成的礼仪用酒。"

高振霄呷了一口茶,继续说:"我国较为详尽记述酒人和酒品的是,春秋战国时编修的《周礼》,《周礼》记录了当时酒官应'辨五齐之名'、'辨三酒之物',

'五齐'和'三酒'均为当时的酒名。即泛齐、醴齐、盎齐、缇齐、沈齐和事酒、昔酒、清酒。《战国策》中的'禹绝旨酒'的传说,'旨酒'应为一种美酒名。《黄帝内经·素问》中有'上古圣人,作汤液醪醴'的说法,'醪醴'应该是我国最早记载的药酒,后有名的药酒又有椒柏酒和出自屠苏庵的屠苏酒。《晋书·武帝本纪》中有'五月丁卯,荐醽醁酒于太庙'。醽醁酒是盛在一种叫'醽'的器具中多年不败的上等好酒。到唐朝我国的酒名已十分普遍,且名酒已声名远播。"

"那么山主上面所说的'封疆御酒'与'帝封皇酒',是不是一回事呢?"日军头目继续打破沙锅问到底。

"不是!'帝封皇酒'源自晚唐时期,武则天废中宗李显(原名李哲)之时。因李显贬为庐陵王,流放于房陵。而房县又盛产黄酒,所以他在房陵居住十四年间,让随行720名宫廷匠人对房县民间酿方进行改进,使黄酒味道更加纯正。李显登基后,封房县黄酒为'黄帝御酒',故'帝封皇酒'就不胫而走了!"高振霄慢条斯理地回答道。

"如此说来,那山主今天带来的黄酒,就是'帝封皇酒'了!"

"不错,就算是我们的大唐天子唐中宗,赏赐给客人的新年礼物吧!"

"既然山主如此美意,那我们今天就在此共饮'帝封皇酒'啰。"

"好,干杯!"高振霄举杯后,见日军头目喝了一口,便问:"味道如何?"

"不错,不错!名不虚传!"

"品酒思人。只可惜,唐中宗命运多舛,被口蜜腹剑的韦皇后进毒饼而死,年仅55岁。"此话才是高振霄带黄酒赴鸿门宴的本意,意在借古讽今,影射冈村用毒牛肉结果了"七十六号"头目李士群的性命。

日军头目听到此话,顿时张口结舌,半晌才缓过神来说:"高,高山主,来,来,来,我们再饮一杯,何必替古人担忧!"

酒过三巡,日军头目开始切入正题:"高山主,我们既然能同桌共饮,难道就不能合作共荣吗?鄙人正式邀请山主出任上海市长要职。"

高振霄婉言谢绝道:"你所说的共饮与共荣,这是两个性质不同的概念。恕老夫年事已高、身体有恙,实难以从命!"

"也好,也好,山主屈就,能在上海市政府哪怕是挂个虚名也行,只要有山主之英名,就是我们大日本帝国的荣耀!"日军头目不甘心地说。

高振霄义正词严的回答道:"任职也好,挂名也罢,此乃事关中国的主权:祖国的大好河山岂能容得他人践踏,中国的事情岂能听从他人安排!作为曾经追随孙中山先生投身辛亥革命的一分子,岂能违背自己的信仰!作为一个堂堂正正的中国人,又岂能数典忘祖?恕难从命!"

第二十三章 | 抗日英烈

"高山主的爱国精神令人敬佩！但爱国的方式多种多样，比如同是孙中山信徒的汪精卫先生，就选择同我们合作，不是照样收回了外国在上海的租界么？"

"说起汪精卫，我再熟悉不过了。24年前，我与中山先生、汪精卫等在广州一起组织'中韩协会'，反对你们日本侵略。当时汪精卫还是满腔爱国热情。汪精卫到底是否爱国，中国人心里自然有一杆秤。你只要听听坊间有关他死亡之谜的种种传说，就可知道：他到底是孙先生的信徒，还是孙先生的叛徒！"

"我不得不承认，山主的学识、能力、智慧与胆识不同凡响，只可惜你们的国家积贫积弱，仅凭你一臂之力，斗得过我们大日本帝国吗？"

"此言差矣，中国像我这样的人何止千千万万？只是先生在酒席少见多怪罢了！至于中国与日本到底谁能笑到最后，想必你早该清楚了！"

"好了，好了，既然山主不愿屈就，我们决不会强人所难！来来来，高山主，今天我既然喝了你家乡的'帝封皇酒'，也请山主品尝一下我们家乡具有三百余年历史的月桂冠清酒吧！"日军头目虽然气急败坏，但他仍强装笑容，暗示冈村少佐在日本清酒中投毒。

高振霄心知肚明，日军终于要对自己下毒手了。

此刻，日军对中国人民灭绝人性的侵略暴行和对洪帮兄弟惨无人道的血腥镇压情景，一幕幕浮现在高振霄眼前。从1894年中日甲午战争后的割地赔款、"二十一条"丧权辱国条约、汉冶萍公司的覆没、"淞沪会战"抗日将士杀身成仁、好友郁华被害到今天影佐祯昭、柴山兼四郎、冈村三番五次衅事、威逼利诱……五十余年来的国恨家仇、新怨旧怨一起涌向心头。

此时，高振霄已经把生死置之度外，宁可玉碎，不可瓦全，决意以死来证明自己清白的一生与崇高的人格。

"有了家乡的黄酒垫底，什么样的酒我都能对付。来，干杯！"

高振霄一边高声喝道，一边毅然痛饮了三杯。随后一拱手，说道"恕不奉陪"，便打道回府。

高振霄回到宅邸，腹部开始肿胀，疼痛难忍，豆大的汗珠不停地滚落。他清楚地知道，这是日本人的毒酒发作的反应。

当夫人沈爱平要请医生前来救治，他执意不肯，强忍痛楚果断向家人交代了几件事：第一，不准请医生；第二，不要通知任何人；第三，焚烧了所有资料包括生前写过的大量文章、图片等；第四，告诫家人"远离政治，莫入官场"。

随后，高振霄盘腿打坐，紧闭双目，于3月22日深夜即23日凌晨一时，静静地离开了人世。

夫人沈爱平强忍着悲痛,遵照丈夫的遗嘱,入殓时,没有通知任何人,只有她和两个女儿及高振霄生前身边的几个好友在临时简陋的灵堂守灵。

几天后,噩耗传开,上海各界人士奔走相告,他们纷纷前往高宅祭奠,慰问沈爱平及其家属,表达对逝者的哀思。

在众多的挽联、挽幛、挽带、挽诗中,有一社会名流的祭文特别引人注目。文中盛赞了高氏一生功绩,祭文这样写道:

公望高山斗,品重圭璋;赞翊共和,树勋猷于江汉;抚绥黎庶,宣威德于荆襄;护法统而名垂不朽,伸民权而会集非常;洵匡时之柱石,为建国之栋梁……

身披黑纱的沈爱平和着孝衣的正和、正坤悲痛不已,与一个个前来吊唁的来宾相拥而泣,扶手道别……

4月14日是高振霄仙逝的"三七"(辞世第二十一天)祭日,上海社会各界人士,不顾日伪特务的白色恐怖,齐聚淡水路关帝庙,为这位先哲举行了隆重的追悼会。时上海《申报》载有《追悼革命元勋高汉声》一文,盛赞高振霄"高风硕德,足资楷模":

高汉声先生为辛亥革命起义元勋,曾被选为国会议员,任安襄郧荆等处招抚使,高风硕德,足资楷模,于三月二十三日逝世,今日在淡水路关帝庙闻会追悼。

4月25日,时逢高振霄"五七"祭日,南京的上空,泪飞顿作倾盆雨,哀悼一代英烈高振霄。南京各界爱国代表人士冒雨为高振霄举行了公祭活动。有一篇题为《祭高议员汉声先生》的铭文,赞扬其赞翊共和与维护法统的历史功绩。祭文云:

老成凋谢,耆硕云亡。国方多难,追怀宿将。天胡不愁,痛失元良。
望高山斗,共感凄苍。赞翊共和,品重圭璋。维护法统,名垂史堂。
伸张民权,会集非常。匡时柱石,建国栋梁。功成身退,志洁行芳。
精神矍铄,杖履徜徉。寿享期颐,南极星光。禅参领悟,佛证西方。
凤根独厚,余泽方长。或钦楷模,或共梓桑。剑挂徐君,树云泪汪。
笛闻向秀,薤露神伤。型兮宛杜,爱兮难忘。于秋血食,一瓣心香。
呜呼哀哉,伏惟尚飨!

5月10日,是高振霄的"七七"祭日,沈爱平偕女儿在晋福里举行了家祭。祭奠过后,国共两党代表、上海社会各界人士及高振霄生前好友,将高振霄的遗骨安葬于上海万国公墓。其中,中共上海地下党转送来延安的一副挽联电文,赞颂了高振霄以身殉国的高风亮节。联云:

赤胆忠心守孤岛,视死如归,是辛亥功臣本色;
只身赴会斗恶魔,怀生宛在,为中华民族争光。

第二十三章 | 抗日英烈

高振霄原安葬上海万国公墓（今宋庆龄陵园）

身在重庆的蒋介石委员长得知后，亲笔题写了"精忠报国"四个大字悼念国民党元老、抗战策反委员高振霄。

抗战胜利后的1945年9月，中国国民党中央特派蒋经国赴上海"接收敌伪财产"工作时，亲手将蒋介石的题词转送给高振霄遗孀沈爱平夫人。

同年10月，国民政府追授高振霄为"民族英雄、抗日烈士"称号。南京政府行政院院长宋子文则为其题匾："忠贞体国"。后来这块匾被运到高振霄的湖北家乡，悬挂在老宅的堂屋中央。

新中国成立后，湖北省房县民政局给高振霄之子高兴庭发放了"中南区革命烈士高振霄牺牲证明书"。此证系湖北省人民政府主席李先念于1951年3月10日签发，盖有红色方形"湖北省人民政府印"。以此告慰这位首义金刚、护法中坚、抗日英烈的在天之灵。

尾声　兰桂芬芳

"振兴中华,福利民众。"百年来,高氏家族将高振霄当年所续宗族字派,作为家训,世代传承。如今,高氏一脉已是阖家兰桂芬芳,香飘海内外。

在中国传统文化的辞典里,"宗族"是指以男性为中心,由直系男性后裔及其家庭,依照一定伦理规则而组成的血缘群体。

宗族制度是以父权、族权为特征的一种宗法制度,其主要特征是嫡长子继承制。以嫡长制为主要精神的宗法。"长子如父"成为中国民间的一种传统文化心理。

高振霄昆仲五人,另四位胞弟依次是振汉(字剑韬)、振声(字贤九)、振亚(字东屏)与振东(字一超)。高氏兄弟手足情深,哥哥呵护弟弟,弟弟敬重长兄。

由于高振霄给高家拟定了"振兴中华,福利民众"的宗谱字派,兄弟据此给子孙们取名。

作为长房长子,高振霄膝下有两儿两女:长子高兴国、次子高兴庭,长女高正和,次女高正坤。高兴国18岁时不幸早逝,无子嗣;高兴庭、孙运英夫妇生育子高中强、高中自,女高淑云、高淑霞;王国熊、高正和夫妇生育了子王琪珉,女王琪珍、王琪玮、王琪琼;杨家闻、高正坤夫妇生育女儿杨晓坤。曾孙女高(华)姗、高寒玉、高(华)原,曾外孙陈渊、周翔、蒋国武、韩健,曾外孙女陈涛等。

说到高氏"华"字派这一辈,还有一段趣闻呢。高中自、刘萍夫妇的美国女婿 Ryan 与女儿高(华)原恋爱期间,高中自送他《辛亥功臣高振霄史迹录》一书,洋女婿非常喜欢,激动地说,今后要好好学习汉语,将来与(华)原一道将此书译成英文在美国出版,并给自己取了一个中文名字:高华恩,作为结婚时送给心上人高(华)原的最珍贵礼物之一。意在成为高氏家族中的"华"字辈成员,将"振兴中华,福利民众"薪火相传。一时在中外亲友中传为佳话。

高振霄的重孙女高原与爱人高华恩结婚留念
(左起高华恩、高原、牧师)

高华恩在台湾党史馆查找曾祖父高振霄资料

如今,"振兴中华,福利民众"也是湖北房县高氏宗亲的字派。

那是1943年中秋节,高振霄的四弟振亚秉承长兄振霄之意,在房县城西家中,召开全县西、北、东、南三个片的高氏宗谱联宗会,除东片未到外,三个片的宗亲达成共识:将高振霄所作"振兴中华,福利民众",作为房县高氏宗亲的字派,并载入《高氏宗谱》。

由于沈爱平一直告诫子孙谨遵高振霄"远离政治,莫入官场"遗训,子孙们时刻牢记,世代相承,大都在金融、法律、教育等行业兢兢业业工作。

汉声英名在,英烈光焰长。

新中国成立后,宋庆龄曾多次邀请高振霄遗孀沈爱平,赴京参政,均被她婉言谢绝。而是在与丈夫共同生活了数十年的今上海巨鹿路晋福里十号的斗室之间,甘守清贫。同时,言传身教,希望子孙继承先烈遗志,为"振兴中华、福利民众"力尽绵薄。

烈属的光风,赢得了社会各界的敬仰。党和国家领导人李先念,以及中共中央统战部副部长张执一等,曾多次托秘书寄钱、寄物给烈士高振霄遗属沈爱平,统战部门为其落实政策。

作为辛亥功臣、护法中坚、抗日英烈,高振霄的事迹收入中国社会科学出版社出版的《辛亥首义百人传》,以及《武昌起义档案资料选编》《辛亥革命人物像

尾声｜兰桂芬芳

传》《湖北省志·人物志稿》《武汉方志·人物志》与《房县县志》……

作为知名校友,高振霄的主要业绩收入湖北人民出版社出版的《武汉城市职业学院校史》,以及《武汉城市职业学院杰出校友风采录》……

与此同时,无论是旧时的上海《申报》《新湖北》,南京《大学生》期刊,还是新时期的北京《人民日报》《人民政协报》,上海《文汇读书周报》、湖北《长江日报》、湖南《书屋》、河南《名人传记》、武汉《炎黄文化》与《武汉春秋》等报刊曾专题刊发,或以《文强口述自传》《隐秘战线》小说等颂扬高振霄忠贞体国的悲壮人生。其电视专题片《洪帮大佬的传奇往事》,也在上海电视台及网络上热播。

追忆首义金刚,遥祭抗战精魂。为了历史地再现高振霄那段被尘封百年的原生态,王琪珉与高中自兄弟,通过寻访专家学者、辛亥志士后裔,搜罗官方正史、方志,以及谱牒等民间原始档案,系统地编纂了一部图文并茂的《辛亥功臣高振霄史迹录》,于辛亥百年之际付梓;在纪念抗战胜利七十周年之际,一套《高振霄三部曲》又于斯与读者见面……

时下,湖北省委统战部暨十堰市委统战部,会同房县县委、县政府,正在筹划兴建高振霄史迹陈列馆,让烈士的精神代代相承。

末了,我们就以老诗人雷永学的《追怀先贤高振霄》一律,作为本传的结语吧。诗云:

> 万绿丛中独秀枝,凄风苦雨有谁知?
> 常存报国酬鸿愿,恒恋沙场嫌短期。
> 最尚共和民主路,屡怀齐步太平时。
> 栋梁支起千秋鼎,史册标名百代思。

简明年谱

1881年,(辛巳,清光绪七年)1岁(虚岁,下同)

10月7日(中秋节),高振霄出生在湖北省房县汪家河村一个书香门第的家庭,居长,取名"振霄"。

明朝洪武初年,高氏先祖由山西洪洞县大槐树村迁居湖北,高氏祖上籍称"山西大槐树人"。

其曾祖父、祖父高凤阁、父亲高步云三代单传。高凤阁原住房县汪家河,以教私塾为生,饱学经史、工于楷书。

高步云继承父业,学识渊博,为人耿直,处世恭谨,声誉卓著,名播省内外。先教私塾,在当地就馆,后受聘于武汉和北京等地教书育人。辛亥革命后不久,病故于武汉。安葬在房县汤池西坡(现温泉附近)。

高振霄的母亲袁太夫人,清咸丰九年十月初四(1859年10月29日)巳时出生,卒于民国八年三月初八日(1929年4月17日)巳时。袁氏出生于汪家河望族,贤淑有德,生育五子二女。五子依次为:高振霄(字汉声)、高振汉(字剑韬)、高振声(字贤九)、高振亚(字东屏)、高振东(字一超)。

高振霄元配夫人汪氏,房县汪家河人;夫人沈爱平(1900—2003年),原籍江西,长居上海。高振霄和沈爱平膝下二子二女:高兴国、高兴庭、高正和(退休,现居上海)、高正坤。孙子、孙女:高中强(中国工商银行乌鲁木齐分行)、高中自(中国农业银行总行)、高淑云(中国人民银行新疆人民银行学校)、高淑霞(中国工商银行乌鲁木齐分行)。外孙、外孙女:王琪珉(上海主任律师)、王琪珍(上海教师)、王琪玮(退休)、王琪琼(上海教师)、杨晓坤(西安唐城宾馆)。

1882年,(壬午,清光绪八年)2岁

周岁生日家宴,按民俗传统抓阄,高振霄抓到了一支巨笔。

1884 年,(甲申,清光绪十年)4 岁

祖父开始以木架支托祖传汉砖在堂屋,教高振霄在汉砖上蘸水练习书法。

1885 年,(乙酉,清光绪十一年)5 岁

高振霄按照《永字八法》的要求习字,同时开始接受诗教。

1886 年,(丙戌,清光绪十二年)6 岁

高振霄随父迁居房县城关镇,在房县城关镇塾馆启蒙。

1888 年,(戊子,清光绪十四年)8 岁

高振霄继续在塾馆读书,开始练习对句。

1889 年,(己丑,清光绪十五年)9 岁

高振霄回汪家河祭祀,听祖父讲述化龙神话。祖孙俩观景对句:汉诸葛,驻军马,观桃园长望西川;费长房,骑化龙,经茅坪显圣下店。

1890 年,(庚寅,清光绪十六年)10 岁

朋友到高宅拜访,随口出题:"房陵县童生九岁。"高振霄现场对句:"紫禁城江山万年!"

张之洞于武昌营房口都司畔创建"两湖书院"。

1891 年,(辛卯,清光绪十七年)11 岁

祖父与父亲在房县城关镇塾馆讲授《诗经》与房县民歌,高振霄耳濡目染,加深了对家乡民族文化的了解。

1892 年,(壬辰,清光绪十八年)12 岁

祖父向高振霄讲述高氏源流与迁徙房县故事。

1893 年,(癸巳,清光绪十九年)13 岁

高振霄听家人讲房县的流放故事,领会《吕氏春秋》。

1894 年,(甲午,清光绪二十年)14 岁

高振霄在房县城关镇读书。

1895 年,(乙未,清光绪二十一年)15 岁

高振霄继续在房县城关镇读书。

1896 年,(丙申,清光绪二十二年)16 岁

春,高振霄在房县城关镇,一边读书,一边协助父亲授徒。

秋,高振霄随父高步云至武昌经心书院求学,假日到江汉书院、晴川书院与两湖书院参观。

11 月 27 日,高振霄四弟高振亚(字东屏)出生。

1897 年,(丁酉,清光绪二十三年)17 岁

春,高振霄考入两湖书院就读。

1898 年,(戊戌,清光绪二十四年)18 岁

高振霄在两湖书院闻戊戌事变发生,对清廷彻底失望。

1899 年,(己亥,清光绪二十五年)19 岁

高振霄继续在两湖书院读书,阅读进步报刊。

1900 年,(庚子,清光绪二十六年)20 岁

夏,唐才常组织"自立军",以汉口为中心起事。8 月 21 日,高振霄愤然目睹唐才常等就义惨状。

在朔课之史学月考上,高振霄以一篇《东晋南宋之兵何以能强说》一举夺得了最高奖。

沈爱平出生,原籍江西,后居上海。

高振霄五弟高振东(字一超)出生。

1901 年,(辛丑,清光绪二十七年)21 岁

高振霄在两湖书院就读。冬,适吴禄贞留日归鄂,任湖北新军营务处帮办,兼任湖北军事学堂教习。高振霄在武昌小朝街寓所与吴会面。

1902 年,(壬寅,清光绪二十八年)22 岁

高振霄继续在两湖书院就读。冬,喜欢阅读《苏报》开辟的"学界风潮"专栏文章。

1903 年,(癸卯,清光绪二十九年)23 岁

高振霄就读之两湖书院改为"两湖文高学堂"。

高振霄参加武昌花园山聚会外围活动,阅读《湖北学生界》(后更名《汉声》)、《猛回头》与《警世钟》等革命书籍。

1904 年,(甲辰,清光绪三十年)24 岁

7 月 15 日,两湖文高学堂改制为"两湖总师范学堂"。

8 月,高振霄与党人游,谈天下事,深痛朝廷腐败,决计以改造时局为己任,图推翻暴政、振兴中华之伟业。

同年,高振霄参加科学补习所外围活动,正式取字号为"汉声",以表华夏子孙,以示中华之声,立志反清排满,推翻帝制。

1905 年,(乙巳,清光绪三十一年)25 岁

春,高振霄为高氏宗谱书写"振兴中华,福利民众",告诫高氏子孙要"牢记民众福利,努力振兴中华";后闻季弟喜添长子,又特家书恭贺并再次明确高氏宗谱。

8 月 20 日,中国同盟会在日本举行正式成立大会,同盟会设总部于日本东京,国内有东、南、西、北、中五个支部,国外华侨中有南洋、欧洲、美洲、檀香山四个支部，共二十四个分会。同时，改组《二十世纪之支那》杂志为《民报》，作为同盟会机关报。10月出刊的《民报》发刊词中，孙中山第一次提出了"三民主义"，即民族主义、民权主义和民生主义。孙中山把民族主义解释为"驱除鞑虏，恢复中华"，民权主义是指"建立民国"，民生主义的内容就是"平均地权"。

9月，高振霄加入中国同盟会（民国三十六年即1947年8月22日《武汉日报》），从事反清活动。

1906年，（丙午，清光绪三十二年）26岁

春，高振霄参加余诚等组的同盟会湖北分会活动。

6月，孙中山派法国革命党人欧几罗上尉赴湖北考察革命组织，高振霄参加日知会圣约瑟堂操场上欢迎欧几罗的演讲活动。

同年，高振霄于两湖总师范学堂肄业（胡香生《凌霜傲雪春催 人间万象新——辛亥报人朱峙三农历新年记》记载："1907年正月初八，在家闻两湖总师范学堂已开除予之同学高振霄等6人"）。

注：两湖总师范学堂变迁及高振霄就读情况：

1890年至1903年为两湖书院，1903年至1904年为两湖文高学堂，1904年至1911年为两湖总师范学堂。高振霄于1897年至1903年在两湖书院就读，1903年至1904年在两湖文高学堂就读，1904年至1906在两湖总师范学堂就读并肄业。

1907年，（丁未，清光绪三十三年）27岁

1月7日，丙午之狱发生。

7月，高振霄与张振武于武昌黄鹤楼道小学任教（《辛亥首义百人传·张振武》，中国社会科学出版社，2011年9月1日版）。

1908年，（戊申，清光绪三十四年）28岁

7月，郑江灏在汉口创办《湖北日报》，作为共进会言论机关，高振霄担任编辑，报社还有李介廉、王伯森、董祖椿、杨宪武等。

1909年，（己酉，清宣统元年）29岁

春，向炳焜（字炎生）根据当时湖北宜昌地区群众膜拜石龙求雨之事件，创作了一幅新闻漫画并题诗，经高振霄编辑，刊登在《湖北日报》上。

这幅画画的是一石洞，洞有鳞甲化石，即指宜昌古迹，被当地群众视为神物供奉，今求雨不应，乃借此"龙"讽刺湖广总督陈夔龙（字筱石），似龙非龙。其题句为："这石龙，真无用，低头伏处南山洞，镇日高高拱不动，徒劳地方香烟奉。虽有王爷撑腰也是空，勿怪事事由人弄。"此诗不仅将陈夔龙庸碌无用刻画得入木三分，还指控了为之撑腰的干岳丈庆亲王奕劻，政治色彩十分浓厚。

这幅新闻漫画画意虽然比较隐晦,但配上一定的题词后,矛头所指,一目了然。

湖广总督陈夔龙看后,恼羞成怒,将报纸撕碎。

接着,该报又刊载《中国报纸于官场有特别之益》一文。因陈妻拜庆亲王为干父,陈是借庆亲王奥援,做到督抚的。此文的插画、题词、论文,皆挑了陈氏之眼。适金鼎(湖北巡警道)来见,陈夔龙向金鼎说:"湖北日报讨厌得很!"金为迎合意旨,即将《湖北日报》封闭,并逮捕经理郑江灏与作者向炳焜。

5月19日,高振霄创办《扬子江小说报》(月刊),主编胡石庵。该刊由汉口中西日报馆出版。第一期为32开本,第五期为24开本。主要栏目:图画、社文、小说、文苑、词林、杂录。目前上海图书馆藏有第二至五期(《中国近代报刊名录》第152页)。

1910年,(庚戌,清宣统二年)30岁

7月,高振霄于湖北公立法政专门学校毕业(《辛亥武昌首义人物传》(上册))。

10月,高振霄与谢石钦、郑江灏、黄丽中、董祖椿、李福昌、单家燊、康建唐、向炳焜等发起创办德育会,强调"天下兴亡,视民德兴替","应修私德以完人格,重公德以结团体"。会长以下的职员均于每周开会时公举,以推行"德育"为掩护从事革命活动。希望通过个人道德人格的完善,社会公德团体的塑造,来实现团结和强国的目的(王进、杨江华主编《中国党派社团辞典》,中共党史资料出版社,1989年版)。

冬,高振霄促成德育会与共进会合并,并成为共进会会员及骨干(贺觉非、冯天瑜:《辛亥武昌首义史》,1985年版,第93页)。

是年,郑江灏、向炳焜创办《政学日报》(刘望龄:《黑色·金鼓——辛亥前后湖北报刊史事长编》,湖北教育出版社,1991年版,第223页),高振霄任编辑。不久,向炳焜勾勒了似虎形之猫的漫画,发表在《政学日报》上。漫画上的题词为:"似彪非彪,似虎非虎,不文不武,怪物一条。因牝而食,与獐同槽,恃洞护身,为国之妖。"深刻地揭露了张彪是不伦不类的吃人魔怪,同时又以"与獐同槽,恃洞护身"的诗句,喻讽张彪借以飞黄腾达的衣食父母张之洞("獐恃洞"谐音)。张彪原是张之洞亲随,娶张之洞婢女为妻,正是在张之洞的卵翼庇护下,张彪顽固继承其反动衣钵,与革命为敌,成为人人咀咒的"国妖"(朱峙三:《辛亥武昌起义前后记》,《辛亥首义回忆录》第三辑)。该报因此被封。郑江灏和向炳焜遭逮捕,后迫于舆论压力郑江灏得以释放,向炳焜则被拘到武昌起义才得出狱(《中国近代报刊名录》第247页)。

简明年谱

1911 年，(辛亥，清宣统三年)31 岁

1 月，向炳焜与郑江灏被捕期间，高振霄与谢石钦、黄丽中等开始筹办《长江日报》，并刊登广告：《长江日报》"业经规定章程，招收资本"，开办经费由在汉浙江籍资本家沈某暂行垫付(刘望龄：《黑色·金鼓——辛亥前后湖北报刊史事长编》，湖北教育出版社，1991 年版，第 225 页)。向炳焜与郑江灏获释后，《长江日报》正式创刊，高为编辑(《辛亥武昌首义人物传·上册·向炳焜》第 221 页；《武昌起义档案资料选编(中)·向炳焜事略》第 140 页)。

2 月 13 日(宣统三年正月十五)，高振霄创办《夏报》，编辑人彭义民。《夏报》系同情革命的进步报纸，编辑部设在汉口歆生路，发行所在汉口河街。该报以"提倡实业、增进文化"为宗旨，强调言文化务求忠实，主张力求正确，记载要求详悉，材料尽可能丰富，消息力争敏捷。当时有"颇敢言，允为后起之秀"之称，为汉口"四大报"之一(《民立报》，1911 年 10 月 8 日)。

胡祖舜在《六十谈往》中说，这四大报中，老者为《中西日报》，次为《公论日报》，《大江报》为后起，《夏报》尤为新创。"中西"号为商业报纸，为王华轩等筹集创办，天门人胡石庵及浙人凤竹荪、赣人余慈舫先后主其笔政。"公论"为江汉关文案之黔人宦海之所主办，时有官报之目。"大江"为鄂人詹大悲、湘人何海鸣等所创办，鄂人宛思演、查光佛、梅宝玑等尝预其事，盖一革命集团也。《夏报》为谢某、蒋某等所经营，颇敢言，允为后起之秀，特未若"大江"革命色彩之浓厚耳。

3 月，郑江灏创办《政学日报》，高振霄任编辑(《湖北省志人物志稿》(第一卷)。

8 月 10 日，《夏报》载当地驻军三十一标三营管带萧国斌虐待士兵及兄妹通奸消息。萧率兵三十余人捣夏报报馆，殴打主编彭义民，制造了轰动武汉三镇的"夏报案"(刘望龄：《黑色·金鼓——辛亥前后湖北报刊史事长编》，湖北教育出版社，1991 年版，第 239 页)。

9 月初，高振霄会同刘复基、蔡济民等，经多方调停、斡旋，使共进会和文学社两组织间消除隔阂，最终实现联合。

9 月下旬，高振霄参加"共进会和文学社联合会议"，商定起义后筹建湖北新军政府，终成为武昌起义的核心组织与领导机构。

9 月底，《夏报》被萧国斌率兵捣毁后，萧怀疑该文为部下胡祖舜所写，乃派兵监视，胡遂以新闻记者名义上告鄂督瑞澂。瑞澂不得不派人查办，《夏报》得以暂时维持。不久，终因直言被禁(《民立报》，1911 年 10 月 8 日)。

10 月 2 日，《夏报》转载了上海某报的报道：汉口某照相馆为革命秘密机

关,当局闻风潜派侦探,分途伺隙桢馆。"桢馆"即革命党人李伯桢(又名李白贞)所开设的照相馆——写真馆。

10月5日,即农历八月十四日夜,李白贞照相馆发生了黑影闯入案,印证了《夏报》报道属实(李伯桢:《李伯桢事略》,《武昌首义档案资料选编》(中),湖北人民出版社,1982年版)。

10月10日(辛亥年八月十九日),武昌起义爆发日。

当夜目睹地方流氓地痞趁火打劫,有的民族极端主义分子残杀无辜旗人孺妇,高振霄见状心急如焚,道:"义军举动,以文明为要……如果不及时制止城中的滥杀无辜,就是攻下楚望台,占领总都督署,也会遭到广大城镇居民、百姓、商人甚至国际舆论之反对和谴责,将会引起更大的国际纠纷和流血冲突,更难有武昌起义之最终胜利。"他即与张振武、陈宏诰诸君商定,成立临时执法处及设稽查队,并推举程汉卿为执法处长。高振霄与张振武等连夜起草《刑赏令》及《军令八条》,遍贴全城,规定:"军队中上自都督,下至兵夫,均一律守纪律,违者斩。"并与张振武等组织稽查队,亲自率领稽查队沿街巡逻,维持秩序,安定人心,有效整肃了社会秩序。后将《刑赏令》及《军令八条》面陈黎元洪都督正式颁布。

10月11日(辛亥年八月二十日),武昌首义爆发第二日。高振霄与袁国纪等首入都督府参谋战事。与蔡济民、张振武、李作栋等商议建立军政府,他建议:"立即通知谘议局正副议长和驻会议员前来开会商议建立军政府。"下午会议推举黎元洪为湖北军政府大都督。

10月12日(辛亥年八月二十一日),武昌首义爆发第三日。军政府成立"招纳处"。高振霄负责政、学两界,吴醒汉负责军界。三天内招纳文武志士四百余人,推荐给新政府任用。"招纳处"后改中华民国鄂军政府集贤馆。集贤馆至11月底止,云集武昌的各类投效人员有一万人之多。

10月13日(辛亥年八月二十二日),武昌首义爆发第四日。高振霄与费矩、袁国纪等组设并主持筹组民政部,编写简章,颁布文告,管辖民政最急事务,草拟并颁布新政府文告。

10月14日(辛亥年八月二十三日),武昌首义爆发第五日。清晨,高振霄一行来到蛇山,看到有一百多兵士饿昏了,睡倒在蛇山上下。大家将他们扶起,慢慢的用稀饭来喂。有人说街上不是有油条饼子,你们怎么也不会吃呢? 有一个断手兵士说:"我腰中没有铜元,我们绝不敢吃民间一点东西。"当时听者闻之大家都哭起来了。高振霄感慨道:"这是他们'牺牲精神'第一着可爱。"

10月15日(辛亥年八月二十四日),武昌首义爆发第六日。军务部执法科成立后，高振霄与陈宏诰等调充该科调查，主办军案。高振霄以人道为本，废苛刑，申军法，惩奸治军。

10月16日（辛亥年八月二十五日），武昌首义爆发第七日。高振霄与程汉卿深入禁闭犯人，对其告诫以慰其心。数百禁闭犯人皆有悔意，自云："如使当前敌，虽死无恨"。后遂一律送交游击队长金鸿君收留，分别编入队内助战。

10月20日（辛亥年八月二十九日），武昌首义爆发第十一日。高振霄介绍崇阳知事茹用九任集贤馆副馆长。

10月25日（辛亥年九月初四日），武昌首义爆发第十六日。军政府成立"各部总稽查部"。高振霄与蔡济民、谢石钦、牟鸿勋、苏成章、梅宝玑、陈宏诰、钱守范等为军政府总稽查。负稽查各部、各行政机关及各军队之责，兼任临时督战指挥各事。1912年初改为纠察司。

注：当时总稽查部位于军政府开始创建的内务、外交、军务、理财、司法、交通六部之上，该部可以直接干预各部行政并负责处理特殊任务。凡重要会议和人事安排，推选重要职员，例由上述八位总稽查负责召集，形成一种特殊地位。通过总稽查处，各级政权被控制在革命党人手中。

11月26日（辛亥年十月初六日）上午，武昌首义爆发第四十八日。稽查长高振霄骑马与稽查队队员到卢沟桥下首巡查，见一个女子跪在一个伤兵面前，眼泪汪汪将橘子剥开往士兵口中送。那兵士仰天长叹，死活不吃。高振霄下得马来，抱着兵士，问他为甚不吃东西。士兵说："先生！我打败了仗，也快死了，省一点东西给别人吃罢！"高振霄再也抑制不住内心的悲愤，潸然泪下，挥着战刀，大声呼喊："快派救护队将伤病员送到后方救护！"并拿出身上仅有不多的铜元交给身边的士兵，说："快去街上买些食物来……"

11月27日（辛亥年十月初七日），武昌首义爆发第四十九日。袁世凯的北洋新军攻占汉阳，汉阳失守，武昌危急。湖北军政府召开紧急会议商议对策，一些人在会上公然建议放弃武昌，退走南京。高振霄与张振武、范腾霄等人强烈反对，决心与城共存亡，并举荐王安澜为奋勇军统领，招襄郧老兵坚守武昌。

11月28日（辛亥年十月初八日），武昌首义爆发第五十日。稽查长高振霄与总监察刘公、军务部副部长张振武率稽查队沿街日夜巡逻，维持秩序，稳定军心。

11月29日（辛亥年十月初九日），武昌首义爆发第五十一日。高振霄与程汉卿代表军政府及大都督赴青山抚慰江西等军队，使军心大振。

12月1日（辛亥年十月十一日），武昌首义爆发第五十三日。湖北军政府与袁世凯签订停战协议。

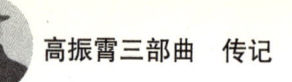

12月2日（辛亥年十月十二日），武昌首义爆发第五十四日。湖北军政府与袁世凯正式停战。高振霄与张振武、蔡济民等革命党人、辛亥志士、知识精英及广大官兵经过五十三天艰苦鏖战，于第五十四天迎来了停战。

同年，高振霄、蔡济民、牟鸿勋、谢石钦、苏成章、梅宝玑、陈宏诰、钱守范等八人，被当时报纸称为辛亥革命"八大金刚"，又称武昌首义"八大金刚"。报纸上曾经出现过《八大金刚》章回小说，以喜闻乐道的形式宣传其丰功伟绩。同时，高振霄与董必武在武昌首义后在湖北都督府共事。

同年，高振霄被选中华民国鄂军都督府参议员，与邢伯谦、王国栋等任庶务会计。

注：高振霄上述参加武昌首义的活动来源摘自《武昌起义档案资料选编》（上中下卷）》《辛亥武昌首义人物传》（上下册）、《武昌起义有三件可纪念的事》（《新湖北》第一卷第二号·国庆纪念号，1920年10月10日）等。

1912年，（壬子，民国元年）32岁

1月1日，南京临时政府成立，孙中山就任中华民国临时大总统，后委任高振霄为其高等顾问（《辛亥革命人物像传》）。

1月16日，高振霄加入民社（张玉法：《民国初年的政党》）。

2月，高振霄回房县城关镇西街购住房五栋。

4月9日，高振霄等武昌首义功臣在武昌受到孙中山及随员胡汉民、汪精卫等接见，同时受到武汉三镇市民空前热烈的欢迎。

5月9日，民社与统一党、国民协进会、民国公会、国民党（潘昌煦组建）五政团合并为共和党，高振霄与章炳麟等均加入共和党（张玉法：《民国初年的政党》）。

5月26日，湖北各界假汉口大舞台开救国会成立大会。到会者一千余人，公推黎本唐为主席报告开会宗旨，都督府代表高振霄、吴道南及各界志士相继演说，大抵反复详言借款关系存亡之故，尤以高振霄君所言为最扼要（《申报》，1912年5月31日）。

6月16日，高振霄与孙武、张振武、邓玉麟、陈宏诰、谢石钦等，在汉口歆生路前花楼口发起成立开国革命实录馆，"开馆储贤，从事撰述，编成国史，昭示将来"。谢石钦为馆长，苏成章为副馆长，总纂王葆心，调查长康秉钧，专职调查员6人。高振霄与蔡济民等89人担任义务调查（蔡寄鸥：《鄂州血史》）。

6月底，共和党与同盟会发生激烈冲突，并充当袁世凯的御用工具，共和党内部分化成为"新""旧"两派。"新派"以原民社成员高振霄与张伯烈、郑万瞻、刘成禺、胡鄂公、时功玖等人为中心，展开同共和党"旧派"的斗争（张玉法：《民国初年的政党》)。

7月,高振霄首造中华民国十月十日国庆节——"双十节"。(高振霄:《举市若狂的双十节》,《惟民》第十号,1919年10月12日)。

8月16日,张振武和方维两人,在北京被袁世凯阴谋杀害。高振霄会同刘成禺、时功玖等愤怒声讨,要求惩治凶手,同黎元洪、袁世凯展开不懈的斗争。

8月25日,高振霄在北京湖广会馆参加国民党合并成立大会,国民党正式宣告成立。孙中山、黄兴、宋教仁等9人为理事。

12月22日,彭楚藩烈士灵柩回籍安葬,高振霄与黎元洪等前往祭奠。武昌彭烈士楚藩灵榇于本月二十三号运送回籍安葬,特于二十二号在烈士祠开吊。高振霄与黎副总统、夏民政长、各司师局处所领袖、各机关团体代表及各老同志均身着素服,臂缠黑纱前来祭奠(《申报》,1912年12月30日)。

同年,高振霄经北洋政府稽勋局批准列为"酬勋"出洋留学人员之一,后因时局及资金等因未成行(《辛亥武昌首义人物传(上册)》)。

同年,《汉口小志》刊登:"詹大悲、何海鸣、查光佛、宛思寅、高汉声等都是享有盛名的近代武汉'报人'"。(《汉口小志》,1912年)。同时称:"他的文笔,是非常畅达的"(《中国近代报刊发展近况》,第479—480页)。

同年,高振霄任安襄郧荆等处招抚使。安襄郧荆指的是湖北省的安陆、襄阳、郧阳和荆门这一带(《申报》,1945年4月14日)。

1913年,(癸丑,民国二年)33岁

4月14日,高振霄与张知本、牟鸿勋、郑权槐、洪元吉、郭肇明、吴棣、宗离、周之翰、董玉墀等10人,被增选为中华民国国会第一届候补参议员(《申报》,1913年4月16日)。

5月29日,共和党与统一党、民主党三党在北京共和党俱乐部合并为进步党,高振霄等属进步党成员(张玉法:《民国初年的政党》)。

6月3日,北京政府稽勋局嘉奖高振霄为"辛亥革命甲种功臣"(《武昌起义档案资料选编(上)》)。

6月9日,高振霄、牟鸿勋等竞争鄂省内务司长,苏成章被荐教育司长(《申报》,1913年6月9日)。

6月22日,高振霄与进步党中原共和党民社派之张伯烈、郑万瞻、刘成禺、胡祖舜、彭介石、胡鄂公、梅宝玑等及原统一党之黄云鹏、吴宗慈、王湘等共四十余人联合发表《共和党独立之露布》独立宣言,以第三党自居,即新共和党。新共和党在国会两院占有五十余席位。高振霄为新共和党成员(张玉法:《民国初年的政党》)。

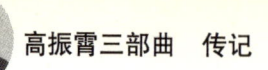

同月,高振霄参加黄兴、蔡济民、季雨霖组织的改进团,以"改进湖北军政,继续努力进行革命事业"为口号,从事讨黎反袁活动(贺觉非:《辛亥武昌首义人物传》)。

7月,高振霄声援江西李烈钧、安徽柏文蔚、湖南谭延闿、广东陈炯明、福建孙道仁、四川熊克武、上海陈其美等各省都督组织"讨袁军",公开讨袁,史称"二次革命"(郭寄生:《辛亥革命前后我的经历》,《辛亥首义回忆录》第一辑)。

1914年,(甲寅,民国三年)34岁

1月10日,袁世凯解散国会。

7月8日,孙中山为推翻袁世凯专制独裁统治、建立真正的民主共和国,在日本东京成立了中华革命党,后在湖北成立中华革命党湖北支部,高振霄参加中华革命党。(皮明庥:《武汉近百年史1840—1949》,《中华革命党汉口起事夭折》,1985年版)。

1915年,(乙卯,民国四年)35岁

4月,受孙中山之派,田桐、张孟介在汉口负责中华革命党务,在汉口英租界佛英里十六号、杏初里六号成立了中华革命党地下机关。高振霄与詹大悲、向海潜、潘康时、黄申芗、蔡济民、胡石庵等在汉口筹划反袁运动。(皮明庥:《武汉近百年史1840—1949》,《中华革命党汉口起事夭折》,1985年版)。

9月29日,谢石钦在湖北教育会组织召开湖北请愿会,高振霄与会并发表演说(《申报》,1915年10月5日)。

1916年,(丙辰,民国五年)36岁

2月6日,高振霄参与中华革命党湖北支部武昌南湖炮兵营策动发难事件,后失败。(皮明庥:《武汉近百年史1840—1949》,《中华革命党汉口起事夭折》,1985年版)。

8月1日,国会复会,参众两院议员在北京众议院举行开会仪式,称为国会第二次常会。到会参议员138人、众议员318人。黎元洪致祝词。依据《临时约法》规定的《总统选举法》,大会确定由黎元洪继任总统,补行大总统就任宣誓仪式。高振霄出席会议。

1917年,(丁巳,民国六年)37岁

2月,原韬园派的丁世峄与原丙辰俱乐部的马君武、温世霖等,因不满段祺瑞对德外交合并成立民友社。高振霄与孙洪伊、汪乃昌、彭介石、王湘、林森、谢持、马君武、居正、田桐等为民友社(以"照霞楼"为本部)中坚。史称拥护孙中山派(张玉法:《民国初年的政党》)。

6月,张勋逼黎元洪非法解散国会。

7月，高振霄追随孙中山从上海乘舰艇南下广州护法，号召全国人民为恢复《中华民国临时约法》和国会而斗争。

7月19日，孙中山抵广州，邀请国会议员来粤召集国会以决定大计。

8月25日，高振霄参加孙中山在广州召开的"护法国会"（又称"非常国会"或"国会非常会议"）。孙中山当选为中华民国海陆军大元帅，高振霄被选为非常国会参议院议员（1917年8月—1922年6月）（徐友春主编：《民国人物大辞典》）。

8月27日，高振霄参加非常国会第一次会议，通过"成立护法军政府"。

9月10日，高振霄在广州参加孙中山就任海陆军大元帅就职典礼。

同年，孙中山特派高振霄在上海法租界恺自迩路二八二号（今黄陂南路与金陵中路交叉处），设立国会议员招待处，负责通讯联络南下护法议员。从此，高振霄奔走于沪穗之间，充当这个联络处的"掌门人"。

1918年，（戊午，民国七年）38岁

10月28日，高振霄与丁象谦、居正、张知本等国会议员在参议院联署《惩戒宋议员汝梅案》（《申报》，1918年11月4日）。

11月12日，高振霄提出参加巴黎和会"派遣欧洲代表之建议案"，拟派伍廷芳、孙文、王正廷、汪兆铭、伍朝枢五人为代表参加巴黎和会，军政府政务会议讨论通过此案（《申报》，1918年11月21日）。

同年，高振霄与张知本、谢英伯、叶夏声等在广州对孙中山"五权宪法"（立法院行使立法权、司法院行使司法权、行政院行使行政权、监察院行使弹劾权、考试院行使考试权）进行专门研究并撰述专著。由张知本向孙中山提出研究报告，后由叶夏声提交《五权宪法草案》（张知本：《国父给我的启示》）。

1919年，（己未，民国八年）39岁

1月8日，非常国会两院议员于东园开谈话会，高振霄提案：请两院依法速选总统（《申报》，1919年1月16日）。

1月18日高振霄提出组织选举会案，将军政府改为护法政府（后来国会通过宣布改组军政府为中国合法政府议案。非常国会真正到了"民党重新兴盛时代"，与孙中山领导的"正式政府"和衷共济，共同进取）（《近代史资料》，1980年）。

1月26日，闽陕湘鄂联合会四省两院议员及各军代表开会，高振霄报告自1月22日以后，所致中外各团体申明：北方破坏和平进攻闽陕鄂西情形之文件，拟函由林森、赵世钰交涉军政府支援援闽粤军总司令陈炯明（《申报》，1919年2月12日）。

2月11日,南北议和会议代表陆续赴沪,高振霄等鄂籍国会议员通电不增南方代表(《申报》,1919年2月11日)。

3月18日,高振霄联署广东鄂籍议员通电各报馆,声讨方化南,为蔡济民昭雪(《申报》,1919年3月18日)。

3月27日,高振霄与林森等国会议员致书唐少川:预祝南北和谈必收圆满之结果(《申报》,1919年3月27日)。

3月29日下午,高振霄会同两院议员,在长堤照霞楼会集讨论南北分治、选举总统与旅沪议员回粤制宪等时局三问题(《申报》,1919年4月6日)。

4月19日,高振霄参加旧国会两院联合会,提出裁撤参战军,应通电全国一致主持之动议。获通过后,高振霄与张知本、王乃昌、白逾桓、吕复被指定为起草员(《申报》,1919年4月27日)。

4月22日下午二时,于广东旧参众两院联合会上,一致通过了高振霄与张知本拟定的主张裁撤参战军之通电,并用联合会名义拍发(《申报》,1919年4月28日)。

5月11日,高振霄与李文治通电唐绍仪,阐发"法为国本,西南兴师血战两年,皆为此根本问题。直接护法,间接即为对外"的思想主张(《申报》,1919年5月11日)

6月13日,高振霄联署致电上海和平会议,谴责章士钊"漾电"违法(《申报》,1919年6月13日)。

7月23日,巴黎和会外交失败各处罢市罢工震撼全国。高振霄等国会议员限定政府三日内明白答复国民大会要求护法政府三事:(一)下令讨贼,(二)取消中日一切密约,(三)任伍廷芳兼任广东省长(《申报》,1919年7月23日)。

7月底,高振霄与梁冰弦、区声白等在广州创办《民风日刊》,后改成《民风周刊》,高振霄担任主编(《报业志》)。

8月10日,《民风周刊》合并为《惟民》周刊,此刊是珠江流域最早出现的新文化刊物之一。编辑发行所在广州南朝街十人团总部,后迁到广州东堤荣利新街。高振霄在首刊发表《息争论》《国内大事纪要》(《惟民》第一卷第一号,1919年8月10日)。

8月17日,高振霄发表文章,指斥安福系破坏教育计划等(《惟民》第一卷第二号,1919年8月17日)。

8月24日,高振霄发表《德约补签之推测》、《日本商人又在湖南殴打学生》等文章,声援五四运动(《惟民》第一卷第三号,1919年8月24日)。

8月31日,高振霄发表《王揖唐偏要来议和》、《和议原来如此》、《美参院将修正和约》等文章,反对"南北和谈"北方总代表王揖唐(《惟民》第一卷第四号,1919年8月31日)。

9月3日,国父孙中山函复高振霄,勉坚持护法(台湾"国史馆":《中华民国重要史事检索》)。

9月7日,高振霄以援鄂左军代表身份与西南各军代表联署《护法各省靖国军代表坚持护法救国宗旨通电》(上海《民国日报》,1919年9月21日,《西南各军代表表示决心之通电》)。

同日,高振霄发表《社会主义与我》和《一周纪事》。在《社会主义与我》一文中称布尔什维克"大约人类真正幸福"(《惟民》第一卷第五号,1919年9月7日)。

9月14日,高振霄发表《西北政府都要封禁报馆》、《美院修改合约之内容》等文章(《惟民》第一卷第六号,1919年9月14日)。

9月21日,高振霄发表《救国同盟团非根本救国者》、《日本人赞成分治分立》等文章(《惟民》第一卷第七号,1919年9月21日)。

9月28日,高振霄发表致美国总统威尔逊文章:《敬告威尔逊》(《惟民》第一卷第八号,1919年9月28日)。

10月5日,高振霄发表《最黑暗的川广女界》和《一周纪事》(《惟民》第一卷第九号,1919年10月5日,此期仅找到目录,内容暂未找到)。

10月6日下午二时,高振霄出席旧国会两院联合会,发言力挺"撤回总分代表一案"(《申报》,1919年10月13日)。

10月12日,高振霄发表《靳云鹏登台之由来》《举市若狂的双十节》等文章并提及:"记者(指本人)为首造此节之人。"(《惟民》第一卷第十号,1919年10月12日)。

同日,豫军军事代表周维屏、驻粤代表张文超致电高振霄,声讨北方政府议和总代表王揖唐十大罪状(《惟民》第一卷第十号,1919年10月12日)。

10月24日,高振霄参加两院联合会,审议"盐运使更换与国会经费事略"等;张知本提出不信任岑春煊总裁之案,高振霄等则以此案彰明无审查必要,要求尽快表决(《申报》,1919年10月26日)。

10月27日,在两院会议上,高振霄以鄂军代表身份就改组军政府发表三点意见:(一)以往政治运用之谬误。即以前之内阁制、总统制两说,均趋重对人的多,故结果多不良善。(二)法律相对的失效。因前军政府改组之始,大纲上的条文少,限制责任上便得互相推诿互存私见。(三)政府须容纳多数的民意。必使各省各军及各省议会熔作一炉,行使护法救国的意思(《申报》,1919年11月

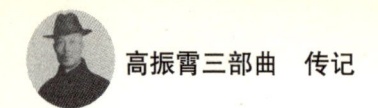

3日)。

10月28日,高振霄提出《关于组织军事委员会行政委员会的提案》(上海《民国日报》,《旧国会中之新议案》,1919年10月28日):

第一条　本委员会以代行国家最高职权,至完全国权恢复为宗旨。

第二条　本委员会分军事、行政二股。

第三条　委员由两院议员互选若干人,委员长即以两院院长充之。

第四条　委员会、国会负国务院之责任。

第五条　委员会议决事件许军政府总裁署名行之。

第六条　委员会办事条例另订之。

第七条　本会至约法有效或宪法完全有效之日废止。

提出者:高振霄

10月28日下午三时,高振霄以"改组军政府起草委员会"委员身份在众议院秘书厅开会,高振霄与郭同提出军府改组案,意在设一"联合会政府",所谓总裁,所谓阁员,所谓行政委员无不听命于联合会(《申报》,1919年11月5日)。

10月30日,在改组军政府起草委员会会议上,高振霄主张将"军政府"名称改为"救国政府"(《申报》,1919年11月5日)。

11月10日,参议院咨选议员高振霄请通令各省确定教育计划,迅予恢复原有经费并增筹经费建议案文(《军政府公报》,1919年)。

12月5日,在非常国会议员中,民友会(社)分大孙派、小孙派、共和派三派,高振霄、王湘等为共和派中坚,极力维护孙中山的领导地位,时为广州护法军政府的中坚(《申报》,1919年12月5日)。

12月9日,高振霄就广州制宪联署《旧国会鄂议员通电》,谴责政学会议员(《申报》,1920年12月9日)。

12月20日,政务会议通告各省,准参议院咨选议员高振霄提出请通令各省确定教育计划,迅予恢复原有经费并增筹经费建议案,希查照办理电(《军政府公报》,1919年)。

同年,高振霄在《人报》发表文章《英雄革命与平民革命》。

同年,史料记载:高振霄还担任鄂军代表、援鄂左军代表、"改组军政府起草委员会"委员等职。

1920年,(庚申,民国九年)40岁

2月9日,高振霄等国会议员在广州参加制宪会议,联署《旧国会鄂议员通电》,谴责政学会少数议员缺席导致制宪停顿(《申报》,1920年2月9日)。

4月30日,在两院联合会上,孙光庭冒居主席组织改选总裁,高振霄与刘成禺等议员强烈反对(《申报》,1920年5月6日)。

5月4日,国会非常会议召开,补选三总裁。面对非法推选陈鸿钧为临时议长的行为,高振霄以湖北参议长身份首先退席抵制(《申报》,1920年5月9日)。

5月13日,高振霄等部分议员力挺孙中山、唐绍仪、伍廷芳,发通电坚决否认非法补选的总裁(《申报》,1920年5月13日)。

8月24日,高振霄在上海国会议员通讯处(恺自迩路二八二号)出席旧国会议员谈话会并发言:"以有关国会事件,非开会公决不生效力,此种办法无论有无图利,未经开会决不承认等等。"(《申报》,1920年8月25日)。

9月15日,高振霄与胡祖舜、范鸿钧、张知本、曹亚伯、白逾桓等在上海成立旅沪湖北自治协会并创办《新湖北》刊物(《湖北的几种进步刊物》)。

9月20日,高振霄发表《自治与自由》《爱尔兰的一少年》《汉冶萍的危机》等文章(《新湖北》第一卷第一号,1920年9月20日)。

10月10日,高振霄在"国庆纪念号"纪念武昌首义十周年专刊上发表《武昌起义有三件可纪念的事》等文章(《新湖北》第一卷第二号,1920年10月10日)。

11月6日,唐继尧致电高振霄等上海各省军驻沪代表,呼吁合力一心共济时艰(上海《民国日报》,1920年11月14日,《唐总裁不渝救国初衷》)。

11月27日下午三时,高振霄参加旅沪各省自治联合会筹备会,协商组织自治联合会(《申报》,1920年11月28日)。

11月29日,国会议员高振霄等117人致电刘显世谓:"……务肯仍任联军副司令,与唐公共策大计,早就总裁之职,以西南局势,翼达护法目的。"(韩信夫等编:《中华民国大事记 第一册 第一卷至第十二卷》,1997)

同年史料记载:高振霄还担任湖北参议长、驻沪军代表等职。

1921年,(辛酉,民国十年)41岁

3月24日(阴历二月十五),子嗣高兴庭出生。

4月7日,高振霄在广州参加林森议长主持召开的国会非常会议,通过《中华民国政府组织大纲》,选举孙中山为非常大总统。《中华民国政府组织大纲》是高振霄原提案《组织军事委员会行政委员会草案》的继续与发展,为孙中山当选非常大总统制定了法律依据。

5月5日,孙中山正式就任中华民国非常大总统。

同月,高振霄担任起草委员会委员长,与理事张凤九等11人撰写讨伐徐世昌、吴佩孚檄文。宣布徐世昌欺世盗名、祸国残民等"十大"罪状,以及吴佩孚集

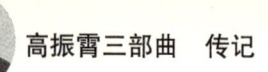

误国、叛国、卖国之罪于一身的讨伐檄文——《宣布徐世昌罪状之通电》《宣布吴佩孚罪状之通电》。

7月27日，国会议员高振霄等提出请派太平洋会议代表议决案获通过（《申报》，1921年7月31日）。

7月29日，高振霄以非常国会参议院参议员身份向非常国会提交议案，咨请政府速派代表参加太平洋会议。要求借助太平洋会议，取消日本灭亡中国的"二十一条"，收回德国在山东的权益，并修改和废除其他一些侵害中国主权的不平等条约。当时，中国有志之士对华盛顿会议投入了极大的关注和热情，并寄予了很大希望，甚至将太平洋华盛顿会议视为"中国生死存亡之关键"、中国收回主权的绝佳机会。

8月12日，高振霄参加国会非常会议讨论通过北伐案。

8月13日，高振霄提出讨论出席太平洋会议人选事宜，多数人士属意伍廷芳，伍亦允担此任（《申报》，1921年8月13日）。

8月底，孙中山致高振霄《咨复国会非常会议已饬外交部筹办出席太平洋会议文》。文云：

为咨复事：7月29日，准贵会议咨开，议员高振霄提出咨请政府速派太平洋会议代表议决案，文曰："美总统召集太平洋会议一事，关系远东及太平洋问题，至深且钜。我国日受强邻之压迫，北京拍卖主权，国几不国，今此一线生机，正我正式政府独一无二之机会，所有取消不平等之条约，及裁减军备实行民治诸事，尤为我国生死之关系，应请即日开会讨论议决，请政府速派得力代表迅赴列席，实为至要"等语。经于本月27日开会议讨论，依法提付表决。大多数表决，照案通过。相应备文咨达，即希查照办理等因前来。查此事政府早已虑及，现正在筹备进行中。准咨前因，除仍饬外交部妥为筹备外，相应咨复贵会议查照。此咨。国会非常会议。孙文（《国父全集》）。

9月9日，高振霄与焦易堂、李希莲等提议宣布徐世昌、靳云鹏及吴佩孚罪状案，经国会非常会议出席议员约200人表决通过（《申报》，1921年9月11日）。

同月，高振霄参加林森动议国会非常会议，通过"否决北方发行国库公债案"；高振霄参加叶夏声动议组织全院外交委员会以研究应付太平洋会议亦获通过（丁旭光：《护法时期的林森与广州国会》）。

9月23日，高振霄在广州与各界人士代表丁象谦、朱念祖、谢英伯、蔡突灵、汪精卫等数十人在当地图书馆召开发起人会议，发起成立"中韩协会"并任该协会委员（康基柱：《近代史研究》——《"中韩互助社"述评》，1998年第3期）。

简明年谱

9月27日,高振霄与朱念祖、谢英伯、汪精卫、丁象谦、张启荣、蔡突灵、金檀庭、金熙绰、朴化佑、孙士敏等在广州文德路图书馆正式召开"中韩协会"成立大会。"中韩协会"《宣言书》谓:"我中韩两国以历史上地理上之关系,休戚与共,唇齿相依者垂数千年……爰是集合同志,组织斯会,相与提携,共相扶助,持正谊于人类,跻世界于大同,寸本亲善之精神,用求互助之进步。"

同月,高振霄与丁象谦、朱念祖等草拟"中韩协会"组织简章,经委员会通过八条如下:本会为中韩两国人民之组织,故定名曰'中韩协会'(第一条);本会为谋中韩民族之发展,以互助为宗旨(第二条);本部暂设于广州,上海各处得设支部(第三条);入会人以男女国民为限,并须有普通知纳、正当职业,再经会员二人以上之介绍,始得入会(第四条);会费除发起人自行任担外,会员费分特别、普通两种,依其人之志愿定之(第五条);会务设毕术、议事、干事、文书四部,每部得互选主任一人,副主任二人,其章则另定之(第六条);本简章如有未尽事宜,依议事部或发起人之提议得修正之。"(《民国日报》,1921年10月4日)。

10月3日,高振霄与张凤九起草的《宣布徐世昌罪状之通电》《宣布吴佩孚罪状之通电》已报告大会,出师北伐箭在弦上(《申报》,1921年10月3日)。

10月13日,高振霄在广州参加国会非常会议。会议决定赴广西取道湖南出兵北伐(魏志江:《论大韩民国临时政府与广东护法政府的关系》)。

12月29日,高振霄与朱念祖等起草广州国会对外宣言——"反对山东问题直接交涉宣言",不承认北京卖国代表有代表国家之资格,不承认国际上有碍中华民国之领土及主权不平等之解决及待遇。并在国会非常会议通过后发布(《申报》,1922年1月4日)。

同年史料记载:高振霄还担任起草委员会委员长、"中韩协会"委员等职。

1922年,(壬戌,民国十一年)42岁

3月10日,参议院审查委员会委员、主席高振霄等审议广州国会议员提出之"废止新刑律第二百二十四条"一案,于14日通过(《申报》,1922年3月19日)。

同月,高振霄四弟高振亚(字东屏)自广州世界语学校毕业后,任广东省政府科员,10月转任光化县。

6月3日下午二时,高振霄在广东参加非常国会会议,一致主张反对恢复民六解散之国会。高振霄与丁骞等起草"王家襄议员资格丧失"通电,表决通过拍发;高振霄动议并起草"否认王家襄等召集六年国会主张"通电,表决通过拍发(《申报》,1922年6月11日)。

6月4日,高振霄得知叶举在广州实行戒严,忧心忡忡,在醉仙居酒楼喝得

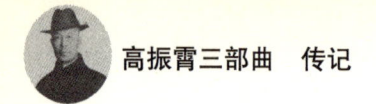

酩酊大醉，奇遇沈爱平。

6月5日，高振霄与张凤九等审查员召开审查会，审查通过黎元洪、徐世昌罪状案，并咨请政府宣布该罪状案，再次明令出师讨伐以谋国家统一（《申报》，1922年6月13日）。

6月6日，高振霄题写了"视民如伤，侠骨柔肠"八个大字的条幅，赠予沈家。

6月7日，高振霄等非常国会议员发表通电，忠告黎元洪勿复任总统（上海《民国日报》，1922年6月14日，《国会议员重要通电》）。

6月16日，陈炯明亲信叶举在广州发动武装叛乱，炮击总统府。孙中山于凌晨突围后即登上"永丰舰"指挥平叛。

同日，高振霄与蔡突灵、张大昕、卢元弥、陈家鼎等数十名国会议员于广州海珠国会议员招待所（长堤海珠酒店）遭陈炯明叛军抢辱（鲁直之、谢盛之、李睡仙：《陈炯明叛国史》）。

当日下午，被炮火惊醒的沈爱平，听说高振霄等国会议员遭受凌辱，立即赶赴议员公馆，公开对驱赶议员的官兵宣称，她是高振霄的家属，誓死要与高振霄一同乘船赴港。

6月18日，高振霄偕同沈爱平与部分护法议员乘轮离粤转港赴沪。

同月，高振霄以"旅沪国会议员"身份，在上海国会议员通讯处（恺自迩路二八二号）继续从事护法活动。

7月3日，高振霄等旅沪国会议员发表声讨陈炯明称兵作乱、图覆国本第二次、第三次宣言（《申报》，1922年7月4日）。

第二次宣言——民国成立十一年耳，濒于危亡者二次：一曰洪宪之乱，一曰复辟之变。皆以解散国会肇其端……

第三次宣言——……兹复诱令陆军总长陈炯明称兵作乱，图覆国本，扰害一时之秩序。其罪小残破人类之道义，其罪大应由大总统行使国会赋予职权，外儆窃之奸徒，内清反侧之叛徒，澄奠民国，巩固共和于焉……

7月25日，高振霄等旅沪国会议员所组织法统维持会在尚贤堂开成立大会，发表宣言誓坚持护法废黜奸邪（《申报》，1922年7月26日）。

8月22日下午二时，高振霄在上海恺自迩路通讯处出席旅沪国会议员茶话会，商派各省代表谒见中山。高振霄等起草通电，略谓任何势利护法之志始终不渝，现在护法前途已有开展，更当力持初衷云（《申报》，1922年8月23日）。

8月24日，孙中山在法租界莫利爱路二十九号孙府设晚宴，邀请高振霄等部分旅沪国会议员与上海报界人士餐叙，一切亮多盛况也（《申报》，1922年8

月 23 日）。

9月3日，孙中山先生覆高振霄书信："手书暨报告国会各情，均悉。兄等间关流离，不堕初志，至可钦佩。文力所及，自必为诸兄后盾，务期合法者战胜非法，统一乃可实现。至继续进行如何，日来已屡与代表诸君接谈，兹不别赘。专此奉复，即颂台祉。孙文"（中国国民党党史馆藏亲笔原稿049/317）。

9月6日，高振霄等旅沪护法议员发表通电，指斥吴景濂指使仆役殴辱议员之暴行（《中华民国史事纪要（初稿）,1922年（7—12月）》）。

9月16日，高振霄联署旅沪国会议员致函驻华各国公使并电全国各公团，反对借款与北方非法政府（《申报》,1922年9月17日）。

9月24日下午二时，高振霄等旅沪国会议员在上海恺自迩路通讯处开谈话会，研究应否派代表与孙中山先生接洽及经费管理等事宜（《申报》,1922年9月25日）。

9月26日，高振霄联署旅沪国会议员致各国驻华公使并电全国，否认北京国会效力（《申报》,1922年9月26日）。

10月14日，高振霄随众议院议员同乘沪宁路夜车赴宁转车北上（《申报》,1922年10月15日）。

11月6日，大总统令，任命高振霄为政治善后讨论委员会委员（《申报》,1922年12月9日）。

12月24日，中华民族自决会发起人筹备会公举高振霄等五人负责筹备一切事宜（《申报》,1922年12月30日）。

同年史料记载：高振霄还担任参议院审查委员会委员、审查委员会主席；黎元洪、徐世昌罪状案审查员；政治善后讨论委员会委员等职。

1923年，（癸亥，民国十二年）43岁

1月9日，大总统令，授予高振霄二等嘉禾章（《申报》,1923年1月12日）。

1月24日下午三时，高振霄等在上海恺自迩路通讯处开旅沪国会议员谈话会，高振霄与于洪起起草致讨伐陈炯明各军慰问电（《申报》,1923年1月25日）。

同月，高振霄与沈爱平走上红地毯。

2月1日下午三时，中华民国国民自决会在西门勤业女子师范召开预备会，高振霄被公推为审查委员（《申报》,1923年2月2日）。

3月，孙中山以"洪棍"（洪门元帅）身份与高振霄交谈振兴上海洪帮事。

4月4日，高振霄等介绍约翰沙斐尔入谒张阁（张绍曾），欲取道新疆遄返土耳其被杨增新拒之（《申报》,1923年4月4日）。

同月，上海最大洪门(洪帮)组织"五圣山"在上海宣告成立(《浙江文史资料选辑》，第10辑第101页)。"五圣山"结义的宗旨是反对北洋军阀及国外列强。总山主向松坡，字海潜。副山主高振霄，字汉声。

高振霄与沈爱平一同迁居上海法租界巨籁达路晋福里(巨籁达路181弄晋福里10号)，晋福里整座楼群共八栋、高三层，主要用做洪帮活动场所。

6月16日下午三时，高振霄在上海恺自迩路通讯处参加旅沪国会议员会议，起草并修改《旅沪国会议员发表宣言》，表决通过。宣言说："凡能声讨曹吴者，皆引为良友。消灭一切党派及地域之狭隘私见，右陈诸义系吾人职权所在，责无可辞。"(《申报》，1923年6月17日)。

7月27日九时，高振霄在上海恺自迩路通讯处参加旅沪国会议员谈话会，高振霄被推为起草员。会上，高振霄等相继发言，对于护法彻底的研究，互相讨论，非达到实行护法目的不已(《申报》，1923年7月29日)。

10月7日，高振霄在上海恺自迩路通讯处参加护法议员紧急会议，联署护法议员发表宣言，反对北京非法国会公开贿选曹锟伪总统(《申报》，1923年10月7日)。

10月8日，高振霄在上海恺自迩路通讯处参加护法议员会议。高振霄提出对移沪国会应发宣言，并被公推为起草员，于双十节上午十时至下午二时，在大世界共和厅庆祝共和纪念并公祭殉义各先烈，准于公祭时下半旗以志哀云。又闻各议员以北京国会贿选曹锟，实足为国家奇耻大辱(《申报》，1923年10月9日)。

10月18日，国会议员尚镇圭疾终沪寓。高振霄等护法议员为其发起筹备追悼会，19日在国会议员通信处决议订期追悼，23日筹备追悼事宜(《申报》，1923年10月22日)。

10月23日，高振霄在上海恺自迩路通讯处参加护法议员会议。(一)关于讨论追悼尚镇圭事宜，先由高振霄报告国民党及陕西同乡会方面亦在筹办，本处似可与彼等会同办情形。会议推高振霄等为筹备员。(二)高振霄动议以孙中山发表征求组织政府主张后，各方已有同意者，本处应有表示。会议推高振霄等为起草员，草电致中山，请其恢复十一年六月十五日以前之政府国会，并由各省推出一二人接洽签名，签毕即发云(《申报》，1923年10月24日)。

10月27日，高振霄为尚镇圭追悼会起草通告，张秋白撰拟祭文(《申报》，1923年10月27日)。

11月18日下午一时，高振霄在上海尚贤堂商科大学礼堂参加国会议员同志会，当选宣传干事(《申报》，1923年11月19日)。

同年史料记载:高振霄还担任"中华民国国民自决会"审查委员、"五圣山"副山主等职。

1924年,(甲子,民国十三年)44岁

1月8日下午,高振霄在上海恺自迩路通讯处参加护法议员会议。高振霄等致函广东国会询问时局方针,推谭惟洋、徐可亭代表赴粤谒见孙中山面商办法(《申报》,1924年1月9日)。

1月20日,高振霄在广州参加孙中山主持召开的中国革命党(国民党)第一次全国代表大会,参与制定"联俄、联共、扶助农工"三大政策,将旧三民主义发展成为新三民主义,促成实现第一次国共合作。

4月1日,高振霄在上海恺自迩路通讯处参加国会议员会议,当选文事组干事(《申报》,1924年4月2日)。

10月28日下午三时,高振霄在上海恺自迩路通讯处参加旅沪国会议员会议,推张知本起草通电,促曹吴下台、维持约法、反对委员制(《申报》,1924年10月29日)。

11月9日,高振霄与康如耜、张凤九等二十余名拒绝参加曹锟贿选的在沪议员召开会议,议决即日北上,向各方接洽解决时局办法,并于次日致章士钊并京津同志电谓——同人公决:(一)贿选分子及伪国会应即驱除,(二)在津设反对贿选议员办事处,(三)同人当陆续北行(《中华民国大事记》,1924年11月)。

11月10日下午二时,高振霄等不投贿选票之国会议员在上海恺自迩路通讯处开谈话会。决定:以本日开会议决案分函各处护法同人,即日北上积极进行并推定代表数人向各方接洽解决时局办法(《申报》,1924年11月11日)。

同年,讨伐曹锟告成,上海恺自迩路二八二号国会议员通讯处议员分赴京郑各处,仅留高振霄一人主持一切。

1925年,(乙丑,民国十四年)45岁

3月12日,闻孙中山逝世,高振霄联署《旅沪护法议员电》致电孙科吊唁孙中山。附唁电:

北京铁狮子胡同孙哲生(即孙科)先生鉴。文晚闻前大总统孙公噩电,不胜惊骇。孙公手造民国,启迪颛蒙劳身,焦思护法救国,扫历朝之积毒,开东亚之曙光。纺岷受其绷襁,环球钦其学理,而乃未竟全功,大星忽陨,小民共悲慈父,国家顿失长城。先知既没后生,何依瞻念前途,弥深悲痛。愿先生节哀继志,从事恢宏,临电神驰,哀悼不尽(《申报》,1925年3月17日)。

3月19日,孙中山灵柩由协和医院移至中央公园(今中山公园)社稷坛前殿,从24日起,举行公祭。

4月2日,孙中山灵柩移往北京香山碧云寺金刚宝座塔内安放。高振霄赴北京参加孙中山先生公祭和国葬。

4月3日,上海恺自迩路二八二号国会议员通讯处历经九年风雨、屡次集会表示正义主张,由于各方均无款接济高振霄,以负担过巨,不得已于此日将该通讯处房屋退租。这标志着恺自迩路二八二号国会议员通讯处即"广州南方护法政府驻沪办事处"关门歇业,"掌门人"高振霄引退,旅沪国会议员的护法活动一切暂告结束(《申报》,1925年4月3日)。

6月11日,继上海发生五卅惨案后,汉口又发生了英帝国主义者屠杀我国同胞惨案。高振霄与章炳麟联名发出《为汉口英租界惨案唤醒全国军人》的通电。通电一方面义正辞严地谴责声讨英帝国主义屠杀我同胞的罪行,提出"迅速收回租界市政","使水深火热之民早登衽席"的主张;另一方面指出惨案频发,是由于"频年军界内争,置外患於不顾,故英人得伺隙而起",矛头直指国内军阀混战,揭示了帝国主义趁机肆虐的根源。通电掀起武汉广大市民罢工、罢课、罢市运动,在国内外引起强烈的反响(章念弛:《章太炎与五卅运动》)。

同年,高振霄发表《我之大同观》,强调:欲达大同,先除异小,以个人进步,来互助精神、排除障碍、改造环境、脚踏实地、再接再励,行见人同此心、心同此理,极乐世界就在此方寸中也(《几莘提》)。

1926年,(丙寅,民国十五年)46岁

2月22日,高振霄与章炳麟(太炎)、徐绍桢、冯自由等受孙传芳邀请专程赴南京商议时局问题。当日晚间,孙传芳在总司令部为高振霄与章炳麟(太炎)、徐绍桢、冯自由等设宴洗尘(《申报》,1926年2月27日)。

2月24日午,前南洋第九镇同人沈同午、杨建时等一百余人在沈氏私邸欢宴高振霄与章炳麟(太炎)、徐绍桢、冯自由等,下午一同赴玄武湖游览(《申报》,1926年2月27日)。

4月18日午12时,高振霄与章太炎等各界名流在上海四马路一枝香参加国民外交协会第二次同志聚餐会,会后当选出版股干事(《申报》,1926年4月19日)。

4月18日下午三时,高振霄在上海长浜路陆家观音堂斜对过庆国公学参加华侨教育协会第七届干事会,当选华侨教育协会会员(《申报》,1926年4月20日)。

4月25日午后三时,高振霄参加国民外交协会评干联席会议。高振霄与黄介民等起草对内对外宣言,对于军阀及帝国主义者加以警告(《申报》,1926年4月26日)。

简明年谱

5月5日午后三时,反赤救国大联合召集干事会,主席章太炎缺席,严伯威代表高振霄提出关于宣传应行事件案(《申报》,1926年5月6日)。

1927年,(丁卯,民国十六年)47岁

4月12日,发生"四一二"事件,高振霄表示极大愤慨,自此淡出政坛。

6月8日,高振霄与李宗仁等在南京丁园参加蒋介石庆祝北伐胜利宴会(《申报》,1927年6月11日)。

7月15日,汪精卫宣布"分共","第一次国共合作"最后破裂,高振霄退出政界。

同年,高振霄母亲袁太夫人由湖北来上海,宋庆龄与蒋介石、宋美龄等亲自到码头迎接,蒋介石尊称高振霄为老师。

1928年,(戊辰,民国十七年)48岁

10月20日,高振霄与李宗仁、张难先等组织在武昌首义公园设灵公祭刘公。

10月21日,高振霄与李宗仁、张难先等在武昌宾阳门外卓刀泉御泉寺南山之阳举行公奠刘公典礼。

11月23日,高振霄在武昌首义公园参加蔡济民公祭典礼。高振霄报告蔡济民事迹,张知本主祭,李宗仁代表国府致祭(《申报》,1928年11月28日)。

1929年,(己巳,民国十八年)49岁

3月,国民政府农矿部宣布成立汉冶萍公司清算委员会,高振霄为委员,限令自本月起煤铁矿厂资产由该委员会接管。高振霄直接参与汉冶萍公司之"实业救国"运动,实践其"振兴中华,福利民众"的宏远大业。

6月,高振霄在南京参加孙中山先生安葬(迁葬)南京紫金山中山陵园活动。

1930年,(庚午,民国十九年)50岁

2月8日,国民政府教育部规定:每年3月12日孙中山总理忌日植树。

3月12日,高振霄参加种植纪念孙中山树木活动。

1931年,(辛未,民国二十年)51岁

秋,高振霄闻"九一八"事变,怒火中烧。

秋冬时节,高振霄与参加辛亥革命武昌首义的老战友黄申芗在上海滩重逢。

1932年,(壬申,民国二十一年)52岁

高振霄与王亚樵、景梅九、陈群、何天风等成立"安那其学会",以无政府主义相号召,发行刊物,从事宣传(《合肥文史资料第三辑—王亚樵》)。

高振霄四弟高振亚(字东屏)任平汉铁路副局长室秘书。

1933年,(癸酉,民国二十二年)53岁

11月,高振霄得知陈铭枢领导的福建事变发生,赞赏其抗日主张。

1934年,(甲戌,民国二十三年)54岁

1月,福建事变失败,陈铭枢等流亡英国,高振霄深表同情。

1935年,(乙亥,民国二十四年)55岁

8月,高振霄得知中共《八一宣言》,赞赏并投身救国会运动。

10月初,张执一任上海各界救国会干事,参加学运、军运和兵运工作。在鲁迅逝世的追悼大会上,张替鲁迅先生扶灵。

注:1927年至1935年近10年期间,高振霄退出政界先后赴汉冶萍公司从事"实业救国"运动,或在上海法租界巨籁达路晋福里(巨籁达路181弄晋福里10号)以洪帮大佬及上海"寓公"身份与爱国民主人士、社会贤达交集从事爱国救国运动(张执一:《张执一自述》,《湖北文史资料》,1988年第二辑,总第二十三辑)。另:高振霄在上海,以灵学治疗法,悬壶于市(《中国近代报刊发展近况》,第479页至480页)。

1936年,(丙子,民国二十五年)56岁

2月,高振霄加入上海各界救国联合会。

3月20日,高振霄在上海法租界贝勒路辣斐德路五百七十二号会所,参加组织上海著名律师李时蕊治丧事宜的律师公会联席会议(《申报》,1936年3月20日)。

同月,高振霄会同向松坡、汪禹丞等洪门大佬将"五圣山""五行山"等三十多个洪门团体联合成立"洪兴协会",取义"同心协力,复兴洪门",并在上海老西门关帝庙召开成立大会(邵雍:《中国秘密社会·第六卷·民国帮会》,福建人民出版社)。

5月,张执一(后任中央统战部副部长)在上海通过黄申芗、许澄宙结识高振霄,后成为世交。

6月,高振霄安排共产党人张执一、陈家康在居住地上海法租界巨籁达路晋福里(今巨鹿路181弄晋福里10号)寓所与向松坡会晤,商谈秘密组织支持"救国会"的活动,并通过洪帮的名义组建游击队,以洪帮的名义组织工人活动,宣传抗日。至此,高振霄与向松坡所率领的上海洪帮组织成为帮助共产党抗战的一支重要组织力量,高振霄寓所成为共产党抗战的一个重要据点(张执一:《张执一自述》,《湖北文史资料》,1988年第二辑,总第二十三辑)。

7月,张执一经当地党组织负责人刘晓(江苏省委书记)、刘长胜(江苏省委副书记)、张爱萍(上海军委书记)等允许,与上海洪帮头目向松坡与高振霄联系并联合,积极开展抗战运动,扩大抗日民族统一战线社会影响(张执一:《张执一自述》,《湖北文史资料》,1988年第二辑,总第二十三辑)。

8月19日,高振霄与李烈钧、吴佩孚等发起筹备革命先进孙伯兰追悼会(《申报》,1936年8月19日)。

8月30日上午10时,高振霄与李烈钧、吴佩孚等在福煦路河北同乡会举行孙伯兰追悼会(《申报》,1936年8月19日)。

9月,高振霄创办洪门报纸《群众社》,宣传抗日。

11月23日上午,沈钧儒、章乃器、邹韬奋、史良、李公朴、王造时、沙千里等7位救国会的领导人(即"七君子"),以"支持工人罢工,扰乱社会秩序,危害民国"的罪名陆续在住宅被捕。

同年,高振霄、沈爱平与张执一及其夫人两家人时有来往,共同探讨革命与时局。

1937年,(丁丑,民国二十六年)57岁

4月3日,国民党控制的江苏高等法院正式起诉"七君子"。

4月28日,刺杀汪精卫、宋子文案在扑朔迷离六年之久后最终判决,高振霄曾因被误供(1933年6月26日张玉成、李松得等在公共租界巡捕房供)遭本案牵连,终脱干系(《申报》,1937年4月28日)。

5月,宋庆龄找到高振霄,希望利用高振霄在国民党内的地位与关系,以及洪帮的影响,参与营救"七君子"。

同月,高振霄找到蒋介石,质问他:"爱国难道有罪吗?如果爱国也有罪,那么你把老夫也抓到监狱里去好了。"

6月,经高振霄斡旋,向松坡介绍陈家康、张执一、王际光、余纪一等共产党人加入洪帮(名义)(张执一:《张执一自述》,《湖北文史资料》,1988年第二辑,总第二十三辑)。

7月,高振霄与向松坡同宋庆龄、何香凝、胡愈之、张之让、潘震亚、沈兹九、彭文应、潘大逵等,营救上海抗日"救国会"当时闻名全国的"七君子":邹韬奋、沈钧儒、章乃器、李公朴、沙千里、史良、王造时等。

7月21日,高振霄会同向松坡等致电声援北平宋哲元委员长暨二十九军全体将士。电称:

君等抗战,忠勇激发,无忝于我民族英雄之本色,今者政府态度坚决,人民万众一心,前线士气,必益涨起,杀敌图存,千钧一发。海潜韬晦沪滨仍愿本总理反清复明精神,率海内素以保障民族为职志之在乡健儿,请缨政府,群起与彼周旋,粉身碎骨,亦所弗辞,谨布衷忱,用以互勉(《申报》,1937年7月24日)。

7月22日,高振霄与向松坡等又直接致电蒋介石,表示:"潜虽不才,愿以在野之身,统率海内健儿,与暴日一决生死,一息尚存,义无反顾,悲愤待命,无任屏营"。据当时帮会巨头宣称,"有群众数十万人,听候点编指挥"(邵雍:《中国秘密社会·第六卷·民国帮会》,福建人民出版社)。

7月31日,"七君子"被释放。高振霄与向松坡等在家公开宴请上海抗日"救国会""七君子",为其接风洗尘,公开表示支持"救国会"运动,扩大救亡运动声势。

8月,高振霄与向松坡同戴笠、杜月笙、黄金荣、张啸林、刘小籁(商会会长)、钱新之(银行界浙江财阀大佬)、刘志陆、朱学范(后任邮电部长)组织"江浙行动委员会"(直属国民党军委会,带有民间性质机构)抗日组织。下设"动员部"和"游击总指挥部",又称"别动队",建立上万人的抗日武装(张执一:《张执一自述》,《湖北文史资料》,1988年第二辑,总第二十三辑)。

9月,上海沦陷。南京政府考虑到高振霄是同盟会、国民党元老,德高望重,又年事已高,安排他退居敌后。高振霄执意不肯,并寄信给湖北家人说:无国哪有家,为拯救中华,驱逐日寇,视死如归。

10月,汉阳铁厂、大冶厂矿西迁。未能搬迁的设施就地炸毁或沉入江底。

同月,日军占领上海后,向海潜离沪到后方组织洪帮抗日,高振霄留在上海滩接手洪帮"五圣山"山主,继续与倭寇周旋。

注:向海潜离沪到后方组织洪帮抗日。向先到武汉活动,后进入万县,最后到重庆。在四川袍哥范绍增(八十八军军长)等人的帮助下,"五圣山"在四川扩展开来。首先,向海潜将礼字袍哥、副总社长廖开孝,仁字袍哥、军统骨干罗国熙,原二十军中将、副军长夏炯转入"五圣山",然后通过这些洪帮首领将重庆的仁、义、礼各堂袍哥全部转入"五圣山"。这样,"五圣山"成为全国势力最大的洪门山头。向海潜在重庆也十分活跃,常到洪门弟兄集中的党政机关和企业访谈,鼓励弟兄们全力抗日。他还派人到湖北组织抗日游击队,以便深入敌后打击日军。

11月,张执一写信给高振霄说:"初到芜湖,天气很冷,冻得吃不消,需要御寒的外套等等"。高振霄得知后,立刻派人把自己喜爱的一件灰色马裤呢长袍送给张执一。

同月,高振霄派人到芜湖与张执一会合,护送一批共产党青年干部去苏北革命根据地。

12月,高振霄营救张执一。

简明年谱

1938年,(戊寅,民国二十七年)58岁

1月,高振霄通过洪帮关系护送一批共产党地下工作者赴延安,途中因奸细告密,地下工作者不幸被日寇抓捕并遭毒打,后由高振霄安排"线人"营救。

2月10日(农历正月十一日),由于高振霄多次护送、营救共产党地下工作者遭日军嫉恨,是日被日军抓捕。日军威逼、毒打高振霄招供共产党和爱国志士的名单及住所未果。

3月2日,高振霄被捕20天后被保释。在保释期间,日本宪兵司令部要求其随传随到。

1939年,(己卯,民国二十八年)59岁

5月,汪精卫来到上海筹建伪政权,高振霄代表"五圣山"旗帜鲜明表示反对。

8月底,汪伪国民党中央执行委员会特务委员会特工总部即"76号"成立,周佛海任特务委员会主任委员,丁默邨任副主任委员,李士群任秘书长。高振霄为"五圣山"立"铁规",告诫兄弟要提高警惕,防止被拉下水。

9月,面对国民政府军事调查统计局(简称"军统"),上海区区长王天木等纷纷叛变。蒋介石下令在上海成立国民政府军事调查统计局抗日策反委员会,文强为主任委员,高振霄为委员。高振霄留沪联络伪方军警掩护后方工作人员,颇著辛劳(1947年8月22日《武汉日报》)。另,文强称道:"委员高汉声湖北人,民初国会议员,又是有名的洪帮大爷,清高自赏,贫病交加,颇有骨气的书生本色。"(文强、沈忠毅:《军统与汪特在上海的一场争斗》)。

11月,高振霄备家宴欢迎文强走马上任。

12月,文强被日伪和平反共建国军第十二路军司令丁锡山绑架到沪西百乐门饭店。正值危难之际,高振霄与龚春圃破门而入。高振霄冲到丁锡山面前"啪啪啪"扇了几个耳光,指着丁锡山的鼻子骂道:"你这个忘恩负义的家伙,那时候让杜月笙把你保出来,是文先生说的话,如果不是文先生说了话,你早就被枪毙了。你这身汉奸皮呀,只有文先生说一句话才脱得下来,你这个为日本人卖命的汉奸,早晚会死在日本人的手中"。接着高振霄喝令丁锡山立即派车,与文强一起离开险境(《文强口述自传》)。

同月,高振霄与文强、龚春圃及其侄等在上海锦江川菜馆"特别间"的雅座(专供文人雅士、各界名流用餐,国共两党的抗日地下工作者常以此作为谈话场所)共进晚餐,讨论最近南京汪伪动态。正值餐间,忽听店伙计惊呼声(提前约好的报警声),发现有日本人从窗外开枪射击,幸好听到伙计的报警声,高振霄与文强、龚春圃等躲过一劫(何蜀:《"孤岛"时期的军统局策反委员会》)。

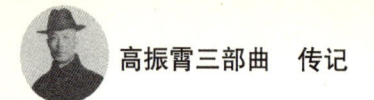

1940 年,(庚辰,民国二十九年)60 岁

9 月 16 日(中秋节),高振霄花甲大寿。国共两党政要代表、上海各界名流及至亲好友纷纷前来祝贺。高振霄将收到的全部贺礼捐赠给由于战争造成无家可归的难民及孤儿。

冬,高振霄智斗日军特务头目影佐祯昭。

1941 年,(辛巳,民国三十年)61 岁

4 月 4 日,高振霄与黄金荣等参加耆绅闻兰亭等创办的中国胃肠专科病院开幕式(《申报》,1941 年 4 月 5 日)。

12 月,在高振霄等策反委员的策反下,驻浦东伪军师长丁锡山率全师起事抗日。后来丁锡山加入共产党,在解放战争中牺牲。

同月,文强撤离上海,高振霄依然坚守上海继续与日伪抗争。

同年,高振霄与文强等领导的"策反委员会"先后对汪伪政府军委会委员、参军处参军长、和平建国军第三集团军总司令唐蟒,汪伪军委会委员、开封绥靖公署主任刘郁芬,汪伪武汉绥靖公署参谋长罗子实,驻苏州伪军军长徐文达,驻无锡伪军师长苏晋康,汪伪军委会委员、苏皖绥靖总司令和第二集团军总司令杨仲华等策反成功(何蜀:《"孤岛"时期的军统局策反委员会》)。

1942 年,(壬午,民国三十一年)62 岁

春,高振霄先后营救并送出中共中央派往延安学习深造的 12 名共产党青年干部等大批抗日志士。

夏,第五战区司令长官李宗仁驻扎在湖北老河口,高振霄在上海欣闻儿子高兴庭、儿媳孙运英在湖北老家喜添长孙,特备 400 元大洋并委托李氏部属送至老家贺喜。

深秋,李先念化名抵沪,被汪伪特工告密被捕并关押在日伪军监狱。高振霄利用特殊身份关系将其保释并接到家里养病,后又筹备大量抗日急需的棉衣、药品等物资,租用两艘大船派人将李先念和物资安全护送至苏北革命根据地(《房县志》,中国文史出版社第 671,672 页))。

1943 年,(癸未,民国三十二年)63 岁

4 月 5 日下午二时,中华洪门联合会筹备委员会在愚园路会所举行第二次筹备委员会会议,高汉声与李炳青、陈亚夫、白玉山、许凤翔、李凯臣、周拂尘等四十余人参加。会后于金门饭店茶会,招待日本头山满翁之公子头山秀三氏,中日名流莅会陪席,颇为踊跃(《申报》,1943 年 4 月 6 日)。

9 月 6 日晚,汪精卫政权最高军事顾问柴山兼四郎,密令手下的宪兵队长冈村少佐,在百老汇大厦毒死了不听话的"七十六号"特工头子李士群。高振霄以李氏为反面教材,进一步开展策反活动。

9月14日(中秋节),高振霄委托四弟振亚(字东屏)在房县城西家中,召开全县东、南、西、北四个片的高氏宗谱联宗会,除东片未到外,其他三个片达成共识:将高振霄为高氏所续字派"振兴中华,福利民众"作为高氏宗谱。

冬季,汪精卫政权的最高军事顾问、日军特务头子柴山兼四郎,密令手下的宪兵队长冈村少佐带领十几个日本随从,抬着一大箱钞票与金银首饰,送到高振霄家里,企图收买高振霄,让其出任汪伪政府上海市负责人,遭到高氏断然拒绝。

1944年,(甲申,民国三十三年)64岁

春夏之交,高振霄配合打入汪伪的爱国将领唐生明开展策反工作。

1945年,(乙酉,民国三十四年)65岁

春节,高振霄以"五圣山"的名义进行募捐,将所募的衣物与食品通过国际红十字会,送到上海的各个国际集中营。另一方面通过国际友人披露集中营真相,争取国际舆论支持。

3月20日,日军驻沪最高头目再次威逼高振霄出任上海市长伪职,并为其设宴,高振霄义正严词拒绝。他说:"中国的事情岂能听从侵略者安排!"日军头目恼羞成怒,暗令特务冈村在酒中投毒。

3月23日凌晨,即日军投毒第三天,高振霄不幸逝世。高振霄在弥留之际,向家人交代了四件事:一、不准请医生,二、不要通知任何人,三、焚烧所有资料(包括生前写过的大量文章、图片等),四、留下遗训"远离政治,莫入官场。"

4月14日,逝者"三七"祭日,上海社会各界人士,不顾日伪特务的白色恐怖,纷纷齐聚淡水路关帝庙,为"革命元勋、抗日英烈"高振霄举行隆重的追悼会。同日,《申报》披露《追悼革命元勋高汉声》消息,赞高振霄"高风硕德,足资楷模"。

4月25日,逝者"五七"祭日,南京、上海社会各界人士再次举行高振霄祭奠活动。有文章《悼高汉声先生》曰:

呜呼!

老成凋谢耆硕云亡,国方多难追怀宿将,天胡不慭痛失元良,公望高山斗共感凄苍。

赞翊共和品重圭璋,护法统名垂不朽,伸民权会集非常,匡时柱石建国栋梁,功成身退志洁行芳。

精神矍铄杖履徜徉,寿享期颐星辉南极,禅参领悟佛证西方,凤根独厚余泽方长。

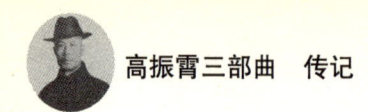

或钦楷模或共梓桑,剑挂徐君树云泪陨,笛闻向秀薤露神伤,型兮宛杜爱兮难忘,乎秋血食一瓣心香。

5月10日,逝者"七七"祭日,延安发来挽联,追祭高振霄。联云:

赤胆忠心守孤岛,视死如归,是辛亥功臣本色;

单刀赴会斗顽敌,以身殉国,为中华民族争光。

接着,由家人、国共两党、上海社会各界人士及高振霄生前好友,将高振霄的遗体安葬于上海万国公墓。

同月,南京国民政府行政院院长宋子文为高振霄亲笔题匾,额曰:"忠贞体国"。后来,这块匾被运到高振霄的湖北房县城关镇西街的老宅,在堂屋悬挂。

9月,国民党接管上海,蒋经国赴上海"接收敌伪财产"工作时,特地将蒋介石所题"精忠报国"匾额,转赠给高振霄遗孀沈爱平。

10月,国民政府授予高振霄"民族英雄、抗日烈士"称号并将烈士证书、奖章等交高振霄子高兴庭。

20余年来("文革"期间墓地被毁),每逢高振霄祭日或清明,总有许许多多知名或不知姓名人士前往高振霄墓碑前献花致哀,祭拜先辈。

新中国成立后,宋庆龄曾多次诚邀高振霄遗孀沈爱平女士赴京参政,均被婉言谢绝。

李先念、张执一曾多次托秘书寄钱、物给高振霄遗孀沈爱平女士,以感念高振霄抗日战争时期的搭救与抗日爱国行动。

"文革"期间,高振霄遗孀沈爱平家中遭到"造反派"清洗,高振霄生前部分资料及照片遭毁。与此同时,江青"文革专案组"分别组成"李先念、张执一专案调查组"专门来沪调查李先念、张执一在上海"被捕写自白书""叛变"一案。高振霄遗孀沈爱平出面作证讲出当时事实真相,为李先念、张执一洗冤。

高振霄有关资料照片

高振霄母亲袁太夫人

高振霄半身照

高振霄有关资料照片

高振霄（1881-1945）字汉声,湖北房县人。1910年发起创办革命组织德育会。1911年积极推动共进会和文学社联合。武昌起义后,出任都督府各部总稽查。后被孙中山嘉奖为辛亥革命甲等功臣。1945年被日本人毒杀于上海。生前曾为高氏宗谱书写"振兴中华、福利民众"。

高振霄在湖北辛亥革命博物馆的照片

· 339 ·

高振霄三部曲　传记

振兴中华

（高振霄、高兴庭、高中强、高华兵祖孙四代人姓名中间字连接为"振兴中华"。高意出高振霄一生"振兴中华，福利民众"的"中国梦"）

高振霄有关资料照片

高振霄20世纪20年代初在广州与家人照片
（右起高振霄、夫人沈爱平、五弟高振东）

高振霄 20 世纪 20 年代末在上海与家人照片
(左起高振霄、长女高正和、夫人沈爱平)

高振霄有关资料照片

高振霄 20 世纪 30 年代在上海与家人照片

（右起 高振霄、夫人沈爱平、长女高正和、次女高正坤）

高振霄 20 世纪 30 年代在上海与家人合影

（右起侄高兴政、四弟高振亚、侄高兴民、高振霄、夫人沈爱平、长女高正和）

高振霄家人 1965 年 9 月于西安合影

（前排右起高振东、高卫、高振亚、高杉、沈爱平、杨晓坤、熊碧兰、高燕，后排右起高浦慧、刘毓影、高兴业、高兴鹏、张雪曼、高正坤）

高振霄有关资料照片

高振霄夫人沈爱平与女儿高正和（1）

高振霄夫人沈爱平与女儿高正和（2）

1912年4月9日孙中山与高振霄等武昌首义功臣合影

1917年孙中山与高振霄等护法议员在广州合影

高振霄有关资料照片

1921年孙中山当选非常大总统后与高振霄等国会议员合影

高振霄子高兴庭

高振霄三部曲 传记

高振霄儿孙 1968 年在新疆生活全家福

（前排右一儿高兴庭、前排右二儿媳孙云英，后排右一孙高中强、后排右二孙女高淑云、后排右三孙高中自、后排右四孙女高淑霞）

高振霄儿孙 1974 年在上海生活全家福

（前排右一重外孙蒋国武、前排右二长女婿王国熊、前排右三重外孙女蒋正祎、前排右四长女高正和，后排右一长外孙女王琪珍、后排右二长外孙女婿蒋定义、后排右三外孙王琪珉、后排右四二外孙女王琪玮、后排右五三外孙女王琪琼）

· 348 ·

高振霄有关资料照片

2010 年 9 月 15 日在武昌召开"辛亥革命百年论坛",会议期间代表合影
（厉无畏:前排左起第 14 位,章开沅:前排左起第 15 位,冯天瑜:前排左起第 17 位,
皮明庥:前排左起第 22 位,高中自:三排左起第 8 位）

2011 年 9 月 2 日在人民大会堂召开"纪念辛亥革命百年论坛",会议期间代表合影
（周铁农:前排左起第 9 位,高中自:三排左起第 11 位）

高振霄京沪后裔合家欢

（前排右起王琪珉、高正和、朱诗卿、卢慧琳，后排右起王琪琼、王琪玮、王琪珍、刘萍、高中自）

高振霄后裔合影

（左起二女婿杨家闻、长女高正和、侄儿高兴政、孙高中自）

高振霄有关资料照片

2011年10月8日武昌洪山礼堂纪念辛亥革命—武昌首义100周年大会
（左起高中自（高振霄孙）、李若男（李西屏之女）、张鸣歌（张难先孙女）、王琪珉（高振霄外孙）、蒋硕忠夫妇（蒋作宾之子媳））

2011年10月6日高中自、王琪珉等辛亥革命后裔在武汉市图书馆赠书
（《辛亥功臣高振霄史迹录》等）

· 351 ·

高中自（左）与孙必达（孙中山曾侄孙）

高中自（左）与董良翚（董必武长女）

高振霄有关资料照片

高中自(左)与皮明庥(右)

湖北省辛亥革命博物馆留念

(右起王琪珉、高中自、刘萍)

湖北省辛亥革命博物馆留念

（左起裴高才、高中自）

湖北辛亥革命博物馆合影

（左起王琪珉、高中自、刘萍）

高振霄有关资料照片

房县县委、政府领导与作家裴高才及高振霄后裔合影

2013年4月10日房县《高振霄三部曲》研讨会留念
（左起裴高才、高中自、罗华科、王琪珉、高传炳）

高氏亲属在房县《高振霄三部曲》启动仪式上

房县文史专家罗华科（右）与房县原
人大副主任孙希伟介绍房县志中的高振霄

高振霄有关资料照片

**2013 年 4 月 10 日《高振霄三部曲》研讨会后
房县县委书记沈明云与高氏亲属合影**

台湾好友黄中先生在台北国民党党史馆找到孙中山覆高振霄函稿

振兴中华　福利民众（中国楷书百年第一家、国家一级书画家李树琪先生作品）

（高振霄百年前为高氏宗谱书写"振兴中华,福利民众"八个大字,告诫高氏子孙要"牢记民众福利,努力振兴中华"）

精忠报国（中国楷书百年第一家、国家一级书画家李树琪先生作品）

（1945年3月23日，高振霄被日军毒杀，蒋介石题词匾："精忠报国"。1945年9月抗战胜利后，国民党中央特派蒋经国赴上海"接收敌伪财产"工作时将词匾转送高振霄遗孀沈爱平女士）

忠贞体国（中国楷书百年第一家、国家一级书画家李树琪先生作品）

（1945年3月23日，高振霄被日军毒杀，国民党行政院院长宋子文亲题匾词："忠贞体国"，后来这块匾被运到高振霄的湖北家乡，悬挂在家里的堂屋中央）

高风硕德　足资楷模（书法家、银行家王希坤先生作品）

（1945年4月14日，《申报》《追悼革命元勋高汉声》题词）

高振霄有关资料照片

匡时柱石　建国栋梁（书法家、中国金融文联副主席、秘书长陈炜先生作品）

（1945年4月25日，南京《大学生》期刊《悼高汉声先生》题词）

王琪珉（左）、高中自（右）在高氏家训前留影

（"远离政治　莫如官场"，书法家宋雷先生作品）

跋

用"以文会友,文心相通",形容笔者与王琪珉、高中自二兄的关系,再恰当不过了!

高、王二兄分别是传主高振霄的孙子与外孙。琪珉兄系上海市北方律师事务所主任律师,中自兄为中国农业银行总行高级工程师、专家。

原来,笔者与二位缘悭一面,首次结缘于辛亥革命研讨会。

那是 2010 年 10 月 10 日,在武昌洪山礼堂举行的湖北省暨武汉市纪念辛亥革命学术研讨会上,经著名史学家皮明庥老师引荐,笔者首次与二兄相识。

当时,受江汉大学校长杨卫东、武汉城市职业学院院长涂文学二位主编的委托,笔者正在主笔《辛亥首义百人传》,限于资料不全,在提纲草案中并未将"首义金刚"高振霄作为收录对象。

可是,当我拜读了高中自、王琪珉编著的洋洋数十万言的《辛亥功臣高振霄史迹录》后,顿时不能自已。教师出身的高中自兄,虽然供职于中国农业银行,但他更痴迷于文史。而且在北京师范大学历史学院中国史博士班研修,同时行走于海内外搜寻大量辛亥革命史料。其中他通过台湾友人黄中先生搜寻到的孙中山在广州蒙难后给高振霄的亲笔信,在尘封八九十年后,首次对外披露,弥足珍贵。王琪珉兄则利用其律师的职业考据功夫,对搜罗到的种种资料进行系统考订,去伪存真。两位表兄弟精诚合作,可谓珠联璧合,相得益彰。

于是,我拟将高振霄这位首义金刚、护法斗士与抗日英烈的特色人物,列为《辛亥首义百人传》传主之一,向主编通报后,得到认可。

当年底,笔者随湖北作家代表团赴美交流前夕,前往美国驻华使馆面签时,与中自兄首次在北京会晤,就《辛亥功臣高振霄史迹录》出版交换意见,彼此倾心吐胆,莫逆于心。

在纪念辛亥革命百年之际,笔者与王、高二兄先后在北京、武汉两度聚首。

尤其是10月7日，笔者做客"名家论坛"用黄陂话解读"民国大总统黎黄陂之谜"，他们亲自前往助阵。演讲结束后，我们一起共进晚餐时，二位希望我能策划一部高振霄传记。我认为，他们前期搜集史料做了大量工作，具备了作传的前提基础，而文艺界与学术界对高振霄的叙介，显得严重不足，故笔者愉快地接受了任务。

接下来，琪珉兄被公推为中华辛亥文化基金会总裁、辛亥革命网上海站工作委员会副主任，中自兄出任中国金融作家协会理事、副秘书长。在朋友的帮助下，他们又在北京大学图书馆、上海图书馆等处，查到了高振霄的一批历史文稿达十余万字。笔者认为，将史迹与文集分别结集，成为可能；若是将史迹、文集与传记三位一体，形成系列，岂不更好。于是，笔者就建议策划一套《高振霄三部曲》。二兄正好也有此意，于是我们一拍即合。2012年盛夏，人民出版社、金融作家协会、黎黄陂研究会等，先在北京举行了一次专家学者论证会，敲定了初步方案。

京沪汉三地作者与人民出版社编辑等在京举行《高振霄三部曲》论证会

随后，在中共湖北省委统战部、十堰市委统战部的协助下，于癸巳五月在高公的老家房县，由中共房县县委、房县人民政府举行了隆重的《高振霄三部曲》启动仪式。

在启动仪式上，首先播放了上海电视台专访中自兄的专题片《洪帮大佬的传奇往事》VCD。笔者与琪珉、中自二兄先后向国家图书馆、北京师范大学图书馆、武汉大学图书馆、武汉档案馆，房县史志办、图书馆与文联，捐赠了《辛亥丰碑·首义精魂》《辛亥革命首义百人传》《辛亥功臣高振霄史迹录》《首义大都督黎元洪》图书。房县县委书记沈明云，县委常委、常务副县长刘庆涛，县委常委、县委办公室主任张永平,房县老领导孙希伟,史志办专家罗华科,县政府办、统战部与文联的李如玖、何春政、邹清斌、姜照辉、王琼等诸君共襄盛举。县领导承诺:将在人力与财力上大力支持《高振霄三部曲》。同时,拟在新建的博物馆中设立高振霄史迹陈列室。

在创作高振霄传记的过程中,我们首先根据搜罗的史料编列年谱,接着通过认真分析,反复研究,拟定提纲。在二十三个主要章节中,运用当年的报刊资料,传主的回忆与辛亥志士手稿等原始档案,实物印证,以及借助亲属与当事人的口述史料,通过精彩的对白,重点刻画主人公的首义金刚、护法斗士、抗日英烈的光辉形象。

关于高振霄的国会议员身份,由于当年《申报》的披露与传主的回忆录有所出入。为此,我们进行反复考订,并请教辛亥革命史专家严昌洪,首次明确了高振霄的国会议员身份:中华民国军政府鄂军都督府参议员、中华民国第一届国会参议院候补参议员、广州国会非常会议参议员。

作为辛亥报人,高振霄在《湖北日报》《政学日报》担任编辑期间,二报发表了革命党人的漫画与讽刺诗作品,将清廷在湖北的代理人陈夔龙比喻为无用的"石龙"、讽刺清廷新军主要将领张彪"似虎非虎"。在武昌首义前夜,正是高振霄在《夏报》上转载外报文摘"当局闻风潜派侦探,分途伺隙桢馆(李白贞照相馆)",为正住在李白贞照相馆的共进会领导人刘公、孙武预警,让他们及时转移。民国成立后,他继续为弘扬辛亥首义精神鼓与呼。

作为"首义金刚",高振霄等首义志士在辛亥首义一举成功后,主持招纳处(集贤馆),使前来武昌投效者络绎不绝,五十天左右,就有一万余海内外各类人才云集于此。阳夏失守后,武昌形势危急,又是他等总稽查稳定军心,坚守危城,终于众志成城,直到南北言和。当时革命报纸以《首义金刚》的纪实小说彰其功。

而孙中山给高振霄的亲笔信、蒋介石、宋子文的题匾,张执一的回忆录等,则是证明其"护法斗士""抗日英烈"的有力铁证。

拙作初稿草成后,甲午仲夏,我们三兄弟与青年才俊毛南一起,应邀参加纪念辛亥元老张难先140周年华诞之后,又专程来到辛亥文化重镇黄陂,并同武汉地方志专家董玉梅、吴明堂等相聚,大家一边瞻仰高振霄的同事与战友黎黄陂的铜像、蔡济民之故居、吴醒汉之墓、姚汝婴与潘康时故里,一边研讨《高振霄三部曲》初稿,各位从史料的可信度、文学表现手法的据实虚构等,直抒胸臆,交换意见,颇有斩获。孟秋时节,应琪珉兄邀请,我们又一同来到沪上踏着高公足迹寻访故地,尤其是采访高公的女儿与知情人高正和老人,她向我们透露了一

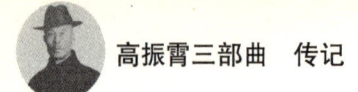

些亲身经历、鲜为人知的史实。

10月18日，我们再次在"首义之区"聚首，以高振霄与黎黄陂在辛亥首义中的交集为题，参加纪念黎黄陂诞辰150周年学术研讨会。同时，拜访了辛亥革命史权威章开沅、冯天瑜、严昌洪、皮明庥诸公。武汉大学人文社科资深教授冯天瑜先生，以及皮明庥、涂怀章诸公，亲自拨冗为《高振霄三部曲》作序，且几易其稿，给我们以极大的鼓励。作家与学者周娟、沐仁等通篇进行了审校，尤其是正在病中的辛亥革命史研究会副理事长兼秘书长严昌洪先生，在病床上审读拙作样章与《高振霄三部曲》之《文集》后，竟写下数千言的书信，矫正了《高振霄三部曲》中的数处失误。大病初愈的耄耋古典文学专家与诗人雷公永学老师，则对拙作中的诗词与楹联，从平仄与声韵等进行逐字逐句的审校，还欣然做诗一律作为本书的结语。令我们铭感五内。

11月8日，应邀在武汉城市职业学院，笔者参加"张之洞与中国教育的现代转型"学术研讨会并该院110周年校庆。因该校的前身是张之洞创办的两湖总师范学堂，而高振霄毕业于斯，故作为知名校友，他的业绩收入《武汉城市职业学院校史》与《杰出校友风采录》。11月28日，武汉城市职业学院院长涂文学兄拨冗参加拙作《孝义感动中国》首发式与研讨会，当我向他介绍《高振霄三部曲》即将向抗战七十周年献礼时，文学兄当即承诺届时在该校举行《高振霄三部曲》首发式与作品研讨会。这更使我们备受鼓舞。

需要指出的是，在搜寻资料的过程中，华中师大党委书记马敏及罗福惠教授，湖北省博物馆蔡路武、房县史志办罗华科、中国农业银行毛南、《长江日报》资深记者李洁龙、武汉档案馆宋晓丹、武汉图书馆王钢等方家，台湾东吴大学前校长刘源俊教授、"中央研究院"近代史前副所长张力研究员等先生，以及北京大学图书馆、中国国民党党史馆等海峡两岸三地馆所，分别以不同形式给予帮助。在此一并表示深深的谢忱与敬意！

由于传主与我们时隔百年，史料残缺不全，加上我们目力所及有限，拙作难免出现疏漏，我们真诚地欢迎读者将你们的高见以不同的形式反馈给我们，以便日后更正。

裴高才
甲午孟夏初稿、仲冬定稿于陂邑金龙斐祎斋